중국의 역외 주식시장

중국 투자의 허실

첨단금융출판사

추천사

한국의 중소기업, 대기업, 심지어 개인까지도 중국에 진출하여 사업을 시도하였다. 그러나 시기, 아이템, 북경의 예측 불가한 정책, 미중 무역전쟁 등 여러 요인으로 리스크가 크다. 2018년 말에는 한국중소기업들을 위해서 '중국철수전략'이라는 도서가 발간되기까지 하였다.
그러나 전병서 중국경제금융연구소장은 '중국은 산삼이 자라는 지뢰밭이다. 한국의 인재들을 중국에 유학보내어 고성장의 과실을 금융에서 수확하자' 고 주장하였다. 이미 오래 전에 '화폐전쟁' 이라는 도서가 베스트셀러로 등극하였던 점에서 볼때, 중국금융시장에 진출은 한국 금융계의 과제이다.

미래에셋대우증권은 1990년대 말에 이미 중국B주식의 인수업무 인가를 획득하여 중국자본시장에 진출을 시도했었는데, 외환위기로 인해서 맥이 끊기고 말았다. 이 책의 공저자인 이석원 사장도 구 대우증권 상해사무소 설립자로서, 현지 투자자문사로 홀로서기를 한 과정에서의 노고를 옛 동료로서 치하해 마지 않는다. 이 책의 내용으로부터 추론해 보면 대우증권이 상해 영업을 계속했더라면 망했던가, 큰 돈을 벌었던가 둘중 하나였겠다는 느낌이 든다.

현재의 상해와 홍콩 시장은 겉보기에 국제금융시장의 화려함의 극치이다. 그런데 독자들은 상해와 홍콩의 차이점이 무엇인지를 진지하게 파악해 본 적이 있는가? 이 책이 그 해답을 제시하는, 희소한 주제의 해설서이다. 두 시장은 연결되어 있지만 외환규제가 남아 있고, 상당히 다르다. 공통점은 부동산 가격이 높고, 공개매수와 우회상장이 활성화되어 있다는 점일 것이다.

한국금융의 해외 진출은 홍콩에서 시작되었고, 상해에서 결판이 날 것으로 보인다. 그러한 면에서 노장들이 대륙자본시장을 파헤치기 위해서 수행한 방대한 작업에 경의를 표하면서, 중국 자본시장 관계자들에게 소개한다.

2019. 1. 홍 성 국

서문

과거 10년 간 미국, 싱가폴, 한국거래소에 상장한 중국기업의 상장폐지가 빈발하였고, 중국물 디스카운트 현상이 발생한 반면, 해외 상장 우량중국기업들은 해외에서 공개매수 및 상장 폐지하여 PER가 높은 본토와 홍콩 거래소에 재상장하는 재정거래를 벌였다. 이는 본토 시장의 PER가 높은 때문인데, 저자들은 그 이유가 재무관리이론보다 심리학의 분석 대상이라고 이해하게 되었다. 미국 증시에 IPO를 주선했던 주체도, 공개매수와 상장폐지를 주선한 주체도 미국의 투자은행과 법무법인들이다. 홍콩거래소의 경우는 중국기업 분식회계 스캔들이 발생하던 초기에 신속히 IPO 스폰서 제도를 강화하였음에 따라 미국, 싱가폴, 한국에서보다는 투자자의 손실이 적었다.

저자들은 '지뢰'를 탐지하고자 중국자본시장의 뿌리부터 파냈다. 홍콩을 반환받기 직전부터, 중국인들은 우량자산을 반출하여 홍콩에 상장시키는 레드칩을 만들어 냈다. 레드칩의 설립국가는 홍콩과 케이만군도였다.
레드칩 이후 외국자본은 북경의 외환규제를 피해서 역외에 유통시장을 형성하였다. 그 결과 중국기업들이 홍콩, 싱가폴과 나스닥에 해외지주회사를 다수 상장하였으며, 우회상장도 활용하였다. 한국에 상장한 중국기업도 전수가 해외지주회사이다.
역외 지주회사 구조를 수립하는 과정에서 외국인투자와 기업인수 활동이 수반되므로, 중국법규는 자본시장, 외국인투자, M&A와 외환규제를 담당하는 각 정부부처가 협업하여 수십 가지 이상의 복잡한 입법으로 얽혀 있다. 국유기업의 구조조정이라는 특수한 상황에서 자본시장이 출범하였음에 따라, 상장기업의 자산재편성이 활발하였으며, 이는 자연스럽게 shell을 통한 국내외 우회상장으로 연결되었다.

이러한 상황은 중국 금융이 역외 경험을 통하여'한국인들이 생각하는 수준보다 훨씬 더 국제화되어 있음'을 의미한다. 그리고 동남아시아 사업가들도 중국의 패턴을 따라서 싱가폴증시에 우회상장을 추진하고 있다.

한국금융이 IMF구제금융 이전에 횡행하였던 말레이시아 라부안 역외펀드를 '척결'해 놓은 반면에, 중국자본시장은 30여년 간 홍콩을 키워왔다. 북경이 홍콩을 극대 활용하여 자본시장에서도 G2로 진입할 것인가? 홍콩은 미국이 서브프라임 위기로 곤경을 겪던 시기에 세계 최대의 IPO시장으로 등극하여 본토로 달러를 빨아들였던 바 있다.

그런데도 한국인들은 중국 자본시장을 보는 척도에서 아직도 '알리바바'가 아닌 '문화혁명'을 적용하는 것이 아닌가 하는 우려가 있다. 이 점이 중국자본시장 실사(due diligence)라는 까다로운 주제를 집필을 하게 된 강력한 계기가 되었다. 향후 중국자본시장의 '퀄리티'는 기업을 실사할 중국 투자은행과 토종 회계법인(빅4의 차이나 멤버펌 포함) 들에 의해서 결정될 것이기 때문이다.

한편 홍콩은 1국2체제로서 중국 헌법상 중국영토이지만 금융과 투자에서는 외국으로 간주되는 묘한 입지에 있다. 이에 이 책에서는 '중국'이라는 표현을 책 제목을 제외하고는 사용하지 않고 홍콩, 대만과 마카오를 제외하였다는 의미의 'mainland' 를 '본토'라고 해석하여 사용하였음을 밝혀 둔다.

2019. 1.

김규진, 윤두영, 이석원, 최봉대

목차

제2장. 중국 투자 실사의 인프라

제4장. 증권발행 시의 실사

제5장. 중국의 외국인 M&A패턴과 관련법규

제6장. 중국에서의 M&A 실사

제7장. 우회상장

표·그림 목차

제1장

투자의 인프라

한 미국 의사가 아리조나 주 면허를 신청하였다가 거부당하였고, 다른 주에서도 거부당하였다. 의사는 소송을 제기한 후에야 거부 사유를 알게 되었다. 그 이유는 의사였던 부친이 80년대 동일한 병원에 소속하다가 실명으로 인해 면허를 반납했기 때문이었다. 이름이 동일한 부자 간에 출신 의대, 사회보장 번호 및 생년월일이 상이한데도 행정전산망에서는 간과하였던 것이었다. 이같이 초보적인 검색 만으로는 '실사'절차에 부족하다.

어떤 서방 사모펀드가 중국 제조업에 투자한 후에 이 기업의 대 고객과의 관계가 미심쩍다고 판단하여 실사 컨설턴트를 고용하였다. 컨설턴트가 고객의 주소를 방문해 보니 산업단지가 아닌 주택이었고, 회사의 이사가 거주하고 있었다.

중국에서는 내국인 투자자도 마음을 놓을 수 있는 것은 아니다. 중국자산운용협회가 사모펀드 시장을 자율규제하고 있지만, 토종 사모펀드들이 가공 프로젝트를 제시하고 과다한 수익률을 제시하여 펀드를 조성하였다가 잠적한 사례가 2013년 출현하였다[1]. 심천의 Harvest사모펀드는 금광 평가 보고서를 위

1) Lin Lin, Private Equity Investor Protection: Conceptualizing Duties of General Partners in China, Berkeley Business Law Journal, Vol. 15, No. 1, 2018, pp 43-91, NUS Law Working Paper No. 2017/008 CSRC는 2016년 305개 사모펀드를 특별감사하였다.

조하여 수십억 위안을 끌어들였다[2].

중국인이 자국에서도 위험을 지는데, 한국 투자자들이 중국자본시장이 투자자 보호가 미흡하다며 불평할 여유는 없다. 한국에게는 중국을 중국인보다 더 잘 파악할 필요가 있다. 그러나, 중국의 핵심 자산과 기업들이 홍콩을 통하여 역외에 진출해 있으므로, 중국 자본시장을 완전히 파악하려면 본토, 홍콩과 뉴욕, 케이만 군도로 대표되는 역외금융시장의 4개 시장을 전부 통달해야 한다.

1. 투자 선행 절차로서의 실사(due diligence)

실사란 어떤 사업, 투자 또는 인물에 대하여 특정한 수준의 주의를 기울여서 행하는 조사를 의미한다. 실사는 공공기록의 검색, 수백 번의 인터뷰, 익명의 현장 방문, 수사목적의 회계(forensic accounting: 후술 참조) 활동을 망라하는 몇 달에 걸친 폭넓은 범위의 활동으로 구성된다. 실사는 법적 의무 사항일 수 있으나, 일반적으로 자발적인 조사이다. 실사는 의사결정자에게 가용한 정보가 결정 현안과 그 비용, 효익과 위험에 대해서 체계적으로 활용되도록 정보의 양과 질을 개선해 줌으로써, 더 합리적인 판단을 내릴 수 있게 지원한다. 실사의 주 목적은 의도하는 거래에서의 위험을 파악하고, 실사 대상자의 운영, 법률과 재무 상황을 상세 조사하여 성공요소를 도출해 내는 것이다. 따라서 실사는 투자 결정을 기록하는 것만이 아니라, 책임 추궁 또는 그에 대한 방어의 기준이 된다.

유가증권 발행과 M&A거래에서 기업실사는 투자 대상기업의 경영상태, 자산상태, 재무적·영업적 활동 등 기업의 전반적인 상황에 대해서 조사·검토를 하는 활동을 말한다.

2) Li Xiaxou, Shenzhen Private Equity Fund Attracted Billions in Investment: Managers Absconded Leaving Thousands of Investors With No Recourse, Sina Fin. (Jul. 2, 2014), http://finance.sina.com.cn/money/smjj/20140702/052319582014.shtml (China)

가. 실사의 정의

투자 시장에서는, 어떤 투자자가 높은 수익을 얻으면 다른 투자자들도 달려 들다가 손실을 보는 상황이 자주 발생한다. 이에 대한 전통적인 해석은 매수자들이 매물에 대해 파악한 정보가 매도자들보다 부족하다는 '정보의 비대칭성' 이다. 개인적으로 과거에 실패 경험이 없는 투자자들은 낙관적인 성향을 보이기 때문에 잠재 리스크에 대한 판단에 소홀하기 쉽다. 이러한 낙관성은 "나는 복권에 맞을 확률이 높다"거나, "나는 안전띠를 매지 않고서 자동차 사고를 당해도 무사할 수 있으리라" 라는 기대와 유사하다. 또한 사람들은 자신이 현명하게 장래를 맞추는 경우가 많을 것이라고 스스로를 과신한다. 이 점이 전문성을 갖춘 투자자라도 실패를 할 수 있는 이유이다. 사기꾼들은 초기에 높은 수익을 안겨 줌으로써, 이러한 수익이 지속될 것이라는 환상으로 투자자를 끌어 들인다.

정보 비대칭 상황에서 투자자는 '투자 기회를 잘 파악했다'는 자신감에 의존하기보다는 위험을 인식해야 한다. 이러한 위험을 투자 결정에서 인식하는 과정이 실사(due diligence)이다. "Due diligence"를 검색해 보면 다양한 정의를 찾아 볼 수 있다:

- 특정한 상황에서 합당한 사람으로부터 적절하게 예상될 수 있는 신중함의 정도; 재단법인에서 수탁자로 행동하는 관리 인원들에게 적용될 수 있다.
  www.yscf.org/glossary.html
- 제안된 거래와 관련된 위험과 이슈 들을 확인하기 위해 시스템적으로 정보를 평가하는 프로세스. (즉, 제공된 정보가 그것이 제안하는 내용과 일치하는지 증명하는 것)
  www.strategis.gc.ca/epic/internet/insofsdf.nsf/en/so03149e.html
- 어떠한 회사를 다른 사람에게 추천하기 전에 회사가 공시한 투자설명서와 같은 내용에 포함된 내용의 정확성을 점검하는 프로세스. 또한 한 회사가 다른 회사의 주식을 사기 전에 그 회사에 대해서 조사하는 행동.
  https://www.shareanalysis.com/asp/glossry.asp
- 공시 서류를 작성하는 당사자가 그 공시문서에 포함된 내용들이 사실이고 중요한 요소들이 빠지지 않았음을 확인하기 위해 행하는 합리적인 조사.
  www.personal.fidelity.com/products/stockbonds/content/ipoglossary.html
- 주식 신규상장기업과 파생상품 발행회사가 작성한 자료들이 정확하고 완전

하다는 것을 보장하기 위해 상장주관사, 인수단, 파생상품 스폰서들이 반드시 충족시켜야 하는 법적 요구사항. 그 목적은 일반인들이 상장기업이나 기업공개를 하려고 하는 기업에 관해서 완전하고 정확한 정보를 획득하도록 보장하는 것이다.

www.going-global.com/equity/finance-glossary.html

- 증권을 모집할 때, 제안서의 정확성에 책임을 지는 당사자가 발행회사(발행회사의 변호인, 증권의 인수단, 판매회사)에 대해 수행하는 의무적인 조사. 실사는 특정한 경우와 관련한 중요한 요소에 기초하여 합리적인 사람으로부터 기대할 수 있는 신중함의 정도를 의미한다.

  www.maverickenergy.com/lexicon2.htm

- 채무자에 대한 채권을 보유하고 있는 은행과 같은 대출기관이 위험을 확인하거나 재평가하기 위해서 행하는 내부적 분석.
- 벤처캐피탈의 투자 대상 회사의 현재 재무상태와 미래 전망에 관한 독립적인 분석. 벤처캐피탈리스트 회사의 변호사와 회계사에 의한 사업에 관한 기록, 회계, 법적 문서에 대한 조사.

  www.promitheas.com/glossary.php

- 증권의 발행회사, 발행, 발행되는 증권과 관련한 모든 요소들이 공식 사업설명서(또는 사모 발행 경우의 사모발행설명서(Private Placement Memorandum) 에 정확하게 공시되었는지와 모든 요소가 빠지지 않고 포함되었다는 것을 확인하기 위하여 인수단과 발행회사 변호사에 의해 행해지는 조사.

  www.indygov.org/eGov/City/BondBank/glossary.htm

- 벤처캐피탈 투자에 대한 준비로 사업에 대한 분석과 평가. 투자자들은 이러한 조사들이 철저하게 실행될 것으로 기대할 권리를 가진다.

  www.financingcp.org/glossary/glossary.html

- 펀드에 자금을 투자하기 전에 운용 팀의 특성, 투자 철학, 계약 조건에 대한 조사와 평가. www.ventureeconomics.com/vec/glossary.html
- 투자자가 투자 기회의 매력도를 조사하고, 자산을 운용하는 팀의 우수한 역량을 평가하며, 투자 기회와 관련한 주요 위험을 평가하는 프로세스. 실사는 투자 기회에 대한 최초 조사로부터 시작하여 투자 자금이 피 투자자의 은행에

들어가면서 끝난다. www.tvp.com.au/resources/glossary.htm

- 프로젝트 타당성 확인을 위해서 외부전문가가 수행하는 실사. 프로젝트 주체가 과거 유사한 프로젝트에서 달성한 성과를 추적한 후, 프로젝트 예상 가치의 편차에 대해 외부인의 관점에서 시나리오를 수립하고 지표를 설정한다. 추가 비용과 위험을 포착하고 예상 성과를 도출한 후 프로젝트 주체의 의견을 수렴하여 예측치의 편차 범위에 대한 결론을 도출한다.
- 투자유치국이 부담하는 실사의무
  국제투자 거래에서 투자유치국은 유치국 자신이 투자자 및 투자를 침해하지 않도록 자제하여야 하며, 제3자에 의한 침해로부터 투자자를 보호한다. 이를 위하여 실사를 행하여야 하며, 이러한 침해가 이미 발생한 경우에는 범인을 체포하고 처벌함에 있어 역시 실사를 행하여야 한다는 '투자자 보호의무'를 부담한다. 실사는 '유능한 정부가 유사한 상황에서 행할 것으로 기대할 수 있는 적절한 방지조치'로 정의된다. `그러나 실사의 개념부터 실사의 판단기준, 실사의 수준, 유치국의 상황에 따른 실사의 수준의 변동가능성 등에 대하여 학계나 실무계에서 확정된 것이 많지 않다.

나. 회계감사와 재무실사 간의 차이

협의의 기업실사는 회사의 자산과 부채가 실제로 존재하고 그 가치가 장부에 적절하게 반영되었는지를 확인하는 회계 실사를 의미하지만, 광의로는 특정 거래와 관련하여 회사의 과거 사실로부터 미래의 전망까지 사실을 확인해 보고, 거래의 성격에 맞추어 이를 검토·분석하는 전체의 과정을 의미한다.

회계감사는 회사의 재무제표가 기업회계기준에 따라 중요성의 관점에서 적정하게 계상되었느냐가 중요하고 일회성 사건, 수익성 지속 수준, M&A의향서 상의 특별조건 들에 대한 고려를 하지 않는다. 따라서 M&A의 매수 측은 회계감사에만 의존할 수 없다.

과거 기업회계기준과 재무실사 간에 가장 큰 차이 요소는 자산의 공정가치 적용이었으나, IFRS에서 공정가치를 채택함으로써 회계감사와 실사 간의 수렴 효과가 발생하였다.

표1-1. 회계감사와 재무실사의 차이

구분	회계감사	재무실사
목적	재무제표의 적정성에 대한 전문가 의견 표명	이익의 질, 역사적인 운전자본 소요, 비용 추이, 경영진의 예측을 위한 가정 수립, 회계인력 평가, 거래에 고요한 이슈 파악
의견의 정도	감사의견 표명	수행한 업무에 대해 어떠한 보장이나 의견을 표명하지 않음
업무범위	회계기준에 따라정형화 검증테스트 수행 연말결산에 중점	고객의 목적에 따라 가변적 거래 현안에 집중. 전형적으로 과거 2년을 커버함
업무수행자	공인회계사	회계사가 아니어도 수행 가능
특징	회계적인 측면만을 검토	회계, 세무, 재무, 인사, 생산, 영업 등 대상회사의 모든 활동에 대해 수행 가능

회계법인이 비감사용역(컨설팅 등)을 수행하면 회계감사의견이 컨설팅 보수로 인해 영향을 받을 수 있다[3]. 중국 회계법인의 경우는 감사인 교체 주기 규정이 있어서 문제화되지는 않았으며, 2009년 100대 회계법인의 수입에서 비 감사용역의 비중은 18%였다[4]. 2010년 CICPA는 비 감사 서비스 전략 실행에 관한 의견(Opinions on implementing strategy of developing non-audit services)을 도입하였다. 이에 따라 비 감사 용역 수입의 비중은 2013년에 28%로 상승하였다[5].

---

3) Dee,C.C.Lulseged, A & Nowlin, T.S. (2006) Prominent audit clients and the relation between discretionary accruals and non-audit service fees. Advances in Accounting, 22, , Davis S.M & Hollie, D (2008) The impact of nonaudit service fee levels on investors' perception of audit independence. Behavioral Research in Accounting, 20(1)
한국의 경우 회계기록과 재무제표의 작성, 내부감사업무의 대행, 재무정보체제 구축 또는 운영, 자산 등을 매도하기 위한 실사, 가치평가만을 금지하고 있었으나, 2017.10 공포 개정 공인회계사법에서 다음의 비감사용역 업무가 확대 금지되었다.
- 매수 목적의 자산 등 실사 · 가치평가 업무
- 자금조달 · 투자 관련 알선 및 중개 업무
- 경영자의 역할이나 의사결정을 수반하는 업무
아울러, 감사대상 회사뿐만 아니라 연결실체 기준으로 확대하여 모회사의 감사인은 자회사의 비감사용역 수행을 제한받게 되었다.

4) Shuwen Deng, Richard Macve, The future of Chinese and Western Accounting and Auditing, BAFA FARSIG, The Futureof Financial Reporting, 2017. 1.6.
Huiyang Wu, Sammy Xiaoyan Ying, Realizing auditor Independence in China, Contemporary Management Research,Vol.12, No.2, June 2016.

5) CICPA, Overview of the Accountancy Profession in China, 2015. 1.20

다. 기업가치평가와 재무실사의 관계

회계감사는 기업가치 평가에 대한 시작점일 뿐이며, 기업실사에 의해서 기업의 순자산가치의 평가에 궁극적으로 영향을 주는 특정한 리스크가 파악되고, 장래 수익의 현재가치 할인율 결정을 위한 위험 요소들이 수립된다. 기업가치 평가는 자산을 평가하고 이익을 계량화하여 수행된다. 기업가치 평가에서 EBITDA를 많이 활용하므로 재무실사에서는 기업이익의 질 및 지속가능성에 집중하는 반면, 회계감사에서는 이익의 지속가능성이 반영되지 않는다. 회계감사에서는 실적 추세를 언급하지 않으나, 재무실사에서는 재무제표에 반영된 영업 추세가 지속가능한지를 판단하며, 원가구조를 분석해서 인수 이후의 시너지 효과를 판정한다. 감사보고서는 과거 수치에 집중되지만, 재무실사에서는 경영진이 수행한 예측이 타당한지에 대한 검증을 시도한다.

M&A에서는 실사하가 특별히 어려운 항목에 대해서 매도자 측이 '특정 상황이 발생하지 않았다거나, 특정한 우발사건이 발생해 있다'는 진술과 보장(representations & warranties)을 제시하는데, 이러한 요소들도 수익률과 수익을 통해서 가치에 영향을 미친다.

즉, 순자산가치, 순소득, 자본비용 및 관련위험, 합병 시너지로 인한 초과수익률 들이 실사에서 판정된다. 기업가치 평가 모델이 각 요소의 합으로 구성되는 바, 각 요소들은 실사 과정을 거쳐야 한다. 실사를 거쳐 정립된 위험도, 순자산 가치, 현금흐름, 매도자 보장사항, 수익률이 실사와 가치평가 간의 연결고리가 된다. 즉, 가치평가는 실사의 사후 개념이 아니라 실사 과정의 핵심이 되어야 한다.

라. 미국 해외부패방지법 준수를 위한 실사

1977년 미국 해외부패 방지법(Foreign Corrupt Practices Act)은 미국기업 등이 국제상거래에서 외국의 공무원 등에게 금전 또는 유가물을 제공하는 행위를 금지하며, 동법의 회계 규정(Accounting Provisions)에서는 기장 및 회계처리를 정확하게 해야 한다는 기록유지 의무와 내부통제시스템 수립 의무를 입법하였다.

이 법은 미국증권법에 따라 증권을 등록한 회사, 미국에 지사를 둔 기업, 미국의 증권시장에 상장된 외국기업, 미국의 금융시스템을 통하여 자금이동을 하는 기업들에게도 광범위하게 적용된다. 외국기업이 미국증권법상 발행자가 되면 미국 부패방지법의 적용을 받는 것이다.

2004년 3월 GE 가 InVision Investment Technologies Inc인수를 선언하였는데, InVision은 중국 및 아시아 에이전트 등에게 부적절한 지급이 발생 한 사실을 미국 법무부 및 SEC에 신고하였다. InVision 은 GE에 인수되기 전에 법무부와 불기소 약정을 체결하였고, 80만 달러의 벌금을 부과 받았다. 또한 합병 후의 회사도 불법행위로 인한 이익금을 환수 당하고 민사 벌금을 납부하기로 동의하였다.

International Business Machines Corp은 2011년 SEC로부터 중국과 한국에서 뇌물과 접대 행위로 벌금을 부과 받았다[6]. 2009년 1월경 미 법무부의 미국 CCI사에 대한 수사가 알려지면서 한국 내에서도 CCI Korea로부터 금품을 수수한 한국 발전회사 직원에 대한 검찰 수사로 이어진 바 있었다. 2009년 다우케미칼의 주주들은 '회사의 이사들이 쿠웨이트 합작법인 관련 뇌물을 적발하고 예방하지 못하였다'는 대표소송을 제기한 바 있다 (델라웨어 법원에서 기각). 2000년 이후 미국 법무부와 SEC는 글로벌 대형은행, 헤지펀드, 제약회사, IT업계, 제조업 등의 부패 조사 결과, 위반기업에게 상당한 제재를 가하였다.

미국법무부와 SEC는 2012년 미국해외부패방지법 준수를 위한 안내서를 발간하였다. M&A의 경우 잠재적인 피인수기업에 대한 실사에 피인수기업의 잠재적 부패행위에 대한 실사를 포함시키도록 요구하였다. 미국 법무부는 미국 기업의 행동이 위법이 될지에 대해서 사전적으로 의견을 제시해 주며, 이러한 절차에서도 사전 실사가 필요하다. 2011년의 의견에서는 외국고객 대표자를 미국에 초청하는 판촉비용 부담의 적합성을 다루었다.

마. 신용조사와 보증 제도

유가증권 발행이나 M&A처럼 대규모 거래가 아닌, 일반 대출거래와 상거래 주체들은 거래처를 실사하는 데에 비용 부담이 너무 크므로, 신용조사와 보증, 보험제도를 활용하여 거래처 위험을 관리한다.

---

6) https://www.sec.gov/spotlight/fcpa/fcpa-cases.shtml. 2018.9.7.접속

신용조사방법으로는 은행신용조회(Bank Reference)와 관련업자에게 조회를 의뢰하는 동업자신용조회(Trade Reference) 방식이 있다. 그러나 중요한 거래의 경우는 전문적인 신용기관을 통하여 조사하며, 국제상업흥신소에서도 신용조사 서비스를 수행한다.

미국의 경우 중소기업 신용정보 시장은 민간 기업인 Dun and Bradstreet Inc (D&B)가 주도하고 있다. D&B는 전세계 2억 3,100만 개의 기업과 5,300만여 개인사업자에 대한 정보를 보유하고 기업 신용도, 판매 및 판촉, 공급사슬 관리의 세 가지 분류의 서비스를 제공한다. 정보 수집 원천은 공공 기록, 상거래 기록, 전화서비스 공급자, 신문이나 출판물 등이며, 다양한 부가서비스를 개발하고 있다.

D&B가 수집하는 신용정보 중 핵심 사항은 상거래 기록(trade reference)이다. 이는 특정 사업체의 상거래 채무 상환 정보로서, 상거래 채권자가 D&B에게 제공한다. 모든 기업은 자사의 DUNS 번호 획득을 위해서 회원 등록을 해야 하는데, 등록의 전제조건으로서 자사가 보유한 상거래 채권 관련 기록을 D&B에 제공해야 한다. 상거래 기록은 정보 수집 시점, 지불 방법, 직전 12개월 내 상거래 채무 최고액, 상거래 채무 잔액, 판매 조건, 최종 판매 시점 등 사업체의 신용도를 반영할 수 있는 7개의 기초 변수로 구성된다.

한국 내의 신용조사기관으로는 수출보험공사(K-SURE)가 해외지사 및 전 세계 신용조사기관과 연계하여 해외소재 기업의 기본정보, 재무정보 등의 신용조사를 실시한 후 의뢰인에게 신용조사 보고서를 제공한다.

신용등급책정 방식은 국외기업의 자산과 업종에 따라 국외기업 유형 구분(중기업 중공업, 중기업 비제조업 등) 〉 국외기업 유형에 따라 재무적 요소와 비재무적 요소로 각각 평가 점수를 배정 〉 각 항목의 점수를 합하여 총점에 해당되는 등급을 결정한다. 주요 평가 항목은 재무적 요소로 회사 규모, 수익성, 안정성, 유동성 및 비재무적 요소로 종업원수, 조사기관등급 등이다.

세계 70개국 신용평가기관이 참여하여 전 세계 140여 국, 1억 개 이상의 기업정보를 보유한 CCNet는 한국회원사인 한국기업데이터가 유료정보를 제공한다 (www.kedrating.com)

2. 실사의 범위와 비용

가. 실사 범위의 판단

투자하는 측의 입장에서는 기본적으로 투자대상기업의 독립주체(Stand alone base)로서의 가치에 중점을 두지만, 연결회사들 및 관계사간 내부거래까지 그 규모와 특성, 범위가 투자대상기업에 미치는 영향에 대해 분석한다. 연결 재무제표 요소들을 측정하고 비중을 부여해서 결정을 내리는 것은 결코 쉽지 않은 일이다. 대기업의 경우에는 계량적인 기법에 의한 실사에 의해서 비용을 절감할 필요가 있다.

중요한 기업 거래를 수행하려면 실사가 필수이지만, 실사의 범위와 비용에 대한 우려는 상존한다. 실사의 범위는 고객의 가용 예산 범위로 한정되야 하며, 인수 측이 좋은 기회를 신속하게 잡아야 한다는 이유로 실사를 생략하는 경우도 있다.

기업 내부에서는 '저렴한 비용 하에 실사를 약식으로 수행하자' 면서 다음과 같은 논리가 제기된다:

- "실사 비용 견적이 너무 높다."
- "이 거래는 신속히 끝나야 한다". 그러나 졸속 의사결정이 발생할 수 있다.
- "우리의 거래처는 수천 군데라서 심사하기가 불가능하다" (그러나 대량 심사 기법이 발전하였다).
- "사소한 외주 계약에서 손해 볼 일이 있겠는가?" 라고 방심한다.
- 내부통제를 갖추고 있다는 과도한 자신감에 의존한다.
- 제3자에게 과도하게 의존한다.
- '경쟁자들은 허술한 실사를 용인한다'.
- 앞으로 상대방과 계속 함께 일해야 하는데, 신뢰하지 않는다는 자세를 보여주게 된다.
- 상대방 측에서 배타적인 협상자 지위를 강조하면서 질문을 억제시키는 술책에 끌려 간다.

실사의 범위는 목적, 의도하는 거래에 수반되는 위험, 비용 및 일정 등을 고려하여 결정된다. 실사 범위에 대한 판단은 기업이 규제를 받는 규정 상 또는 계약 상 거래처, 파트너, 고객 들을 파악해야 할 의무를 그 시작점으로 한다. 이러한 의무를 최소한의 기본으로 하여, 거래의 위험도에 따라서 이해관계자들에게 보고할 실사의 범위를 확대한다. 실사가 절차 중심으로 진행되는 경우는 실사 강도가 완화되므로, 절차와 실사 강도 간에는 반비례적인 관계가 존재한다.

도1-1. 실사절차와 실사 강도의 관계

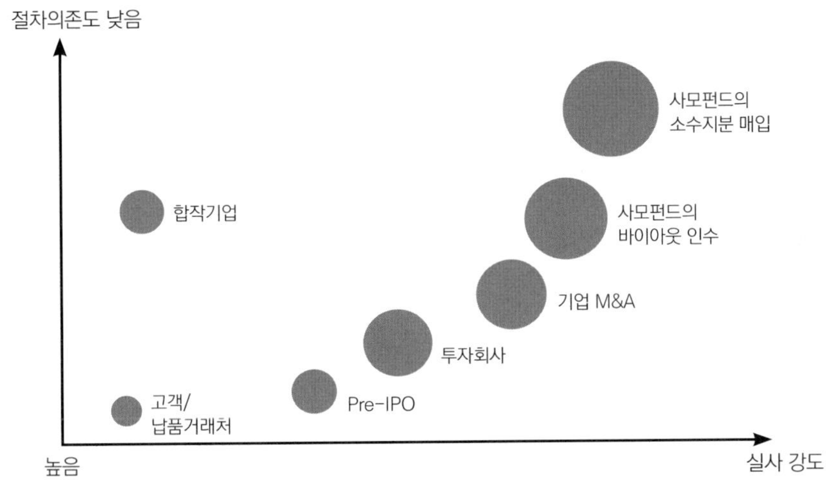

* 자료: Yong Kwek Ping

실사가 실패하는 주 원인은 다음과 같다:

- 거래 실패 위험을 우려하여 비용 투입을 기피하다가 마지막 순간에 졸속으로 이루어진다.
- 인수 의사결정자가 인수를 확정해 놓고서는, 실사를 의사결정의 타당화 절차로 끌고 간다.
- 인수 의사결정을 내릴 개인이 공포와 탐욕에 영향을 받는다.
- 기존의 회계감사 의견에 의존한다. 그러나 미국Crazy Eddie 주식 사기 사건에서 '회계감사 비용을 깎음으로서 허위보고서에 감사의견을 받기가 쉬웠다'는 고백이 제시되어 있다.

나. 거래처 실사

국제 무역에서 바이어가 초기에는 잘 결제하다가 대량 외상 주문을 낸다. 이 시점에 회사의 존립이 위태로와 진다. 대기업에조차 사내 커뮤니케이션이 미흡하여, 사업개발팀이 보안이나 법규팀과 사전 협의 없이 거래선을 선정하는 경우가 발생한다. 기업이 거래상대방 실사를 간과하는 이유는 '사업개발팀이 먼저 거래를 실행해 보고 나서 점검해도 된다' 고 생각하기 때문이다. (단, 제안된 고객이 상장기업의 경우에는 실사 항목을 생략 가능하다.)

그러나, 미국에서는 원만한 비즈니스 관계를 구축하기 위해 거래상대방 실사가 보편화되어 있다. 영미의 고객 실사 항목에 다음 사항들이 포함된다.

- 자금원천, 예상 거래 빈도 및 이체금액.
- 과거 12개월 거래 실적이 있는 기존 고객의 소개서.
- 은행 조회서를 실사자가 직접 입수.
- 전문가인 조회처를 통해서 상대방의 신상에 변동이 있는지, 서명한 파트너가 개인적으로 활동을 하는 것이 아닌지 확인.

실사의 한계요인으로서 데이터베이스에 오류가 있을 수 있다. 개발도상국 제휴선을 실사할 때 정보 수집이 어렵고 수집한 정보를 검증하려면, 현지인의 현장 출장 실사가 필요하다. 인터넷 정보는 조작이 쉽기 때문에 인터넷 검색만으로는 부족하다.

OECD는 책임 있는 사업수행을 위한 포럼[7)]을 개최하고, 다국적 기업을 위한 실사기준(OECD Due Diligence Guidance fo Responsible Business Conduct)을 시하고 있으며, 농업, 광물, 추출물, 의류 및 신발 업종, 분쟁 및 고위험 지역의 광물거래 등에 관해서 공급망 실사 기준을 별도로 제시하였다.

1) 조인트 벤처 파트너 실사

조인트 벤처에서 실사는 협업 전략의 타당성을 검증하는 과정으로 사용된다. 실사

---

7) www.oecd.org - Topics - Investment - Guidelines for multinational enterprises - Responsible business conduct by sector

를 통해 정보의 비대칭을 해소하고 적합한 파트너와 최적의 협업 구조를 설계할 수 있다. 협업 파트너 후보사가 선정되면 그의 기술 수준 및 재무상태에 대해 철저한 실사를 수행한다. JV실사는 일방적인 과정이 아니라 상호 간에 수행된다. 실사는 다음의 기능을 수행한다.

- 협업의 장래 계획이 정의되고 척도가 설정될 수 있다.
- 핵심 위험 영역이 파악되고 그의 대응 조치가 제안된다
- 당사자들이 향후에 의외의 국면을 맞이하지 않도록 관계를 설정한다
- 당사자들로 하여금 도전적이고 까다로운 사항에 대한 논의를 조기에 하게 해준다
- 협업의 전반적인 성공 가능성을 높여 준다

협업절차의 핵심 단계

- 협업전략 문서화 요소 및 기대하는 성과를 정의
- 협업 파트너 물색
- 파트너 후보 실사 및 평가
- 협업 실행계획을 포함하여 협업구조 수립
- 가치창출 실행계획 실행 및 성과측정

미국 프랜차이즈 업계는 중국에 진출하면서 가맹점 선정에 고충을 겪었으며, 미국 상무성 산하 US Commercial Service Office, 법무법인, 컨설팅펌이나 미국 상공회의소의 도움을 받아서 가맹신청자들을 실사하였다.

2) 글로벌 소싱 벤더 실사

기업활동이 국제화됨에 따라, 다국적 기업은 조달과 구매를 글로벌 차원에서 수행한다. 다국적기업의 글로벌 소싱이란 '기업들이 필요로 하는 물적·인적자원, 정보, 기술, 지식들을 전 세계를 대상으로 전략적으로 활용하여 기업경쟁력을 향상시키는 방안'이다. 가장 경쟁력 있는 공급자로부터 구매하기 위해, 세계적인 구매 네트워크를 형성하고, 기업 내부 기능들을 통합한다. 글로벌 소싱을 위한 자사의 수요와 공급자들을 파악하고 나면, 정보요청서나 제안요청서를 발송하여 당사자의 정보를 직접 입수한다. 제안요청서에서는 사업 내용을 설명한 후에, 구매계약서의 기초가 될 조건

들의 예비 견적 제출을 요구한다. 요청자 측에서 공급자를 선정할 심사 기준도 명시한다(요청자 중에는 선정 기준을 비밀로 하는 경우도 있다).제품이나 서비스가 단순하여 공급자들 간에 가격 외의 차이가 없는 경우에는 바로 견적요청서를 발송할 수 있다. 원가경쟁력이 높은 공급사와 협상을 진행한다.

- 공급자는 제안 요청자나 다른 고객들에 대한 사례를 인용 제시한다.
- 경력에는 제안 요청자와의 거래 경력 및 그의 경쟁사와의 거래 경력이 공히 포함된다.
- 비밀 유지 약정서가 포함된다.
- 공급자 후보사의 현행 고객들로부터 조회서가 제출되어야 한다. 각 조회서에는 담당자 인적 사항이 포함되어야 한다.

성공적인 글로벌 소싱을 위해서는 해외 구매 조직의 역량이 필요하며, 기업 내에 이러한 역량이 갖추어져 있지 않다면, 외부 전문가에게 의뢰할 수도 있다.

대형 신용조사업체들은 서플라이 체인 관리를 위한 거래처 심사 서비스를 제공하고 있다. 미국 심사 대행 서비스는 '단일 납품업자가 연간 최소 2만 달러의 주문액은 달성해야 하며 1년 내에 다른 업체로 교체되지 않아야 한다'는 원칙 하에서, 안정성과 재무 구조 기준으로 적격한 납품업체 후보사 명단을 검색하여 준다.

거래처에 대하여 검사, 검증, 테스트 및 인증을 제공하는 SGS와 같은 서비스도 가용하다(www.sgs.com). 거래처의 제품 및 서비스가 글로벌 표준 및 지역 규정에 부합함을 검증해 주는 기능도 포함된다.

다. M&A에서 전략적 인수자와 재무적인수자의 실사

기업인수자로는 업종상 수평·수직적 통합이 가능한 관계가 있는 다른 기업이 가장 자연스러운 후보자가 된다. 이들을 '전략적' 투자자라고 부르며, 전략적 인수자는 인수한 기업을 자사의 기존사업과 통합하여 시너지 효과를 얻고자 하므로 다른 인수후보자보다 더 높은 가격을 제시할 가능성이 높다. 반면 재무적 인수자는 투자은행의 자기투자부문, 벤처캐피탈, LBO펀드 및 벌처펀드 들로서 '사모펀드(PE)'로 통칭된다.

표1-2. 전략적 인수자와 재무적 인수자의 비교

	전략적 인수자(Strategic Buyer)	재무적인수자(Financial Buyer)
대상	-기존 경영진에 신뢰도가 없으며 -회사의 자산이 업계 내에서 장기적인 가치가 있어야 함	-경영진이 강하고,현금흐름이 좋으며, 가치가 저평가되고 전략적 매수자에 대한 시너지 효과가 미미한 경우
경영	적극적으로 이사회에 참여하고 경영권을 통제한다	전략적 인수자 대비 수동적인 투자자이다.
자격	수요기반이 관련산업에 속한 기업에 국한되므로 투자자 범위가 제한된다.	투자자의 범위가 대단히 넓다
가격	시장점유율과 시너지에 대해서 프레미엄을 지급할 가능성이 크다	시너지 효과를 도모하지 않고 저가 매수 추구. 전략적 투자자와 가격경쟁하지 않는다.
레버리지	인수를 위해 현금축적 및 주식교환이 가능하므로 불선호	선호
투입	경영지원효과를 가져오므로 주주가치를 높인다.	자본 제공에 의하여 기업가치를 높인다.
목적	장기 투자목적 투자수익율보다는 기업력을 중시	단기 재무적 투자목적 수익율을 중시
Exit	투자회수에 집착하지 않음	투자회수 시스템을 절대적으로 필요로 함
규모	소수지분을 취득할 유인이 없음	소수지분 취득도 가능

사모펀드는 소수지분에 투자할 경우, '취득 후에 경영 통제가 불가능할 것이므로 실사에 공을 들이지 말자'고 단순히 생각할 수 있다. 그러나, 기존 경영진이 성장을 달성해 줄 것이라고 막연히 기대하기보다는, 철저히 실사를 하여 적극적인 대응방식을 마련하는 편이 합리적이다. 사모펀드는 투자 규모가 크거나 평판 위험이 수반되는 경우에는 수사 방식(investigative)의 실사를 수행한다. 당초에 걸러내는 방식의 실사를 시작했다가 의혹이 제기되어 수사 방식으로 범위가 확대되는 경우도 있다.

표1-3. 전략적 인수자와 재무적 인수자의 실사 방식 비교

	전략적 인수자(Strategic Buyer)	재무적인수자(Financial Buyer)
실사 강도	업종을 파악하고 있고 위험 수용도가 높아 비교적 강하지않음	위험 수용도가 낮으므로 실사 강도가 강함
인수대상	인수 대상 목표를 핵심 소수로 엄선함	다수 인수 대상을 고려
심리	인수를 성사시켜야 할 압력을 받음	언제든지 인수 포기 가능
거래 빈도	빈번하지 않음	빈번함

라. 사전적 실사와 사후적 실사

투자 전 실사는 실사기준일 현재 실사 대상 사업의 재무상태 및 향후 영업을 통한 수익창출 가능성에 대한 판단을 주요 목적으로 하고 있으며, 투자 후 실사는 회사의 수익 및 재무구조가 회사의 계획대로 이루어지고 있고, 부실징후의 추가적 발생에 대한 검토를 주요 목적으로 하고 있다.

미래 지향의 실사를 하려면 가정을 수립해야 하는데, 가정은 인적 요인에 좌우되므로, 실사의 난이도를 높이는 요소이다.

표1-4. 사전적 실사와 사후적 실사 비교

사전적 실사	사후적 실사
• 회사의 재무구조 및 재무제표의 적정성 검토 • 회사의 내부프로세스 및 내부통제에 대한 검토 • 회사가 속한 업종의 향후 업황 전망에 대한 검토 • 매출구조 및 영업 계획 검토 • 향후 Cash-Flow 추정치에 대한 검토 • 비경상적인 자금거래 존재 여부 검토 • 관계사 등 특수관계자 거래에 대한 검토 • 회사의 중요 의사결정기구 및 의결권에 대한 검토 • 지급보증 및 담보제공 등 부외부채에 대한 검토 등	• 재무구조 및 재무제표에 대한 분석 • 회사의 내부통제가 효율적으로 이루어지고 있는지에 대한 검토 • 회사가 속한 업종의 향후 업황 전망에 대한 검토 및 모니터링 • 영업 계획 변동 사항에 대한 검토 및 모니터링 • Cash-Flow 추정치의 변동 내역 검토 • 기타 투자 전 실사 검토 사항에 대한 지속적인 모니터링 등

1) 투자 전 일반적 검토사항

- 통장거래 내역 검토: 회사의 통장거래 내역 중 일정금액 이상의 거래에 대해 자금집행의 적정성을 검토. 또한, 주요 매출처 또는 매입처 이외의 거래처와의 자금거래 내역 및 자금의 유용 등에 대한 검토.
- 유형자산 등기부 등본 검토: 회사 보유 토지, 건물 및 구축물에 대한 등기부등본 상의 소유권과 담보제공 내역을 파악하여 부외부채의 발생가능성 검토
- 법인등기부 등본 검토: 장부에 기재되지 않은 자본거래 및 전환사채 등의 발행이 있었는지 검토
- 회사의 매출 구조 및 향후 영업전망에 대한 검토: 회사의 개발 능력을 파악하

고 개발 후 수익창출 구조에 대해 검토

- 재무제표의 문제점 및 개선방안 제시: 회사의 회계처리방법의 문제점을 파악하여 향후 처리방법에 대한 개선방안을 제시(매출 및 개발비 등 관련)
- 내부통제 관련 사항 검토: 초기 기업 및 벤처기업의 경우 내부통제에서 취약한 부분이 발견될 가능성이 높으므로 취약한 부분을 파악하고 이에 대한 개선안을 제시
- 향후 Cash-Flow 추정치에 대한 검토: 향후 매출, 운전자금, 설비투자 등을 예측하고 회사가 제시한 Cash-Flow가 적정한지에 대한 검토
- 비경상적인 자금거래 유무 파악: 대표이사 등이 비경상적인 자금거래를 통해 자금의 유용한 사항이 있는지를 검토하여 대표이사 등 경영진의 진실성을 파악함.
- 관계사 등 특수관계자와의 비경상적인 거래 검토: 비경상 거래를 통해 매출 부풀리기, 자금 유용 및 횡령 등의 문제 파악
- 회사의 의사결정기구 및 의결권에 대한 검토: 주주명부 또는 이사회 구성원 등을 검토하여 향후 의사결정시 의견충돌 발생가능성이 없는지 및 의사결정의 투명성이 보장되는지에 대한 검토
- 지급보증 및 소송사건 대한 검토: 회사가 타인을 위해 제공한 지급보증이나 대표이사가 타인을 위해 제공한 지급보증이 존재하는지를 파악하고, 해당 제공기업 등의 재무구조 등을 검토하여 지급의무의 발생가능성을 판단. 또한, 현재 계류 중인 소송사건을 파악하여 손해배상 책임이 존재하는지에 대한 검토 수행.
- 회사의 대금회수 방법 및 지급방법 검토: 단기 유동성 위험에 노출될 가능성이 존재하는 지에 대한 검토

2) 투자 후 리스크 관리 방안

- 영업현황 및 산업 현황 검토: 매월 또는 분기별 회사의 영업진행상황 및 산업현황을 파악하여 향후 수익창출 능력을 투자시점과 비교하여 검토
- 소송사건 등에 대한 주기적 검토: 매월 또는 분기별로 정보 매체를 통해 소송사건이 존재하는지 및 지급보증 변동 내역이 존재하는지 검토

- 회사 및 대표이사의 신용현황 파악: 매월 또는 분기별 정보 매체를 통해 회사의 신용등급, 차입금 현황, 신용정보, 대표이사의 신용정보를 파악
- 재무제표에 대한 분석적 검토 수행: 매월 또는 분기별 회사의 현금성 자산 및 차입금 비율, 매출증가율, 영업이익 증가율, 당기순이익 증가율, 매출채권회전율, 재고자산회전율, 매입채무회전율 등을 검토하여 회사 재무구조상 취약점이 존재하는 여부를 판단
- 대표이사 등 주요 임원의 변동 여부 파악: 회사의 핵심인력의 변동 여부를 파악하여 사업수행 능력을 평가
- 특수관계자 거래 파악: 대표이사 등 주요임원의 겸직 현황, 지분출자현황 등을 파악하고 해당업체와 비경상적인 거래가 이루어지는지를 파악
- 주요지표(유동성, 수익성 등) 검토 후 또는 무작위 표본추출을 통한 투자업체 실사 방문: 투자업체를 직접 방문하여 자금집행내역 등에 대한 주기적인 검토 수행

마. 불경기에서의 실사

불경기에는 회사가 비용 통제에 중점을 둠에 따라 자산의 사취, 자리 유지를 위한 허위정보 제출, 해고에 대한 보복, 등 평상시와 다른 사건이 증가한다. 벤더들도 부당한 이익을 위해서 회사의 구매나 판매 부서와 공모할 수 있다.

개인은 곤궁에 불구하고 지출 수준을 유지하고자 부당행위를 하도록, 경영자 급은 회사를 살려내고 직위를 유지하기 위해서 장부를 조작하도록, 유혹을 받게 된다. 판매와 마케팅에는 리베이트, 고객 정보 도용이 주로 발생하며, 경영진 비호 하에 이해관계자가 설립한 페이퍼컴퍼니에게 매출을 계상하기도 한다. 가공 매출로 허위 성장 및 매출채권, 재고 들의 파이낸싱의 부담을 일으킨다. 구매 부문에서 발생하는 리베이트는 허위 납품을 하거나, 불필요한 중개인을 개입시키는 형태로 발전한다.

실사 대상 기업이 장기 기업가치에 손상을 주는 경영을 하면서 숨기고 있을 위험의 신호로는, 월 매출이 감소 또는 증가세 둔화, 고객 및 공급자로부터의 가격 압력, 재고 증가, 매출채권 회수 둔화 및 부실채권 증가, 월간 실적 부진, 이직율 상승 및 사기 저하, 주문 재고 감소, 수익감소와 충당금 증가, 대출 약정 미이행, 비경상적인 법률 비용이나 부실채권, 일회성 재고 상각, 생산라인 중단이나 고객 상실, 치명적인 자본

적 지출의 이연 등이 있다[8].

실사팀은 실적 악화가 경기 침체와 시장점유율 하락 중 어느 쪽에 기인하는지를 구분하여야 한다. 경기 침체가 예상보다 장기화되거나 피투자기업의 약점이 과소평가될 수 있기 때문이다.

- 12개월 간 추세: 경기불황에서는 절대 수치보다 추세가 더 중요하므로 과거 12개월 간 실적에서 최근 수치를 검토하고 역사적 실적과 비교한다. 추세가 하락세라면 피인수 대상 회사는 수치를 늦게 발표하려 할 것이다. 회계 변경에도 유의하며, 매출 독려를 위해 고객에게 인센티브나 할인을 제공하였는지 파악한다. 이러한 활동을 배제한 후 진정한 실적으로 환산한다.

주문 잔고가 증가함은 이행을 못한 때문일 수 있다. 또는 취소된 주문의 반영을 지연시키고 있을 수도 있으므로, 기간별 주문 잔고를 비교하여 진정한 추세를 파악한다.

불황기에는 매출의 절대금액만이 아니라 그 질을 조사해야 한다. 최근의 이탈 고객의 사유가 무엇인지 조사한다. 신용경색의 시기에서는 실사 대상회사의 고객기반의 신용도를 평가할 필요가 있다. 실사 대상회사가 매출을 유지하기 위해서 제품보장, 할인 등을 제공하였는가?

생산라인 및 고객 별 총마진을 면밀히 검토한다. 적자 생산라인을 중단할 경우 다른 생산라인에 경비가 더 많이 배분되어서 그의 마진을 압박하게 된다. 생산라인이 중단되면 좋은 여건에서 누리던 물량할인을 상실하게 될 것이다.

불황기에 매출채권이 증가하면 현금흐름이 악화된다. 매출채권 증가 추세를 검토하고, 고객이 청구서에 불복하거나 신용한도를 줄이는지 파악한다. 부실기업은 구매와 매입채무 상환조건을 조정하려 할 것이다. 현금을 보유하기 위해서 지급을 늦추거나, 불필요한 재고를 회피하고자 반품을 시도하여 분쟁이 발생한다. 구매 거래에서 물량 할인 및 관련된 벌칙이 현안이 될 것이다. 비용을 줄이기 위해서 거래처를 교체하였다면 품질 문제가 발생할 수 있다. 핵심 납품업자가 부도나면 대체거래처를 찾는데에서 비용과 부담이 발생할 것이므로, 핵심 거래처의 건전성도 평가해야 한다.

---

8) Dangerous Opportunities: Understanding the M&A Market During the Recession and the 10 Keys to Successful Due Diligence, Freed Maxick & Battaglia, PC.

매출이 감소하면 재고가 증가한다. 실사 대상회사의 고객들이 어려움을 겪고 있다면 반품도 증가하여 재고를 늘릴 것이다. 실사 대상회사가 비용을 재고에 계상하고 있을 수도 있다. 이로 인해 현금이 유출된다.

인건비는 주요 비용 항목이므로 대상기업이 상여금을 축소하고 무급 휴가를 실시하였는지 및 이러한 대책이 지속 가능한 것인지 파악한다.

실사대상 기업이 이익을 늘리기 위해서 유보금을 변경하였는지 판단한다.

바. 소셜미디어를 활용한 배경 조사

소셜미디어에서는 사용자들이 직접 대면한 경우에는 언급하지 않을 그러한 표현을 사용하는 경향을 보이며 당사자의 과거의 언급 내용이 저장되므로, 유용한 모니터링 경로가 되고 있다. 한국에서도 일시적인 흥에 들떠 별 생각 없이 SNS에 올린 사진 때문에 일자리를 잃은 일반인이나, 예전의 기고문이나 강연의 내용이 문제가 돼 내정이 취소된 공직자의 이야기가 들려온다.

2015년 딜로이트 컨설팅의 설문에 회신한 123개 미국기업 중 82%가 LinkedIn, Facebook 등의 소셜미디어를 조사 활동에서 활용하며, 대기업의 경우 87%로 활용도가 더 높았다. 소송에서 소셜미디어를 활용하는 경우는 상대방, 상대 측의 증인 및 전문가 증인을 파악하기 위해서이다.

중국에서 가장 많이 사용되고 있는 토종 소셜미디어 플랫폼인 웨이보와 위챗 모멘트에서 역시 유용한 정보를 수집할 기회가 있을 수 있으나, 투자 관련 배경조사에 중요한 채널로서의 역할에는 한계가 있다. 오히려 중국 내 약 9억명이 사용하고 있는 위챗은 거의 100% 가까운 금융/투자 종사자가 사용하고 있고, 이러한 사용자들의 APP에는 동호회와 친구 뿐만 아니라 관련업계 종사자들로 이루어진 다수의 단체방을 갖고 있어 Network과 관시 형성에 사용하고 있다. 또한 수시로 필요한 배경 조사에 필요한 도구로 사용하고 있다.

또한 중국에서는 택시 호출과 소액결제 뿐만 아니라 정보검색 심지어는 기업정보 검색 역시 모바일에서 이루어지고 있다. 예를 들면, 天眼查(티엔이엔차), 启信宝(치신바오), 企查查(치차차), 企多维(치두워웨이), 企查猫(치차미아오) 등 10개가 넘는 기업 검색 APP가 사용되고 있으나 티엔이엔차와 치신바오가 주류를 이루고 있다. 기업간의 투자뿐만 아니라 일반 거래에서도 기업정보의 필요성이 중시되고 있다. 이러한 수요를 충족 시키기 위하여 모바일 폰 기업 검색 APP 사용이 일반화 되고 있다.

이러한 기업 검색 APP에서는 기업공상등록, 법률소송현황, 상표 및 특허 현황, 대외투자(자회사 현황), 국내외 지사, 채권, 도메인 등록, 저작권, 주주구성, 입찰현황, 경영이상 유무, 신용상태, 유관 신문기사, 요약재무제표 등 정보가 제공되고 있다. 일반적인 정보는 무료로 제공되고 있으나 가치있는 정보는 인민폐 30~100정도의 유료사용자가 늘어나고 있는 것으로 업계에 알려지고 있다.

금융업/투자업 종사자, 변호사, 회계사, 자문업 종사자 또는 기자들이 주로 사용하고 있는데, 특히 비상장회사 투자를 검토 또는 기업방문을 하는 경우, 수시로 티엔이엔차를 통해 기업정보를 검색하는 경우가 많다. 회사 방문 전후 미팅에 참석하는 인원에 대한 지분보유 여부, 기타 법인에 대한 지분보유관계 및 법인대표 등을 확인하는 경우가 많다. 보편적으로 중국기업의 홈페이지에서 제공되는 정보가 제한적인 관계로 인하여 기업 검색 APP를 사용하는 빈도가 계속 높아질 것으로 보여진다.

3. 실사 자문 서비스

실사는 단순한 공적 기록 검색에서부터 수개월 간에 수백 차례의 면담을 거치는 조사까지 폭넓은 범위의 조사 기법까지 폭넓은 개념이다. 실사는 기본적으로 회계실사와 법률실사로 구성되지만, 인적자원, IT, 거래처 신용 파악, 조사 및 수사, 시장조사, 위기관리 등 다양한 전문분야에 대해 실사 서비스가 일반화되었다.

이 모든 역할을 실사 주체의 내부에서 수행하기에는 역량에 한계가 있으며, 수백 건의 유사한 사건들을 처리하였던 외부전문가의 경험으로부터 학습할 필요가 있다. 또한 고객, 감독기구나 외부인들에게 철저한 조사가 수행되었음을 입증하려면, 외부 전문가의 관여가 필요하다. 실사 주체와 자문사의 양측이 팀으로 결합하는 것이 최선의 접근방식일 것이다. 딜로이트의 설문조사에 이하면 303인의 투자자 중 93%가 거래처 배경조사를 수행하며, 이중 절반은 외주 서비스를 활용하였다. 응답자 중 75%는 배경조사의 결과에 따라 거래 포기를 한 경험을 가졌다.

가. 포렌직 회계

미국 AICPA는 회계감사 이외의 경영컨설팅 서비스에 속하는 사업가치평가, 손해 산정, 수사 회계, 회계 원칙, 회계와 통계 분석, 세무, 회계사와 감사의 전문 직무 등에 대해서 AICPA 직업기준, CS section 100.05d를 1992년에 채택하였다.

미국에서 1930년 이전에는 회계감사인의 기능에 회계부정 적발이 포함된다는 인식이 있었으나, 1933년과 34년 증권법 입법 이후인 1939년 Statement on Auditing Procedure 1에서 "회계감사 의견 제시에 관련된 감사에서 부정적발은 의도하거나 의존되지 않는다" 고 명시하였다. 대법원 판례에서도 '회계감사인의 부정 적발 역할은 부수적인 것이다'라고 책임 한정을 인정하였다. 그러나 적정 감사의견을 받은 기업에서 부정이 빈발하자, 1974년 AICPA 산하 Cohen위원회는 '감사인에게 적절한 전문적 주의를 기울였다면 정상적으로 적발되었을 중대한 부정에 대한 적발 책임이 있다'고 판정하였다 (The Commission on Auditors Responsibilities: Report, Conclusions and Recommendations, AICPA, p.978).

1997년 AICPA는 AU Section 316 '재무제표 감사와 관련된 부정 고려 (구 SAS 82)를 통해 기업경영의 부정에 대한 감사인의 책임과 그 대응에 대해 실무적으로 상세하게 규정하였다. 국제회계사연맹에서도 ISA 240 '재무제표 감사에서 부정에 관련된 감사인의 책임'을 통해 기준을 제시하였다[9]. 2009년 AICPA조사에 의하면 설문에 응답한 회계사 중 73%가 포렌직 자격을 보유하였다.

포렌직 회계는 '범죄 혐의가 있는 재무적 사안이 수반되는 분쟁을 회계감사, 회계 및 수사 기법을 사용하여 지원하는 활동'으로 정의된다[10]. 회계감사의 목적이 사기의 적발에 있지 않은 반면, 수사 목적의 회계는 법적 문제 해결을 의도하므로 전통적인 회계와 다르며, 범죄 혐의에 대한 조사이므로 증거 수집에서 표본을 사용하지 않는다. 일부 회계법인은 엔지니어링 등 전문분야를 커버하기도 한다. 공인회계사들은 사립탐정 면허를 요하는 행동은 삼가야 한다.

---

9) 한국에서는 국제회계사협회의 Clarified ISA (International Federation of Accountants, 2009.12.15) The Auditor's Responsibilities Relating to Fraud in an Audit of Financial Statements를 기반으로 '감사기준서 240 '부정에 오류에 관한 감사인의 책임'을 도입하였다.

10) Kumari Tiwari, Reshma; Debnath, Jasojit. Forensic accounting: a blend of knowledge, Journal of Financial Regulation and Compliance; London Vol. 25, Iss. 1, (2017): 73-85

포렌직 회계사의 서비스 영역은 다음과 같다[11].

- **증인과 피의자 심문에 참여**

  회계 분석을 위해서는 당해 조직의 운영이 회계기록 및 부정 혐의 행동과 어떻게 연계되는지에 대한 이해가 선결되어야 한다. 수사 대상 사안이 전문적인 회계 사항일 경우에는 포렌식 회계사가 심문 과정에 참여할 필요가 있다.

- **자산 평가**

  이혼하는 부부가 파트너십 지분을 공유하는 경우에 빈발하며, 은닉재산의 조사도 수반된다. 상실된 이익금 산정은 피고의 행위가 없었더라면 원고가 가득했었을 소득의 배상을 요구하는 절차이다.

- **자산 추적**

  자산이 유용되면 분할되고, 소멸하며, 신탁 등 다양한 장치 뒤에 은닉되고, 외국으로 유출된다. 피해자들은 자산을 추적하고 부정행위자와 연관을 밝혀 내야 하며, 자산 이동의 증거를 확보하기 위해서는 제3자의 공개 명령을 얻어 내야 한다. 이를 위해서 변호사와 포렌식회계사 간의 협업 체계가 발전하였다.

- **자산 회수**

  자산이 추적되었다면 피해자를 위하여 회수하여야 할 것이다. 그러나 회수 가치는 불확실하고, 비용은 부담스럽다. 이때 경험 많은 포렌식회계사의 의견이 요구된다.

  가장 일반적인 회수 방식은 소송, 파산 신청이며, 포렌식 회계사의 역할은 소송 지원이 될 것이다.

- **소송 서비스**

  소송 서비스에서는 기업가치 평가, 전문가 증언, 장래 이익 추정, 손익 분석 등의 기능을 수행한다. 법정 증언에서는 회계사가 증언 기준(Attestation standard)에 따라서 법원 또는 배심원에게 전문가로서의 의견을 제시한다. 많은 사건이 합의로 타결되므로 법정 증인 출두가 빈번하지는 않으나, 출두할 경우에는 비회계전문가들에게 설득력 있게 설명해야 한다.

---

11) Gavin Williamson, Stephen Peters, The Role of Forensic Accountants in International Investigations, The International Investigations Review – Edition 8, July 2018

미국공인회계사회의 Forensic & Litigation Services 위원회는 '기업가치 평가 및 송무 서비스 실무지원 07-1, Forensic Accounting-Fraud Investigations'라는 교육 및 참고자료를 발간하였다. **American College of Forensic Examiners International**[12] 에서는 경력 정보를 제공해 준다.

High Technology Crime Investigation Association (HTCIA)는 캘리포니아검찰의 예산으로 탄생한 비영리재단으로서 forensic교육을 전문하고 있다.(https://htcia.org/)

표1-5. 미국 회계감사와 수사 목적의 회계 비교

	회계 감사	수사 목적의 감사
시기	정기적	특별히 수시
범위	전반적	특정 혐의에 한함
목적	재무제표에 의견 표명	사기 발생 여부 및 책임 판정
관계	비 적대적	적대성
방법론	회계감사 기준	서류조사, 외부자료 조사, 면담
기준00	전문적 의구심	혐의에 대한 증거

-범죄 조사. 통상 경찰을 위해서 증거를 제시하는 역할

-주주 및 조합 내의 분쟁 사건으로서 다년 간의 재무기록 분석 수반.

-사고나 부당한 해고로 인한 개인 손해 청구액 산정

-사업 지장 및 보험청구

-직원 부정행위 조사, 자산 회수

-이혼 소송 및 재산 분할을 위한 조사

-계약 상 분쟁, 제조물 책임 등 사업 손실 산정

-전문가의 과실 판정 및 중재나 조정

12) https://www.forensicpsychologyonline.com

나. 실사 전문 서비스의 출현

회계감사인이 부정을 적발하는 직접적인 역할을 맡지는 않음에 따라, 이 기능을 개인회계사 및 다른 전문가 집단들이 컨설팅 영역으로 개발하였다.

실사 대행업계에서 Deloitte, FTI Consulting (구 Forensic Technologies International, KPMG경력자 창업), Kroll, Guidepost Solutions, LLC (SafirRosetti Consulting인수), Control Risks, Giuliani Security & Safety (Giuliani Partners자회사), Stax, 구조조정 전문사인 J. Alix 및 Alvarez & Marsal 컨설팅사 들이 수사방식의 실사 서비스를 제공하고 있다.

이 업계는 당초 1980년대 미국에서 적대적 인수가 성행하던 당시에 발전하였다[13]. 기업을 사냥하는 측이 목표를 조사했을 뿐만 아니라, 피인수 대상기업 측에서도 잠재 인수자에 대한 정보를 반격에 활용하였다. 닷컴 버블시기에는 거대한 사업계획을 제시하지만 실적이 없는 사업가의 배경을 조사 수요가 일어났고, Refco부실 사건과 베이유 헤지펀드 파산 이후에도 각광을 받았다.

딜로이트의 조사에 의하면 투자자의 81%가 파트너 또는 상대방의 진실성을 조사한다. 국제적으로도 세계화,신흥시장 투자 증가,헤지펀드 투자,미국의 반부패법 집행 강화 등으로 성장하였다. 수사 목적의 실사는 투자 이후에 자금 소진 경로를 찾기 위해서도 수행된다.

실사자문사의 자격요건은 경험, 요령 및 객관성 확보 등 실사목적에 따라서 도출된다. 실사자문사의 선정 심사는 평점표에 의할 수 있지만, 시간이 촉박할 경우는 몇 가지 요소에 의해 고객 측이 직관적으로 결정하기도 한다. 투자자는 실사 자문사 선정을 지체하여 실사 가용 시간을 소모하지 말아야 할 것이다. 실사 용역계약을 가급적 장기로 설정하여 자문사 측의 우수 자원 배치를 유도한다.

실사 자문사는 처음부터 실사의 범위를 고객과 합의하여야 한다. 자문사에게 업무량을 보장해 주는 만큼 자문료의 협상이 가능하다. 고객은 실사전문가에게 시간급보다는 고정수수료 지급을 선호할 것이나, M&A 경우 인수 후의 통합까지도 포함시키

13) The deal detectives Rosenberg, Hilary. Newspaper Financial Executives Quarterly; Reston Vol. 2, Iss. 4, (Jul/Aug/Sep 1996): 31.

는 것이 바람직하다.

실사전문가를 고용한 경우, 실사고객은 수십 페이지의 배경조사 내용을 보고 받게 되는데, 이 보고서를 가지고도 결정을 내리기는 쉽지 않다. 실사보고서는 거래의 적합 가부를 판정해 주지 않으며, 실사 고객은 자사의 위험관리 정책을 반영해서 의사 결정을 내려야 한다. 그런데 M&A나 IPO거래를 주선하는 투자은행 측은 실사 전문 자문사가 실사 과정에서 문제를 제기하여 거래를 위태롭게 만들기를 원하지 않을 수 있다.

실사 자문사는 회계 부정 적발을 위해서 상관관계와 시계열 분석을 활용한다. 상관관계는 두 가지 시계열 데이터가 동반하여 움직이는지를 측정한다. 상관관계가 1이면 똑같이 움직이는 것이고, 0이면 따로 노는 것이다. 장기적으로 동일한 방향을 나타내야 할 변수가 궤도를 벗어나는 경우를 추정한다. 예로서, 패스트푸드점에서 점포간 매출, 전력 회사에서 계절적 사용량, 소매업체에서 쿠폰 사용패턴을 비교한 결과 부정 적발에 성공적이었다. 이는 조직이 크고 매출 시간이 기록되며 기준 지표가 존재하는 경우 유용하다. 상관관계는 약할 수 있으므로 지표로서 불완전하지만, 다른 방식과 결합하여 매출 추세를 분석하면 유용하다.

표1-6. 과거 성과를 장래의 지침으로 활용하는 데 한계성

요인	내용
제품 라인	중소기업이나 기술기반 기업에서는 제품수가 적으므로 과거와 장래 간 실적 간의 상관관계가 낮다. 제품의 수명주기 상 단계가 다르므로 동일 기업 내에서의 시간비교는 더욱 어려워진다.
고객 라인	상동. 단일 최대 고객을 상실할 경우 장래는 더욱 불투명해짐
시장 변화	시장과 기술의 변화로 인해 과거 재무자료의 유용성이 약화된다.
사업포트폴리오의 비교가능성	시장은 하부 제품/시장 부문으로 세분되므로, 기업 간 전체적인 직접 비교는 정확도가 떨어진다.
규제의 영향	규제가 개폐됨으로 인해서 과거가 미래에 대한 지표성을 상실한다.
무형자산의 영향	무형자산의 영향력이 강해졌으나, 역사적인 수치는 이를 반영하지 못한다.

* 자료: Peter Howson

시계열 분석도 다음의 업종에서 유용하다. 장래의 비용과 수익 수치를 예측해서, 실제치와 간의 괴리를 조사한다. 차이가 난다면 변화가 발생한 것이고, 변화가 사기

행위에 기인한 것일 수 있다.

- 프랜차이즈 체인에서 매출이 감소한 가맹점
- 항공사 화물 도난
- 은행 점포의 대손
- 학교 내의 전기 사용
- 보험회사에서 보험금 청구가 많은 대리점
- 병원에서 식자재 소비
- 운송 회사에서 연료 소모

다. 전자 서류 검토

수사목적의 회계에서는 정보 수집을 위해서 전산조사 패키지를 사용한다. 방대한 서류의 전자 검토 기술이 발달함에 따라서, 종이서류의 보관보다는 스캔본 보관이 더 바람직한 시대가 되었다. 그러나 단순한 단어 검색이 한계에 도달하며, 대량의 전자서류 검토는 비용 부담이 크므로, 개념 검색(concept search)와 예측 코딩(predictive coding)이 발전하였다. 개념 검색은 '크리스마스' 검색을 하면 '선물'이 추가되는 방식이다. 예측 코딩은 'technology-assisted review' 로서 수작업 검토 결과로 도출한 개념을 소프트웨어가 학습한 후 전체 데이터를 검색해 주면 다시 수작업으로 개념을 보완한다. 이같이 개념 보완을 여러 차례 반복하면서 인공 지능이 가동하면, 수사 비용이 절감된다. 영국 중대부정 단속국이 롤스로이스사의 브라질 뇌물 사건을 수사하던 당시, RAVN사의 AI소프트웨어는 3천만 페이지를 분류하여 80% 이상의 비용을 절감하였다.

소송에서 전자증거는 입수 경로가 중요하다. 자문사들은 고객이 컴퓨터를 켜면 파일의 날자가 바뀌므로 함부로 켜지 말고, 켜져 있다면 건드리지 말고 전문가에게 RAM을 확보시키라고 조언한다[14]. 단 네트워크 케이블은 원격접속이나 백신프로그램의 업데이트를 막아야 하므로 제거되어야 한다. Guidance Software의 Encase는 2005년 미국 연쇄살인범이 방송국에 보낸 디스크를 조사하여 단서를 찾는 쾌거를 기

14) Carol Ko, The digital smoking guns, A Plus, 2009.11.

록하였다. FTI Consulting의 경우는 호주의 Ringtail Soulutions를 인수하여 독자적인 소프트웨어로 활용하고 있다.

전산 조사에서는 언어가 가장 문제되는데, 중국어와 한국어가 가장 고난도라고 알려진다[15]. 한국에서는 디지털포렌식학회가 2010년 창립하였으며, 디지털포렌식전문가 자격검정 (필기, 실기)을 한국인터넷진흥원과 주관하고 있다.

4. 실사 대상 분야

가. 재무 실사

재무실사는 적절한 거래 가격의 산정과 재무 리스크를 회피하기 위해서 대상기업의 회계 및 재산을 조사하는 활동이며, 투자 의사결정 근거로서 해당기업의 재무상태에 대한 포괄적이고 유의한 분석을 도출한다. 재무실사의 주 관점은 장기 수익력이고, 역사적인 재무상태, 현행 이익과 재무상태 및 경영진이 작성한 재무계획에 초점을 둔다. 재무실사는 지배구조 확인 및 리스크 관리를 위해서도 필요하다.

실사가 정확하지 않으면 가치평가의 타당성을 판단할 수 없으므로, 재무실사는 잠재투자자에게 거래 성사 가능성을 높여 주며, 사업과 현금흐름에 대한 신뢰를 제공하여 가격 결정 및 레버리지를 결정하도록 지원한다. 자금조달자 측에게는 거래 과정과 시점을 통제하여 더 높은 가격을 받게 해 주며, 가격에 치명적인 요소를 미리 파악하여 해결 대안을 강구하게 해 준다.

재무실사의 범위는 대상회사의 사전 정보 입수와 충분한 커뮤니케이션을 통하여 결정되지만, 조사단계에서 새로운 리스크가 발견되면 실사 범위는 확대된다.

재무실사의 절차는 연락 및 자료 준비, 현지 조사와 정보 수집 및 검토분석과 보고서 정리의 3단계로 구성되며, 소규모기업이라면 10일~2주간, 대규모기업은 최소 3주간은 필요하다.

15) George W. Russel, Trust but verify, A Plus, 2012.7.

- 관계자의 킥오프 회의
- 대상회사의 현황 자료 청구 질문목록 작성 및 제출
- 재고가 실존하는가, 누락 없이 기록되었는가, 조사 중에 이동이 없었는가
- 기업 측의 측정(카운트) 방식이 적절한지 및 내부통제 평가
- 샘플 조사 경우 목록상의 샘플이 실제 창고에 일치하는가
- 재고의 가치가 맞는가? 변호사 및 감정평가사의 의견 수렴
- 실사보고 초안 작성
- 문제점 검토
- 최종 실사 보고 제출

재무실사 팀은 먼저 각 부서장을 면담하여 대상기업의 상업적 운영과 전략을 파악한다. 이는 재정부서를 면담하기 전에 내부통제, 업무 분장과 재정부서의 타부서와의 협조 절차를 이해하기 위한 것이다. 재무실사 팀은 또한 보고체계와 정보 시스템을 조사하고, 최고경영진이 정기 재무보고를 검토하는지 여부를 판단한다. 이후 분석을 위한 정보를 수집하여 투자자 측에게 제시될 수치의 신뢰성을 제고한다.

수익과 자산의 질적 평가 항목은 다음과 같다:

- 비 표준 급여, 오너 관련 비용, 회계 조정, 일시적 손익
- 가치평가 모델에서 역사적 성장율, 수익성, 현금 창출 실적 분석
- 장래 실적에 대한 가정 채택 또는 수정
- 역사적 수치를 재무와 상업적 실사의 양팀에서 검토
- 성장율이 시장평균에 미달시 점유율 상실의 영향을 반영

시너지는 매출증가와 비용 절감의 두 측면에서 분석하되, 매출증가 시너지 측정은 고난도의 작업이다. 재무실사자는 검증된 계산을 집계하여 기업가치 창출이 달성되는지를 판단한다. 예상 시너지에 의해서 가치가 지지되지 못한다면 인수가격 조정 사유가 된다.

나. 법률실사

법률실사는 거래나 대상기업에 관련하여 법적 또는 계약상의 조건으로부터 발생할 수 있는 위험을 조사한다. 실사팀은 위험과 의무를 포함하여 대상기업의 가치평가를 지원하고 법률의견을 제시하며, 가능한 한 유리한 계약서를 기안해 준다.

- 일정부분의 "정보 비대칭" 을 해소 한다.
- 법률문제 및 리스크를 확인하여, 법률 리스크의 질을 판단한다.
- 최선의 적합한 파트너 선택을 하도록 지원한다
- 상이한 거래내용 및 업종에 따라 법률보호가 될수 있도록 한다.

주요 법률실사 항목은 다음과 같다:

- 합법성 조사
- 목표기업 주체에 대해 합법성 여부 조사: 인가, 사업자 등록증, 정관, 설립절차, 등기변경, 합병등에 대해 조사
- 연혁 조사
- 지분구조 조사: 주주들의 출자비율, 지분 변동
- 회계보고, 감사보고서 심사. 회계제도변경 연도, 자산평가, 자본 납입여부
- 주요 자산 조사: 토지 임차권, 생산시설 소유권, 지적 재산권, 판권
- 중요계약: 업무협약, 대출 및 보증 계약등
- 특수관련인 관련한 거래 체크 및 동업경쟁 조사
- 기업지배구조 조사
- 회사의 관리제도 및 재무제도의 내부 통제 체제 체크
- 회사임직원: 임직원의 고용계획, 임직원 비밀유지 계약, 회사의 핵심, 비핵심 직원 분류
- 환경보호, 세금, 보조 현황
- 소송 행정처벌: 보고기간내 소송 행정처벌 관련한 내용을 포함 하여, 관련자 주체, 시간, 원인 결과 및 이행 상황

1) 진술 및 보장과 실사의 관계

M&A계약에서 매도 측은 매매당사자 및 매매대상 기업에 대한 정보를 매수인에게 진술하고, 그 사실이 진실함을 매수인에게 확인해 주는 진술 및 보장을 제공한다[16]. 진술과 보장은 매도인에게 정보를 공개하도록 강제하므로 실사를 보조하는 기능을 수행한다. 진술과 보장의 위반이 인수합병 거래 종결 이전에 불거지면 매수인은 계약을 이행 이전에 해제할 수 있고, 인수합병 종결 이후에 불거지면 매도인 또는 피인수 기업에게 배상 책임을 부과하므로, 실질적인 매매가격 조정 효과를 일으키는 계약조항이다. 그러나 진술과 보장 문구를 합의하는데 상당한 시간과 감정이 소모되므로, 매수 측은 사전적으로 실사에 주력하는 것이다. 또한 사모펀드들은 기업 인수에서 발생하는 리스크를 보상받는 보험을 발전시켰다[17].

M&A 계약 체결 후에 피인수 기업의 회계 부정이 적발될 경우, 계약 체결 전 실사는 데이터와 인터뷰에 의한 수집 정보에 대한 신뢰를 기본 전제로 분석을 한 것이므로 인수자 측에 책임 부담은 없다. 인수 후 부정이 적발될 경우 인수자 측은 매도자의 진술 및 보장에 의해 손해 배상 또는 가치의 차액을 조정 청구할 수 있다. 그러나 인수자 측에서도 상당한 위험과 불편을 감수해야 할 것이다.

2) 사취당한 재산의 회복을 위한 실사

부당행위에 대한 실사에는 다음 항목에 대한 고려가 필요하다.

- 청구권의 속성은 어떤 것인가?
- 투자자로 하여금 지출을 하게 만들었던 허위진술 내용과 매체가 무엇이었는가?
- 허위 진술이 제시된 국가가 어디였는가?
- 최초 허위진술, 투자 실행 및 최종 접촉/통신 일자가 언제였는가?
- 중개인이 누구였는가?
- 청구권에 부당행위자를 지원 또는 중단시키지 못한 초기 책임을 부담하는 제3자가 개입되어 있는가?

---

16) 외환위기 이후 외국기업들이 역외에서 한국 주식을 인수하면서 해외 로펌들이 계약서를 작성하여 선례들이 축적되었고, 한국 변호사들이 국내 법률 및 기업 현실에 부합되게 수정하여 오면서 한국 내 진술 및 보장 이론이 발전하였다. 허영만, M&A계약과 진술보장 조항, BFL 제20호, 2006.11.

17) 조성민, M&A에서 사용되는 진술 및 보장 보험, 연합인포맥스 리걸인사이트 2018.4.30.

- 직간접 지출액이 얼마이고, 이중 폰지 구조에 사용된 금액이 얼마인가?
- 관할법원에서 자산 동결의 법정 비용과 처리 속도는 어떠한가? 누락자산이 있으면 상대방은 이를 재원으로 하여, 실사 측의 허점을 잡아내어 법정 방어에 나설 것이다.
- 피해자가 회수 비용 부담 능력을 갖추었는가? 전액을 성공불로 할 수는 없다.
- 섣부른 회수 활동이 이미 개시되었으면 전문가의 후속 활동에 혼란을 줄 수 있다.

다. 상업적 실사(Commercial due diligence)

상업적 실사는 기업의 고객과 시장을 이해하기 위하여 수행된다. 상업적 실사는 기본적으로는 고객에 대한 조회 활동이지만, 시장, 경쟁사 및 경영진에 대한 실사로 영역이 확대될 수 있다. 특히 과거 통계가 부존재하거나, 장래의 상황이 과거와 달라진 경우에 특히 CDD가 필요하다.

상업적 실사가 매출 및 마진을 포함하므로 재무실사와 중복되는 측면이 있다. 그러나, 재무실사를 수행하는 회계사들은 시장가 경쟁사 정보를 내부 경영진에 의존하여 입수하는 한계가 있는 반면, 상업적 실사자문사는 경영환경에 중점을 둔다. 따라서 과거 지향적인 재무실사와 미래지향적인 상업적 실사의 자문사들 간에 실사보고서를 교환 검토가 필요하다. 재무실사 자문사는 상업적 실사보고에 의존하면 보다 적극적인 의견을 낼 수 있다.

해외에서는 Armstrong Transaction Service, AMR, Javelin Group등의 상업적 실사 서비스업계가 발전하고 있다.

라. IT 실사

정보통신 기술의 발달로 인해 정보의 발송과 저장이 용이할 뿐만 아니라 절도와 재판매도 용이해졌다. 가장 흔한 정보 절도는 즉시 이익을 얻거나 시장에서 우위를 얻기 위한 정보 해킹이지만, 내부 직원의 부정행위나 실수에 의한 경우도 많다. 해킹을 당하면 해킹 조직이 정보를 빼가지 못하더라도 기업의 지적 재산이 파괴될 수가 있다.

기업 중에는 보안 위반행위를 조사하면 더욱 취약성이 나타나고 기업의 책임이 늘어날 것으로 우려하여, 조사 범위를 좁히려 하는 성향이 있다. 그러나, 정보 보안은 준법 및 감사 부서만이 아니라, 인사관리, 재무, 법무부서 및 경영진이 참여하는 핵심 경영 기능이다. 직원들은 무엇이 허용되고, 무엇이 불허되는지를 훈련 받고 '몰랐다'는 변명을 할 수 없어야 한다. 사업 처리 과정이 전산화됨에 따라 데이터 마이닝을 하면 어떤 이슈의 문제성이 확대되어 가는지를 파악할 수 있다.

마. 인적자원 실사

기업 간 M&A나 제휴에서, 인력관리에 소홀하면 이탈이 발생하고, 의사결정 스타일 차이로 인해 알력이 발생하여 생산성이 감소할 수 있다. 피인수된 측에 인력 이탈 현상은 일단 발생하면 지속되는 경향을 보인다. 잔존하는 인원들도 의사결정 스타일 차이로 인해 혼란 및 내분을 겪으며, 관리자들의 경우 의사결정을 유보하거나 유보당한다. 합병 후 다음 분기 내에 시장점유율이 손상되는 기업이 2/3에 달한다. 이러한 문제는 인건비가 높은 노동집약적 산업에서 특히 민감하므로, 인력 실사에 의해 예방되어야 한다.

- 임직원 개인별 고용계약서, 경업금지, 비밀유지, 면책, 발명 및 해외주재 계약서를 검토한다. 도급계약자, 자문역 및 대리인과의 계약서도 포함된다 급여 및 복지 체계를 검토하고 재원이 확보되어 있지 못한 문제 프로그램을 색출한다.
- 직원들이 동의한 근무수칙의 초과근무, 개인정보 처리 등의 중요사항 및 이직률, 분쟁을 점검한다
- 스톡옵션, 우리사주 및 주식담보대출과 보증 내역 파악
- 임직원 생명, 건강, 재해, 책임보험 가입체계 파악
- 성과관리 시스템은 핵심 인력 중심으로 직무평가, 성과 평가 및 저성과자를 파악한다
- 노동조합 조직 및 적용되는 단체협약 등 노사관계 파악
- 소득세, 임시근로자 파견 등의 외부 용역계약처와의 외주계약 조건을 점검한다. 임금 관련 노동법 준수 여부를 확인한다.

- 직장 안전, 보건, 주의, 대피, 위험물 등의 준법 상태를 점검한다. 성희롱이나 차별에 대한 준법 상태도 점검한다.
- 인력의 개인정보처리에 대해서 보호상태 및 본인들에게 통지 의무를 이행한 상태를 점검한다.
- 본사가 지사 경영자들을 모니터하는 통제 방식을 파악한다
- 인력구조조정의 효과를 추정한다.

바. 지적재산권 실사

지적재산 실사는 실사 대상 회사가 보유 또는 영업에서 사용하는 지적재산을 잘 관리하여 시장 지위를 개선할 수 있는지, 아니면 소홀하게 관리하여 문제 소지가 있는지를 판단한다. 지적재산권 보호가 허술하면 거래상대방 측은 가격을 깎자고 협상하고, 영업 관련 권리 검색에 소홀한 경우라면 지적재산권 침해 관련 진술과 보장을 추가로 요구할 것이다.

지적재산권 실사의 범위는 해당하는 권리의 형태, 실사 예산, 회사 제품의 속성 및 추진 중인 거래에서 지적재산권의 중요성 등에 좌우된다. 지적재산권 정보는 실사 대상회사만이 보유하고 있는 경우가 일반적이므로 적기에 확보할 수 있도록 밀접한 협조 관계를 확보한다

IP실사자는 공개된 정보에 의해 대상기업 및 그의 IP를 파악한 후 IP실사점검표를 작성한다. 실사점검표는 3개 부문으로 구성된다.

- IP 자산의 취득 및 유지관리;
- 타인 권리침해로 인한 책임이 없는지 확인: 변리사로부터 의견서 획득, 실패한 라이선스 협상 실적, 실시 자유 특허(freedom-to-operate) 검색 실적 파악
- IP계약서 검토: 라이선스를 획득한 경우 인수 이후에도 유효한지(권리 양도시 라이선스 공여자의 동의 의무 조항), 로열티 조건, 라이선스의 범위 및 해지 조건 확인
- 발명자 중 사임한 사람이 있는가? 모든 직원의 근로계약서에 직무발명 조항이 포함되어 있는가?

합작사업이나 제휴 관계를 위하여 지적재산권 정보를 공유하는 경우가 증가하고 있다. 비밀유지 약정에서는 파트너의 정보도 자사의 정보와 동일하게 보호할 의무를

규정하고 있지만, 자사의 고유정보에 대비하여 타사의 정보에 대한 보호가 소홀한 것이 사실이고, 이로 인해서 파트너와의 관계가 소원해질 우려가 잠재한다. 따라서 상호 간에 정보 통제를 모니터링하는 체계가 필요하다.

지적재산권 보호를 위해서는 물리적인 보안 장치는 물론, 직원의 채용 시점에서부터 경쟁사와 관련을 맺고 있는지 경력을 검증하는 절차가 필요하다. 거래처와 사업파트너에 대해서도 동일한 절차가 요구된다. 경쟁회사가 인력을 인턴으로 잠입시키는 사례도 출현하였기 때문이다.

기업들이 보안 장치를 구비하였지만 각 부서나 부문 별 관리자의 판단에 의존하기 때문에 전사적으로는 일관성이 부족할 수 있다. 따라서 비밀정보에 접근권을 가진 내부인에 대해서도 경력점검을 하고 퇴직자에 대한 관리도 강화될 필요가 있다.

중소기업에 투자하는 투자자는 투자한 기업의 지적재산권이 해킹에 의해서 사라져 버릴 수 있음을 인식하였다. 특히 웹기반의 서비스 기업들의 경우는 해킹 피해를 당하면 설사 지적재산권을 보호했더라도 신뢰도와 평판에 손상을 입을 수 있다. 해커는 불만을 품은 직원, 범죄조직에 기업정보를 팔려는 직원, 직원으로 침투한 자, 거래처, 지적재산권의 가치를 인지한 외부인 들이다.

내부인들의 부주의가 해커들에게 틈을 주며, 제조사에서 자동 설정된 상태의 서버와 워크스테이션은 설정 변경(hardening)을 하지 않으면 해커들의 손쉬운 먹잇감이 된다. 이에 따라 투자자의 실사에도 사이버 요소가 개입된다. 투자자의 사이버 보안 실사에서는 보안 테스트 또는 제3자에 의한 보안 검토가 수반된다. 지적재산권의 사이버 보안에 정기적인 보안 전문가 검토가 표준화되고 있다.

지적재산권은 일단 유출되면 몇 시간 내에 퍼져나갈 것이므로, 보호하기가 극히 어려워진다. 미국 오바마 대통령은 2013년 사이버 해킹의 폐해를 언급하였다. 미국의 경우, 지적재산권 절도에 의한 모조품의 생산과 판매를 법적으로 규제할 수는 있지만, 해외의 법원으로부터 긴급명령(injunction)을 획득하는 비용은 만만하지가 않다. 소송이 제기되면 판결이 나올 때가지 생산이 중단될 수 있다. 일본에서는 기업 구조조정, 공장과 연구개발 기능의 해외 이전 과정에서 사업비밀(trade secret)이 유출되는 사례가 증가하였다. 일본 기업들의 경우 정보 유출 행위가 적발된 내부인에 대해서 자진 사직을 유도하고 퇴직금을 지급하는 행태가 있으나, 이는 다른 내부인들에게 악영향을 미친다.

제2장

중국 투자 실사의 인프라

본토에 진출하지 않았더라도 중국과 거래하는 외국기업은 실사와 거래, 국제간 소송, 조사, 감사 또는 위험 평가에 직면했을 때 특정한 데이터 취급 상의 여러 문제에 직면할 수 있다. 중국 국가기밀법 제48조에서는 국가의 비밀을 유선 또는 무선 통신 인터넷 또는 기타 공공 정보 네트워크를 통해 안전조치 없이 전송하는 행위를 금지하였다. 데이터의 수집 단계에서부터 정보 관리인으로부터 명시적 동의를 확보해야 할 것이며, 기업의 경우 글로벌 기준에 부합하는 준법 및 감사 기록을 항상 유지해야 한다.

1. 사회적 정보망

가. 개인정보

항저우 시는 2007년부터 식칼 구입에 실명제를 실시하였고, 북경시도 2012년에 도입하였다. 중국에서는 기차표도 암표와 매점매석을 방지하기 위해 구매자 이름과 신분증 번호까지 차표에 인쇄된다. 2013년 9월에는 휴대폰 서비스 실명제를 실시했으며, 2015년에는 이동통신사들의 영업점에 60만대의 첨단 신분증 식별기를 일선 영업점에 배치했다. 이를 통해 신분증 번호와 휴대폰 '유심'(USIM) 카드의 명의를 대조해 타인 명의의 휴대폰 개통을 사전에 차단한다. 인터넷 실명제는 2016년 당의 지시에 따라 강화되었다.

가명계좌가 횡행하던 중국에 건국 이래 최대의 샤먼(厦門) 밀수 사건이 발생한 후, 중국정부는 2000년 예금 실명제를 도입하였다. 2003년부터는 자금세탁 방지 정책을 채택하였고, 2004년 상업은행의 신용공여에서 실사 기준(Guidelines on Due Diligence in the Credit Extension Work of Commercial Banks: 商业银行授信工作尽职指引)를 제정하였다.

2007년에는 자금세탁방지 입법조치를 하고 국제자금세탁방지기구(Financial Action Task Force)에 가입하였다. 개인정보 불법유통이 횡행하자, 2012년에 중국 공안부는 불법 개인정보 수집 행위에 철퇴를 가하였다. 당시 4.28자 인민일보에 의하면 1,900명이 구속되었다.

2017년 시행 중국 사이버보안법에서 인터넷 서비스 제공자는 개인정보를 수집·이용할 때에는 목적, 방식 등을 명시하여 사용자 동의를 받아야 한다. 특히, 핵심정보 인프라와 관련된 개인정보를 저장할 경우 반드시 중국 현지 서버에 저장해야 한다.

나. 기업 정보

2014년 이전의 중국 기업정보 공시는 주로 행정 심사, 승인에 의해 기업을 관리하였으므로 역외주식시장의 발전을 따라가지 못하였다. 미국의 공매도 헤지펀드들은 미국 증시 상장 중국기업들이 국내 SAIC과 미국 SEC에 등록한 내용 간에 차이를 밝혀 냈다.

Muddy Waters는 Sino Forest를 조사하면서 17년 간 SAIC에 제출된 공시 파일 100여개를 분석하였고, 해외거래소에 공시한 실적과 격차가 커서 공매도 헤지펀드의 정보 원천이 되었다. RINO는 24개 주요 고객명을 공시하였는데, Muddy Waters가 9곳에 조회를 하자 3개만이 거래를 인정하였다.RINO의 2009년 공시매출은 1.9억 달러였는데, 본토 SAIC공시 실적은 1,110만 달러에 불과하였다[18]. 2012년 4월 SAIC

18) Tang Jun, Lishan Ai, The international standards of customer due diligence and Chinese practice, Journal of Money Laundering Control Vol. 12 No. 4, 2009

는 공시의 내용을 축소 조치하였다[19].

북경은 2014년 기업정보공시잠행조례를 시행하였다. 그 목적은 전국기업신용정보공시시스템(http:www.gsxt.saic.gov.cn/index.html)을 도입하여 행정부처 간에 서로 공유할 수 있는 정보 플랫폼을 건설하고, 빅데이터를 통하여 기업에 대한 관리감독 수준을 높이는 것이다. 또한 기업에 대한 연차 검사 폐지와 SAIC의 등록자본금 등기제도 개편에 따라 야기될 수 있는 기업 감독기능의 공백을 채우는 것이다.

표2-1. 전국기업신용정보공시시스템의 공시 항목

공시 항목 분류	내용	
기본 정보	영업면허 정보 주주 및 출자 정보 주요 인원정보 지점 정보 청산 정보 변경 정보 동산 저당 등기 정보 주식 질권 등기 정보 지적재산권 질권 등기 정보 상표 등록 정보 추출 조사 결과 정보 双 임의추출 검사 결과정보	
행정 허가 정보	허가문건 번호, 문건 명, 유효기간 허가주체, 허가 내용	
행정처벌 정보	위법행위 유형, 결정 기관, 결정일자, 공시일자	
경영 이상 등록부정보	등재 원인, 일자 및 해제 사유와 일자	
심각한 위법 및 신용상실 기업등록부 등재(블랙리스트)정보	원인, 일자, 등재 원인 및 해제 사유와 일자	

19) McMahon, Dinny and Shen Hong. 2012. China wants local control of foreign auditing firms. Wall Street Journal. May 10

1) 정부부처별 공시대상(조례 제6조)

공상행정관리부서는 기업신용정보공시시스템을 통해 직무이행 과정에서 형성된 등록·등기 및 수리정보, 동산저당권 설정등기 정보, 지분질권 설정등기 정보, 행정처벌 정보 및 법에 따라 공시해야 하는 기타 정보 등을 공시해야 한다. "공상행정관리부서 이외의 기타 정부부서는 직무이행과정에서 형성된 행정허가·변경·갱신정보, 행정처벌정보 및 법에 따라 공시해야 하는 기타 정보 등을 공시해야 한다.

2) 기업의 정기 공시 (조례 제8조, 9조)

기업은 매년 6월까지 기업신용정보공시시스템을 통해 전년도의 연도보고서를 공상행정관리부서에 제출하고 사회에 공시해야 한다.

기업연도보고서에서 기업의 통신 주소·우편번호·연락처·이메일 주소 등의 정보, 개업·휴업·청산 등 기업의 존속상태에 관한 정보, 자회사설립·지분매입 등의 정보, 기업이 유한책임회사 내지 유한회사인 경우 그 주주 또는 발기인이 납입하기로 한 출자액과 실제로 납입한 출자액 (实缴出资额), 출자시간·출자방식 등의 정보, 유한책임회사 주주의 지분양도 등 지분변경정보, 기업의 웹사이트 및 인터넷 숍의 명칭·웹사이트 주소 등의 정보는 필수 기재사항이다. 기업의 종업원 수·자산총액·부채총액·대외보증 및 담보액·자본총계·총 영업수익·주요영업활동수익·이윤총액·순이익·총 납세액 등의 사항들은 기업이 자율적 공시 사항이다(제9조).

기업이 공시하지 않은 정보를 공민·법인 또는 기타 조직은 기업의 동의를 얻은 후 조회할 수 있다(9조 3항)

3) 기업의 수시 공시 (제10조)

기업은 유한책임회사의 주주 내지 지분유한회사의 발기인이 납입하기로 한 출자액과 실제로 납입한 출자액, 출자시간, 출자방식 등의 정보, 유한책임회사 주주의 지분양도 등 지분변경정보, 행정허가의 취득·변경·갱신정보, 지적재산권 질권 설정등기 정보, 행정처벌을 받은 정보, 법에 따라 공시해야 하는 기타 정보 등이 형성된 날로부터 20일(영업일 기준) 이내에 기업신용정보공시시스템을 통해 사회에 공시해야 한다.

4) 비정상경영기업 명부제도 (제17조)

공시 위반 기업은 비정상경영기업명부에 등재된다. 위반이 3년이 경과된 경우, 당해 기업은 엄중한 위법기업명부에 등재된다.

5) 자본금의 분할납입

중국 기업의 자본금제도는 한국의 수권자본금제와 달리 출자자들이 인수한 자본금에 대해서 등기한 후, 일정기간에 걸쳐 분할납입할 수 있다. 중국기업들은 매년 정부기관으로부터 종합검사를 받아서 영업집조를 갱신했으나, 2014년부터 검사업무가 연도보고 및 공시제도로 대체되었다. 개정 회사법에서 납입자본금 등기를 수권자본금 등기제로 변경함에 따라, 정부 발급 영업집조에 납입자본금이 기재되던 것이 폐지되었다. 이에 따라서, 주요주주의 배경 및 기업신용 조사의 중요성이 가중되었다. 외부인들은 중국 기업의 자본금은 등기자본금이 아니라 실제 납입자본금을 기업신용정보공시시스템에서 확인해야 한다.

상장기업 정보

상장회사의 경우 증권법 제65조와 66조에 공시의무가 규정되어 있다. 상하이 증권교역소(http://listxbrl.sse.com.cn/), 선전증권교역소(http://xbrl.cninfo.com.cn/) 등의 홈페이지에서 기업 공시내용을 확인할 수 있다. 상장기업이더라도 실사자는 해당 기업의 고객사 등을 통해 추가 정보를 수집해 주문 물량과 재고 등을 등록된 자료와 맞춰보는 작업이 필요하다. 그 결과 문제가 없더라도 전체 업계 평균보다 지나치게 실적이 좋다면 반드시 그 원인을 점점하여야 한다.

CSRC도 2014년 자본시장 신용 데이터망을 구축하여, 6만 6,565건의 정보가 수록하였다. 행정처벌 등 부정적인 내용도 1만 2,775건에 달했다.

국영기업 정보공개

국무원은 2008년 정부정보공개조례 (Regulation of the People's Republic of China on the Disclosure of Government Information:中华人民共和国政府信息公开条例)를 제정하였다. 제5조에 따라 행정기관은 정부의 정보를 신속 및 정확하게 공개하는 것이 원칙이다. 단 국가안전, 공공안전, 경제 및 사회안정을 위협하는 경우에는 예외이다(제8조).

행정기관은 정부 정보공개에 대한 비밀심사 제도를 수립해야 한다(제14조). 국민의 공개 신청을 받은 정부정보가 상업비밀, 개인 사생활과 관련됨으로써 공개를 할 경우 제3자의 합법적 권익에 손해를 미칠 수 있는 경우, 당해 제3자의 동의를 받아야 하며, 공개하는 이유를 본인에게 통지해야 한다(제23조). 정부정보의 범위에는 행정기관이 국민과 법인 등의 조직으로부터 얻은 정보도 포함된다.

2015년 정부정보공개업무의 중점사항(政府信息公開業務的重點 事項)에서는 국유기업 재무정보 공개의 범위, 내용, 절차, 업무요구를 명확히 하도록 SASAC에게 전담 처리하도록 하였다.

다. 중국의 신용정보업

1) 신용정보업

중국정부는 2007년 신용조사업 관리(征信業管理條例 2013.3.15. 시행) 등 신용도 제고 조치를 취한 바 있었다. 2014년에는 전국적인 신용조사 시스템의 부재, 신용 비준수에 대한 사회적인 징벌 시스템의 미비, 등 사회신용(신뢰)도 부족 문제가 심각하다고 인식하여, '사회신용시스템을 구축하려는 관련 계획(國務院關於印發社會信用體系建設規劃綱要通知 2014.6.14.)', '기업정보공시 잠정시행 조례(企業信息公示暫行條例 國務院令654號 2014.10.1. 시행)' 시행, 공산당 중앙위원회 결정을 통한 '법치국가'확립(2013.10.23.)천명 등 2020년까지 중국사회 전반의 '신용' 틀을 바꾸어가는 조치를 내놓았다[20].

'신용중국(www.creditchina.gov.cn)'은 개인 및 기업, 기구 등의 신용정보를 무료로 제공하는데 사이트에 접속해 개인 및 기업, 기구 이름 또는 신분증 번호, 조직기구 번호 등을 입력하면 신용 관련 내용을 볼 수 있다. 이 시스템은 2014년 중국 국무원의 '사회신용시스템 건설계획'에 따라 추진된 사업이다. 정보는 중국 최고인민법원, 국가발전개혁위원회, 재정부, 농업부, 환경보호국, 세무국, 증권감독위원회 등에서 제공한 110만 건에 대한 신용기록이며 법원에서 제공한 신용불량자 명단, 세무국에서 제공한 중대 세무 위반자 명단 등도 포함하고 있다[21]. 중국 정부의 목표는 2020년까

20) 중국 광저우 무역관, 중국 개인 및 기업 온라인 신용조회 방법, Kotra, 2015.10.16.
21) State Council 国务院 (2014). "社会信用体系建设规划纲要 (2014-2020年)" (Plan for Establishing a Social Credit System (2014-2020)). June 26. http://www.gov.cn/zhengce/content/2014-06/27/

지 빅데이터 시스템 구축을 완성하는 것이다. 490만명이 낮은 신용등급 때문에 항공여행이 금지되었고 165만 명은 기차여행이 금지되었다고 알려졌다.

인민은행은 2006년 상해 푸동에 신용정보센터를 설치했다. 인민은행은 2015년 앤트파이낸셜의 즈마신용관리공사(芝麻信用), 텐센트신용정보(騰訊征信) 선전첸하이신용정보센터(深圳前海征信中心), 펑위안신용정보(鵬元征信), 중청신신용정보(中誠信征信), 중즈청신용정보(中智誠征信), 라카라신용관리(拉卡拉信用管理), 베이징화다오신용정보(北京華道征信) 등 8개 민간업체에 시범사업을 허가하였다. 8개사는 국가발전개혁위원회의 승인을 받아 모든 온라인 사용자에 대한 금융 및 법적 정보를 취합하여 자체적으로 신용평가체제를 운영하고 있다. 즈마신용의 신용평가 점수 650점 이상인 고객은 99위안의 보증금 없이 오포 공유자전거 서비스를 사용할 수 있으며, 600점 이상인 고객은 공유보조배터리 서비스인 라이뎬(来电)을 보증금 없이 쓸 수 있다. 중국 정부는 이 빅데이터를 넘겨받아 사회신용시스템에 활용한다. 알리바바의 세서미크레디트 (Sesame Credit)의 IT책임자인 리 잉윈(Li Yingyun)은 2015년 인터뷰에서 "하루에 10시간씩 비디오게임을 하는 사람과 아기 기저귀를 자주 구매하는 사람이 있다면 아마도 후자가 일반적으로 책임감이 더 강한 사람이라고 볼 수 있다" 고 언급했다. 알리바바의 조 차이(Joe Tsai) 부회장은 "우리는 사람들이 자신의 온라인 행태가 온라인 신용 평점에 영향을 미친다는 것을 인지하고, 올바른 행동을 하기를 바란다" 라고 언급했다.

중국정부의 사회신용시스템은 신용을 지키는 기업이나 개인에게 장려정책을 취하는 반면, 신용 비준수자들에 대한 징벌조치를 강화 확대하는 방향으로 제도운영의 중점이 두어지고 있어서, 외국기업 입장에서는 향후 기업운영에 있어 또 다른 부담이 될 가능성도 있음에 유의할 필요가 있다.

징벌제도로는, 1) 각 분야별 블랙리스트제도 구축 (생산영역, 세무분야 등) 및 2)시장퇴출 메커니즘 확립(기준이 되는 신용평가지표시스템과 평가방법을 만들고, 신용 비준수 정보의 기

---

content_8913.htm. Accessed: May 01, 2017
Mirjam Meissner, CHINA'S SOCIAL CREDIT SYSTEM: A big-data enabled approach to market regulation withbroad implications for doing business in China, Mercator Institute for China Studies, May 24, 2017

록과 공개제도를 마련하여 신용 비준수자가 시장교역 중 불이익을 받게 함), 3)국가의 시장관리감독 및 공공서비스 분야에서 참여자의 신용등급을 분류하여 관리 감독, 등이 제시되고 있다.

2018년 20개 지방정부는 개인신용 평가 기준을 마련하여, 악의적인 채무변제 기피, 재정자금 사취, 뇌물수수, 불법 자금모금, 보이스피싱, 교통위반, 불성실 납세 등을 심각한 신용상실 행위로 규정하고 법에 따라 행정적 구속과 징계 조치를 취하기로 했다.

외국계 신용조사업은 2007년 외상투자산업지도목록에서 외국인투자 제한업종이 되어 Dun & Bradstreet가 Huaxia D&B China를 설립하였다. 2017년 외상투자산업지도목록 개정에서 외국인투자 제한이 폐지되어 개방업종이 되었다.

2) 신용평가업

중국은 1987년 국내 채권시장을 육성하면서 중앙은행의 지점에 신용평가 부서를 설치하고, 지역 별로 운영하였다. 신규발행채 대부분에 신용등급이 부여되었으나, 투자자에게 공개되지 않았고, 발행을 심사하는 공무원에게만 제출되었다. 이러한 상황은 1990년대 중반에 대량의 상환불이행으로 귀결되었고, 지방정부와 중앙은행 지점에서는 구제금융을 요청하였다.

1997년 중앙은행은 기업체신용평가업무자격에 관한 통지에 의해, 9개사에게만 타지역 영업을 허용하였다. 1999년에는 광동신탁투자공사의 부도 및 아시아 금융위기 발발로 인해서 회사채 발행승인권이 북경의 국가발전개혁위원회NDRC로 이관되었다. 승인기준은 재무적 건전성만이 아니라 국가적인 투자 우선순위에 좌우되었다. 발행 승인을 받은 기업은 중앙은행의 금리부서에 가서 수익률을 책정 받았다. 또한 은행이나 국영기업의 보증이 수반되었으므로 발행자는 국영기업 일색이었다. 2000년부터 2004년 간 발행된 회사채는 50건에 불과하였다. 발행 승인 이후에 등급이 부여되었으며, AAA등급 일색이었기에, 언론에서 '신용등급은 장식품이 되었다' 고 보도하였다. 2003년에 보험사와 사회보장기금에게 공인 신용평가사가 평가한 우량채권에 투자를 허용하였다. 또한 신용평가사를 중국청신신용평가사(中诚信: ChengXin), 다공(大公), 리엔허(聯合), 상하이신스지(上海新世纪), 위엔동(遠東: Far East)의 5개사로 축소하였다. 2006년부터 해외신용평가사의 자본참여가 허용되자, 무디스가 청신, 핏치가 리엔허에 출자하고, S&P가 신스지와 제휴하였다.

중앙은행은 2003년 말 회사채 발행금리의 부분적 자유화를 추진하였으나, NDRC의 발행 승인과 보증 요구로 인해서 한계에 부딪혔다. 이에 중앙은행과 증권관리위원회CSRC는 전환사채와 단기기업어음 등의 신종증권을 도입하였다. 기업어음의 경우 회사채 발행잔고를 추월하였으며, 발행자의 1/6이 민간 기업이었다. 중앙은행은 이러한 증권의 은행간 유통 매매에 신용등급 요건을 도입하였고, 2006년에는 보험감독원이 보험사에게 우량등급채에만 투자하도록 허용하였다. 이에 따라 국영기업 회사채는 NDRC, 상장기업채는 CSRC, 기업어음과 중기채는 중앙은행으로 회사채 시장이 3원화되었다.

2003년에 Credit Information System Bureau 征信管理局이 설립되어 개인과 법인의 신용도의 모니터링 시스템을 관장하였고, 2005년에 5개 신용평가사의 적격기준을 도입하였다. 선발사들은 인력과 조직을 확충하여 기준에 적격하였고, 이에 따라 2005년이 국내 신용평가업의 원년이 되었다.

회사채 신용평가를 피해서 단기어음으로 발행자들이 몰리자, 단기차입 집중으로 인해 한국과 유사한 외환위기 우려가 대두되었으므로 NDRC는 제도 개혁을 하도록 압박 받았다. NDRC는 2006년에 발행 승인액을 늘리고, 삼협댐 프로젝트회사의 회사채를 무보증으로 인가하였다.

2013년 회사채 발행액 8.5조 위안 중 상위 30개 발행자가 4.1조 위안을 점유하였고, 상위30개 발행자 중 국영기업 비중이 3.5조 위안 (86.3%)를 점유하였다. 2014년에는 Chaori Solar Energy Science and Technology Co Ltd회사채의 부도가 최초로 발생하였다. 1744개 발행기업 중 97%가 AA등급이상인 상황에서 2018년 상반기에 12개 기업의 회사채 디폴트가 발생하였고, 다공의 1년 간 국내영업 정지 사례가 발생하였다. 다공의 해외 국가신용등급 서비스는 지속된다고 알려졌다[22].

미국 Muddy Waters사는 신용평가사의 수치와 SAIC의 재무수치가 일치하면 신뢰한다고 언급하였다[23].

---

22) Orange Wang, Chinese credit rating agency Dagong suspended after cash-for-ratings probe, South China Morning Post, 2018.8.18.

23) Muddy Waters, TAL Education: A Real Business With Fake Financials, 2018.6.13

한국무역보험공사 (www.ksure.or.kr)의 지원사업에서 전 세계 신용조사기관과 연계하여 해외 소재 기업의 신용조사 서비스가 제공된다.

3) 일대일로 프로젝트의 해외 신용평가

글로벌 신용평가사들이 본토 신용평가사에 지분 참여하였으나 본토 내 업계의 경쟁력 강화는 이루어지지 못하였다. 이는 중국 금융시장의 한계와 정부 규제에 기인한 것이었다[24]. 홍콩의 딤섬본드 발행시장에서는 글로벌 빅3신용평가사들이 신규발행채를 평가하며, 이 과정에서 발행주체의 본토 내 등급보다 딤섬본드의 등급이 낮은 차이나 디스카운트 현상이 나타났다.

반면에, 일대일로 사업에 홍콩에 특수목적회사의 설립과 상장, 딤섬본드 발행 방식이 포함되어 있으므로 국제신용평가사의 역할이 중요하다(후술 참조). 이에 중국정부에게는 토종 신용평가사를 육성할 필요가 있다. 이에 부응하여 다공신용평가는 일대일로 관련 해외투자 사업에 적극 참여하고자 2010년부터 홍콩과 유럽에 거점을 설치하였으며, 2015년에는 말레이시아, 싱가포르와 러시아에 진출하였다. 다공은 2010년부터 50여 국가에 대한 국가신용등급 평가를 실시하였으며, 중국, 러시아, 브라질, 인도, 인도네시아에 부여한 등급은 글로벌 3대 평가사의 등급보다 높았다[25]. 다공은 2018년 1월 미국의 등급을 러시아보다 낮은 BBB+로 낮추었으며, 북경은 2017년초 홍콩에서 달러채 발행 시 외국계의 평가등급을 받지 않았다.

라. 중국의 실사자문업계

1) 외국인투자자를 위한 실사 서비스

외국인들이 여러 단체의 중국인을 통해 수소문하거나, 중국 상대방 본인에게 납세신고나 등록 등의 정보 요청을 직접 하는 활동은 미묘한 문화적인 차이와 언어적인

---

24) 서봉교, 중국 신용평가사의 국제화 사례와 한국신용평가산업에 대한 의미 현대중국연구, 2017, vol.19, no.2, pp. 165-202

25) Dagong, Review Summary at 1st Anniversary of Issuance of Sovereign Credit Ratings for 50 Countries and Regions by Dagong, July 11, 2011

문제로 인하여 매우 어렵다. 공개된 정보가 부족하므로, 외국계 법무법인을 중심으로 실사자문업계가 발전하였다, Kroll사의 2015년 설문에 의하면 고객사들의 35%가 직원 실사, 53%가 거래처 실사를 수행하는 것으로 나타났다. 외국기업을 자문하는 법무법인들은 중국의 상황에서 실사자문사를 고용하는 것이 위험 부담을 회피하면서 정보를 입수하는 길이라고 인정한다.

2013년 글락소 스미스클라인의 전 중국지사는 중국의 병원들에게 리베이트를 지급했다가 과징금을 부과받았다. 당시 중국 내에서 외국고객을 위해서 실사 서비스를 제공하던 ChinaWhys사의 경영자가 구속되었다. 중국 공안 측에서는 Chinawhys사가 중국인의 주민등록, 자동차, 주택 소유 및 해외여행 정보를 불법 수집하였다고 밝혔다[26]. ChinaWhys사의 대표 구속 사건 이래로 실사자문 업자들은 정보 공유 행태를 중단하였다.

중국 법에서는 변호사의 비밀유지 특권 (attorney client privilege: 변호사가 의뢰인과 나눈 정보는 공개되지 않고 비밀로 한다는 원칙)이 존재하지 않으므로, 미국기업들은 중국 내에서 조사 활동 시에 특별히 주의를 기울이고 있다. 중국변호사법과 변호사행동규범에 고객비밀유지 의무가 규정되어 있지만 변호사와 고객 간의 의사전달 내용이 미국에서처럼 보호된다는 규정이 없다[27].

2) 본토 상장기업의 자산재편성과 M&A거래를 위한 실사 서비스

CSRC는 2008년 상장기업의 인수합병과 구조조정의 재무컨설팅업 관리규정 (Administrative Measures for the Financial Consultancy Business in the Merger, Acquisition and Reorganization of Listed Companies：上市公司并购重组财务顾问业务管理办法)을 제정하였다(후술 참조). 서비스의 범위는 거래 추정, 프로그램 설계, 전문가 의견 제시 등으로서 내부통제제도와 실사 수행을 포함한다 (제2조)[28]. 감정평가, 회계, 법무법인은 별도법인에서 라이선스를 신청할 수 있다(제8조 4항).

---

26) Chinawhy사의 경영자는 2015년 영국으로 추방되었다. Peter Humphrey, I was locked inside a steel cage': Peter Humphrey on his life inside a Chinese prison, Financial Times, 2018.2.16.
27) King & Wood. Attorney-client privilege : extended to foreign lawyers in China? China law insight 2009.4.1
28) Bisogni, Chris. CSRC measures for financial consultants are unclear, China Law & Practice; Sep 2008

3) 본토 A주식시장 또는 해외 증시 IPO를 위한 실사 서비스

1991년 설립된 중국A주식 시장은 2018년 말 기준 상장사 3,583개, 시가총액 48.59조 위안을 달성하였다. 2010년과2017년에는 IPO에서 전 세계 증시 최대규모를 기록하기도 하였다. 이에 따라 주간사를 역임하는 증권사 IB뿐만 아니라 실사측면에서 회계법인, 법무법인과 자산평가기관의 업무가 대폭 증가하였다. 한국의 코넥스 시장과 유사한 신삼반시장 역시 상장기업 10,951개, 시가총액 인민폐 3.5조에 달하여 실사 서비스 시장 활성화에 일조하고 있다.

이에 따라 IPO실사기관이 양적 질적으로 많은 성장을 하였다. 2018년 말 기준, 회계법인8,847개로 CPA자격증 보유자가 30만명을 상회하고, 회계법인의 전체 직원수가 약 40만를 기록하고 있다. 2018년도 중국 회계법인 전체의 수임수입이 인민폐 900억이 달할 정도로 회계서비스 시장의 규모가 성장하였다. 법무법인 역시 2.8만개에 달하고 법무서비스 종사 변호사는 36.5만명에 달하고 있다. 盈科律师事务所(법무법인잉커)의 경우 42개의 지사를 보유하고 있고 5,000명이 넘는 변호사가 소속되어 있다. 중국 내 주요 법무법인으로는 盈科(잉커) 외에 锦天城(진티엔청), 金杜(진뚜), 中银(중인), 德恒(더헝), 国浩(궈하오)와 中伦(중룬) 등이 있다.

중국 본토기업의 해외 IPO상장도 중국 실사 서비스 시장의 발전에 혁혁한 공훈을 하였다. 회계실사에 있어서는 Big 4가 주요 수혜자였고, 법무실사에 있어서도 Crabath, Swaine & Moore와 Wachtell, Lipton, Rosen & Katz 등 국제적으로 지명도 있는 법무법인을 중심으로 눈에 띄는 성장세를 구가하였다. 미국증시에 상장한 중국 본토기업은 2018년 말 기준, Alibaba, Baidu와 Jingdong 등 158개이고 시가총액은 1.4조 달러를 기록하였다. 2018년 한해동안 Tencent Music, Aiqiyi와 전기차 제조업체 Nio를 비롯한 33개 중국기업이 미국증시에 상장하여 약 90억 달러를 조달하였다.

마. 중국의 국가 보안법 (State Secrets Law)과 반 부당경제법

1) 국가 비밀 보호

1950년 마오주석과 주은래 수상은 중국의 국가보안법을 광범위하게 입법하였다. 1988년과 2010년 개정법은 등소평주석의 개혁개방 정책을 반영하여 국가비밀의 등급, 분류절차 등을 개선하였으나, 국가비밀'의 정의 및 그 취급에 대해서 국가의 재량에 맡겨 두었다. 2010년 10월 시행된 개정법에서는 국가기밀의 보호 방식을 명시하고 인터넷 등 기술 발전을 반영하였다. 그러나 중국의 국가보안법은 외국인들에게 중대한 리스크가 되고 있다.

국가보안법 제9조. 국가비밀의 범위

4. 국민경제와 사회발전에 관한 비밀사항
5. 과학기술에 관한 비밀사항
6. 국가비밀보호행정관리기관에서 정한 기타 비밀사항

중국 형법 제111조에서 국가비밀의 불법 취급에 형사책임을 부과하고 있으며, 형법282조에서는 국가 기밀을 불법소지하면서 원천을 밝히지 않는 경우 3년 이내의 징역을 규정하였다. 중국 반 독점법 31조에서는 외국인 투자자의 국내기업 인수에 있어 국가의 안전과 관련되는 경우 사업자집중 심사를 받는 외에도 국가보안 심사를 받도록 하고 있다.

기업문서 분류 보관범위 및 문서보관기한 규정

2013.2.시행

제1조.기압이 문서의 올바른 분류보관범위를 확정하고 문서의 보관기한을 정확하게 구분하여 법에 따라 기업을 경영하고 관리를 규범화할 수 있도록 문서법 및 문서법 실시방법에. 의거하여 본 규정을 제정한다.

제2조. 본 규정에서 지정하는 기업문서는 기업의 연구개발, 생산, 서비스, 경영과 관리 등 운영과정 중에 형성된 각종 유형 및 저장장치 상의 기록을 의미한다.

제4조. 기업 문서자료의 분류 보관범위

1. 기업의 연구개발,생산, 서비스, 경영. 관리등 각부문의 운영 활동 및 기본적인 기업의 의사를 반영하며, 기업의 각 활동, 국가. 건설, 사회발전과 역사연구에 대한 활용가치를 지닌 문서자료

2. 기업의 각 운영활동 중 국가,기업 및 노동자의 권익 보호의 증거가치가 기록된 문서
3. 기업과 관련된 기관과 상급단위의 문서 자료, 비예속관계 단위에서 제출한 조사가 필요한 문서자료, 산하 및 지주회사에서 제출한 주요. 문서자료
4. 법률법규규정과 관련되어 분류 및 보관된 기업문서. 및 그 밖의 운영 활동에. 대해 조사할 가치를 지닌 문서자료

2011.2.3.자 국무원은 외국인의 국내기업 인수 보안검토체계 수립 통지(Notice on Establishment of the Security Review System for Mergers and Acquisitions of Domestic Enterprises by Foreign Investors :国务院办公厅关于建立外国投资者并购境内企业安全审查制度的通知), 상무부는 외국인의 국내기업 인수 보안심사 실시규정(Provisions of the Ministry of Commerce on Implementing a Security Review System for M&A of Domestic Entities by Foreign Investors:商务部实施外国投资者并购境内企业安全审查制度的规定)를 제정하였다[29]. 제3조에 의해 전국업종협회, 동업자기업 및 전후방기업은 외국인의 경내기업 인수합병 건에 대해 안전심사가 필요하다고 판단되면, 상무부에 인수합병 안전심사 건의 및 상황설명서를 제출할 수 있다.

2016년 외국인투자법에서도 '국가안전심사제도'를 포함했으므로, 투자자 측에게 불확실성이 지속된다. 외국인투자가의 국가보안 검토 신청은 상무부의 승인이 있어야 철회 가능하며, 행정소송의 적용 대상이 아니다.

2010년 제정 중앙국영기업의 상업적 비밀보호규정(中央企业商业秘密保护 暂行规定: Provisional Regulations on the Protection of Commercial Secrets of Central State-Owned Enterprises) 에서는 상업적 비밀의 범위에 전략기획, 사업모델, 소유구조개편, 합병, 구조조정, 자산 거래, 사업전략 등의 운영정보와 제품에 관한 기술적 정보가 포함된다. 국가 비밀 보호를 위해 중국 국영기업이 맥킨지, 보스턴 컨설팅 등의 컨설팅 계약을 금지한 경우도 있었다[30].

---

29) Xingxing Li, National Security Review in Foreign Investments: A Comparative and Critical Assessment on China and U.S. Laws and Practices, Berkeley Business Law Journal, Volume 13, Issue 1, 2015
30) Antony Dapiran, A CONFUSING YEAR FOR BUSINESS, chapter from Shared Destiny edited by Geremie R Barmé, Linda Jaivin, Jeremy Goldkorn, ANU Press. (2015)

해외상장 본토기업과 회계감사법인은 CSRC의 2009년 29호 문건, '역외 증권 발행 및 상장 관련 비밀유지 및 기록관리 강화 규정(Provisions on Strengthening the Confidentiality and Archives Administration Relating to Overseas Issuance and Listing of Securities : 关于加强在境外发行证券与上市相关保密和档案管理工作的规定)'상의 비밀유지 의무를 명시하고(제5조), 준수해야 한다. 감사 조서의 해외 반출은 당국의 승인 사항이다(6조).

홍콩의 China High Precision Automation Group (Cayman)이 회계감사인에게 기업 정보 제공을 국가기밀이라는 이유로 거부하여 2011년 한정의견을 받은 사례에 대해서, 북경의 외국변호사는 '국가기밀의 정의가 광범위하기 때문에 민간기업에서 나온 정보가 국가 기밀일 수가 있다'고 언급하였다[31].

협상의 최일선에서 활동하는 중국어 구사자들이 민감한 정보 노출에 가장 취약하였다. 대만 기업에서 직원이 중국 '국가보안법'에 저촉돼 체포된 사건이 빈발한 바 있었다. 2007년에 중국계 미국인 Xue Feng이 석유업계의 공개된 데이터베이스를 구매한 업무로 인해 8년 형을 받은 사건이 발생하였다. 2008년에는 호주 광산업체인 Rio Tinto사 직원이 중국에서 간첩죄로 체포되어 10년형을 선고 받았는데, 이는 리오틴토사가 중국 알루미늄 업체인 차이날코에 M&A매각 계약을 파기한 것에 대한 보복 행위로 분석되었다.

캐나다 EOS Holdings LLC 헤지펀드는 www.worthlesspennies.com사이트를 운영하면서 중국주식 공매도를 전문하였다 (제4장 6.'미국상장폐지 사태'후술 참조). EOS 헤지펀드의 애널리스트인 Kun Huang은 2011년 Silvercorp Metals의 광석 함량이 낮다는 보고서를 냈다 (당시 Anthion Management LLC, Valiant Capital and Muddy Waters 들도 EOS와 동일한 보고서를 냈다). 그는 당해 기업에서 불법 촬영을 하였다는 혐의로 1년 형을 받았다.

이에 따라 외국기업들은 중국 국영기업과 거래할 경우 중국측 파트너와 정보를 교환하기 이전에 비밀유지약정을 확보한다. 국가비밀이 포함된 경우 정부인가를 획득하였다는 보장을 명시적으로 상대방에게 요구한다. 이 보장은 외국인투자 허가 및 실

31) Isabella Steger, How Should Auditors Handle China's State Secrets Law?, WALL ST. J. CHINA REAL TIME REPORT, Nov. 2, 2011

사 절차에 특히 중요하다. 중국은행의 미국법인/지점 경우에도 자행의 정보가 국가 비밀임에 따라 미국 내 영업인가에 제약을 받았으며, 양국 간 국제 소송에서 증거 제출이 곤란하였다.

2) 영업비밀 보호

중국 반부정당경제법 9조에서는 영업비밀의 정의에서 '경제적 이익 및 실용성'을 '가치성'이라는 용어로 대체함으로써 경영자의 잠재적 이익을 포함하는 한편, 영업비밀 침해행위에 '사기'를 추가하여 침해 유형을 확대하고, 전직 종업원을 부정취득자의 범위에 포함시켰다[32].

제15조에서는 조사원이 부정경쟁행위 조사 과정 중 알게 된 영업비밀 보호 의무를 신설하였다. 법안에서는 전직 종업원 및 변호사, 회계사 등 전문직 종사자들의 비밀유지의무를 신설하였으나, 삭제되었다.

2. 중국의 회계산업

중국에서는 "관시"체제는 상호간에 혜택을 베풀어야 하므로, 회계법인도 고객을 도와야 한다는 기대감이 존재했고, 감사의견이 실적보다는 인맥에 좌우한다는 인식이 있었다. 또한 "회계감사인에게 자료를 보여 주면 중요 기업비밀이 누설될 우려가 있으며, 감사비용을 낮추기 위해서 감사기간을 단축하는 것도 재무책임자의 수완이다"라고 생각하는 경향이 있었다. 그러나, 상장회사와 대형 기업을 중심으로, 지명도 있는 대형 회계법인에게 높은 수임료를 지불하고 감사보고서를 받아야 할 필요성을 인정하는 인식의 전환이 이루어졌다. 그 배경으로 중국 토종기업의 성장과 A주식시장 상해 메인보드, 심천 중소기업보드, 창업반 및 신삼반시장이 활성화됨에 따라 IPO상장 기회가 많아졌고, 이로서 국영기업과 민영기업 공히 회사지배구조와 투명성 등에 관심이 증가하게 되었고, 감사보고서의 중요성을 인정하게 되었다. CSRC

32) 김송이, 중국 반부정당경쟁법 개정의 특징과 시사점 - 한국지식재산연구원 2017-13 (2017.12.7)

의 허가를 받은 A주식 상장사 감사자격을 보유한 중국 내 회계법인은 40개에 그치고 있고, 분식회계 등 감사보고서 상의 문제가 발견되었을 때, 자격정지, 벌금 및 심지어 형사처벌 등의 제재도 받게된다. 회계산업의 발전과 함께 대형화된 회계법인은 Reputation에 대한 관심의 증가는 자연스럽게 중국회계산업의 질적인 발전을 유도하게 되었다.

가. 회계법인 육성

1) 최초 중외 합작으로 출범

중국은 대외개방 초기인 1978년에 회계사등록 제도를 시행하였다. 재정국과 세무국 출신자들, 공장 경리실무자 등이 재정국의 담당관 면접만으로 자격을 취득하였다. 초기의 회계법인은 정부계열, 대학계열 및 해외 계열로 구성되었다. 1996년 현재, 90개 정부계열 회계법인 중 83개 법인이 정부 부처, 6개사가 교통은행, CITIC 등 국영기업 계열, 1개사가 Sung Qingling재단 계열이었다. 정부계 회계법인 비중이 높은 이유는 경제에 대한 정부의 통제력 유지를 위함이였다.

초기 국영기업의 해외 상장에서는 외국인 투자자들의 국제 회계법인의 감사의견을 절대적으로 요구하였다. 반면, 국내 상장에서는 '정부가 우량자산을 제공하여 수익성을 보장해 줄 수 있다'는 인식으로 인해 내국 투자자들은 국제회계법인의 감사의견을 요구할 동기가 없었다. 2006년 상장회사 증권발행관리방법 (上市公司 证券發行管理办法) 이전에는 국내 상장기업이 유상증자를 하려면 3년 연속 10%의 ROE를 달성하여야 했으므로, 국유 상장기업들이 이익을 조절할 동기가 컸다. 따라서 재정부와 CSRC는 강력한 관리감독 제도를 유지햐여, 2018년12월 말 기준 전국에 8,847개 회계사무소가 있으나 CSRC에서 상장사 감사업무를 인가 받은 회계법인은 40개에 그친다.

중국회계산업은 제도적인 측면에서 1988년11월 중국CPA협회 설립을 시작으로 빠른 성장을 거듭하였다. 〈중화인민공화국CPA법, 中华人民共和国注册会计师法》이 1994년부터 시행되었다. 1995년에는 공공기관으로부터 회계법인을 분리시켰고, 2005년 〈회계사무소 허가 및 감독 임시시행방법, 会计事务所审批和监督暂行办法〉을 공포하였다(2017년 개정). 2007년 〈기업회계준칙〉이 발효되어 기업회계의 일반적인 요구 및 원칙이 수립되었고, 구체적인 회계준칙 및 제도의 근거 역할을 할 수 있게 되었다.

2) 국제회계법인의 중국 진출

국제회계법인들은 1980년부터 중국사업 개발을 위한 출장을 시작하였고, 미국과 홍콩의 중국계 직원을 중국 영업에 배치하였다. 빅8회계법인은 1981년 Coopers & Lybrand 을 시초로 중국사무소 개설을 인가 받았다. 초기 사무소는 외국인용 호텔룸에 자리잡았으며, 고객들은 복도에서 기다리기 일쑤였다. 상담 내용은 법규가 애매한 부분에 대하여 중국 당국과의 협상이었다. 회계감사 업무는 인가 전이었으므로, 세무, 중국진출 자문, 실사업무의 수요가 높았다. 중국 당국은 토종 회계업계를 보호하고자 빅8 이외의 홍콩과 대만계 회계법인의 대륙 사무소 진입은 불허하였다.

1992년부터 외국자본이 중국에 대거 유입되었다. 외국인투자자들은 중국 국영회계법인에게 감사를 맡기려 하지 않았다. 이에 따라 중국 당국은 1992년 외국계 회계법인에게 중국 내국 국가기관이나 대학과 제휴하는 조건 하에 회계감사업을 인가하였다. 당시 세무서와 제휴된 회계법인의 세무신고는 세무조사를 면한 것으로 알려졌다.

3) 중외합작 회계법인 인가

KPMG, Arthur Andersen, Ernst & Young은 1992년에 재정부와의 JV를 인가 받았다. 딜로이트는 상해공인회계사회, Price Waterhouse는 상해대학과 연결된 Da Hua, Coopers & Lybrand 는 CITIC계열 CIEC와 제휴하였다. BDO 멤버인 KWTF(1997년에 딜로이트에 흡수됨)는 심천에서 제휴하였다. 중국 당국은 BDO이외에 국제 2군 회계법인은 불허함으로써 홍콩과 대만 회계법인의 진입을 예방하였다.

글로벌 회계법인은 국제본부가 중국 진출을 주관하였지만, 자본출연과 운영 결정은 중국영업에 적극적인 개별 멤버펌들이 수행하였다. 당시 홍콩의 빅8회계법인은 독자적으로 중국거점을 신설할 수 없었다. 홍콩 2대사는 단기 수익 지향의 식민지 체계에 머물러 있었고, 6개사는 규모에서 뒤쳐졌기 때문이었다. 따라서 중국 거점의 설치는 주로 미국, 영국 멤버펌들의 출연을 통하여 수행되었다.

> 러시아 회계시장 창설의 경우에는 독일과 영국펌이 주도하였고 러시아 정부가 미국계의 참여를 요청하였다. 그러나 미국과 캐나다 펌들은 부담이 너무 커서 소극적으로 돌아섰다. 그 결과 러시아에서는 토종회계법인의 장벽이 높아서 빅4의 점유율이 낮은 편이다.

신설 중외합작회계법인은 외국인 직접투자와 해외 상장 관련 감사에서 지배적 위치를 획득하였다. 외국대기업은 전형적으로 중국내 자회사의 회계감사인을 해외모회사의 감사인과 동일한 멤버회계법인으로 선정하였다. 국제회계법인들의 고객은 해외상장 국영기업 및 외국인투자기업인 반면, 토종회계법인의 고객은 소규모 국영기업 및 민간기업으로 판도가 형성되었다. 국제회계법인들은 중국정부에게 투자은행, 법무법인, 국제회계기구를 연결해 주는 역할에서 토종회계법인보다 유리한 위치에 있었다. 당시에 중국 학자들은 외국계 회계법인의 영향력을 과소 평가하는 국수주의적인 입장을 보였다.

표2-2. 1993년 10대 중국 회계법인

사명	제휴처	1993년 순위	1993년 시장점유율
Dahua	상해과학경제대학교	2	10
Huaming	Ernst & Young	20	1
Huazhen	KPMG	3	9
Guangzhou	재무성	13	2
Lixin	Lixin회계학교	5	6
Shanghai	교통은행	1	13
Shekou Xinda	BDO	8	4
Shekou Zhonghua	교통부	4	8
Shenyang	국고국	10	4
Shenzhen Zhonghua	전자부	6	6
Shenzhenshi	감사국	9	4
Sichuan	재무성	14	2
Zhonghua Sheke	상해사회과학 아카데미	7	5

1995년부터 회계법인이 공적기구로부터 분리되었으며, 외국계 빅5의 JV들도 중국정부 파트너와의 분리 의무를 동일하게 적용받았다. 이에 따라 중국정부기관이 중국

인 개인 파트너에게 지분을 이전하였으며, 빅5의 외국인들은 이를 경영통제권을 강화하는 기회로서 환영하였다. 분리 후의 빅5는 외국인투자기업으로서의 혜택을 누렸다.

1992년 CSRC는 1차 H주식 발행사인 9개 국영기업의 감사를 7개 회계법인에 배정하였다. KPMG가 2건, BDO와 제휴한 KWTF가 2건, E&Y, 딜로이트, 아더앤더슨과 C&L이 1건씩이었다. Price Waterhouse는 배정이 없었으나, KPMG의 당초 3건이 너무 많다는 판단에 따라 1건을 넘겨 받았다. 아더앤더슨은 당초 상하이 페트로를 수주하였으나, 홍콩법인에서 인력이 부족하다고 판단하여 칭다오 맥주로 바꾸어 수주하였고, 상하이 페트로는 규모와 로비력을 갖춘 KPMG에게로 갔다. 빅6가 아닌 BDO와 제휴한 KWTF는 1997년 딜로이트에 합병되므로, H주식 감사 시장은 빅6의 독점 체제가 된다.

1차 H주식 IPO후보 리스트 선정 9개사 중 6개사가 1994년 초까지 H주식 발행을 성공하였으며, 회계감사에 대해 우수하다는 평가가 뒤따랐다. 빅6회계법인은 노력에 비해서 수수료가 낮았지만, H주식시장의 성장을 보고 적극적인 마케팅을 개시하였다.

표2-3. 1988-1992년 간 홍콩 상장 기업의 회계감사 수수료 점유율

회계법인	1988	1989 (%)	1990 (%)	1991 (%)	1992 (%)
Price Waterhouse	47.94	43.78	37.45	27.33	22.87
KPMG	27.57	28.55	27.73	33.90	36.64
Deloitte Haskins Sells/DTT	4.44	6.39	8.90	12.07	14.08
Touche Ross	0.03	0.03	-	-	-
Ernst & Whinney/E&Y	4.04	4.09	9.21	11.27	11.02
Arthur Young	0.29	0.78	-	-	-
Coopers & Lybrand	1.05	1.28	1.08	1.23	2.14
Arthur Andersen	0.63	0.90	0.51	0.00	0.40
KWTF	6.76	6.99	7.85	8.11	8.04
기타	7.25	7.21	7.27	6.09	4.81
합계	100.00	100.00	100.00	100.00	100.00

* 자료: D. S. Lee (2005).

나. 빅4의 홍콩시장 주도

1) 국제회계법인의 내부 체계

각국의 회계법인은 소속 파트너가 글로벌법인이 아닌 자국법인에 출자하며 소속하는 국가별 체계이다. PWC와 E&Y는 영국에, KPMG와 Deloitte는 스위스에 회계감사 실무를 하지 않는 본부(non-practicing governance entity) 를 설치하여 국제 활동을 조정하고, 브랜드를 홍보하며 품질 기준을 집행한다. 아더앤더슨이 2002년에 무너졌을 당시 미국법인만이 청산되었으며, 다른 국가에서는 타 회계법인에 합병되었다.

대형회계법인 네트워크의 국가별 멤버펌의 권리

- 국제적인 브랜드 명의 사용권
- 감사 기법, 연수 자료 등의 자원을 공동 사용
- 자국의 시장에서 서비스를 제공할 독점적 권리
- 자국 시장 내에서는 자국 법인이 의사결정권

대형회계법인 네트워크의 국가별 멤버펌의 의무

- 국제적인 감사 품질 기준을 준수
- 글로벌 브랜드의 일관성을 유지
- 외국에서 유치한 비즈니스를 해당국 멤버펌에게 소개
- 고객으로 하여금 외국에서의 서비스를 당해국 멤버펌에게 발주하도록 최선의 노력을 할 것
- 네트워크 비용 분담

빅4회계법인은 다국적기업 고객 비중이 크기 때문에 국가별 멤버펌 간에 파트너 보수체계가 상이하다. 회계감사에 참여하는 각국 멤버펌들 간에 글로벌 차원에서 수익배분 약정을 체결하지만, 중국과 같이 신규 국가에 진출할 경우에는 어느 국가의 법인이 선행투자를 할 것이고, 성과를 차지할 것인지에 대해 합의가 선결되어야 한다.

2) 홍콩의 회계업계

식민지 시대의 홍콩은 영국회계법인이 지배하였다. 1965년에 영국으로부터 독립한 싱가폴에서, 국제회계법인들은 80년대에 초 중국인들을 참여시켰던 경험을 얻었

었고, 싱가폴에서 최초의 중국인 파트너 회계사 선임은 1984년과 1987년에서야 이루어졌다.

홍콩의 회계업에 중국인들의 참여는 서서히 진행되었다. 홍콩을 주도하던 빅2회계법인은 식민지 경제의 산물이었고, KPMG홍콩의 경우는 영국법인의 완전자회사였다. 대부분의 파트너는 영국 회계사 자격자인 주재원이었다. 영국인 파트너들은 자신의 재임 기간 중에 수익을 내기 원하였으며, KPMG영국에서조차 'KPMG홍콩이 중국업무 개발에 소극적이다' 라고 비판하는 여론이 일어났다.

1973년 홍콩공인회계사회(HKICPA)가 구성되었고, 1997년의 홍콩 반환을 10년 앞둔 1987년에 KPMG영국은 홍콩법인에 대한 지분을 단계적으로 포기하기로 약정한다. 궁극적으로 빅4의 홍콩법인의 사령탑이 영국 주재원으로부터 중국계로 교체된다. KPMG 홍콩에서 본토 출신 파트너의 선임은 1996년에야 이루어졌다. 이는 홍콩인들의 다수가 중국이탈자들의 후예로서, 당시 홍콩 반환에 불안감을 가졌기 때문이었다. 홍콩의 회계사 자격자들중 80%가 1989년에 외국여권을 신청하였다가, 중국시장의 성장을 보고 나서 귀환한 것이 사실이었다.

2004년에 HKICPA가 공식 출범하여 홍콩회계기준을 수립하였고, 2005년에 국제회계기준에 수렴하였다. 2011년의 회계법인 수는 1,578개에 달하였다.

3) 홍콩과 본토 회계법인 간의 관계

영국이 홍콩을 반환한 이후에도 중국 정부가 1국가 2체제를 인정하였기 때문에, 홍콩과 대륙의 회계법인은 2047년까지는 별도의 체계를 적용 받고, 홍콩의 회계사들은 본토에서는 외국인 자격으로 취급받는다.

1980년대에 홍콩회계법인이 본토 진입 초기에서 수행한 역할에는 복잡한 요소들이 개입하였다. 국제회계법인 내에서 각국 멤버펌 간에 이해관계가 달랐다. 선진국 멤버펌들은 중국 각 도시에서 다국적 기업 고객을 위한 서비스를 제공하기를 원하였지만, 이는 홍콩법인의 입장에서는 너무 큰 투자를 요하였다.

홍콩의 선도 회계법인들은 1990년대 초부터는 홍콩IPO 회계감사 영업에 눈독을 들였고, 북경의 관료들에게 정책자문을 제공하였다. 아더앤더슨의 Nellie Fong은 대처수상의 홍콩 반환협정을 지지하였고, 1989년 상해의 주룽지 시장은 아더앤더슨에게 국영기업 관리자들의 연수를 주선하도록 하였다. 매회 1,500명이 참석한 연수는

2009년까지도 계속되었다.

이에 따라, 국제회계법인의 본토와 홍콩의 멤버펌 간에, 중국거점은 글로벌 본사의 통제를 받으면서 다국적 기업고객을 상대하며, 홍콩법인은 출장 방식으로 IPO 감사 프로젝트를 수행하는 영업체계가 생성되었다. 이에 대해서 CICPA의 Ding Pinzhun 회장은 "국제브랜드를 업고 대륙의 회계산업에 침투한 홍콩의 빅6로 인해 진정한 외국계는 축출당하였다" 고 비난하였다.

빅6의 글로벌 본사는 중국사업 개발을 위해 투자하였는데 홍콩에서는 중국 개발에 소극적이었고, H주식의 감사 업무만 원하였다. 이에 따라 빅6는 본토와 홍콩의 영업을 통합시키고, 중국 담당 회계사들은 본토로 이주시켰다. 본토의 주재 환경이 열악하였기에 초기 부임자들은 저 성과자들이 많았다. 홍콩의 회계사들은 중국 업무 초기에 적극 참여하였지만, 개인 생활에서는 주재원 대우를 받는 목적 상, 외국인으로 행동하는 양면성을 보였다. 이는 중국 본토 출신 회계사들이 홍콩 회계법인 내에서 상위직 파트너로 진입하는 과정에서 마찰요인이 될 수 있었다.

4) 빅4의 해외상장 감사 지배

대 중국 외국인투자가 적었던 1980년대에는 토종회계법인이 본토의 감사 시장을 지킬 수가 있었으나, 90년대에 다국적기업이 중국에 진입하면서 빅8은 거대한 수요를 맞이하게 되었다

1990년 A주식이 발행되던 당시는 외국계 JV회계법인이 인가를 획득하기 이전이었으므로, 발행기업들은 국영회계법인을 사용해야 했다. 외국계 JV회계법인들이 인가를 획득한 후에도, 국내용 A주식 발행자는 중국 GAAP을 적용하였으므로 외국계 JV회계법인을 선택할 유인이 없었다.

외국인용 B주식 발행사들의 경우는 국제회계기준을 적용하였으며, 해외공모 주간사인 투자은행들이 빅5회계법인의 감사를 의무적으로 요구하였다. A와 B주식을 병행 발행한 기업의 경우는 재무제표도 국제기준과 중국 기준으로 병행 작성해야 했다. 중국회계기준 재무제표의 국제기준 변경은 어려운 과정으로서, 의외의 결과가 빈발하였다.

표 2-4. 2009년 중국국내 상장 기업 회계감사 점유율

사명	감사보수	고객 수	수수료점유율	고객수 점유율
PwC	168,730	36	17.6	2.3
BDO	143,288	195	11.3	12.7
DTT	99,280	18	7.8	1.2
E&Y	74,485	29	5.9	1.9
Tianjian	72,096	107	5.7	7.0
RSM	69,050	88	5.4	5.7
Ascenda	58,847	93	4.6	6.1
Shinewing	53,095	90	4.2	5.9
Grant Thornton	40,590	48	3.2	3.1
KPMG	40,240	9	3.2	0.6
기타 43사	451,920	820	31.1	53.5
합계	1,271,621	1,533	100	100

빅4는 감사 건수로는 6%만을 점유하였지만 수수료는 34.5%를 점유하였다. 2009년에는 상해 A주식 공개가 9건에 불과했는데 이중 3건을 빅4가 점유했다. 심천의 중소기업부와 ChiNext에서는 90건의 공개가 있었는데, 이러한 소규모 상장건에서 빅4는 1건만을 감사하였을 뿐이었다.

표2-5. 2009년 홍콩거래소 회계감사 보수 점유율 (단위:백만 HK$)

회계법인	H 주식	레드칩	H 및 레드	전체 상장
PricewaterhouseCoopers	677	283	960	2,531
KPMG	445	129	574	2,082
Ernst & Young	146	159	305	1,108
Deloitte Touche Tohmatsu	130	120	250	1,116
Shine Wing (HK) CPA Ltd	17	1	18	78
Grant Thornton	5	5	10	119
Crowe Horwath	–	4	4	7
BDO	8	–	8	53
UHY Vocation HK CPA Ltd	10	–	10	36
CCIF CPA Ltd	3	2	5	48
기타	25	11	36	268
전체	1,466	714	2,180	7,446

상장기업수	149	94	243	1,323
고객 당 감사보수	9.84	7.59	8.97	5.63
CR4	.9540	.9677		.9182
CR8	.9828	.9903		.9598
HHI	3239	2677		2390

* 자료: 홍콩증권거래소.

2009년에 빅4는 H주식에서 95.4% 및 레드칩에서 96.9%의 감사 보수 점유율을 보였다. 토종회계법인인 신영중화의 홍콩펌은 0.8%에 불과하였다.

빅4가 H주식과 레드칩 감사를 주도한 이유는 이들만이 중국내 거점과 규모를 갖추고 있었기 때문이었다. 또한 홍콩거래소의 규정 상 홍콩상장기업의 감사인으로 홍콩의 회계법인 및 국제회계법인만을 인정하므로 중국계 회계법인은 진입하지 못하였다. 홍콩 상장에서 국제회계기준 또는 홍콩회계기준을 적용하는 점도 본토 회계법인에게 장벽이 되었다.

중국 당국은 B주식과 H주식시장의 초기 성공에 따라 1998년에는 19개 대형 국영기업의 뉴욕상장을 결정하였다. PWC의 점유율이 높은 이유는 아더앤더슨을 인수하였기 때문이다.

표2-6. 뉴욕상장 중국 국영기업의 회계감사인

기업	IPO 시기	시가총액(백만$)	감사인
PetroChina	2000	200,828	PwC
China Mobile	1997	198,259	KMPG
China Life Insurance Company	2003	122,857	PwC
CNOOC	2001	76,014	E&Y
Sinopec	2000	69,804	KPMG
China Telecom	1998	38,783	KPMG
China Unicom	1996	31,338	PwC
Aluminum Corp. of China	2001	10,095	PwC
Huaneng Power	1994	4,501	PwC
China Eastern Airlines	1997	3,960	PwC
Guangshen Railway	1996	2,874	PwC
China Southern Airlines	1997	1,340	KPMG

* 자료: NYSE, 2009.

페트로차이나는 뉴욕 상장에서 H주식상장 당시 감사를 수행하였던 PWC홍콩법인이 아닌 PWC중국법인 (당시에 국제 본사에 의해 소유 및 운영되었음)을 감사인으로 선임하였다.

2009년 말 기준 빅4는 뉴욕증시 상장 감사 보수에서 95.77%의 점유율을 차지하였고, 나스닥의 경우에는 71.5%를 점유하였다. 빅4 이외에는 미국, 홍콩, 캐나다의 회계법인들이 감사를 담당하였고, 본토 회계법인은 전무하였다.

다. 빅4의 현지화

1) 중외 합작 방식의 폐지

중국공인회계사회는 빅6 JV 방식의 결함을 조기에 인식하였다. 중국 당국이 국내 회계법인을 효과적으로 통제하는 방식은 빅6 외의 2군 국제 네트워크의 멤버펌으로 육성하는 대안이 있었고, 실제로 1994년 중국당국은 Zhonghua Shenzhen을 Horwath International의 멤버로 인가하였다. 멤버펌 방식은 이후 국제 2군 회계법인들이 중국에 진출하는 경로가 되었다.

1997년 Price Waterhouse와 Coopers & Lybrand가 합병을 발표하자, 중국 측은 북경의 PW멤버 펌인 Zhang & Chen CPA, Coopers and Lybrand CIEC JV, PW Da Hua JV 및 광조우의 Yangcheng CPA의 4개법인을 합병시키면서, 중국인 파트너의 통제 하에 두려는 계획을 구상하였다. Coopers and Lybrand CIEC JV에 소속된 중국의 선도 회계사인 장커가 대표 후보자였다. 그러나 합병 PWC는 통제권을 놓지 않았고, Zhang & Chen CPA의 케빈장을 미국으로 파견 조치하였다. 결국 장커는 Coopers & Lybrand JV를 신영중화로 개명하여 선발 토종회계법인으로 출범하게 된다. 이후 신영중화는 11개 회계법인과 1개 컨설팅펌을 합병하였으며, 2010년 순위에서 7위를 차지하였다. 중국 재정부는 토종 회계법인에게 H주식 발행기업의 감사를 허용한다는 방침에 따라 업계의 통합을 가속하였다. 신영중화는 2005년 홍콩 멤버펌(Ho & Ho Co)을 인수한 후, H주식 발행기업의 감사를 수행하고 있다.

2) WTO을 위한 회계 부문 협상

중국법상 회계법인은 공인회계사의 소유여야 하나, 빅4 JV의 경우는 외국인 소유 특례를 부여 받았다. 이에 따라서 빅4의 외국인 파트너 주재원은 중국 내 회계사 자격 문제를 회피할 수 있었다. 이들은 본국이나 홍콩에서 파트너이지만, 중국 본토에서는 직원에 불과하다. 외국인 파트너들은 감사를 주관하지만 중국회계사 자격자가 아니므로 감사보고서에 서명하지 않으며, 중국인 파트너가 서명하였다.

중국공인회계사회는 빅4차이나 JV에게 국내 유자격 파트너에 의한 서명만을 요구하였으므로, 실제 감사를 수행한 외국인 파트너에 대해서는 간접적으로만 감독권을 행사한 결과가 되었다. 또한 중국당국이 외국 회계감독당국의 간섭을 거부하였기 때문에, 빅4차이나 JV내의 파트너들은 원 소속이 미국이었든 홍콩이었든 간에 PACOB나 홍콩회계사회의 감독도 받지 않는 상황 하에 있었다. 결국 본토 주재 외국인 파트너들은 일종의 '자율규제' 대상인 상태에 들어갔다.

중국의 WTO가입을 위한 협상에서 CICPA 측은 중국회계사 자격을 중국인이 회계법인의 경영권을 갖는 수단으로 활용하였으며, '3년의 유예 기간 이내에 자격을 취득하라'는 입장이었다. 그러나 빅4의 입장에서는 중국어 능력이 없는 파트너들이 3년 내에 자격증을 취득할 가망이 없었고, 중국어 구사자의 합격률도 낮은 상황이었다. 따라서 빅5 측에서는 빅5의 직원이 중국회계법인을 설립하고, 미국이나 홍콩의 법인이 중국 멤버펌에 지분을 출자하는 방식을 요구하였다. 이러한 방식에서는 중국인 창업자들이 빅5에 업무를 의존하는 한편, Zhang & Chen CPA의 경우와 달리 외국인 투자기업으로서의 혜택을 누릴 수 있게 되었다.

중국 당국은 WTO를 타결하면서 회계법인을 파트너십 또는 유한회사 형태로 규정하였다. 파트너십의 파트너 또는 회사의 주주가 되려면 중국회계사 자격을 필요로 한다. 단 기존의 빅5 JV에게는 빅5의 해외 법인을 법인파트너로 인정하는 특례를 부여하였다. 이에 따라 빅5는 중국내 멤버펌 설치 전략을 포기하고 기존 JV를 유지하였다. 다만, 기존 JV계약이 2012년에 (PWC는 PW와 C&L의 합병 시기에 5년의 기간을 연장 받았다)에 만료될 때까지 한시적인 지배구조였다.

3) 2012년의 빅4 개편

빅4차이나는 다수의 현지인을 채용하고, 토종회계법인과 유사한 법적 체계를 채택하였다. 본토출신의 인력이 부족하여 싱가폴과 말레이지아로부터 화교 CPA들을 스카우트하였고, 상급자로는 주재원을 파견하였다.

빅4차이나는 주재원 인건비 부담을 덜기 위해 현지화를 필요로 하였고,중국재정부와 공인회계사회는 '중국인 회계사들이 약간의 연수를 받으면 빅4차이나에서 조속히 역할을 수행할 수 있다' 면서, 빅4에게 조기 현지화를 요구하였다.

표2-7. 2004-2008간 빅4차이나의 인력 구성

직급	2004	2005	2006	2007	2008
파트너	278	364	467	604	731
선임 매니저/이사	356	462	638	842	970
매니저	707	855	1,136	1,625	2,081
선임 회계사	1,639	2,224	3,033	4,944	6,379
스탭 회계사	3,626	4,676	6,895	8,156	9,849
총 전문 인력	6,606	8,581	12,169	16,171	20,010
지원 인력	1,065	1,311	1,802	2,334	2,839
총 인원수	7,671	9,892	13,971	18,505	22,849
증가율		28%	41%	32%	23%

* 자료: 빅4 설문.

빅4차이나펌은 인원이 증가하면서 미국을 제치고 빅4 글로벌 네트워크 내의 최대 멤버펌이 될 것이라고 예상된다. 2005년의 중국 내 인건비 상승율도 30%에 도달하였다. 2008년에는 미국의 금융위기로 인해 일시 해고와 무급 휴직이 실시되었으나, 2010년이면 회복된다.

표2-8. 빅4의 직급별 현지화 추이

직급	2004	2005	2006	2007	2008
파트너	18.0%	16.2%	20.1%	24.3%	27.2%
선임 매니저/이사	46.2%	48.9%	51.2%	52.0%	59.0%
매니저	75.6%	74.9%	72.8%	75.5%	81.0%
선임 회계사	94.5%	88.7%	89.3%	94.6%	95.9%
스탭 회계사	99.6%	99.3%	99.3%	99.1%	99.1%
총 전문 인력	90.1%	89.0%	89.7%	90.1%	91.6%

* 자료: 빅4 설문

빅4차이나는 오랜 동안 부족한 전문인력의 부족을 고비용의 주재원으로 충당하는 투자기간을 거친 후, 보수의 상승을 통하여 2000년대에 들어서면서 수익성을 달성하였다.

빅4차이나가 중/하위직에서는 현지화 실적을 높였으나 상위직에서는 부진하였다. 그 이유는 신입회계사가 파트너로 승진하려면 10년 이상이 걸리는 전문성 요건 때문이었다. 빅4의 JV가 중국 내 대졸자 채용을 개시한 것이 1992년이었으므로 2000년대 중반이 되어야 중국인 파트너가 등용될 수 있을 것이었다. 이에 따라 2004에서 2008년 까지 278인으로부터 731인으로 급증한 파트너 수는 주재원으로 충당되었다. 따라서 중국어를 구사하는 파트너를 많이 등용해야 하지만, 홍콩출신 회계사가 만다린 표준어로 실시되는 본토의 회계사 시험을 치루기가 쉽지 않았다.

2012년에 빅4중 3사의 JV라이선스가 만료되었다. 중국 당국은 '중외합작 회계사무소 현지화 개편방안(中外合作会计事务所本土化转制方案: Scheme for the Localization Restructuring of Chinese-Foreign Cooperative Accounting Firms)'에서 JV를 파트너십으로 개편하도록 하였다. 대표수석파트너는 중국 국적 및 중국의 회계사등록 자격증을 소지 하여야 한다. 중국 재정부는 개편 기준을 발표하면서 외국계에게 상당한 유예기간을 부여하였다. 빅4차이나는 외국회계사로서 10년의 경력 및 중국 내 5년의 경력자 (40 - 65세)로 파트너의 40%를 구성할 수 있으되, 이 비율은 2017년 말까지 20%로 낮추어야 한다. 경영위원회도 외국인으로 40%까지 구성하되, 2017년까지 20%로 낮추어야 한다.

중국 당국의 목적:

- 중국파트너 "수" 가 많아져 중국 국내업무 수임에 유리 할수 있다.
- 파트너의 책임의식을 증강 시켜, 회계법인을 발전시킬 수 있다.
- 공평한 시장경쟁 환경을 조성 할수 있다.
- 국제회계업계에서 중국측 발언권을 강화 할수 있다.

빅4차이나는 중국인 파트너 비율을 2008년의 27.2%로부터 9년 내에 60%로 늘려야 하는 입장을 맞이하였다. 홍콩과 싱가폴에서는 외국인 주재원의 대거 이탈이 발생하였으나, 중국에서는 중국인 스탭들의 조기 승진이 예상되었다.

라. 토종회계법인의 약진

중외합작은 동상이몽이었음으로 밝혀졌다. 중국 측은 기술 전수를 받기 원하였으나, '회계업에서는 기술이 아니라 평판이 관건이며, 국제사회는 결코 중국 토종 회계법인을 인정하지 않을 것이다' 라는 사실을 학습하였다. 외국계들은 사업을 신속히 확장하고, 확장기간 동안에는 손실을 감수할 의지를 가졌던 반면, 중국 측 파트너는 비용 통제를 원하였다.

CICPA는 2007년 5월 토종회계법인 육성방침을 발표하였고, 국무원은 이를 채택하여 2009년 회계산업 발전가속화를 위한 재정부 의견에 대한 국무원 통지(Notice of the General Office of the State Council on Forwarding the Several Opinions of the Ministry of Finance on Accelerating the Development of the CPA Industry of China: 国务院办公厅转发财政部关于加快发展我国注册会计师行业若干意见的通知)을 발표하였다.

1997년 Coopers & Lybrand가 PricewaterhouseCoopers로 개편할 당시 장커(張克) 회계사가 독립하여 신영중화 (信永中和) 회계법인을 설립하였다(후술 참조). 장커는 Zhongxin-Coopers & Lybrand에 소속하여 CITIC의 회계감사를 담당하였던 원로 회계사이다,

2001년에는 중국의 금융잡지인 '재경'지가 상장기업인 YGX(Yinguangxia)의 분식 혐의를 보도하였다. CSRC의 조사 결과 YGX 의 임원들은 형사 처벌을 받았고, Zhongtianqin(ZTQ)회계법인은 면허가 취소되었다[33]. ZTQ 회계법인이 2000년에 A주식 상장기업 57사를 감사한 대형사였기에, 이 사건은 '중국의 엔론'이라고 알려졌으며, 상장기업의 회계감사인을 5년 마다 순환교체하는 제도를 도입한 계기가 되었다. 같은 해 CSRC는 A주식 발행기업이 중국회계기준 재무제표에 토종회계법인의 감사를 받은 후, 외국회계법인으로부터 국제공시기준으로 2차 감사를 받는 2중 체계를 도입하여 회계 품질의 개선을 도모하였다[34]. 2중 체계는 2007년에 폐지되었다[35].

---

33) Xianjie He, Jeffrey Pittman, Oliver Rui, Reputational Implications for Partners After a Major Audit Failure: Evidence from China, Journal of Business Ethics,Vol.138,Iss.4, (Nov 2016): 703-722

34) Rules for the Information Disclosure Report by Companies That Offer Securities to the Public No. 16 – Interim Provisions on the Implementation of Supplementary Auditing on A-share Issuers, No. 161 [2001] CSRC
F. Liang and Z. Wang, ' "Buchong Shenji" Zhiyi-Jiantan Zhongguo Duli Shenji Jiangkang Fazhan Zhilu' [Queries on the Objective of 'Supplementary Auditing'-Taking Account of the Healthy Development of Independent Auditing in China], 3 Journal of Anhui Business College of Vocational Technology (2002) p. 34, at p. 34.

35) Xianjie He, Jeffrey Pittman, Oliver Rui, Reputational Implications for Partners After a Major Audit Failure: Evidence from China, Journal of Business Ethics,Vol.138,Iss.4, (Nov 2016): 703-722

1) 2군 해외브랜드와 제휴

CSRC가 설립되기 전에 인민은행은 상장기업 감사인 수를 68개로 제한하였는데, 이 숫자는 2002년 105개로 증가하였다가 2010년까지 54개로 감소하였다

토종회계법인들은 CICPA를 통해 국무원으로부터 지원정책을 얻어 냈다. 토종회계법인은 2군 글로벌회계법인 네트워크와 제휴를 시작하였고, 국제 회계기구에 참여를 시도하였다. 2009년이 되면 RSM, BDO 및 Crowe Horwath 가 중국 내 5~7위로 성장하였다. BDO 와 중국 Xinde는 1997년 결별하였다.

2) 본토 회계법인의 H주식 발행기업 감사 진입

2009년 8월 이전에는 홍콩거래소 규정 상 홍콩에서 자격을 취득한 회계사, 국제회계법인 또는 홍콩파트너와 본토 파트너 간의 JV회계법인 (빅4만이 해당)들만이 H주식 발행회사의 감사보고서에 서명할 수 있었다.

북경은 본토의 회계기준 발전을 위하여 2007년 〈기업회계준칙 - 기본준칙〉과 〈기업회계준칙 - 구체준칙〉을 공표하여 기본준칙은 모든 내국 기업에게, 구체준칙은 중국 내의 모든 상장기업에게 시행하도록 하되 상장기업 외의 기업에게는 시행을 장려하였다. 2007년 개정은 국제회계기준에 수렴하였으며, 고성장 경제 하에서 공정가치 평가를 도입하여 이익이나 자산가치 상승 요인으로 작용하였다.

2010년 본토와 홍콩 당국은 양국의 회계기준이 수렴하였음을 인정하였고, H주식의 상장에서 중국회계기준의 재무제표 등록을 허용하였다. 북경은 본토의 회계사가 중국 재정부 및 CSRC에 등록을 필하면, 홍콩거래소로부터도 심사 절차 없이 H주식의 감사인으로 적격 인정하는 조치를 받아 냈다. 홍콩 측은 본토의 회계사에 대한 감독을 북경에 의존한 것이다[36] (미국의 PCAOB가 유럽측의 감독기구에 의존한 전례가 있다).

본토 측에서는 16개 본토 회계법인을 심사하여 12개사 (빅4차이나를 포함)를 H주식 감사인 대상으로 선정하였다. 신 제도에 따른 감사인 변경을 최초로 채택한 중국기업은 칭다오맥주였다. 최초의 H주식 상장기업이었던 칭다오는 감사인을 PWC홍콩

36) HKEx, 'Consultation Conclusions on Acceptance of Mainland Accounting and Auditing Standards and Mainland Audit Firms for Mainland Incorporated Companies Listed in Hong Kong'(December 2010), para. 9, available at: 〈http://www.hkex.com.hk/eng/newsconsul/mkt consul/Documents/cp200908cc.pdf〉 (accessed on 06/04/2012)

으로부터 PWC차이나로 변경하였다. 실제로 PWC홍콩과 PWC차이나는 단일체계로 운영되고 있었으므로, 변화된 것은 홍콩기준의 재무제표가 생략되고 칭다오의 회계감사 비용이 1/3수준으로 절감된 것뿐이었다. 기존 H주식의 감사인은 대부분 빅4였으므로, 다른 H상장사에서도 상황은 유사하였다.

표2-9. H주식 감사를 인가 받은 회계법인 (2013.10.24현재)

	회계법인 명	승인 일자
1.	立信會計師事務所有限公司	15/12/2010
1A.	立信會計師事務所(特殊普通合伙)	31/12/2010
2.	天健會計師事務所有限公司	15/12/2010
2A.	天健會計師事務所(特殊普通合伙)	17/8/2011
3.	立信大華會計師事務所有限公司	15/12/2010
3A.	大華會計師事務所有限公司	9/9/2011
3B.	大華會計師事務所(特殊普通合伙)	3/11/2011
4.	信永中和會計師事務所有限責任公司	15/12/2010
4A.	信永中和會計師事務所(特殊普通合伙)	7/7/2011
5.	安永華明會計師事務所	15/12/2010
5A.	安永華明會計師事務所(特殊普通合伙)	27/7/2012
6.	國富浩華會計師事務所有限公司	15/12/2010
6A.	國富浩華會計師事務所(特殊普通合伙)	14/2/2011
6B.	瑞華會計師事務所(特殊普通合伙)	10/5/2013
7.	京都天華會計師事務所有限公司	15/12/2010
7A.	致同會計師事務所(特殊普通合伙)	31/12/2011
8.	普華永道中天會計師事務所有限公司	15/12/2010
8A.	普華永道中天會計師事務所(特殊普通合伙)	31/12/2012
9.	德勤華永會計師事務所有限公司	15/12/2010
9A.	德勤華永會計師事務所(特殊普通合伙)	14/9/2012
10.	畢馬威華振會計師事務所	15/12/2010
10A.	畢馬威華振會計師事務所(特殊普通合伙)	5/7/2012
11.	中瑞岳華會計師事務所有限公司	피합병
11A.	中瑞岳華會計師事務所(特殊普通合伙)	피합병
12.	大信會計師事務所有限公司	15/12/2010
12A.	大信會計師事務所(特殊普通合伙)	9/9/2011

2011년 말 현재 168개 H주식 중에서 본토회계법인 감사 종목은 27개사에 머물렀다. 하지만 향후 토종회계법인이 H주식 시장에 진입할 수 있으며, 토종세력이 인력과 역량의 범위 내에서 소형 H주식부터 빅4의 아성을 잠식해 갈 것이다. 레드칩의 경우 홍콩에 설립된 기업이지만 모든 사업은 대륙에서 수행하며, 국영기업의 통제를 받고 있다. 또한 심천의 토종회계법인 소속 인력들이 홍콩으로 출퇴근을 용이하게 할 수 있다. 이에 따라서 홍콩회계법인의 시장점유율이 잠식당할 수 있다.

2001년 이후 상승하던 빅4의 중국 내 점유율은 2008년에는 하락으로 반전한다. 2008년 이후 글로벌 금융위기에 불구하고 심천의 기업공개가 증가하였지만, 이는 중국 민간기업의 상장 촉진정책에 기인한 것으로서 빅4의 점유율에 도움이 되지 않았다. 2009년 심천의 중소기업부 및 ChiNext의 90건의 IPO중 빅4가 감사한 기업은 1건에 불과하였고, 토종회계법인이 압도하였다.

빅4의 성장율은 2008년에 일시 마이너스를 보인 후 회복하였으나, 중국 토종회계법인의 성장율은 더 높았다. 그 이유는 중국기업의 자금조달이 해외자본시장보다 PER가 높은 국내로 이전하였기 때문이다. Crowe Horwath 멤버펌인 Ruihua와 BDO멤버펌이 2015년에 회계법인 랭킹 2위와 3위에 등극하였다. BDO 와 RSM은 국제회계법인과 제휴하였지만, 중국자본이 참여하였음에 따라 중국인들은 이들을 토종회계법인으로 인식하였다. Crowe Horwath 차이나의 Yang Jiantao선임 파트너는 '해외의 연수프로그램 및 스탭교환 프로그램이 중국인 스탭에게 가장 유용하다' 고 평하였다.

도2-1. 중국 회계법인의 성장률

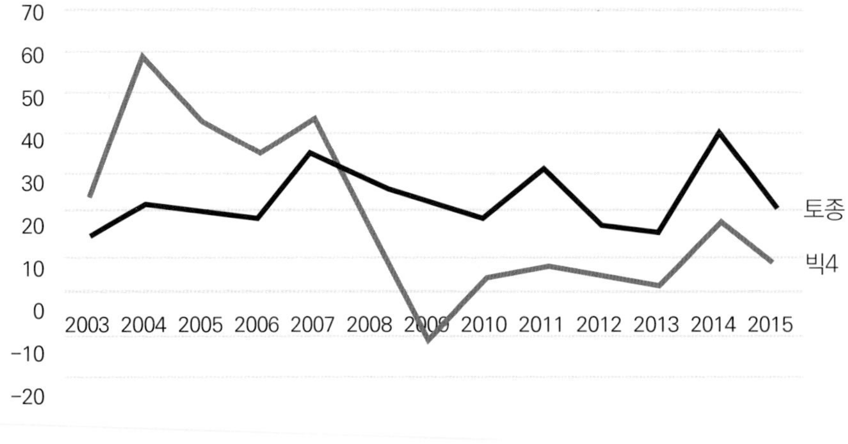

2015년 2/3위로 등극하였던 BDO와 Ruihua는 2017년에 일시 업무정지 징계 조치로 인하여 성장세를 멈추었으며, 토종 업계가 양적성장에서 질적성장으로 전환할 시기가 도래하였다는 관측이 제기되었다. 그러나 2020년에는 대형 국영기업의 감사인 교체시기가 도래하므로 토종회계법인의 약진 기회가 될 것으로 예상된다[37].

표2-10. 2017년의 중국 10대 회계법인 서열

서열	사명	영문 사명	매출(만위안)	회계사 수
1	普华永道中天	PricewaterhouseCoopers Zhongtian (PwC)	516595.15	1,094
2	德勤华永	Deloitte Huayong	402977.04	872
3	立信	BDO China Shu Lun Pan	369015.54	2,135
4	安永华明	Ernst & Young Huaming	332337.36	1,124
5	毕马威华振	KPMG Huazhen	312685.02	731
6	瑞华	Ruihua	287998.62	2,459
7	天健会	Pan-China	223706.96	1,579
8	大华	Moore Stephens Da Hua	155012.11	1,205
9	致同	Grant Thornton Zhitong	154902.36	1,185
10	信永中和	ShineWing	134831.36	1,326

* 자료: CICPA

마. 중국의 forensic회계

1) 본토와 홍콩 포렌직의 발전

포렌직 회계는 아시아에서 특히 회계, 법률, 심리학과 범죄의 융합으로 발전하고 있다. CICPA는 2016-2020년간 발전 계획에 수사목적의 회계를 포함시키고 있다[38].

본토에서는 International FCPA (Forensic Certified Public Accountant) Professional Certification Center와 International Forensic Accounting Network가 2006년

37) Paul GIlls, Chinese audit regulators get tough, China Accounting Blog, 2017.6.13. 및 China's accounting market update, 2016.11.10

38) CICPA, Development plan of accounting sector, 2016.11.2.

에 중국 최초의 세미나를 개최하고, 연수과정을 개설하였다. 중국의 보험업이 급성장하면서 주요 고객이 되어 주었다[39].

홍콩공인회계사회는 2011년에 Forensics Forum을 개최하여 관심도를 측정한 후, 반응이 좋아서 2012년 Forensics Interest Group ("Forens IG")을 500인 이상의 전문가 참여 하에 결성하였다[40]. 2017년 현재 이사회에는 회계사, 변호사 외에 FTI Consulting, Alvarez & Marsal 소속 전문가가 참여하고 있다.

표2-11. 중국 대학의 수사목적의 회계 교육과정 현황

학교	프로그램 형태	과정
Beijing City University	회계학사	수사목적의 회계
Eastern Asia Administration Institute	High Diploma	수사목적의 회계
Northwest University of Politics and Law	법학사	수사 및 조사 목적의 회계
Southwest University of Political Science and Law	경영학사	수사목적의 회계
Taizhou Polytechnic College	High Diploma	수사목적의 회계

* 자료: 2015년 설문.

2) 본토기업의 해외 상장폐지 관련

중국 기업의 해외 상장폐지 사태 발생 이후 빅4회계법인과 본토대형 회계법인들은 홍콩과 본토에서 forensic accounting서비스를 확대하였다.

- 내부통제 검토
- 이사회 특별위원회의 조사 대행
- 공매도 헤지펀드의 공격 대응
- 미국 증권당국 및 거래소의 문의 대응
- 회계감사인 사임 대응

중국의 경우에는 기업자산 유실에 따른 조사와 자산 회수 활동이 중요하며, 포렌직 회계법인이 법원 선임 청산인을 수행하기도 한다. 미국 해외부패방지법에 따른 조

39) Haiyan Sui, The Development Way of Forensic Accounting in China, Accounting and Finance Research Vol. 2, No. 3; 2013

40) www.hkicpa.org.hk 〉 CPD and specialization 〉 Specialist interest groups 〉 Forensics interest group

사와 분쟁 대응도 수반된다. 미국에서 포렌직 회계사는 법무법인에 고용되어서 전문가 증인으로 출두하는 반면, 중국에서 포렌직 서비스는 주로 전문가 보고서를 법원에 제출한다[41]. 중국 공인회계사회 외에도 감정평가사회와 세무사회가 포렌직 서비스를 제공하고 있다.

3. 내부통제 제도

내부통제란 기업경영의 효율성, 기업회계에 대한 신뢰성, 법규에 대한 준법성을 확보 · 제고할 목적으로 경영자에 의해 구축 · 운영되고 있는 기업내부의 일종의 자정시스템을 말한다. 미국 5개 스폰서 기관 위원회(COSO)의 정의에 의하면 내부통제란 다음의 분야에서 목적 달성을 합리적으로 보장하기 위한 목적에서 기업의 이사회, 경영진 및 기타 인력들에 의해서 실천되는 절차이다;

- 운영의 효과 및 효율
- 재무보고의 신뢰성
- 적용되는 법규의 준법

내부통제라는 개념이 처음으로 생성된 것은 회계분야, 특히 재무제표에 관한 감사의 영역에서이다. 회계감사는 20세기 초반까지만 해도 모든 사항에 관해 정밀하게 감사를 하는 이른바 "정사"(精査)가 원칙이었으나 기업규모의 확대, 거래량의 증대 등으로 정사가 불가능해짐에 따라 이른바 "샘플조사(試査)에 의한 부분감사" 를 실시하게 되었다. 이 부분감사의 전제가 되는 것이 바로 내부통제시스템이다. 내부통제시스템에 대해 먼저 평가를 하고 그것이 제대로 작동하고 있으면 재무제표의 작성과정은 적정한 것으로 믿고 감사대상 중 일부를 무작위로 추출하여 검증하는 방법이 그것이다.

미국 1934년 증권거래법의 13(b)(2)(B)조에서는 상장회사들이 합리적으로 보장을 제공하는 데에 충분한 내부회계통제를 구비하고 유지할 것을 요구한다. 1977년 해외

41) Jim Wang, Grace Lee, D. Larry Crumbley, Current Availability of Forensic Accounting Education and State of Forensic Accounting Services in Hong Kong and Mainland China, Journal of Forensic & Investigative Accounting Volume 8: Issue 3, July-December, 2016

부패행위 방지법과 2002년 사베인 옥슬리법에서도 미국의 상장기업에게 내부통제를 요구한다. 사베인옥슬리 법에서는 경영자는 회계정보의 적정성을 담보할 수 있는 내부통제 시스템을 구축할 의무와 이 내부회계통제 시스템의 유효성에 관해 평가하고 이를 보고서(내부통제보고서)의 형태로 SEC에 제출할 책임이 있으며, 경영자가 한 평가에 대해서는 외부감사인이 그 적정성을 감사(증명 · 평가)하여야 한다는 것이다. 내부통제보고서에 대한 외부감사인의 감사와 관련하여 PCAOB는 2004년 3월에 감사기준 제2호(Auditing Standard No.2)에서 '외부감사인은 경영자가 작성한 내부통제보고서에 대한 감사는 물론이고 이와는 별로도 직접 내부회계통제시스템에 대해 평가하고 그 결과에 대해 의견을 표명'하여야 하는 직접 보고제도를 규정하였다.

Sarbanes-Oxley법 입법 이후에 SEC는 '중대한 취약성' 과 '중대한 결함'을 정의하였다. 중대한 취약성(weakness)은 재무보고의 내부통제에서 결함 또는 복수의 결함들이 중첩되어서 등록인의 재무제표에 중대한 허위표시가 적기에 예방이나 적발되지 못할 합리적인 가능성이 있는 경우이다.

이에 비해 내부통제의 중대한 결함(deficiency)은 재무보고의 내부통제에서 중대한 취약성보다는 덜하지만 결함 또는 복수의 결함들이 중첩되어서 등록인의 재무제표를 감독하는 측에서 주의할 만큼 중요성이 있는 경우이다. 중요성에 대해서는 판례를 통해서 5%를 넘는 비율과 미화 1백만 달러라는 양적 기준이 정립되었다. 그러나 SEC 스탭 들은 1999년 메모99호에서 중요성은 상대적인 용어라고 정의하였다[42].

중국 기업에서는 직원들이 경영주의 지시에 일방적으로 따르므로 상호 견제 기능이 약하고, 타인의 부적절한 업무에 대해 간섭하지 않으려는 보신주의가 일반화되어 있었다. 이에 따라 내부통제가 제도화되더라도 운용 단계에서는 기능하지 못할 수 있다.

중국 정부는 2006년에 기업내부통제표준위원회를 발족시켰고, 2008년 6월에 사베

---

42) 한국의 경우, '내부회계관리제도(K-Sox)'는 주식회사의 외부감사에 관한 법률 제5조 근거한 회계감사 준칙으로 운용되다가, 외환위기 이후 기업구조조정 촉진법에서 법제화되었다. 기업구조조정촉진법이 한시법임에 따라, 내부회계관리제도는 2003년 주식회사의 외부감사에 관한 법률로 자산총액 1천억원인 기업을 대상으로 도입되었다. 내부회계관리 상황에 대한 평가는 경영자(이사)가 아니라 감사가 하고(제2조의 2), 그리고 감사가 한 평가를 외부감사인이 검토하는 구조로 되어 있다(제2조의3).
2006년 상장회사협의회에서 "내부회계관리제도 모범규준"을 제정하여 자율적으로 적용할 수 있도록 가이드라인을 제시하였다. 상장회사협의회의 내부회계관리제도 운영위원회에서는 2012년 12월 '내부회계관리제도 모범규준', '내부회계관리제도 모범규준 적용해설서' 및 '내부회계관리제도 모범규준 중소기업 적용해설서' 개정과 '내부회계관리제도 모범규준 적용의견서 12-1' 제정을 의결하고, 2013년부터 시행하였다.

인 옥슬리법의 중국판인 기업내부통제 기본규범(소위C-SOX)을 공포하였다. 이 기준은 상장기업에 적용하고, 비상장기업에는 실시를 장려한다. 이 규범이 COSO국제기준과 차이점은 국유기업을 고려하여 '영업자산의 안전 확보'를 목표로 설정한 점이다.

또한 중국은 기업내부통제평가 가이드라인(Guideline), 기업내부통제운용 가이드라인(Guideline), 기업내부통제검증 가이드라인(Guideline)을 공포하였다. 기본규범에서는 내부통제의 유효성에 대해 자기평가를 정기적으로 실시하고 평가보고서를 제출할 것을 요구하고 있다.

기업내부통제평가 가이드라인에서는 국유기업의 회계감사인이 내부통제 자기평가를 검증하는지 여부를 언급하고 있지 않다. 다만 상해 증권거래소의 상장기업 내부통제 지침 제32조에서는 내부통제 자기평가보고서에 대해 회계감사인의 검증의견 제출을 의무화하였다. 심천거래소 상장기업 내부통제 지침 제66조에서도 자기평가보고서와 회계감사인의 평가를 제출하도록 하였다.

4. 감정평가업

토지소유권이 전부 정부에 귀속되고 사용권만을 기업, 또는 농민단체에 배정하고 있는 중국에서는 국영기업만이 존재하는 1980년까지는 정부가 토지를 배분하였다. 1980년 이후 외국기업과 민영기업의 출현에 따라 토지사용권을 유상으로 거래하기 시작하였다. 1987년 심천경제특구에서 외자기업의 토지사용권 거래가 출현하였고, 1988년4월 개정헌법에서 제10조4항 "어떠한 조직이나 개인도 토지를 침범, 매매, 임대 또는 기타형식으로 양도할 수 없다"에서 임대를 삭제하여 토지사용권 양도를 법적으로 허용 하였다.

중국의 첫번째 자산평가 사례는 1988년3월 대련시 소재 대련제철(大连炼铁厂)과 홍콩 치롱무역회사의 합자과정에서 대련제철에서 건축물과 기계설비를 현물출자하게 됨에 따라 출자의 근거로 삼기 위하여 자산평가를 한 것이다. 자산평가는 대련회계사무소에서 실시하였다. 한달 뒤인 4월 대련시정부에서는 중국 첫번째 자산평가기관인 대련시 자산평가중심(大连市资产评估中心) 설립을 허가하게 된다. 1989년10월 중국 인사부에서 허가하여 중앙정부 국유자산관리국 산하의 자산평가중심을 허가하여 이듬해 7월 정식 설립하게 된다. 근거법규로는 1991년11월 국무원 영91호로《국유자산평가관리방법, 国有资产评估管理办法》을 제정하여 첫번째 자산평가산업관련 행정법규가 되었다. 이듬해 7월18일에는 중앙정부 국유자산관리국에서《국유자산평가관리방법실행세칙, 国有资产评估管理办法施行细则》을 제정한다.

회계업이 그러했듯이, 중국의 감정평가업 도입기에도 재정부 산하의 국유자산관리국이 자산평가기구를 설립하였다. 2000년 중국 국무원의 〈경제 관련 중개기구와 정부기관 간의 분리제 실행에 관한 의견〉에 따라 분리되었다. 분리 당시 건설부가 주관하는 부동산평가사, 국토자원부가 주관하는 토지평가사 및 재정부가 관할하는 자산평가사로 구분되었고, 각각 별도의 협회가 설립되었다. 부동산평가사의 업무는 주로 은행을 비롯한 금융기관 대출의 필요로 시작되는 반면, 토지평가사의 업무는 정부의 토지사용권 출양(매각), 부동산 시행사 간의 거래 또는 국유기업 구조조정으로 인하여 실시하게 된다. 자산평가사의 업무는 무형자산과 기계설비를 포함한 종합적인 자산평가업무로서 주로 A주식 IPO상장, 국유기업 주식제 변경 또는 M&A 및 기업구조조정 등에 광범위하게 적용되고 있다.

1986년 설립된 국가토지관리국은 정부가 거주용 토지는 70년, 상업용 토지는 40년, 공업용 토지는 50년간의 토지사용권을 일시불로 지불 받고서 배분하는 출양방식의 거래 평가를 수행하였다. 2006년11월 발표된《토지평가사 자격관리방법, 土地估价师资格考试管理办法》에 의해서 토지평가사 시험이 시행되었으며, 토지평가사(土地估价师)는 토지평가만을 수행한다.(협회 www.creva.org.cn) 전 중국에 3,000개가 넘는 토지평가기관이 분포되어 있고, 대부분이 지역성이고 규모가 적은 평가기관으로 구성되어 있다. 또한 산업초기단계에는 지방 토지관리국 배경이었으나 이미 상당부분 민영화를 이루었다. 2018년도 시장점유율 기준 3대 토지평가기관으로는 陕西华地房地产估价咨询公司(산시화띠부동산평가자문회사), 湖南万源评估咨询公司(후난완위엔평가자문회사)와 江苏金宁达房地产土地评估有限公司(지앙수진닝따 부동산평가유한회사)이 있고 전국적이고 민영으로 이루어져 있다.

1995년 시행 도시부동산관리법에서 부동산평가업을 입법하였고, 2005년 부동산평가기구관리방법이 시행되어 건설부가 부동산평가기구를 감독한다. 부동산평가사(注册房地产估价师)는 토지와 건물을 모두 평가한다.(협회 www.cirea.org.cn) 전중국에

5,600여개 부동산 평가기관이 분포되어 있고, 그 중 485개의 1급 부동산평가기관은 전국적인 업무를 전개할 수 있고, 1,500여개의 2급 부동산 평가기관은 지정된 성 내에서의 부동산평가업무를 수행할 수 있다. 종사인력은 30여만명에 달하나 부동산평가자격을 취득한 인력은 5.6만명에 그치고 있다. 2017년도 3대 부동산평가기관은 上海城市房地产估价有限公司(상하이도시부동산평가유한회사), 永业行（湖北）土地房地产评估咨询有限公司(영이에항후베이토지부동산평가자문회사)와 厦门均和房地产土地评估有限公司(시아먼쥐엔허부동산토지평가유한회사)으로 부동산과 토지 평가업무를 겸업하고 있고, 1급 라이선스를 보유한 전국성 부동산 평가기관으로 구성되어 있다.

재정부 국유자산관리국으로부터 분리 태동한 자산평가업무는 초기부터 상당수 자산평가공사, 회계법인, 재무자문회사가 참여하여 자산평가회사를 설립하였다. 주요 업무범위로는 부동산, 토지, 기계설비와 무형자산을 포함한 종합적인 자산평가업무로 되어있다. 초기에는 정부가 주식제기업에 토지사용권을 현물출자하기 위한 평가를 담당하였으나 중국 경제가 성장하고, 금융시장이 발전함에 따라, IPO상장, M&A와 기업구조조정 관련 자산평가로 업무범위가 확대되었다. 2016년 말 기준, 전국적으로 자산평가회사는 약 3,300개에 이르고, 라이선스를 받은 자산평가사는 3.4만명, 업계 종사인원은 약 10만명에 이르고 있다. 2016년도 업계 매출액은 인민폐 약 120억에 달하여 2010년 대비 인민폐 50억이 넘게 증가하여 연 평균 15%가 넘는 성장률을 보이고 있다.

이러한 시장의 양적 성장 추세에 따라, 1991년에 공포된《국유자산평가관리방법, 国有资产评估管理办法》를 시작으로 1993년 3월 공포된《증권업에 종사하는 자산평가기관의 자격 확인에 관한 규정, 关于从事证券业务的资产评估机构资格确认的规定》, 1995년 5월 공포된《등록자산평가사 업무자격제도 임시집행규정, 注册资产评估师执业资格制度暂行规定》와 2001년 7월 공포된《자산평가준칙-무형자산, 资产评估准则-无形资产》를 기초로 하여 2016년에는 전인대 상무위원회에서 부동산과 동산, 무형자산 및 기업가치를 망라하는《자산평가법, 资产评估法》을 입법하였다. 또한 1993년 9월에는 중국자산평가협회을 설립하게되는데 설립 초기에는 명예회장을 재정부 장관 그리고 회장을 국유자산관리국 국장이 겸임을 하였다. 1995년3월에는 중국자산평가협회가 국제평가준칙위원회에 가입하는 등 국제화를 이루기도 하였다. 2000년에는 중국자산평가협회(CAS)와 중국공인회계사가 통합하였으나, 중

국자산평가협회의 브랜드와 자격시험을 별도로 유지하고 있다.(협회 www.cas.org.cn)

2018년도 3대 자산평가기관으로는 中联资产评估集团有限公司(중리엔자산평가그룹), 北京中企华资产评估有限公司(베이징중치화자산평가회사)와 北京天健兴业评估有限公司(베이징티엔지엔싱이에평가회사)가 있고 매출액이 각 인민폐 7.4억, 5.7억과 3.2억을 기록하였다.

5. 법률산업

문화혁명 시에 변호사들을 투옥시켰던 중국은 1979년에 법무부를 재설치하고, 1980년에 변호사규정을 제정하였다. 1986년 최초 사법시험을 실시했고 무분별하게 설립된 법무법인 관리규정을 제정했다. 지방정부가 법무법인을 설립하였고 지역명에 번호를 붙여 법인명을 정했고, 법학대학원과 연구소는 법률컨설팅부서를 설치하였다[43]. 당초 212명이던 중국 변호사의 수는 80년대 초 3천명으로, 2010년에는 20만명 이상으로 증가하였다.

판사 임용 경로는 80년대와 90년대에는 인민해방군 장교들이었다. 중국의 역대 최고인민법원장 중에, 2013년에 취임한 13대 저우창 원장 이전에는 법학 전공자가 없었다. 2013년의 보도에 의하면, 중국의 31개 성별 고등법원장의 절반이 비 법전공자였다.

가. 본토법과 홍콩법의 비교

홍콩은 중국의 특별행정지역(Special Administrative Region)으로서 북경에서 제정한 홍콩기본법의 적용을 받는다. 홍콩을 반환받기 이전에 북경은'홍콩이 과거 집행하던 법이 홍콩의 기본법에 위배되지 않는 경우 홍콩에 채택한다'고 결정하였다. 홍콩기본

43) Henry R. Zheng, The Evolving Role of Lawyers and Legal Practice in China, The American Journal of Comparative Law, Vol. 36, No. 3 ,Summer, 1988

법에서는 HKSAR입법부의 개정 대상을 제외하고는 이전의 홍콩 내에 시행되던 모든 법률은 효력을 유지한다. 즉 국방 및 외교 이외에는 본토의 법률이 홍콩SAR 내에 적용되지 않는다. 이에 따라 1997년 7월 1일 이전의 영국법원 판례는 홍콩법원에 대해 구속력이 있고, 그 이후의 판례는 홍콩법원에 설득적 효력을 가진다. 홍콩의 법원은 영국 외의 다른 보통법 국가들의 판례도 참고하여 판결할 수 있다(홍콩기본법 제84조). 영국의 법무법인들이 식민지 시대부터 홍콩 법률을 오랜 동안 발전시켜 왔으므로, 홍콩의 법률서비스 부문은 특히 중국 관련 투자에 수반되어 요구되는 전문 서비스에서 매우 중요한 역할을 수행한다. 이에 홍콩은 본토와 홍콩의 두 법률시장에서 모두 자격을 보유한 변호사를 양성하는 데 노력하고 있다.

나. 법무법인

1) 본토 법무법인

본토 법무법인은 당초 국영으로 출범하였다가 변호사들이 독립 창업하였다. 2009년 5월 현재 중국의 15만명의 등록 변호사들 중 약 1/3인 4만5천명이 당원이었고, 95%의 법무법인들이 당 위원회를 설치하여, 변호사들의 보수에 당에 대한 충성도를 반영하고 있었다.

2) 본토-홍콩 간 법무법인 관계

1994년 15명의 홍콩변호사들이 본토의 변호사 자격을 취득하였지만, 홍콩의 변호사가 본토 취업을 허용 받은 것은 2004년 부터였다.

2003년 중국 법무부는 본토와 홍콩/마카오 법무법인 간 제휴 행정조치 (Measures for the Administration of Associations Formed between Mainland Law Firms and Hong Kong or Macau Special Administrative Region Law Firms: 香港特别行政区和澳门特别行政区律师事务所与内地律师事务所联营管理办法)를 제정하여 상호 제휴를 허용하였다. 이 규정 15조에서는 "홍콩 로펌은 본토 로펌과 간에 체결된 협력 약정에 따라서 관련업무를 처리할 수 있다." 제휴는 계약에 의해야만 하며, 파트너십이나 법인의 형태를 취할 수 없다. 따라서 각자는 고유한 명칭을 유지하고, 독립적으로 법적 책임을 부담해야 한다.

2004년에 본토와 홍콩 간 경제긴밀화협정(Closer Economic Partnership Agreement)에서는 중국 주재 홍콩로펌의 대표자 거주 요건을 완화하였다. 즉 홍콩 영주권자에게 본토 사법시험 응시가 허용되었고, 중국로펌에 자문역으로 고용될 수 있다. 중국 내에 사무소를 설치한 홍콩로펌은 본토로펌과 제휴할 수 있다.

2016년 7월 기준, 홍콩로펌들은 71개의 본토 사무소를 개설하였다. CEPA상에서, 본토로펌이 홍콩 변호사를 고용할 수 있으나, 중국법 서비스는 불허된다.

표 2-12. 본토 법무법인을 자문하는 홍콩법 컨설턴트 현황

컨설턴트	본토 고객 법무법인
Chan, Frederick H.F.	廣東星辰律師事務所 (Shenzhen) 2016
Chan, Maurice Joseph	萬商天勤（深圳）律師事務所(Shenzhen) 2016
Chau, Ian C.H.	
Chen, David	Brighteous Law Firm (Hangzhou) 2016
Chen, Vincent S.K.	Jiangsu Dongheng Law Firm (Nanjing) 2016
Fan, Hoi Kit Alex	廣東卓建律師事務所 (Shenzhen) 2016
Ho, Sabrina S.Y. (Ms)	Jiangsu Sunfair Law Firm (Nanjing) 2016
Hui, John K.C.	Capital Equity Legal Group (Hangzhou) 2016
Kang, Yanan (Ms)	Zhejiang Zeda Law Firm 2016
Lam, Osmond	Shenda Partners (Shanghai) 2015
Lam, Paul T.K.,S.C.	廣東華商律師事務所 (Shenzhen) 2016
Lau, Kerby C.Y.	(Shanghai Universe Law Firm) 2015
Lee, Connie H.Y. (Ms)	Sino-Win Law Firm 2016
Li, Ngai	Zhejiang Wulian Law Firm 2016
Liao, Minhao Tara (Ms)	Heng Ding Law Firm 2016
Lin, Chantel Y. (Ms)	Jiangsu FD Yongheng Law Firm 2016
Liu, Elaine (Ms)	T&C Law Firm (Hangzhou) 2016
Liu, Michael K.W.	Guangdong Hopesun Law Firm 2016
Lok, Hui Yin Michael	上海漢盛律師事務所 2015
Lui, Victor T.S.	Zhejiang Tengfei Jinying Law Firm 2016
Mak, Andrew Y.S.	Co-Effort Law Firm LLP 2015
Ng, Lawrence K.F.	Nanjing Zhishi Law Firm 2016
Nip, Norman S.P.	Jiangsu Sundy Law Firm 2016
Seto, Kay (Ms)	Yang & Lin Co Law Firm 2016

Siu, Patrick	SD & Partners 2016
Tam, Winnie, S.C. (Ms)	AllBright Law Office 2015
Tang, Alexander K.M.	KingPoundLaw Firm 2016
To, Ken	Guanghe Law Firm (Shenzhen) 2016
Wang, Clark L.	Beijing Jingshi Law Firm (Nanjing Office) 2016
Wong, Athena Hiu Hung (Ms)	Zhongyin (Nanjing) Law Firm 2016
Wong, Carol L.W. (Ms)	Wintell & Co.(Shanghai) 2015
Wong, Chun Kit,Adrian	Jiangsu Xie Manlin Law Firm 2016
Wong, Martin W.H.	Brighteous Law Firm (Hangzhou) 2017
Wong, William M.F., S.C.	通力所 (Shanghai) 2015
Wong, Yee Yan Joseph	L&H Law Firm (Hangzhou) 2016
Wu, Paul K.N.	L&H Law Firm (Hangzhou) 2017
Wu, Teresa Pui Ching (Ms)	Guangdong Chen, Liang & Co. Law Firm 2016
Yip, Richard H.L.	Guangdong Canny Law Firm 2016

홍콩에 H주식을 상장한 본토기업들이 홍콩 내에 사무소를 유지해야 함에 따라, 다수의 본토 법무법인들도 홍콩에 지점을 설치하였다. 1989년 King & Wood, 2006년 Jun He, 2009년 Zhong Lun, 2010년 Dacheng, 2014년 Zhong Hao, 2015년 Llinks Law Office와 Han Kun이 홍콩사무소를 개설하였다. 2016년에는 칭화대 출신으로 홍콩변호사회의 부회장을 2년 간 역임한 So Shiu-tsung이 신임 회장으로 취임하였다. King & Wood Mallesons 와 Jun He는 홍콩법무법인으로 전환하였다.

3) 홍콩 내 외국법무법인

2016년 말 기준으로 홍콩에는 1만 명의 변호사, 870개 로펌이 존재한다. 등록된 외국변호사는 1,323명이고 76개 외국 로펌이 진출해 있는데, 여기에는 글로벌100대 로펌의 과반수가 포함되어 있다. 외국 로펌들은 홍콩 법률 시장에서 중요한 역할을 수행하며, 33개 외국로펌(본토 포함)들이 홍콩 로펌들과 제휴를 맺고 있다.

외국변호사가 외국자문사로 등록하면 외국법 관련 내용에 한하여 자문영업을 할 수 있다. 한편 외국로펌에 소속된 외국변호사이지만 홍콩 사무변호사회에 외국변호사 등록을 하지 않은 경우나, 사무변호사나 등록된 외국변호사가 아니지만 홍콩 로펌 소속인 경우는, 사업비자를 획득하여 1년 간 체류하면서 3개월 이내 외국법에 대한 법률 서비스를 제공할 수 있다. 이러한 fly-in/fly-out방식은 홍콩에서 업무를 수행하다가 본국에 잠시 다녀 오는 방식이다[44].

외국변호사가 5년의 경력을 가지고 홍콩 내의 해외변호사 자격시험에 합격하면, 홍콩에서 사무변호사 자격을 취득한다. (홍콩은 법정변호사인 barrister제도를 두고 있으므로, 사무변호사 자격자가 법정변호사로 활동하는 데에는 추가 요건이 부과된다).

외국의 법학사가 홍콩에서 변호사 자격을 취득하려면, 보통법 국가 출신인 경우 1회의 시험, 비 보통법 국가 출신이면 2차 시험을 통과해야 한다 (2008년 시행).

2017년 5월 현재 홍콩의 외국법무법인 중 10개는 홍콩법 하에서 설립된 유한파트너십이다. 당초 미국 법무법인들은 홍콩에서 외국법 자문만을 수행했으나, 홍콩 IPO시장의 중요성이 너무나 크고, 미국에 상장한 중국기업의 회계 문제가 발생하자 Shearman & Sterling Davis Polk & Wardwell, Cleary Gottlieb Steen & Hamilton, Simpson Thacher & Barlett, Sullivan & Cromwell 및 Milbank, Tweed, Hadley & McCloy 등이 2010년 경부터 홍콩법 자문업무를 개시하였다.

4) 외국법무법인의 본토 진출

외국법무법인들은 외국자본 유입에 동반하여 본토에 진출하였고, 본토의 법률문화 정착에 긍정적인 영향을 미쳤다. 그러나 토종 로펌이 발전하면서 내외 법무법인 간의 갈등관계가 고조되었다. 북경 당국은 외국계의 업무영역을 엄격하게 규제하되 법 적용은 유연하게 대처해 왔다[45].

외국 법무법인은 1992년부터 외국로펌의 중국내 사무소 설치에 관한 잠정규정(外国律师事务所驻华代表机构管理条例: *Regulations on Administration of Foreign Law Firms' Representative Offices in China*)에 따라 사무소 개설을 허가 받았다. 제15조에서 허용되는 업무는;

- 외국 본국의 법률, 국제조약, 국제법 및 국제 관행에 따른 자문 서비스
- 본토 의뢰인 또는 로펌의 의뢰에 따라서, 본국 법률 문제의 처리
- 외국의뢰인을 대리하여 중국 로펌에게 중국내 법률 문제의 처리위임

44) 고영미. 홍콩의 법 교육 및 변호사 자격 취득 절차와 법률 서비스 시장에 관한 연구, 안암법학, 2017.5., vol., no.53,
45) 법무부, 각국의 법률시장 개방 현황 및 법률시장 3단계 개방 대비 외국법 자문사법 개정 방안 연구, 2014.11.

외국법무법인은 제16조에 따라 본토 법률문제 처리를 위한 사건 수임 및 의뢰인을 위하여 중국법을 해석하는 업무를 금지당하며, 제17조에 따라 본토인 변호사(현직)를 고용하지 못한다[46]. 북경의 입장에서는 토종 법률업계를 보호하는 목적도 있지만, 소송에 일부 정치적 쟁점들이 결부될 수 있고, 소송 과정에서 국가기밀이 노출될 수 있으며, 서구 법률문화의 수입은 정치적 통제에 위협요소가 될 수도 있다는 입장이다.

WTO가입 과정에서 법률 개방에 관한 외국 측의 기대감이 있었지만 동상이몽이었다. 2001년 시행된 외국변호사 사무소 중국 현지 대표기관 관리조례 제15조에서 추가 허용된 업무는 다음 두 가지였다.

- 법률사무와 관련하여 중국로펌과 장기간의 협력 계약 체결
- 중국의 법률환경에 미치는 효과에 대한 정보 제공. 외국법무법인은 제휴한 토종법무법인의 중국변호사에게 직접지시가 가능하다. 단, 특정한 견해나 결론을 제시할 수 없다. 관리조례의 시행령에서는 외국로펌이 직원들에게 '중국법 자문사'라는 표현을 쓰지 못하도록 규정하였다. 따라서 본토변호사가 본토 변호사 자격을 포기하고 외국사에 참여하더라도, 중국법 자문활동을 할 수 없기는 동일하다.

한편, 관리조례 시행령 39조에서는 외국로펌과 토종 로펌 간의 의미 있는 공동사업 약정을 금지하였다. 이는 토종로펌을 외국계로부터 독립되어 운영되도록 하기 위한 조치였다. 북경은 실제 제도 운영에서는 유연한 보수약정 및 장기간 위임계약은 허용하였다. 이에 따라 실무는 외국로펌이 중국법에 준거하는 계약서의 초안을 작성하고, 중국 로펌의 레터헤드를 써서 자문의견을 작성하며, 과거 중국변호사 경력자를 고용하는 형태로 발전하였다. 이에 따라 외국계 법률사무소는 2009년까지 본토에 188개소가 진출하였다.

한편, 자유무역지구 내에서는 규제가 완화된다. 전통적인 자유무역구는 국외화물에 대해 면세나 보세조치를 도모하지만, 상해자유무역구는 중국전국과는 다른 개방조치를 시범적으로 3년 간 운영하고 나서 전국적으로 확대하는 기능에 중점을 두고 있다. 자유무역구 서비스 산업의 개방확대 조치에는 전문서비스분야(변호사, 신용조사

---

46) The US-China Business Council, Legal market access issues in China, 2013.6.

등)이 포함된다[47].

이에 따라 2016년 Baker & McKenzie법무법인은 상해자유무역구에서 FenXun Partners와 최초 공동운영을 개시하였다. 이는 홍콩법부법인의 경우처럼 계약에 의한 제휴일 뿐이지만, Baler & McKenzie에 소속하면서 자격을 상실했던 본토변호사가 중국법 자문을 해외고객에게 제공할 수 있다[48].

다. 외국판결의 인정 및 집행

중국과 홍콩은 상호 민사 판결집행 협정을 2008년 시행하였다(Arrangement of the Supreme People's Court between the Mainland and the HKSAR on Reciprocal Recognition and Enforcement of the Decisions of Civil and Commercial Cases under Consensual Jurisdiction：最高人民法院关于内地与香港特别行政区法院相互认可和执行当事人协议管辖的民商事案件判决的安排). 그러나 이 협정은 양측이 관할법원에 합의해야 하며(choice of court agreement), 계약 분쟁에 한정되고 주주의 회복조치권 및 지급불이행 사건에는 적용되지 않는다[49].

본토는 쌍무협정을 체결한 외국의 판결의 집행을 민사소송절차법 281조에서 상호주의 원칙 하에서 인정하였으나, 그 체계가 미흡하다고 평가되었다[50]. 중국법원은 일본, 독일, 호주, 한국 등의 판결을 요건 미비로 불인정한 사례가 있으나, 2016년 난징법원이 싱가폴 법원의 판결을 집행하였고, 2018년 1월 현재 36개국과 쌍무협정을 체결하였다. 2017년에는 우한인민법원이 로스앤젤레스 법원의 Liu Li v Tao Li & Tong Wu 주식양수도 사건의 판결을 인정하고 집행한 사례가 최초 출현하였다[51]. 최고인민법원

47) 마광, 중국 자유무역구의 법적 문제, 국제법 동향과 실무,2015. Vol.14, No.1 (통권 제36호)

48) Tom Mitchell, Baker & McKenzie's deal with FenXun Partners may open the way for overseas practices, Financial Times, May 31, 2016
Jing Li (2018): The legal profession of China in a globalized world: innovations and new challenges, International Journal of the Legal Profession, 2018

49) Xinyi Gong, "When Hong Kong Becomes SAR, Is the Mainland Ready? Problems of Judgments Recognition in Crossborder Insolvency Matters" (2011) 20 International Insolvency Review 57, 61-63

50) Patricia Blazey and Peter Gilles (2008), Recognition and Enforcement of foreign Judgments in China, Macquarie Law Working Paper, 6,

51) Richard Keady, Aline Mooney, Recognition and enforcement of foreign judgments in China, Bird & Bird, 16 July 2018

은 2015년 일대일로를 위한 사법서비스와 보장을 위한 의견 (Several Opinions of the Supreme People's Court on Providing Judicial Services and Safeguards for the Construction of the 'Belt and Road' by People's Courts, 最高人民法院关于人民法院为"一带一路"建设提供司法服务和保障的若干意见)에서 국제 사법협조 의지를 표명하였다.

라. 국제중재

1) 본토 중재법

중화인민공화국 중재법은 1995년 9월 1일부터 발효되었으며, 중재법에 의해 조직된 중재위원회에 분쟁해결을 의뢰하기로 하는 중재합의를 맺은 외국당사자가 관련된 중재사건에 적용된다. 당사자들이 중재에 의하기로 합의한 경우 따로이 일반 사법적 제도에 의한 분쟁해결이 불허된다.

중재법에 의할 때, 중재판정은 최종적이고 구속력이 있으며 만일 이해관계 당사자가 이에 응하지 아니할 경우 타방은 그 집행을 인민법원에 구할 수 있다. 중재판정에 중요한 증거가 부재하거나, 중재절차상 비정상적인 내용이 있다거나, 관할권의 위반이 있거나, 중재위원회의 구성에 위법이 있거나, 법률의 적용에 위반이 있는 등의 경우 인민법원은 그 집행을 거부할 수 있다. 어느 당사자의 자산이 중국 이외의 국가에 있는 경우 중국의 중재재판소의 결정에 대해 이해 관계 당사자는 관할권 있는 외국법원에 그 집행을 구할 수 있다.

외국의 중재재판소에 의한 중재판정에 대해 이해 당사자는 중국의 인민법원에, 상호주의 또는 중국에 의하여 체결되고 승인된 국제조약 등에 의거, 그 승인과 집행을 구할 수 있다. 1986년 전인대 상무위원회의 결정에 따라, 중국법에 의할 때 계약관련 또는 비계약상사관련 사건에 해당하는 사안의 중재판정은, 1958년 6월 10일 채택된 "외국중재판결에 대한 승인과 집행에 관한 조약(New York Convention)"이 적용된다. New York Convention에 의해, 동 조약의 각 당사국에서 내려진 중재판정의 경우 다른 당사국의 법원에 의하여 승인 및 집행되게 되나, 그 중재판정의 집행이 당사국의 공서양속에 반하는 등의 사유가 있을 경우 해당국은 그 집행을 거부할 수 있다. 전인대상무위원회는 조약의 비준시 (1) 상호주의에 입각하여 이 조약이 적용될 것임과 (2) 이 조약은 중국의 법에 의해 계약관련 분쟁 또는 비계약상사 분쟁으로 인정되는 경우에만 적용될 것임을 천명하였다.

2) 국제중재 창구로서 홍콩의 지위

홍콩은 영국 중재법 체계로서, 홍콩은 1985년 Hong Kong International Arbitration Centre을 설치하였으며, 1989년에 UNCITRAL 체계를 도입하였다. 이에 따라서 소송보다 중재를 선호하는 아시아 재계에서는 홍콩이 국제적으로 선호되는 중재지역이었다.

그러나 1997년의 홍콩 주권 반환 이후, 홍콩과 본토 중재 간에 선택 대안이 대두하였다. 북경이 1987년 뉴욕중재협약에 가입한 다음 해인 1988년에 국제중재를 위한 기관인 China International Economic and Trade Arbitration Commission (中国国际经济贸易仲裁委员会: CIETAC)을 설립하였기 때문이다.

1993년 HKIAC와 CIETAC이 처리한 중재 건수는 643건으로서, 이는 국제상공회의소 및 미국중재협회의 처리 실적을 훨씬 상회하였다. 분쟁의 당사자 중에 본토의 주체가 포함되어 있을 경우에, 당사자들은 중재판정을 받더라도 본토에서 집행이 가능할지의 여부에 따라 중재장소를 선택해야 하는 입장에 처하였다.

- **분쟁 당사자에 본토인이 불 포함된 경우**

  중국이 뉴욕 중재협약국이므로 1997년 이후에도 홍콩에서의 중재판정이 다른 국가에 유효하게 집행 가능하다. 따라서 비 중국계 당사자 간에는 홍콩 중재의 계속 활용이 가능하다.

- **분쟁 당사자에 본토인이 포함된 경우**

  홍콩은 77년에 뉴욕중재 협약에 가입하였고, 중국도 1987년에 가입하였다. 그러나 주권 반환 이후에는 홍콩이 뉴욕 협약국지위를 상실하여, 본토와 홍콩 간 분쟁 사항은 국내 사안이 되었다. 따라서 홍콩 주권 반환 이후 본토에서는 홍콩 중재 판정에 대해서 뉴욕협약이 아닌 국내법을 적용할 것이므로 외국 당사자들에게 불확실성이 커졌다[52].

---

52) Zinger, Simon G. Arbitration at the crossroads in Hong Kong, International Financial Law Review; London Vol. 16, Iss. 6, (Jun 1997):

이에 따라서 홍콩 중재건은 1993년 139건으로 전년 대비 25% 감소한 반면, 본토 CIETAC 중재는 504건으로 전년 대비 88% 폭증하였다.

3) 본토중재기관의 홍콩 진출

홍콩의 주권 반환 이후 홍콩과 본토법원은 각각 상대편 중재판정의 집행 요청을 접수하는 혼란기를 맞이하였다. 북경은 2000년 "본토와 홍콩특별구 간 중재판정의 상호 집행에 관한 인민법원의 주선 공표(Announcement of Arrangement of the Supreme People's Court on Reciprocal Enforcement of Arbitration Awards between the Mainland and the Hong Kong Special Administrative Region)"에 의해 홍콩 중재 판정의 본토 집행을 시행하였다. 그러나 이러한 대륙-홍콩 간 협조는 완만히 진행되었고, 본토 측에서는 공공정책과 자산보전(asset preservation) 문제까지 고려해야 했다[53].

중국 법원은 내국인 간 분쟁의 해외 중재의 인정 요건을 매우 엄격히 적용하였고, 이는 홍콩 중재판정에서도 동일하였다.

그런데 2015년 Siemens International Trading (Shanghai) Co., Ltd v. Shanghai Golden Landmark Co., Ltd 간의 분쟁은 자유무역구에 소재한 100% 외투기업들이 싱가폴 중재 조건으로 계약을 체결한 사건이었다. 이에 상해 법원이 2개 본토법인 간 싱가폴 중재 판정을 본토 내에서 전향적으로 집행한 진전 사례가 2015년에 출현하였다[54]. 이후 국무원은 상하이 자유무역 시험구의 개혁개방을 더욱 심화시킬 방안에 대한 국무원의 통지를 공표하였고, 이에 근거하여 국제상공회의소, 홍콩국제중재센터(HKIAC), 싱가폴국제중재센터(SIAC) 들이 2016년에 상해자유무역지구에 진출했다. 그러나 연락사무소이므로 본토에서 중재 기능을 수행하지 못하고 있다[55].

반면, CIETAC은 2012년 홍콩에 지점으로 진출하여 2015년 1월 중재업무를 개시하였다. CIETAC 홍콩의 중재판정이 본토에서 집행되도록 본토 (난징)법원이 인정한 첫 판례가 2016년 12월 출현하였다. Ennead Architects International LLP

---

53) Edmund Wan, Teng Haidi et al. One Arrangement, Two Systems: considerations when enforcing awards between Hong Kong and the PRC, King & Wood Mallesons, 2016.9.15.

54) Tereza Gao Edison Li, Through Siemens v. Golden Landmark, China Reforms Arbitration for Free Trade Zones in Order to Prepare for "Belt & Road", Standfrd Law School China Guiding Case Project, Issue No 5. 2018.3.27

55) James Kwan, Dispute resolution in China: Has the arbitral market opened up?, Expert guide 2016.10.14.

v. Fuli Nanjing Dichan Kaifa Youxian Gongsi (2016) Su 01 RenGang No.1 사건은 미국 건축설계사가 본토의 부동산 개발자에게 설계료를 청구한 건으로서 홍콩에서 청문되었다. 중재판정이 불이행된 이후, 난징법원은 집행판결을 내렸다. CIETAC홍콩은 높아진 위상을 바탕으로 '일대일로에서의 분쟁 해결자' 역할을 자처하고 나섰다.

6. 지적재산권 보호

2017년 9월 상무부는 '중국 지식재산권 보호 및 사업환경에 관한 새로운 진전 보고서(中国知识产权保护与营商环境新进展报告)'를 발표하였다. 동 보고서는 전국 권리침해 및 위조 단속업무 영도소조(全国打击侵权假冒工作领导小组)가 편찬한 것으로, 중국의 지식재산권 보호 및 사업환경 발전현황을 분석하였다. 영도소조(领导小组)란 중국 특성의 비공식 의사결정 기구로 각 조직의 공직자들이 모인 일종의 태스크포스이며, 올림픽 준비 등과 같은 특별업무 수행이나 국가의 중요 정책을 결정하기 위한 목적으로 설립된 범부처 조직이다.

- 법률제도 완비
  2013년에 통과된 개정 '상표법'에서 처음으로 지식재산권 분야에 징벌적 손해배상제도를 도입하였으며, '컴퓨터소프트웨어 보호조례', '저작권법 실시조례' 등의 개정을 통해 벌금 상한선을 인상하였다. 2017년 8월에 제2차 심의를 통과한 '반부정당경쟁법' 개정초안에서 영업비밀의 보호범위를 명확히 하고 법률책임을 강화하는 등 지식재산권 보호범위를 확대하였다. '기업정보공시임시조례'에서 지식재산권 등 행정처벌 사건정보를 공시하도록 규정하였으며, 최고인민법원은 '중국재판문서망(中国裁判文书网)' 사이트를 개설하여 지식재산권 집행의 투명성을 제고하였다.
- 국가공상행정관리총국, 국가판권국, 국가지식산권국은 각 기관에서 담당한 지식재산권에 대한 행정 관리감독 및 단속을 강화하며, 중점분야는 인터넷, 농촌, 수출입 절차등이다.

- 공기관은 지역간 협력 및 공조를 통해 2013년~2016년 지식재산권 형사사건 약 4만 건을 수사하는 등 형사 처벌수준을 강화하였다.
- 인민법원은 베이징·상하이·광저우에 지식재산권법원을 설립한다.
- 국무원은 '재산권 보호제도 완비 및 법에 의거한 재산권 보호에 관한 의견', '지식재산권 강국 건설 가속화에 관한 몇 가지 의견' 등 일련의 정책문건을 통해 지식재산권 보호를 위한 정책지원을 강화하였다.

제3장

중국 자본시장의 발전

중국정부는 홍콩증권거래소를 모델로 삼아서 일국양제(one country, two systems)를 극대 활용하였다. 즉 국내 증시의 회사법 체계와 기업지배구조가 미흡하던 시기에는 우량 국영기업을 홍콩시장에 상장시켜 자금을 조달하였고, 조달자금은 전반적인 국영기업 구조조정에 유용하게 사용되었다. 국영기업이 건전화된 이후에는 홍콩과 국내에 교차 상장하여 국내 증시를 발전시켰다. 민간기업은 역외지주회사를 해외상장하였다.

2008년 미국이 금융위기를 맞이한 후에는 중국기업이 적극적으로 해외 우회상장에 나섰고, Dealogic에 의한 2011년의 글로벌 IPO순위에서 홍콩이 1위, 심천이 3위, 상해가 5위를 차지함으로써 (뉴욕 2위, 나스닥 6위) 자본을 대거 흡수하였다.

2018년에도 105개 중국기업이 역내 IPO를 통해 210억달러를 모집한 반면, 역외 시장에서는 127개 중국기업이 440억달러의 자금을 모집하였다. 역외 상장의 건수와 공모금액도 전년대비 각각 92%, 236% 증가하였다.

1. 중국의 자본시장 개방 체계

가. 내국인주와 외국인주의 구분

한국이 주식시장 개방에서 기업별 외국인 지분율 한도를 설정했던 반면, 중국은 내국인용 A주식과 외국인용 B주식을 구분하고, 국유기업을 해외 상장하는 방식을 취하였다. 해외상장은 홍콩 H, 뉴욕 N주식 직상장, 역외지주회사의 간접상장(레드칩 및 스몰레드칩) 및 역외 우회상장의 3가지 형태로 구분된다. 북경은 A주식은 주식수로 할당하였고, H주식은 발행사 수로 할당하였다.

1) 외국인용 B주식 발행

1992년 2월 Shanghai Vacuum Electron Device는 해외 투자자들에게 액면가 100위안 상당의 위안화 특별주식 100만주를 발행하였고, B주식이 상해거래소에 상장되었다. Shanghai Vacuum사는 주식공모에서 사업설명서를 작성하지 않았고, 회계감사가 아닌 검토보고서로 대신하였다.

B주식은 국제회계기준과 자본자유화를 선도하는 리그로서 A주식과 구분하여 도입되었고, 발행규모는 시가총액의 평균 10% 비중이었다. 그러나 주가 및 거래량이 부진하였다. B주식은 A주식 대비 디스카운트가 형성되었지만, 내국인은 B주식을 매수할 수 없었다.

1994년 Shanghai Dazhong Taxi회사의 법인주식의 B주 전환이 제안되었고, CSRC가 승인하였다. 정부는 1995년 심천 상장 Jiangling Auto Company가 B주식의 80%를 포드에 매각하도록 허용하였다. B주식의 비중이 25%로 상승하였고, 포드가 20%를 보유한 2대주주로 등극하였다. 정부는 1996년부터는 A주식보다 B주식 발행을 우선하도록 유도하였다. 이에 불구하고 1996년 B주식 70종목의 시가총액이 20억 달러에 불과하였다. 한국의 대우증권이 B주식의 위탁중개와 해외공모 인수영업 인가를 1992년 인민은행으로부터 획득하였지만, H주식과 레드칩 영업력이 없었고, 외환위기를 맞아 문을 닫고 말았다.

1994년부터 중외합작 펀드에게 A주식 매수를 허용하고,내국인의 B주식 투자를 허가하였으므로 A와 B주식 간의 구분이 약화되었다. 이미 심천 거주자들은 홍콩의 친지들을 통해서 B주식을 매입하고 있었다. 또한 H주식의 발행이 개시되자 B주식은 외자도입 경로의 위치를 손상받았다. 외국 사모펀드들도 B주식보다 H주식을 선호하였다. 1994년부터 A와 B주식의 통합이 논의되었으나, '동유럽에서 외자가 증시를 혼란시켰다'는 우려로 인해 보류되었다.

2012년 China International Marine Containers Group은 신주 공모 없이 B주식을 H주식으로 전환하여 최초로 홍콩에 상장하였다(홍콩 상장규정 7.15). 2016년 China Vanke도 심천상장 외화표시 B주식을 전환하여 홍콩에 상장하였다.

2) 내국인용 A주식의 점진적 개방

외국인용 B주식은 상대적으로 발행이 저조했던 반면, 외국인의 A주식 투자 허용은 엄격히 통제되었다. 국유기업을 국내외에 상장하였지만, 국가지분을 비유통주로 묶었으므로 1/3의 민영화였다. 2005년 비유통주의 유통주 전환으로 실질적인 민영화가 가능하여 졌다.

표3-1. A, B, H주식의 분포 (2004.12현재)

A-주식	1237
B-주식	110
H-주식	78
A & B-주식	86
A (상해) & H-주식	23
A(심천) & H-주식	7

당초 국유기업은 해외에만 상장하였으나, 2005년부터는 해외상장에 국내 상장이 요건으로 설정되었다. 이에 따라 China Mobile과 Aluminum Corporation of China는 2007년 상하이증권거래소에 교차 상장하였다.

중국은 2003년 Qualified Foreign Investor program (QFII)제도 및 2011년 RMB Qualified Foreign Investor Program (RQFII)제도를 도입하여 외국인 개인별 투자 금액 한도제를 채택하였다. 2007년 말까지 QFII자격을 얻은 해외 기관은 52개이며 그 중 49개 기관의 투자 한도는 99억 9500만 달러였다

2014년에는 외국인 투자자가 상하이 증권 거래소에 상장 된 중국 기업의 주식을 구입하고 중국인이 홍콩 증권 거래소에 상장 된 주식을 매입 할 수 있도록, 상하이 - 홍콩 증권 거래소 간 거래/결제 연동 서비스(沪港通)가 도입되었으며, 2016년 심천 증권 거래소로 확장(深港通)되었다. 후구퉁(沪股通, 홍콩거래소에서 상해 A주 매매)은 3천억 위안, 강구퉁(港股通, 상해거래소에서 홍콩 H주 매매)은 2,500억 위안으로 제한되어 있었으나, 2016년 선강퉁 시행 발표와 함께 폐지되었다. RQFII제도와 선강퉁, 후강퉁은 외환통제를 유지하면서 자본시장을 개방하는 수단이다.

세계 최대 주가지수 사업자인 미국 MSCI는 2017년 7월 A주식의 5%를 MSCI신흥국지수에 편입하였다.

2018년 9월에 MSCI는 A주 대형주를 20%, 창업판 및 중형주 편입가이드라인을 발표하였다.

표3-2. MSCI의 A주식 추가 편입 제안 내용

제안 내용	이행 시기
2단계에 거쳐 A주 대형주 반영비중을 5%에서 20%로 확대(각 단계별 7.5%씩 추가 편입)	2019년 5월, 8월
창업판(ChiNext) 종목 포함	2019년 5월
중형주 중 20%를 편입	2020년 5월

나. 국영기업 우대 정책

1) 상장 우대

구소련 붕괴 이후 국유재산이 러시아 신흥 재벌층 올리가르히(oligarchs)의 수중으로 넘어간 것을 지켜본 중국은 국영기업 집단을 조성해 국유재산을 보호하였다. 중국의 국영기업은 글로벌 금융위기로부터 중국경제를 구제한 대규모 투자가 이뤄지는데 크게 기여했으며, 이로써 "국영기업은 진보하고 민간기업은 퇴보한다"는 뜻의 표어인 '國進民退'가 부상하였다. 북경은 주요 산업 내 국영기업의 합병을 장려했으며 이들을 대외경쟁으로부터 보호하였다.

중국은 국내주식 시장 발달이 미흡했기 때문에 개방 과정에서 국제 자본 시장을 광범위하게 활용했다. 2002년까지 국영기업들은 주식시장에서 1,010억 달러를 조달하

였다. 이들은 국내보다 해외에 먼저 상장하였다. 그 이유는 외국인직접투자(FDI)로는 외자가 부족하였기 때문에 해외 상장으로 대규모 주식공모를 원하였고, 외국계 포트폴리오 투자자들은 경영에 관여를 덜 하기 때문이었다. 또한 해외 상장으로 자본조달을 한 국영기업은 중국 정부로부터 많은 발언권을 인정받는 위치를 향유하였다.

칭다오 맥주의 산업합리화 사례

칭다오 맥주는 국영기업과 외국자본의 합작 사례이다.

1993년 7월 최초로 4,500만주의 H주식 공모와 동시에 안하우저 부시 홀딩 사에게 5%의 H주식 지분을 배정하였다. H주식의 발행 다음달인 8월에 중국 내에서 A주식을 공모하여 상해증권거래소에 상장하였다. 홍콩의 H주가는 상장시 HK$2.8으로부터 1994년 19월 HK$10.4로 상승하였다.

1993년 말 현재 주주 구성은 AB홀딩스 5%를 포함하여H주식의 외국인 주주 38.54%, 국내 A주주 11.11%, 국가기관 보유 비유통주 44.42%, 비유통 법인주 5.93% (중국은행 산동지점, 건설은행 산동지점) 으로 구성되었다.

칭다오 맥주는 813개 업체로 분산된 업계 통합 · 합리화의 주역이 되어 시장점유율을 1992년의 2.3%로부터 2005년까지 13.8%로 제고하였다. H주식 발행설명서에 의하면 조달금액의 절반이 은행에 예치된 후, 부실 맥주업체 인수 및 계열사 지원에 사용되었다. 칭다오 맥주는 국내 맥주시장의 성장에 불구하고 1995년 이익이 반감하였다. 그 이유는 경영진이 7천만 달러 이상을 대여금을 지출하였기 때문으로, 홍콩거래소는 일시 거래를 정지하기도 하였다.

1995.4.9.자 사우스차이나 모닝포스트는 '칭다오 맥주가 자금을 대여해 주다가 설비자금이 부족하다'고 보도하였다. 회사 측은 '대여금은 중국은행 산동지점의 보증부이다'라고 해명하였지만 57%의 주가 하락이 뒤따랐다. 이후 칭다오는 국내 맥주회사 인수에 나섰고, 1997년 산동성의 지원 하에 지주회사화하였다.

1999년 칭다오는자사주 매입 프로그램의 주체로 북경의 승인을 획득하였다. 북경 당국의 목적은 국영기업의 추가 개혁을 앞두고서 H주식의 침체 상황을 개선하기 위해서 해외 거래소에 기상장된 중국 국영기업의 이미지를 개선하는 것이었다.

칭다오는 로드쇼를 개최하고, 내국인 주주총회와 외국인 주주총회를 개최하였다. 칭다오 이사회는 주총 특별결의에 의해서 H주식의 20%까지의 신규 발행 및 10%까지의 H자사주 매입 승인을 획득하였다. 회사 측에서는 신주 발행의 계획은 없다고 천명하였다.

그러나 칭다오는 자사주는 매입하지 않았고, 2000년에 A주식을 공모와 기관투자자 사모로 발행하였다. 2002년에는 AB홀딩과 전략적 투자계약을 맺고 1.82억달러의 전환사채 (3단계에 걸쳐 전환 가능)를 발행하였다. 2003년까지 전환사채의 반액이 전환되어 AB홀딩의 지분율이 9.9%로 상승하였다. AB홀딩은 이사 1인과 감독위원회 위원 1인 선임권을 획득하였다. 나머지 전환사채가 2005년에 전환되자 2006년의 주주 구성에서비유통 A주식은 30.56%로 감소하였고, 외국인 지분율이 50.07%가 되었다.

그러나 전환사채 전환으로 7%의 지분을보유한 Law Debenture Corp수탁회사가 의결권 행사에서 중국 당국의 지시를 따르기로 동의하였다 (317조 약정). 따라서 AB홀딩은 지분율이 27%였지만, 의결권은 20%만 행사하였다.

2008년 AB사는 벨기에 InBev에 피인수되었고, 2009년 1월 Anheuser-Busch InBev 는 칭다오 지분 19.9% 를 아사히맥주에 매각하였다. 2009년 5월에 Anheuser-Busch InBev 는 잔여 지분 7% 를 복건성 사업가인 Chen Fashu (陈发树树)에게 매각하였다. 칭다오 정부 산하의 칭다오 비어그룹이 30%의 1대주주 지위를 유지하고 있다.

1994년에는 Atlantic Richfield와 Asea Brown Boveri가 Zhenhai Refinery와 Harbin Power equipment의 H주식 지분 9.9% 및 1.9%를 각각 인수하였다. 1995년 4월이 되면 중국의 주식화된 기업에서 외국인의 지분율이 10%를 초과하였다.

2) 상장을 위한 국유기업 재편성

북경은 1992년 '주식화 표준의견(Standard Opinion on Companies Limited by Shares: 股份有限公司规范意见)을 제시하여 주식소유구조 기준을 최초로 마련하였고, 1994년에 회사법을 제정하였다. '표준의견'은 회사법 제정 이후에도 해외상장규정과 함께 법적 근거로 유지되었다.

상장 요건이 2년 연속 영업이익 달성이었으므로, 국영기업들은 우량 사업부를 분할하여 해외 상장하고, 다른 사업부는 국유 지주회사가 계속 보유하는 전형적인 재편성을 수행하였다. 국영기업의 주식화 당시 모회사도 지주회사화 되었다.

'표준의견'에서는 '발기인 방식'과 '자본조달 방식'을 인정하였는데, 발기인 방식에서는 기존 국영기업이 발기인으로서 특정자산을 신설사에 출연하고 신설사의 경영권 지분을 취득하였다. 발기인의 요건은 공기관만이 인정되었다. 1994년 회사법에서는 발기인 지분을 최소 35%로 규정하였으나, 일반적으로 75% 수준의 지분을 보유하면서 통제권을 지키는 성향을 보였다. 회사법에서는 발기인의 수를 최소 5인 및 과반수가 거주자일 것을 규정하였으므로 4인의 소수주주로 관계회사를 영입하는 행태가 출현하였다.

자본조달 방식에서는 발기인 외의 타인이 출자에 참여하였다. 재편성된 국영기업은 정부에게 정부주식, 법인출자자에게 법인주식, 근로자에게 임금 대신 개인주식(조기퇴직 또는 해고 경우 보상금을 지불해야 했다), 외국인에게는 B주식을 발행하였고, 이들 간에 엄격히 구분이 유지되었다. 고정자산을 출자 받았으면 비유통주를, 현금을 출자 받았으면 유통주를 발행하였다.

국영기업의 해외상장을 위해서 재무제표가 공개되고 수천 명의 근로자가 해고될 때에, 공산당은 '당 내부의 결정이 아니라 외국주주들의 행동이다'라고 말할 수 있었다. 상하이 페트로케미컬의 해외 싱장 사업설명서에 상의 '중국 정치 개요'라는 제목의 항목에 당에 대한 언급은 없었다.

구 국영기업의 자산 중 회계감사에 적격한 자산만으로 상장 예정법인을 신설하고, 학교, 병원, 소방서, 경찰서, 기숙사, 연금채무 등은 모회사에 남겨 두었다. 외국계 회계사와 투자은행이 처음부터 자산 분리작업 및 가치 평가, 회계감사 절차에 동참하였다. 토지에 대해서는 신설기업이 국가로부터 토지사용권을 획득하였고, 임차료는 초기에 미미한 금액이다가 점차 인상되는 조건이었다. 2000년 바오스틸의 상해증권거래소 상장 전날까지도 국가 기획발전위원회의 고위 관료들은 '이 회사의 진정한 가치를 알 수 없다'고 인정하였다. Shanghai Petrochemical의 경우 북경 직속 국영기업이지만 사회보장책임은 상해 시정부가 부담했다. 이후 Maanshan Steel에서는 주식화 당시 해고한 근로자를 모회사가 상장자회사에 재입사시킴으로써 수익이 악화되는 문제가 발생하였다. 이후 회계법인들은 국유 모회사의 현금흐름까지도 고려하여 상장 구조를 수립해야 했다.

국영기업의 주식화 초기에 정부가 우량사업을 분할하여 신설회사를 설립하였지만, 이들이 블루칩이 되는 데에는 상당 기간이 소요되었다.

사례: Ma'anshan Iron and steel(마강)

등소평 주석의 남순강화 이후, 정부 13개 부처 및 경제개혁과 국유재산 관련자 수십인이 북경에 집결하여 주식화 대상 국영기업을 선정하였다. 소위 '마강'은 그 중 중공업 부문에서 선발된 회사였다. 1993.6.1. 마강을 지주회사와 철강회사로 분리하면서, 광산, 사회복지 및 종업원 3만 명은 지주회사에, 철강공장과 종업원 5만 3천명은 자회사에 소속시켰다. 신설 철강사는 1993년 H주식을 상장하였다. 이에 따라 주주 구성은 지주회사가 62.5%, 홍콩 H주주들이 26.85%, 국내 A주주들이 9.29%, 자사주 1.26%로 구성되었다.

지주회사의 사장이 철강자회사의 이사회 회장을, 지주회사의 부사장 겸 당위원장이 자회사 부회장을 겸직하였다. 철강자회사의 사장과 임원진은 안휘성에서 선임하였다. 그런데 상장 후 지주회사의 광산 사업이 부진하였다. 철강자회사는 공격적 경영을 하였고, 지주회사에 대한 배당을 불이행하면서 대여금으로 처리해 달라고 요구하였다. 중앙에서 임명 받은 자회사 회장과 부회장은 인사권을 보유하지 못했고, 안휘성 소속의 경영자들은 지주회사에 배당하기 보다는 홍콩의 주가 부양만을 목표로 하였다. 북경과 안휘성의 과세와 준조세는 지주회사에게 집중되었다. 불명확한 국유재산의 문제는 지주회사에 집중되고, 지배구조의 문제는 자회사에 집중되면서, 모회사는 국영은행 차입금으로 연명하였다.

다. 상장 대상기업 및 상장 거래소의 선택

1993년 칭다오 맥주를 효시로 2005년까지 297개 중국기업들이 해외증시에 상장하였다. 홍콩이 120개사, 미국이 69사, 싱가폴 92사 및 런던이 6개사였다. 1992년에서 1995년 간 B, H주식을 발행한 83개 국유기업 중 16개사는 에너지, 석유화학, 원자재 등 독점 보호업종으로서 국무원의 직접 관할 하에 있었다. 나머지는 지방정부 관할 하의 경쟁업종으로서 경영진이 자율경영권을 가졌다. 당 간부가 사장 또는 회장으로 취임하여 정치성이 높은 국영기업이 해외에 상장에 성공하면, 최고경영자들은 개인적으로 영전하였다.

우량국영기업은 주식자본 조달에 있어서, 국내 A 또는 B시장에 상장, 국내 상장 없이 해외상장 또는 국내외 교차 상장의 세 가지 선택을 할 수 있었다. 이들은 초기에 홍콩과 뉴욕에 상장을 선택하였고, 국내 자본시장이 발전하면서 A시장으로 복귀하였다[56].

2004년부터는 국내 A와 홍콩H주식을 동일한 공모 가격에서 교차 상장하는 추세가 출현하였다. A주식과 H주식이 동시 공모되면 본토 투자자들은 내국인주식 프리미엄을 지급하지 않고 매입하게 되었다. 또한 해외에만 상장된 기업이 A주식을 추가 상장하는 현상이 뚜렷해 졌다. 2007년 China Railway Corporation은 A주식을 상장한 후 H주식을 상장한 최초의 사례였다. 2012년 말이 되면 172개 H주식 중 82종목이 A주식 교차상장을 달성하였다.

2007년에는 'CSRC가 10억 달러를 초과하는 대형 IPO로서 상해와 홍콩에 이중 상장 하는 경우만 승인을 내 준다'는 보도가 있었으며, 이후 수년 간 중국 대기업들이 이중 상장하는 추세가 나타났다. 이 조치는 본토의 과잉유동성을 흡수하고, 우량기업을 국내에 상장시켜서 국내 자본시장을 발전시키기 위한 것이었다. CSRC는 2012년부터는 규모 요건을 낮추어서 중견기업, 민간기업의 상장을 지원하였다.

라. 국유 비유통주와 상장 유통주 통합

1993년 4월 국무원에서 발표한 주식발행과 거래관리 잠정 조례 (Provisional Regulations on the Issue and Trading of Stock: 公開發行股票公司信息披露實施細則) 에서는 '국가 소유의 주식 양도는 반드시 관련 부처의 승인을 받아야 하며 구체적인 방법은 별도로 규정한다.'고 정했다. 하지만 관련 규정이나 구체적인 방법을 제시하지 않아, 국유 주식은 사실상 시장에 상장 유통되지 못하게 되었고, 법인주식은 비 국유주이지만 임시적으로 유통이 제한되었다.

상장종목의 주식모집설명서 또는 상장공고서에는 '공모 이전에 주주가 소유하고 있는 주식(국가주, 법인주, 외자주, 자연인주 등)은 법률 규정과 중국 CSRC의 주식 발행 승인 통지에 따라 잠정적으로 상장 유통하지 않는다.'고 명시하였다. 이 밖에도 상장 후 유·무상 증자 신주 역시 원래 주식의 유통 가능 여부에 따라 유통주와 비유통주로 구분되고, 이에 근거하여 주권 분배의 구도가 형성되었다. 이는 지방 국영기업의 주식

---

56) Megginson WIL., & Tian L, Regulatory underpricing: Determinants of Chinese extreme IPO returns, University of Oklahoma, Unpublished Working Paper, 2007

화가 대거 민영화로 이어지지 않도록 북경이 비유통주로 묶어 놓은 것이었다.

그러나 정부가 지배력을 유지한 대신 시장의 유동성이 결여되었고, 국유 및 법인주 주주는 유동성이 없으니 기업가치 추구보다는 터널링을 추구하는 현상이 나타났다. 이에 당국은 1999년 China Kialing Industrial 과 Guizhou Tyre 의 2개사의 비유통주를 과거 3년간 EPS의 10배에 공모하는 파일럿 프로그램을 시도하였으나, 주가 폭락으로 인하여 포기하였다. 2000년에는 국가연금 확충을 위하여 IPO에서 국유주를 10% 동반 매각하는 대안이 추진되었으나, 주가 하락이 심화되어 기각되었다. 2001년에는 국유기업의 IPO에서 10%의 비유통주를 공모하는 대안을 시도하였고, 2002년에는 유통주식 주주들에게 비유통주를 공정가치에 매입할 권리를 부여하는 프로그램이 제안하였으나, 주가 폭락으로 철회되었다.

2005년에는 CSRC가 '상장회사 지분권 분리 개혁 시범에 관한 통지 (Separation of Equity Ownership and Trading Rights of Listed Companies Circular:關于上市公司股權分置改革試点有關問題的通知)를 발표하여 상장기업이 주주총회 특별결의에 의해 비유통주를 록업 조건 하에 유통주로 개편하도록 하였다. 이를 위해서 주주총회에서 전자투표를 허용하였으며, 이렇게 개편된 주식을 G주식이라고 불렀다. 파일럿 프로그램에 삼일중공(三一重工), 자강기업(紫江企業), 금우에너지(金牛能源)와 청화동방(清華同方) 의 4개사가 참여하였고, 상해와 심천 주가지수는 2주 만에 각각 7.5%와 7.9% 폭락하였다. 이에 불구, 46개사 중 45개사가 파일럿 프로그램에서 개편에 성공하였다. 2005년 9월에는 전체 상장기업으로 확대 적용되었다.

교환의 대가로 기존 유통주 주주는 비유통주의 평균 30%에 해당하는 주식을 지급받았으며, 지원 대책으로 대주주의 주식매입 프로그램 및 자사주 매입 프로그램이 도입되었다. 2007년까지 시가총액 기준 98%의 진척율을 보였고, 2009년까지 846개 기업이 개편 프로그램을 달성하였다. 비유통주 개혁으로 인해 IPO도 일시 중단되었다가 2006년 5월 재개되었다. 2007년에 연금 재원 조성을 위한 국유주 매각이 재개되었지만 시장은 패닉에 빠지지 않았다.

비유통주 개혁은 중국자본시장이 국제화되기 위한 '빗장'을 열어주었고, 2004년 회사법과 증권법 개정의 기반이 되었다.

2. 중국기업의 국내상장

중국정부는 행정부의 역할과 국유자산 관리자 역할을 동시에 담당하며, IPO에서 전략업종 국영 기업을 우대하였다. 상해, 심천 증권거래소와 CHASDAQ(창업판) 의 3개 시장에서 IPO를 하려는 본토 기업은 수년 간 대기해야 했다.

가. 국내 A주식

1) IPO 제도

1990년대 초 상해와 심천에 증권거래소 개장 시에 정부는 기업공개의 연간 발행 쿼타를 설정하여 지방정부와 중앙 부처에 할당하였고, 상장 기업은 거의 모두가 국유기업이었다.

1992년 심천에서 신주 청약신청표를 발급하는 과정에서 신청표가 턱없이 부족하고 일련의 무단행위가 발생하자 신주 청약자들이 가두시위 등 과격적인 행동을 한 소위 '810사건' 이 발생하였다. 이에 따라 주룽지 부총리는 경제개혁차관 Liu Hongru에게 대책을 지시하였다. 그는 KPMG의 주선으로 홍콩의 투자은행과 변호사들을 면담한 후 중국 증권감독관리위원회(이하 "CSRC")를 설립하였고, 초대위원장으로 취임하였다.

북경 당국은 국제회계기준 요건을 B주식에만 도입하고 A주식의 발행자에게는 적용하지 않음으로써 긍정적인 영향을 노렸다. 당시 중국의 회계업계는 국제 기준을 갖추지 못한 상태였다. A주식은 국내회계기준을 적용하였음에 따라, 기업이익이 높이 보고되고, 주가가 높이 형성되었다 (후술 국내외 회계기준 비교 참조).

초기 A주식시장은 부실회계감사 스캔달로 얼룩졌다[57]. 2001년의 총이익의 16%가 분식이었고, 수백명의 회계사가 구속되었다. 2003년 당시 중국 상장기업의 54%가 빅10 이외의 감사법인을 선임하고 있었다[58].

---

57) Wu, Zhong. Accounting crackdown uncovers widespread fraud, The Standard, 17 Jan 2003.

58) Qian Wang et al. State ownership, the institutional environment and auditor choice, Journal of accounting and economics Vol 46, Issue 1, 2008.9.

1987년 설립된 섬유 국영기업으로 1990년에 심천거래소에 상장하였던 Shenzhen Yuanye Industrial Corporation은 상장 전에 자본금을 가장 납입하였고, 무단으로 자산재평가를 하였으며 상장 후에도 분식을 하여 1992년에 최초의 상장폐지 사례가 되었다[59]. 회계감사인인 심천특별경제구역회계법인은 인가 취소되었다.

CSRC는 3년 연속 적자기업을 특별 관리(Special treatment)대상으로 지정하여 가격 제한폭을 축소 적용하였다. ST기업이 1년 내 실적 개선이 안 되면 2년 간 특정관리(Particular Transfer)로 관리한 후 상장 폐지하였다. 2007년까지 60사가 상장 폐지되었다.

2010년에는 심천 A주식 상장 Yunnan Green Land Biological Technology Co. Ltd.의 분식사건이 발생하였다[60]. 상무부 연구소의 2012 비금융 상장기업의 재무안정성 보고서에 의하면 1,689개 상장사 중 48.73%의 재무제표가 의혹의 대상이었다. ChiNext에도 2011년 상장 승인을 받은 Wanfu Shengke가 직전 3년 간 이익을 5,179% 부풀린 사건이 뒤따랐다[61]. 하지만, 중국 오너들은 모회사의 자산을 주입하여 상장 자회사를 살려내는 방식을 구사하였다. 반면에, A와 H주식을 교차상장한 기업들은 홍콩거래소의 회계감리로 인해 이익관리 행태를 제지당하였다.

2012년에는 상장 신청 대기자가 900사에 달하고, 기 상장 종목의 록업기간 3년이 대거 만기 도래하며, 미국과의 회계 문제가 발생한 시기로서, CSRC의 IPO중단 조치가 내려졌다.

2) 국내 유상증자 제도

국영 기업의 상장 목적은 구조조정 재원 확보였다. 일단 상장을 한 기업들은 유상증자에 나섰고, 상해거래소의 1993년 상장기업 101사 중 50사가 유상증자를 실행하였다.

CSRC는 1993년 11월에 2년간의 이익 달성 요건과 유상증자 한도를 설정하였다. 이 기준은 1994년에는 3년 간 이익 시현 및 평균 자본이익률 10%로 강화되었다. 그래

59) Michael J. Jones, Creative Accounting, Fraud and International Accounting Scandals, Wiley, 2011
60) SCMP Reporter, New mainland listing scandal shakes investor confidence, South China Morning Post, 2011.3.31.
61) Y. Chen and Z. Han, "Wanfu Shengke suspected of fraud in IPO and inflating sales revenues by RMB 928 million over four and a half years", Xinkuaibo, March 5, 2013

도 1995년에 유상증자 발행액이 신규상장 공모액을 초과하였다. 이에 따라 1996년의 기준에서는 유상증자 요건이 최근 연속 3년간 10%의 자본이익률 시현으로 강화되었다(에너지, 원자재, 농업, 하이테크 업종의 경우에는 9%로 우대). 1999년에는 3년 평균 자기자본이익률 10% 및 각 연도별 6% 이상으로, 2001년에는 과거 3년 평균 6%이상으로 완화하였다. 전환사채 발행에는 1997년부터 자기자본이익률 10% 요건을 부과하였다.[62]

표3-3. A주식의 IPO와 유상증자 추이

연도	상장기업 수	유상증자 건수	유상증자 적격기업수	발행/적격 비율(%)
1994	287	46		
1995	311	68		
1996	513	48	75	64
1997	720	156	166	94
1998	826	125	240	52.1
1999	924	116	185	62.7
2000	1,060	108	148	73
2001	1,136	83	228	36.4
2002	1,199	20	153	13.1

1994년부터 2002년까지 중국 상장기업들의 영업외 수익 조절에 의한 이익관리 행태에 대한 논문이 출현하였고, 유상증자 적격 획득 직후에 거액 손실을 공표한 사례가 빈번히 보도되었다[63]. 감독 당국은 상장기업들의 이익관리를 위한 영업외 수익 조절 행위에 대한 조사를 강화하여 유상증자 승인 절차에 반영하였다.

2006년의 상장회사 증권발행 관리방법(上市公司证券发行管理办法) 제13조, 14조에서는 유상증자와 CB발행 기업의 자본이익률 요건을 3년 가중평균 6%로 완화하였다. 2006년의 주식비공개발행에 관한 시행세칙에서는 10인 이내의 제3자에게 주주총회의 결의 및 CSRC의 승인을 거쳐서 신주를 발행할 수 있도록 하였다.

---

62) Yu, Q., Du, B. and Sun, Q. (2006), "Earnings management at rights issues thresholds-evidence from China", Journal of Banking and Finance, Vol. 30.

63) Kevin C.W. Chen, Hong-Qi Yuan, Earnings Management and Capital Resource Allocation: Evidence from China's Accounting-based Regulation of Rights Issues, The Accounting Review July 2004, Vol. 79, No. 3

그런데, 공모 증자는 시가발행과 총액인수 조건이 까다롭고, 주주 배정 증자는 기존주주의 동의가 필요할 뿐만아니라 청약이 70%에 미달하면 실패 위험이 있다. 따라서 A주 발행기업들은 사모증자를 선호한다 (제7장. 2. 나. 5) '우회상장과 동시 3자 배정 증자 제한' 후술 참조).

나. A주식에 외국인 매수 허용

1) 상장기업 비유통주와 법인주

주식 발행자가 주로 국유기업이었음에 따라 북경은 전략적으로 외국인 투자를 허용하였다. 외국인들은 B주식보다는 A주식을 상장한 국유기업과 협상하여 소수지분을 취득하였으며, 그 목적은 전략적 관계 수립 또는 포트폴리오 투자였다.

1994년 Shanghai Lujiazui는 국유주 2억위안을 매입하고 동액의 B주식을 발행하였다. 1995년 8월 이수즈 자동차와 이또추 상사가 북경북려(北京北旅: Beijing Light Bus) 법인주 4002만주를 협의 방식으로 매수(전체 주식자본의 25%)하여 최대 주주가 되었고, 일본인이 사장으로 취임하였다. 이는 최초로 외국기업이 법인주를 협의 매수하여 중국 상장회사의 최대주주가 된 최초 사례가 되었다. 북경 북려 매각은 지방정부 규정에 따른 거래였고, 당시 이붕 총리가 '국유재산의 유출을 우려'를 언급하였다. 이에 국무원은 법인주의 외국인 매각을 일시 금지하였다가, 2002년 외국투자자에게 상장회사 국유주 및 법인주를 양도하는 데 관한 통지(Notice on Relevant Issues Concerning the Transfer to Foreign Investors of State-Owned Shares and Legal Person Shares of Listed Company: 关于向外商转让上市公司国有股和法人股有关问题的通知)에 의해서 재개하였다.

1999년에는 10개사가 국유주 매각을 허용받았고, 2001년부터 국유주 구주공모매각이 허용되었다. 2002년 뉴브릿지가 심천개발은행의 국유 구주 매입을 승인받았다. 이후 비유통주는 2006년 유통주에 통합되었다.

2) 적격 기관투자자에게 유통주 인수 허용

2002년 적격해외기관투자자에 의한 국내증권투자 관리 잠정방법 (Interim Measures on the Administration of Domestic Securities Investment by Qualified Foreign Institutional Investors: 合格境外机构投资者境内证券投资管理暂行办法) 규정에서는 적격기관투자자

(QFII)에게 상장기업 지분 및 채권 등의 취득을 일정 한도 하에서 허용하였다. 이 규정은 전략적 투자자에게는 적용되지 않는다.

2006년 개정 규정(Measures on Administration of Domestic Securities Investments by Qualified Foreign Institutional Investors:合格境外机构投资者境内证券投资管理办法)의 제21조에서는 QFII가 보유하는 동일 발행자의 본토주식과 해외상장 주식을 합산하여 공시하도록 요구하였다.

3) 전략적 투자자의 상장주식 인수 허용

2005년의 상장기업주식개편에 참여한 외국투자 관리 기준(Administration of Foreign Investment as Involved in the Share Trading Reform of Listed Companies:关于上市公司股权分置改革涉及外资管理有关问题的通知: Circular 565)에서는 기 외국인 투자를 받은 상장기업이 비유통주를 개편 경우 기존 외국인 주주가 A주식을 취득하도록 인정하였다.

비유통주 개혁이 진전된 이후 2005년 상장회사에 대한 전략적 외국인투자 관리 규정 (Measures for the Administration of Strategic Investment in Listed Companies by Foreign Investors: 外国投资者对上市公司战略投资管理办法)에서는 외국인 전략적 투자자의 A주식 인수를 전반적으로 허용하였다 (제5장. 3. 나. 2) '외국인에만 적용되는 규정' 참조).

4) 국영기업 국내 IPO의 전략적 청약자층

중국 국내에서는 IPO에서 저가 발행 현상이 현저하였다. 1990년부터 2007년 사이 국내 IPO된 1,582종목의 상장 초일 수익률은 230.76%에 달하였다[64]. 반면 홍콩/뉴욕에 상장하고서 상당기간 경과 후에 국내 교차상장한 51개 종목들의 상장 초일 수익률은 96.38%였다. 뉴욕과 홍콩 양쪽에 기 상장한 10종목의 국내 상장 초일 수익률은 105.2%였다.

64) Congsheng Wu, Dichotomy of Chinese Domestic and Overseas IPOs: An Empirical Investigation, University of Bridgeport, 2012.

표3-4. A주식 상장 초일 시세 형성

	상장 건수	평균 초일 상승율(%)	평균 초일 회전율(%)
2010	127	47	69
2009	99	74	79
2008	77	115	80
2007	126	193	65
2006	66	84	70
2005	14	48	58
2004	100	70	55
2003	67	72	52
2002	68	134	62
2001	77	138	64

2007년 페트로차이나 국내 IPO에서 상장 초일 수익률이 163%에 달하고 신주 청약자가 4백만 명을 넘자, 자금력이 높은 기업들이 전략적으로 청약에 참여하여 (록업 조건부) 주식시장의 기관화가 급속히 진행되었다. 공모액의 약 1/3이 사전 청약되었다. 이들 전략적 청약자는 록업이 없는 일반청약을 병행할 수 있으므로, 상장 초일에 거대한 시세 차익을 실현하였다.

농업은행의 상해 IPO청약자 명단에는 SASAC산하의 국영기업, 금융자회사 및 인민해방군의 Military Weapons Equipment Group Company들이 20%의 금액을 점유하였다. 이는 정부 클럽이 공모액의 약 60%를 지지했다는 의미였다.

표3-5. 상해 IPO의 전략적 청약자 비율 (2006.6-2007.6)

종목	상장일	공모액 (백만위안)	청약 총액 (백만위안)	경쟁율	전략적 청약자 비율(%)
중국은행	2006	20,000	670,355	33,5	19.8
다친철도		15,000	552,675	36,9	30.0
중국국제항공		4,589	44,586	9.7	21.4
북경북진실업		3,600	242,055	67.2	36.7
공상은행		46,644	781,031	16.8	38.6
중국초상기선		4,452	381,135	84.7	28.8
다탕국제전력		3,340	303,541	91.5	39.4
광선철도		10,332	450,682	43.7	33.9

중국인수생명	2007	28,320	832,541	29.4	40.0
산업은행		15,996	1,163,348	72.7	30.0
핑안보험		38,870	1,093,573	28.1	30.0
중국중신은행	2010	13,351	1,402,178	105.4	22.5
교통은행		25,204	1,454,352	57.7	30.0
중국원양운수공사		15,127	1,629,048	107.2	30.0
중국농업은행		59,591	480,253	8.1	40.0

다. 민간기업의 국내상장

1989년 천안문 사태로 등소평 주석이 군 통치권을 상실하자 외국계 회계법인 사무소 주재원들은 북경으로부터 철수하였다. 그러나 등소평 주석은 “중국 지도자들이 80년대에 저지른 유일한 실수는 경제 개방을 한 데에 있는 것이 아니라, 개방과 같이 가야 할 이념적 및 정치적 교육이 결여되어 있었던 점이다” 라고 연설했다. 그는 1992년 심천경제특구로 출장하여 경제개혁의 성과를 알리는 ‘남순강화’를 감행하였고, 섬유, 식품, 가전 업종기업을 대량 민영화하여 민간경제를 활성화 시켰다. 정부는 기업과 자산 토지 소유에 관련된 규정은 모호하게 하면서도, 소유권은 보다 안전하게 보호해 주었다. 1994년 회사법 상 최저자본금이 유한회사 50만 위안, 주식회사 1천만위안으로 진입 장벽이 높았지만, 민간인들은 차입금으로 납입한 후 상환하는 방식으로 창업하였다. 1997년이 되면 모든 중국인들이 ‘영리 추구’ 라는 명제에는 합의하였다.

하지만 국무원에 의하면 포천글로벌 500대 기업 중 100개의 중국기업 중에 민간기업은 8개일 뿐이었다. 중국 은행권이 국영기업을 지원하므로, 민간기업은 여신을 얻기 어려워 사금융 및 내부 유보이익에 기반하여 성장하였다. CSRC는 당초의 임무가 국영기업의 자본을 조달을 지원하고 투자자들을 위험한 투자로부터 보호하는 것이었으므로, 민간투자를 지원할 여력이 없었다.

최초의 민간기업 국내 상장으로 1994년에 Wanxiang Qianchao가 심천에, 및 Dongfang Group이 상해에 상장하였다. 2000년 현재 국내 상장기업 976사 중에 민간기업은 11개에 불과했다. 민간 상장기업수는 꾸준히 증가하여 2010년에는 상장기업의 절반에 육박하였는데, 이는 2009년 촹예반(Chasdaq:創業板)이 설치된 데에 기인하였다.

2000년의 자본시장 조달액에서 민간 기업은 8% 만을 점유하였으나, 2009년까지 민간 기업의 점유율은 67%로 상승하였다.

2007년부터 5년 동안에 500개 사모펀드가 1천억 달러를 조성하면서 우량한 딜 파이프라인 보유 및 IPO를 위한 중국 증권당국과의 좋은 관계를 자랑했었다. Kunwu Jiuding Capital (昆吾九鼎投.管理有限公)의 경우, 조기 IPO가능기업 투자 및 ChiNext 상장으로 초기에 600%의 수익률을 시현하고 하버드 경영대학원의 사례연구에 채택되었다. Jiuding 은 미국계 사모펀드보다 짧은 4내지 6년의 펀드 만기를 설정하였다. ChiNext의 PER가 2010년 80으로부터 40으로 하락하자 상장승인율이 낮아졌다.

3. 중국기업의 해외 상장

가. 직접상장과 지주회사 간접상장

북경은 1999년 증권법 29조에서 해외 상장에 대해서 CSRC의 사전 승인 요건을 최초로 명시하였고, 본토기업의 해외 직상장과 역외지주회사의 간접상장의 두 방식으로 규제체계를 수립하였다. 직접상장은 본토 내에 설립된 기업에 해당하는 반면, 간접상장은 역외에 설립한 지주회사가 상장한다. 간접상장은 해외 IPO가 수반되는 점에서 해외 역합병 우회상장과 구별된다.

직접상장은 북경의 규정 및 해외거래소가 설정한 재무적 요건들을 공히 충족해야 하며, 직상장 공모자금은 국가의 산업정책, 외자 정책에 맞게 자금용도가 처음부터 사전 확정된다. CSRC는 1999년 해외상장 신청기업 관련 현안 통지 (Notice on Relevant Issues relating to Enterprises Applying for Overseas Listing: 关于企业申请境外上市有关问题的通知)를 적용하였다,

간접 상장은 초기에 중국 외환당국의 규제 밖에서 출현하여 사후적으로 규제에 편입된 영역이다. 간접상장에는 해외거래소가 부과하는 상장 요건만이 적용된다. 과거 내국인이 해외에 사업을 가지면 외환 사용 승인을 얻기가 용이했으며, 민간기업에게는 국내보다 해외가 더 공평한 기회를 열어준 것이 사실이다.

간접 상장의 경우, 대상기업의 소유구조에 따라서 국영기업은 'grand레드칩'으로, 민간기업은'small레드칩'으로 구분하였다. 거주자인 오너 개인이 설립하여 해외에 간접상장한 경우는 'little레드칩'으로 칭한다. 2006년에 북경의 정부 관련 부처 연합 규정이 도입되기 이전에는 국가외환관리국에서는 grand레드칩에만 외환등록 및 역외 조달 금액의 국내 반입 의무를 규정하였고, small 레드칩에는 규제가 없었다[65].

최초 간접상장은 1987년 홍콩에 Guangdong Enterprise, 1992년 뉴욕에 Brilliance China Automotive Holdings 및 2003년 싱가폴에 Hongguo International Holdings (2010년 상장 폐지)사례였다.

나. 레드칩 상장

1) 레드칩의 구조

홍콩증권거래소는 레드칩의 정의를 "홍콩 상장법인으로서 최소한 35%가 본토의 국가기관, 지자체에 의해 직간접으로 소유된 경우" 라고 제시한다. 초기 레드칩은 본토 우량 국유기업으로서 구미의 '블루칩'에 상응하는 의미였으나, 우량종목이라는 의미는 점차 퇴조하였다[66]. 민간 레드칩은 small 레드칩으로 통칭되나, 홍콩거래소에서는 Mainland pirvate enterprise로 칭하고 있다.

레드칩이 형성되는 경로는 세 가지가 있었다. 첫째 홍콩에서 운영되는 중국계기업이 홍콩법인을 상장하였다. 이를 Window company라 하며, China Merchant Group의 Hai Hong, China Overseas Land, China Travel International, Guangzhou Investment 들이 대표적이다. 둘째, 홍콩에서 운영되는 중국기업이 본토의 자산을 홍콩으로 이전 받아서 상장하였다. 셋째는 본토법인이 홍콩 상장 Shell의 경영권을 매입하는 방식이었다. 1992년과 93년 사이에 19건의 우회상장이 출현하였다. 본토의 국영기업은 홍콩에 레드칩을 상장하면 유상증자로 자금조달을 할 수 있었다. 외국투자자들도 중국법의 규제를 받지 않으면서 중국의 성장에 참여하는 기

---

65) Liu Yi, China's Regulation of Domestic Companies' Indirect Overseas Listing: A Critical Assessment after the Financial Fraud, Securities Regulation Law Journal, Vol. 40, No. 1, 2012

66) Cf. Richard Yau, Securities Investment Practice in Hong Kong (Hong Kong, Hong Kong Institute of Bankers, 1998), 8.

회로서 선호하였다. 초기의 홍콩 레드칩에는 중앙과 지방 국영기업만이 아니라, 당원로인사의 자제들도 참여하였다.

표3-6. 레드칩과 H주식의 비교

	레드칩	H주식
설립지	홍콩, 케이만, 버뮤다	본토
소유구조	35% 이상 본토인이 소유	본토 기업
규제	본토 자산/사업을 역외에 편입시키는 재편성 필요	북경 CSRC가 원천 통제
재무 요건	H주식에 4-5-6요건이 폐지된 이후에는 동등	
편입 자산	홍콩 투자은행가가 본토에 출장하여 자산을 선정(cherrypick)	H주식 주관사는 본토 발행사가 선정하는 대로 수용
자금조달	Shell회사가 유상증자로 조달	IPO로 직접 공모
유상증자	자유로움	CSRC의 감독
정관	주식의 분할 납입 허용 및 신용대체를 인정. 회사는 분할납입 약정을 차입담보로 활용 주주총회 의결권 분쟁은 현장에서만 제기할 수 있으며, 의장이 판정권 주주총회 서면결의 가능 이사의 대리이사 선임 인정 이사의 이해상충 완화 이사회 의장의 캐스팅 보트	2014년 개정회사법에서 주식의 분할 납입 허용 및 신용대체를 인정 CSRC가 1994년 채택한 해외상장기업의 의무 정관조항; 내국인주식과 외국인주식은 동일한 권리를 갖되(16조) 별도로 공모발행(20조) 주주의 주식인수 대금 전액 납입의무(56조) 상당한 인사권을 가진 general manager선임(121-126조), 이사회와 별도 감독위원회 설치(127-135조, 이사 겸직 불가), 중재에 의한 분쟁 해소(195조), 중문본이 영문본에 우선(197조)

* 자료: Shu-Yun Ma, ONC Lawyers, CITIC Pacific(홍콩)정관, 홍콩증권거래소의 H주식발행자 표준정관

도3-1. 레드칩 구조

최하단의 본토 내 운영회사는 100% 외국인투자법인으로서, 본토의 유한회사이다[67]. 한 단계 위의 홍콩지주회사는 배당지급에 대한 원천징수세율(10%)이 홍콩 쪽이 5%로 낮기 때문에 개입된다. 다음 단계의 버진아일랜드 지주회사는 홍콩지분 양도에는 0.2%의 인지세 부담이 있는 반면 버진아일랜드에서는 인지세가 부과되지 않으므로, M&A양수도 거래 발생에 대비하여 개입시킨다. 다음 단계 지주회사로서 상장주체인 Listco는 케이만에 설립한다. 버진아일랜드 소재 최상위 지주회사는 본토의 창업주 가문이 설립한 가족신탁이 많이 활용된다.

한편 본토 내 운영회사가 중외합작인 희소한 Dongfeng사례가 2005년에 출현하였다.

중외합작 Dongfeng의 홍콩 상장 사례

호북성의 국영기업 Dongfeng Motor Corp는 90년대에 프조, 혼다, 닛산과 제휴하였다. 2000년에 Dongfeng의 채무조정을 위하여 영업자산을 출자하고, 4대 자산관리공사와 중국개발은행이 보유 채권을 현물 출자하여 Dongfeng Motor Co., Ltd.를 자회사로 설립하였다. 지분율은 모회사가 57.14%를, 5개 금융기관이 42.86%를 보유하였다.

혼다JV, 닛산JV 및 프조JV에 대한 Dongfeng의 지분율은 각 50%였고 (중국법상 자동차산업의 외자 유입 한도), 합작기간은 30~50년이었다.

2003년 닛산은 추가 투자를 하면서 50%지분을 소유한 JV의 대표이사 선임권을 획득하였다[68].

2005년 Dongfeng Motor Group이 홍콩에 40억 홍콩$의 H주식 IPO로 상장하였다[69]. 그런데 홍콩증권거래소의 지주회사 상장규정에서는 자회사가 50:50 JV인 경우에 대해서는 고려가 없었다. 홍콩거래소는 본토 내의 영업이 홍콩지주회사의 자회사가 아니라 중외간 50:50 합작법인인 점을 감안하여 특별히 상장요건을 관리하였다[70].

---

67) 중국법상 유한책임회사와 주식회사가 있으나 회사법 79조 상 주식회사는 2인 이상의 발기인을 두고, 그 과반수가 본토 거주자여야 한다. 이에 따라 1인 주식회사가 불허되므로, 역외 지주회사상장을 위해서는 운영회사가 본토 내에 유한책임회사 형태여야 한다. 유한회사의 주주 수는 59인으로 제한된다.

68) Todd Zaun. Nissan to Make Big China Push --- Firm to Invest $1.03 Billion To Partner With Dongfeng In Ambitious Auto Venture, Asian Wall Street Journal; 20 Sep 2002

69) Yu, Qiao. Car makers try multiple partners, China Daily, North American ed.; 28 Oct 2004

70) 당시 중국 자동차업계는 복수의 외국 파트너와 제휴하는 전략을 취하고 있었다. China Automotive Industry Consulting and Development Corp의 수석 애널리스트인 Jia Xinguang은 이를 '계란을 한 바구니에 담을 수 없다' 고

이러한 JV는 본토 내에서 일반적인 형태이지만, Dongfeng내부에서 관계자 간의 민감한 거래는 불가피한 상황이었다. 홍콩 거래소 측은 상장 요건으로서 현재와 장래의 JV를 상장지주회사의 자회사로 취급을 요구하였다. 이는 홍콩거래소 상장규정 하에서 Dongfeng 내의 관계자간 거래를 Dongfeng이 대주주인 것처럼 취급한다는 의미였다. 이에 따라서 거래소는 최대 지출기준액 및 주주 승인 등의 표준적인 관계자거래 요건 준수의 포괄적인 면제를 인정하되, 내부통제를 강화하도록 요구하였다[71].

Dongfeng은 거래소에게 다음 사항을 입증하였다;

- 외국측 JV파트너가 JV의 경영에 참여하여 운영과 성장에 치명적으로 기여한다;
- 상장 지주회사의 동의 없이는 JV의 이익이 유출되지 않도록 합작계약에 충분한 안전조치가 마련되어 있다 (또한 JV계약 해지 시의 배분에 대해서도 합의되어 있다; -지주회사는 상장 조건으로 부과된 JV관련 지속적인 의무를 준수할 수 있다.)

도3-2. Dongfeng H주식의 지배구조도

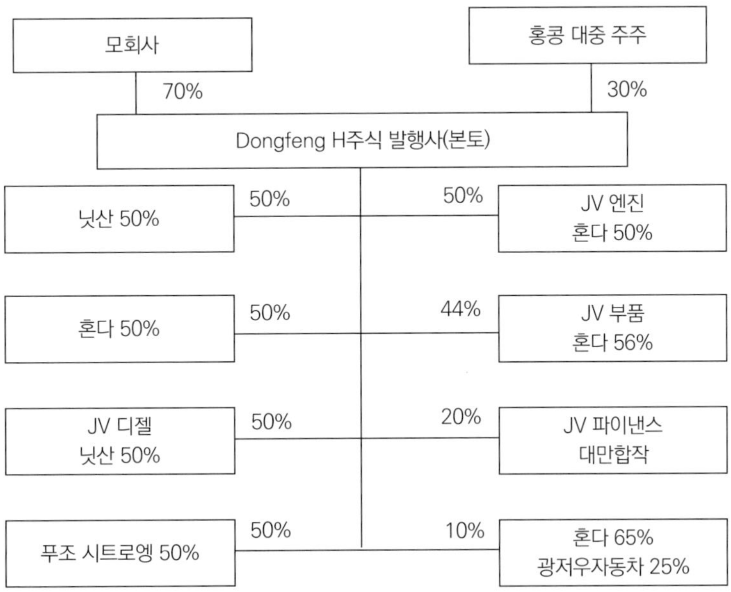

비유했다. Ashley Alder, Dongfeng clears way for China ventures to list, International Financial Law Review; London (Feb 2006)

71) 홍콩거래소 상장규정 14A장에서는 관계자(connected person)를 상세하게 정의하였다. 14장에서는 또한 관계자 간 거래에는 거래한도를 설정하고, 독립적인 이사 및 재무자문사가 의견을 제시하며, 중요한 경우 주주의 결의를 받도록 규정하였다. 지속적인 관계자 간 거래는 회계감사인의 검토를 받아야 한다. 거래소는 면제조치를 부여할 수 있다.

2) 레드칩의 발전

등소평 주석의 개방 이전에는 본토로부터의 대 홍콩 직접투자는 은행, 유통, 해운과 관광 국영기업이 본토-홍콩 간 거래를 독점하기 위하여 진출한 것뿐이었다. 그런데 개혁개방 이후에는 본토로부터 대 홍콩 투자의 목적은 '홍콩주식시장 활용'으로 바뀌었으며, 이를 광동과 복건성이 주도하였다.

1983년 국무원이 China Everbright Ltd. (中国光大集团股份公司) 을 설립하였고, 북경시는 Yanjing Beer, Sanyuan Foods, Beijing Western Style Food, Beijing Airport Expressway, Badaling Tourism, Wangfujing Department Store, Jianguo Hotel, Beijing International Switching System를 편입하여 Beijing-Enterprises Holdings 를 설립하였다. 군수조달사업이던 華潤公司는 China Resources Holdings (華潤(集團)有限公司)을 설립하였다. 1986년에 CITIC의 Ka Wah은행(中信嘉華銀行), 1987년 복건성 정부의 Min Xin (閩信集團) 인수, 광동성의 Union Globe (현 Guangdong Investment: 粵海投資有限公司) 인수가 출현하였다. 1992년 국무원은 China Travel의 자회사 China Travel International Investment HK Ltd (香港中旅國際投資有限公司)를 홍콩에 상장하였다.

홍콩의 이가성 등 기업가들이 중국 스폰서들의 레드칩 재편성을 지원하였으며, 1992년 이후에는 부동산과 개발업이 레드칩에 참여하였다. Citic, China Everbright등을 상장시킨 투자은행가인 Francis Leung Pak-to 는 홍콩상장회사협의회 의장으로서, '레드칩의 아버지'라는 별명을 얻었다.

레드칩 사례: CITIC Limited

1987년 홍콩에 설립된 CITIC HK은 홍콩에 상장된 부동산 회사인 Tylfull사의 지분 49%를 1990년에 인수하고, 보유자산 4억 달러를 Tylfull에 편입시켰다. Tylfull 은 1991년 CITIC Pacific (현재 Citic Limited)으로 개칭하였고, Dragonair와 Cathay Pacific 항공사 및 홍콩텔레콤에 지분 참여하는 등 고속 성장을 누렸다.

1992년 CITIC Pacific 은 Li Ka-shing, Robert Kuok 및 Cheng Yu-tung과 컨소시움을 구

성하여 Hang Chong Investment를 $8.9억에 인수하였다[72]. CITIC Pacific Ltd홍콩은 2014년 4월 북경의 CITIC Ltd의 100% 지분을 422억 달러에 인수하였다. 그룹의 본토 내 6개 사업부문의 지주회사가 홍콩레드칩에게 피인수됨에 따라서, 홍콩 레드칩이 그룹의 실질적인 지주회사가 되었다.

레드칩 사례: 광동인베스트먼트 홀딩

광동성은 홍콩에 인접한 최초의 경제특구로서, 중앙정부에 의존하지 않고 독자적으로 자본을 조달하고 투자하는 자율성을 누렸다.

광동성의 Guangdong Enterprise Holdings는 1987년 홍콩 Union Global Development을 인수하여 Guangdong Investment라는 레드칩으로 만들었다. 이후 우량자산은 홍콩에 편입시키고 부채는 광동모회사에 결집했다. GI는 부동산 개발에 종사하다가, 1992년 등소평주석의 남순강화 이후에는 여행사, 양조장, 호텔 등을 편입하면서 주가 상승을 지속하였다. 1994년부터 97년까지 유상증자액은 1.83억 달러에 달하였으며, 4개 사업을 분할 상장하여 1억 달러를 조달하였다. 1998년에 자회사는 홍콩에 24개, 버진아일랜드에 8개, 본토에 31개, 버뮤다, 케이만 및 싱가폴에 각 1개였다.

아시아 외환위기를 맞이한 1998년에 광동성의 투자신탁사(GITIC)의 파산 사태가 발생하였다. 광동성과 복건성은 1983-88년 간 대중 외국인투자의 절반을 유치하였기에 아시아 외환위기의 영향을 중국에서는 유일하게 받았던 것이다. 광동성 정부는 레드칩 지주회사인 GEH의 1997년 2건7.5억 달러 채권발행에 comfort letter 를 제공하였음에 불구하고, 북경의 압력을 받은 후에야 구제에 동의하였다. 광동성은 주룽지 총리의 지원 하에 '투자신탁회사는 도산시키고 사업지주회사는 살린다'는 정책을 실행하였다. 광동성은 홍콩의 상수원의 70%를 공급하는 Dongshen프로젝트 자산을 편입시키면서 채무조정을 지원하였고, GI는 2001년에 흑자 전환에 성공하였다. GEH는 홍콩자회사를 5개 보유한 반면 1개 만을 보유하던 GITIC이 파산함으로써, '레드칩 불패'의 신화를 다시 확인해 준 결과가 되었다[73].

---

72) Laurence Zuckerman China Plans Takeover of Key Firm in Hong Kong, New York Times, January 14, 1992

73) Shu-yun Ma, "Role of the state in Chinese enterprises listed in Hong Kong" (2002), The Pacific Review

CITIC이 Cathay Pacific과 Dragon Air지분을 인수하자 이를 목격한 홍콩인들은 '본토 우량자산이 레드칩에 편입될 것이라'는 기대 하에 투기에 동참하였다[74]. 복건성 정부 산하의 Fujian Enterprise는 레드칩을 적극적으로 트레이딩하여 이익을 얻었다.

1997년에는 항셍 레드칩 주가지수가 출범하여 시장이 자리매김 하였고, 영국의 홍콩반환을 앞두고 레드칩이 과열되었다. 연초 두 달 간 레드칩 공모액은 19억 달러였다. 심천시 당국의 Shum Yip Investment사는 1997년 3월 홍콩에서의 거래 이틀째에 17% 급등하였다. 상해시의 Shanghai Industries는 1997년 최초 두달 간에 22.5% 상승하였다. 인민해방군의 Continental Mariner Investment는 연초 석달 간 두배 상승하였다. Beijing Enterprises사는 1,276배의 청약경쟁율을 달성했다. 1997년 초 CSRC가 '레드칩을 규제할 것'이라는 신호를 보냈으나, ING Barings의 Hong Yik Luen리서치 헤드는 '정치적으로 강한 지방정부, 국영기업 및 인민해방군의 직계 레드칩에만 선별 투자하라' 고 조언했다. 국유기업의 홍콩 우회상장 붐에 따라 1993년 북경은 역외 shell인수를 금지하였으나 레드칩과 window company는 규제하지 않았다[75]. GITIC파산 이후 China Everbright와 Shougang Group은 각 자회사를 별도 상장시켜서 지배구조를 개선하였다.

민간 스몰레드칩으로는 2001년 Zhejiang Glass가 최초 출현하였고, 2003년부터 국유계를 추월하였다. 2013년의 항셍지수에서 H주식 11종목이 30.39%, 국유레드칩 11종목이 16.35%, 민간 스몰레드칩 5종목이 7.50%를 점유하였다.

표3-7. 홍콩 상장 H, 국유 레드칩, 민간 레드칩 구성

연도	H주식	국유레드칩	민간레드칩	본토계기업 총수
1994	15	40	2	57
1995	17	41	2	60
1996	23	46	2	71
1997	39	59	3	101
1998	41	63	8	112

74) Stormont Diane. Beyond red-chip fever, Institutional Investor, Dec 1997

75) State Council, "Notice concerning the temporary suspension of acquisition of enterprises and the strengthening of the Regulation of investment outside China (1993).

1999	44	68	12	124
2000	50	69	23	142
2001	58	69	41	168
2002	74	72	70	216
2003	92	72	85	249
2004	109	84	111	304
2005	120	89	126	335
2006	141	90	136	367
2007	146	93	200	439
2008	150	93	222	465
2009	156	97	271	524
2010	163	102	327	592
2011	168	107	365	640
2012	176	108	437	721

* 자료: HKEx market statistics

레드칩 시장에서도 초기 상장폐지 사건이 발생하였으나, 이는 본토의 창업주에게 문제가 발생한 경우였다.

Euro Asia 상장 폐지 사례

중국 출생이지만 네덜란드 국적을 취득하였고, 중국 심양에 외국인투자 화훼기업으로 성공한 양빈은 버뮤다 지주회사인 Euro Asia Agricultural (Holdings) Company Limited 를 2001년 7월 홍콩 IPO로 상장하였다. ICEA Capital Limited 가 주관사 및 스폰서, 아더앤더슨 홍콩이 회계감사인이었다[76]. 초기 영업수익은 대부분 심양에'홀랜드 빌리지'를 개발하는 데에 투입되었다. 2002년 9월 북한(김정일)이 양빈을 신의주 경제특구 개발 파트너로 선정하였고, 이후에 양빈은 부동산 개발에서 불법 토지사용으로 18년 형을 받았다. 본토에서 자산이 압류되자, 채권자인 Chiyu Banking Corporation(Bank of China Group)가 Euro-Asia를 청산시켰다. 2004년 5월 홍콩 상장이 폐지되었고, 스폰서인 ICEA는 과실을 인정하지 않고서 3천만 달러의 합의금을 SFC에 납부하였다. 2004년 경영진은 상장 당시의 분식회계 횡령으로 및 형사 처벌을 받았다.

---

76) Enoch Yiu, ICEA sheds four executives linked to Euro-Asia listing, South China Morning Post, 07 January, 2005

홍콩의 레드칩이 뉴욕으로 확산되자, '레드칩 공모자금의 용처가 불분명하고 대륙의 국유자산이 유출된다'는 비판이 제기되었고, 1994년 홍콩당국이 Central Regent의 상장 신청 심사에서 북경의 승인서를 요구하였다. 북경에서는 대응책으로 H주식의 IPO제도를 도입하였다. 그러나 H주식은 정부가 선정하는 국영기업 자체인 반면, 레드칩은 지방정부와 중앙부처가 다양한 우량자산을 편입한 홍콩법인이므로, 시장에서는 레드칩을 선호하였다[77].

3) 레드칩 뉴욕 상장 출현

최초 미국 상장 레드칩은 1992년 Brilliance China Automotive Holdings 로서 1992년 뉴욕증권거래소에 상장하였다. 당시는 최초 B 주식인 Shanghai Vacuum Tube가 상장된 직후로서, 규정이 미비한 상황이었다. Brilliance는 BMW사가 출자한 외국인투자기업으로서, 역외지주회사가 본토자회사 지분 51%를 보유하였다.

이 구조는 China Ek-Chor Motorcycle(1993), China Tire Holdings(1993), Yuchai Diesel (1994)에 활용되었으나, 이같이 CSRC의 규제를 받지 않는 역외 간접 상장은 중국 정부가 선호하지 않는 구조였다. Brilliance는 2007년에 상장유지 비용부담을 이유로 ADR을 상장 폐지하였고, 홍콩과 프랑크푸르트 상장을 유지하고 있다.

4) 레드칩의 교차 상장

통신과 에너지업종 대표 레드칩은 홍콩과 뉴욕에 교차 상장되어, 모기업의 역할을 보완하고 있다.

표3-8. 레드칩의 뉴욕 교차상장

회사명	상장일자		업종
	홍콩	뉴욕 ADR	
China Mobile Limited	2002.11	2002.11	통신
China Telecom	1997.10	1997.10	통신
China Unicom HK	2000. 6	2000. 6	통신
CNOOC	2001. 2	2001. 2	에너지

77) Stormont Diane. Beyond red-chip fever, Institutional Investor, Vol. 31, Iss. 12, 1997.12

China Mobile은 북경 -> China Mobile (Hong Kong) Group -> China Mobile Hong Kong (BVI) -> China Mobile Limited의 출자관계가 수립되어 있다. 1997년 설립된 China Telecom (Hong Kong)이 광동성과 저장성 모바일 사업을 중국정부로부터 인수하였고, 2004년까지 본토의 31개 지역영업을 인수하였다. 2006년에 China Mobile Limted로 개명하였다.

중간지주회사 A주식 상장 사례: 차이나 유니콤

2000년 2월 본토 12개 성의 GSM사업 등을 편입시켜 "China Unicom (Hong Kong) Limited"가 홍콩에 설립되었고, 2000년 6월 뉴욕 ADR과 레드칩을 상장하였다.

China Unicom (Hong Kong) Limited의 77.47% 지분을 보유한 모회사는 China Unicom (BVI) Limited이다. 2002년에 China United Network Communications Limited" 가 상해에 설립되어 China Unicom (BVI) Limited" 의 51%를 소유하고, 주식을 상해거래소에 상장하였다.

도3-3. 차이나유니콤 레드칩+A주식 구조

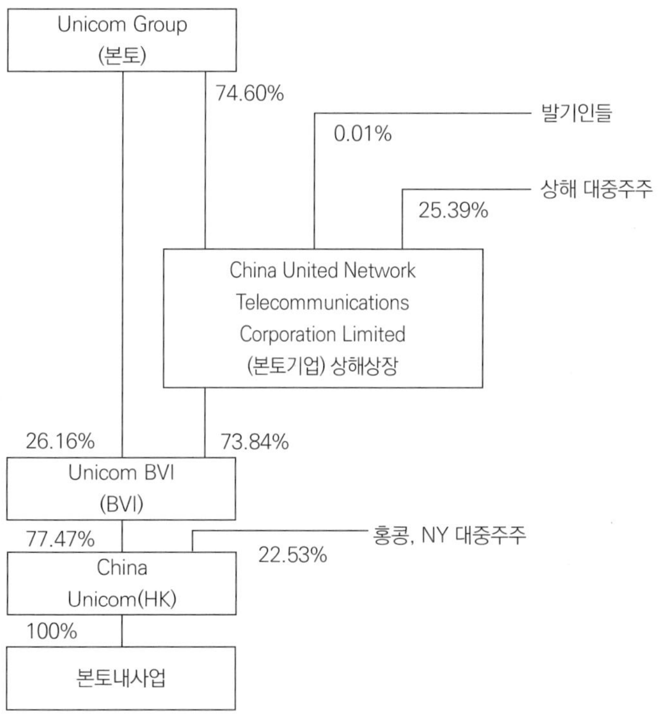

2007년에는 북경과 홍콩 당국 간 레드칩의 본국-홍콩 교차 상장 협의가 이루어졌다[78]. 그러나, 본토법상 외국기업의 A주식 발행이 불허되고, CDR예탁증서는 제도적으로 존재하지 않는 문제가 있었다.

2018년 샤오미의 홍콩상장을 맞이하여 북경은 CDR예탁증서 규정을 제정하였다. 2018년 China Mobile (뉴욕과 홍콩 상장)은 2개 자회사를 분사하여 본토에 CDR로 상장하는 방안을 고려하고 있다고 언급하였다[79].

5) 역외 지주회사 현황

북경 당국이 10호문으로 역외 상장을 규제하기 직전인 2006.2월말 현재, 홍콩 증시에 상장된 218개 중국기업 중 역외지주회사 방식 상장이 90개사 (홍콩 이외의 역외 42개)였다. 역외지주회사의 소재지는 홍콩 48개, 버뮤다 29개, 케이만 군도 13개였다. 홍콩거래소 팩트북에 의하면 2012년 말 홍콩 상장 1,547종목 중 홍콩 국적 법인은 205개에 불과하였다.

싱가폴 거래소에 상장된 100개 중국기업 중 역외지주회사 방식 상장은 97개사 (싱가폴외 역외 47)였고, 역외지주회사의 소재지는 싱가폴 50개, 버뮤다 39개, 케이만 군도 7개, 홍콩 1개였다. 직상장은 3개사에 불과했다.

NYSE에 상장된 16개 중국기업은 직접 상장하였으며, 대부분이 상해 거래소 등 여타 거래소에 상장후 NYSE에 상장하는 2차 상장 방식으로 상장하였다. 나스닥 상장 24개 중, 23개가 간접 상장하였다. 지주회사 소재지는 버진아일랜드가 2개, 케이만이 18개, 기타 지역이 3개였다.

표3-9. 해외 상장 중국기업 현황

구분	설립지	홍콩거래소	싱가폴거래소
홍콩,싱가폴 직접상장	중국	128	3
역외지주방식 (홍 콩 90) (싱가폴 97)	홍콩	48	1
	싱가폴	0	50
	케이만군도	13	7
	버뮤다	29	39
소계		218	100

78) Fei Ya.Hurdles for red chips' homecoming, China Daily, 10 Apr 2007

79) Joseph Wang, China Mobile mulls return to mainland listings, Mobile World Live, 2018.5.18.

구분	설립지	나스닥	NYSE
미국 직접상장	중국	1	16
미국 간접상장	버진아일랜드	2	0
	케이만군도	18	0
	기타 지역	3	0
	소 계	23	0
소계		24	16

* 자료: 금융위원회, 외국기업의 지주회사방식 상장 관련 제도개선, 2006.8.22.

6) 역내 중간지주회사 설치

근래에는 본토에 중간지주회사를 설립하는 추세가 나타났다. 차이나 유니콤의 본토 중간지주회사는 상해거래소에 A주식을 상장한 경우이다.

코스닥에 상장한 중국기업의 본토 중간지주회사는 본토 내 상장 목적이 아니고, 중국내 운영회사를 외국인투자법인으로부터 순수 본토회사로 변경하는 목적으로 보인다. 중국원양자원은 2016년 2월 연강신의안수산유한공사(당시 설립한 100% 자회사)를 지주회사의 자회사로 한국거래소에 편입 신고하였으며, 2016.3.14.자로 연강현원양어업유한공사 지분을 연강신의안수산유한공사에게 양도하였다. 이에 따라 연강현원양어업유한공사는 외자계기업(자회사)로부터 본토 내자기업(손회사)으로 법인형태가 변경되었다.

다. 국영기업의 H, N주식 직상장

1) 본토와 홍콩 간의 정책협조

본토 당국은 해외 간접상장과 별도로 해외직상장 제도를 추진하였다. H주식은 본토 소재기업으로서, 북경당국으로부터 홍콩증권거래소 상장을 사전 승인 받은 기업이다.

CSRC와 홍콩 SFC/HK거래소는 1993년과 1995년에 규제 협조 양해각서를 체결하였다. 상해와 심천거래소가 참여한 4자간 양해각서의 결과로 H주식 발행기업의 의무 정관 조항이 채택되었다(1993.5. SCRES의 Supplementary Provision to the Standard Opinion of Joint Stock Companies). 95년의 내용은 공개되지 않았다. 홍콩 측에서는 증권거래소의 상장규정에 본토기업 전용 19A장을 마련하였다.

H주식 발행자의 기업지배구조를 위해서 양측은 1994년에 '해외 상장할 기업의 해외공모 및 상장에 대한 중국 측 특별 규정 (PRC Special Provisions on Joint Stock Limited Companies issuing shares and Listing Overseas)'에 합의하였다. 제25조에서는 본토와 해외 간 공시 내용이 다를 경우 소명하도록 하였다.

2) H주식 도입

1994년 '국무원의 주식회사의 해외 주식모집 및 상장 관련 특별규정(Special Provisions of the State Council on the Flotation and Listing Abroad of Stocks by Joint-stock Limited Companies:国务院关于股份有限公司境外募集股份及上市的特别规定)' 및 CSRC의 1999년 '해외상장신청기업 관련문제 통지(CSRC Circular on Relevant Questions concerning Enterprises' Application for Overseas Listing:中国证券监督管理委员会关于企业申请境外上市有关问题的通知)'에 근거하여, 직상장 공모자금의 사용 용도는 국가의 산업정책 및 외자 정책에 부합해야 한다. H주식 발행 후보자는 4억 위안의 순자산, 5천만 달러의 공모금액 및 6천만 위안의 순이익을 갖추어야 했다(소위 '4-5-6 규칙').

1992년 주룽지 총리는 H주식을 발행할 35개 국영기업의 회계감사를 7개 회계법인에 인가하였다.

초기 H주식 사례: Northeast Electrical

심양 Northeast Electrical 은 요녕성에서 최초로 1994년 H주식발행자(2차 그룹) 에 선정되었다. 상장을 위한 구조개편에서 우량사업만 편입하고 국유주, 법인주, 종업원 개인주, A와 B주를 발행하였다. 홍콩 거래소 측에서는 투자자에게 H주식이 고위험 투자라고 설명하였다. NE사는 4년차부터 적자 전환하였고 2001년 홍콩의 채권자가 도산을 신청하였다. NE는 보유한 Shenyang Transformer사 지분을 심양시 정부에 매각한 대금으로 홍콩 채무를 할인 상환할 수 있었다.

NE사의 부실화 이후의 경과는 중앙정부의 압력에 의해 지방정부가 구제 자산을 투입해 준 것으로, 레드칩인 광동의 경우와 다를 것이 없었다. 심양시는 '홍콩 레드칩 shell가격이 구제금융 비용의 1/10인 6천만 위안에 불과하다' 면서 부담금에 반발하였지만, 중앙정부에게는 H주식시장이 너무나 소중하였다. 당시 중앙과 지방 정부 간에 서로 수입은 극대화하고 지출은 회피하던 상황에서, 홍콩의 경기와 상장기업 실적이 악화되자, 구조조정 재정 부담 책임에 공백이 발생한 것이었다. 또한 H주식 발행자이더라도 당시 지배구조가 수립되지 못했음이 반증되었다. NE의 경우 모회사로의 현금 유출이 부실의 또다른 원인이 된 것으로 알려졌다. NE는 2007년에도 자회사 대여 손실 사건을 발생시켰다.

1997년 홍콩 반환을 앞두고 H주식의 발행액과 시가총액이 최고치를 달성하였다. 국영기업의 시급한 구조조정에 직면하였던 북경은 H주식을 지원하고 레드칩을 규제하였고, H주식시장은 2009년까지 152종목을 달성하였다. 그러나, 선발 H주식 9개사에 대해서 "국유기업으로서의 정치적 영향을 벗어나지 못하였다"는 2008년의 평가[80] 및 본토 당국의 개입은 '국내 시장 보호' 목적을 내세우지만, 실제로는 이익집단의 보호를 위한 것이라는 연구가 있다 [81].

홍콩거래소는 H주식에 힘입어서 2009년부터 2011년까지 세계 최대 IPO실적을 달성하였으나, 이 지위는 유지되지 못하였다. 그 이유는 본토의 국영기업이 대부분 상장을 마쳤기 때문이었다. 홍콩거래소는 규모가 작은 국영기업 및 민간기업을 목표로 해야 했다[82].

CSRC는 2013년 "주식회사의 해외주식 발행 및 상장의 신청서류 및 심사절차 감독기준(Regulatory Guidelines for the Application Documents and Examination Procedures for Overseas Share Issuance and Listing by Joint Stock Companies: 关于股份有 限公司境外发行股票和上市申报文件及审核程序 的监管指引)에 의해 본토기업의 해외직상장에 4-5-6 요건 대신 해외거래소의 상장요건만을 충족하도록 함으로써, 민간기업에게도 해외직상장의 문호를 개방해 주었다. 민간 기업인 Fuguiniao는 상해거래소 상장 신청을 철회하고 2013년 H주식을 직상장하였다(홍콩 코드1819) [83].

---

80) Alice de Jonge, Corporate Governance and China's H Share Market, Edward Elgar, 2008
81) Bin Han, The Integration of Mainland and Hong Kong Securities Markets, Thesis (PhD), University of Hong Kong, 2011
82) Financial Times, 'Hong Kong Slips Down the IPO Rankings', 20 June 2012
83) 최용원, 중국기업의 역외 증권거래소 직상장 제한 폐지 및 향후 활성화 전망, 중국자본시장연구, 2014.

3) H주식의 전략적 청약 현황

초기 중국 주식시장은 국유기업을 위한 새로운 자금 조달원으로서의 기능만이 강조되었기 때문에 기관투자자들이 개인투자자와 마찬가지로 투기적인 성향을 보였다. 비유통주의 유통화 개혁 이후에야 기업 가치에 긍정적인 영향을 미치고 있는 것으로 나타났다[84].

2006년에는 H주식 IPO붐과 함께 전략적 청약자 참여 현상이 두드러졌다. 전략적 청약자로는 Li Ka Shing과 Cheung Kong Holdings, Kwok 형제와 Sung Hung Kai Properties, GSIC, Qatar 와 쿠웨이트 국부펀드 외에 본토기관들이 참여하였다[85].

표3-10. 주요 H주식 IPO건별 전략적 청약자(2006)

IPO기업	전략적 청약자	투자액(백만 HK$)	배정비율
Bank of China Limited H-주식	China Life Insurance (Group) Co.Ltd.	1,162.92 ($149)	1.54
	China Life Insurance Co. Ltd.	1,162.92 ($149)	1.54
	The Bank of East Asia, Ltd.	1,395.504($178.9)	1.85
	The Bank of Tokyo-Mitsubishi UFJ, Ltd	1,395.504($178.9)	1.85
	Cheung Kong (Holdings) Limited	697.752 ($89.5)	0.92
	Hutchsion Whampoa Limited	697.752 ($89.5)	0.92
	Dato Dr. CHENG Yu Tung	1,395.504($178.9)	1.85
	Dr. LEE Shau Kee	1,395.504($178.9)	1.85
	Mr. KUOK Hock Nien	1,395.504($178.9)	1.85
	Mr. CHEN Din Hwa	1,255.954 ($161)	1.66
	Ms. CHEN Wai Wai Vivien	139.550 ($17.9)	0.18
	Ping An Insurance (Group) of China, Ltd.	1,395.504($178.9)	1.85
	Sun Hung Kai Properties Ltd.	1,395.504($178.9)	1.85
	Sino Land Co. Ltd.	1,240.448 ($159)	1.64
	Mr. Peter WOO Kwong Ching	1,395.504($178.9)	1.85
	China Life Insurance (Group) Co. Ltd.	4,400 ($564.1)	4.04
	China Life Insurance Company Limited	2,000 ($256.4)	1.84
	Cheung Kong (Holdings) Limited	800 ($102.6)	0.73
	Hutchsion Whampoa Limited	800 ($102.6)	0.73

84) 이은영,기관투자가의 소유지분과 중국기업 가치에 대한 실증 분석, 현대중국연구 9권2호, 2008.2

85) Chee Keong Low, 'Cornerstone Investors and Initial Public Offerings on the Stock Exchange of Hong Kong' (2009) 14 Fordham Journal of Corporate and Financial Law 639-678, 652-653.

공상은행 H-주식	Dato Dr CHENG Yu Tung	1,600 ($205.1)	1.47
	CITIC Pacific Limited	800 ($102.6)	0.73
	Mr. YUNG Chi Kin	800 ($102.6)	0.73
	Dr LEE Shau Kee	1,600 ($205.1)	1.47
	Government of Singapore Investment Corp.	2,800 ($359)	2.57
	Mr. KUOK Hock Nien	1,600 ($205.1)	1.47
	Kuwait Investment Authority	5,600 ($717.9)	5.15
	Mr. CHEN Din Hwa^	1,440 ($184.6)	1.32
	Ms. CHEN Wai Wai Vivien^	160 ($20.5)	0.14
	Qatar Investment Authority	1,600 ($205.1)	1.47
	Sun Hung Kai Properties Limited	1,600 ($205.1)	1.47
	United Overseas Bank Limited	1,600 ($205.1)	1.47
	Mr. Peter WOO Kwong Ching	1,600 ($205.1)	1.47

2012년부터는 홍콩에 pre-IPO투자가 증가하였다. 투자자(cornerstone investor)는 전통적으로 홍콩의 거물과 펀드들이었지만. 2016년 China Art Holdings IPO에 본토국영기업인 Poly Investment가 출현하였다.

4) 미국 N주식 상장

최초의 뉴욕증권거래소 ADR 직상장 종목은 1994년 산동화능발전이었다.

발행사례: 산동화능발전

산동화능발전소는 3개 발전소의 통합으로 1994년 설립되었고, 70%의 지분을 보유할 대주주가 과거 3개 모회사들이었다.

뉴욕증권거래소는 1994년 산동화능발전의 ADR 상장에서 1년 간의 회계감사만을 요구함으로써 3년치를 요구하는 홍콩증권거래소보다 우대한다는 비판을 받았다. SEC측에서는 '아더앤더슨 회계법인이 1년간 작업해서도 3년치 재무제표를 작성할 수 없는 경우였다'고 설명하였다[86].

---

86) Holloway Nigel. Taking stock, Far Eastern Economic Review; Hong Kong Vol. 157, Iss. 31, (Aug 4, 1994): 58.
Mark S. Bergman, Richard S. Borisoff, Nicholas C. Howson, First Direct Listing for Chinese Company in New York, Berkeley Law Scholarship Repository, 1994

5) 국가대표 국영기업의 해외 IPO

중국 정부가 국영기업을 개편하여 해외상장 시켰지만, 초기의 성공률은 절반에 머물렀다. 고속도로와 인프라사업까지 상장하고 나자 상장 후보기업이 고갈되었다. 그러다가 1997년에 차이나 모바일HK 레드칩의 메가 IPO가 출현하였다.

지방 정부 산하의 레드칩이 잡다한 업종으로 구성되어 시너지가 없었던 반면, 북경은 통신업 국영기업들을 수평 통합하여 다국적 대기업과 경쟁할 만한 규모로 뉴욕에 상장시킨 것이다. 소수지분을 고가에 공모 매각하였으므로, 내국인 주주의 혜택은 더욱 컸다.

더구나 차이나모바일HK의 주식공모는 레드칩이 본토 내의 자회사를 편입하기도 전에, 인수를 전제로 하여 기업가치를 평가한 경우였다. 이는 차이나모바일HK은 주관사인 골드만삭스의 스프레드시트 상의 지주회사였고, 실질은 정부부처인 郵傳部의 상장과 유사한 효과였다는 의미이다.

도3-4. 국가대표 해외IPO구조

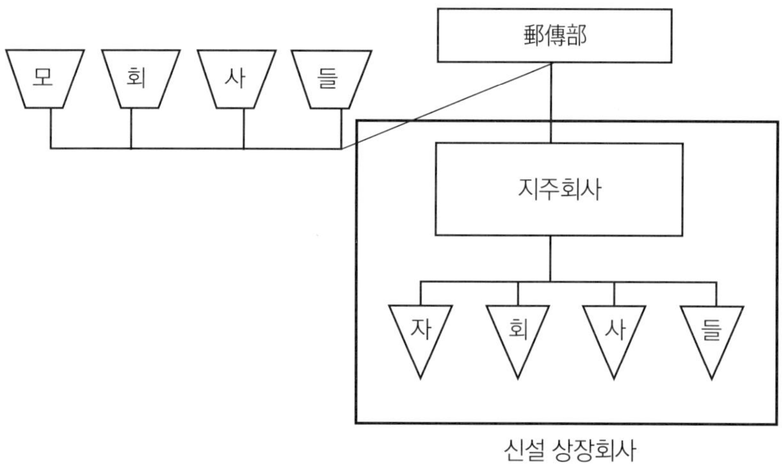

2001년 차이나유니콤HK(레드칩)과 페트로차이나 등 세계 최대 규모의 중국 국영기업들이 뉴욕에 상장하였다. 페트로차이나(뉴욕과 홍콩 동시공모)는 미국 노동계와 종교계가 중국의 인권 문제를 백악관에 제기함으로써 발행규모가 축소되었고, 국제자본시장에 정치가 개입된 최초의 사례가 되었다. 해외 투자자들은 중국의 성장잠재력에 끌려 펀더멘털을 무시하고 투자하였다. 2000 년에서 2003년 사이에 닷컴 버블이 중첩되었고, 중국물 주가는 형편없었다. 차이나유니콘이 75% 하락하였다.

그러나 2003년 워렌버펫이 페트로차이나에 투자했으며, 차이나 모바일이 20%의 배당을 선언하였다. 2003년 12월 신규 상장 국영기업은 China Life였다. 2004년부터 중국물 신규IPO종목은 서비스 업종으로 대체된다.

> 워렌버펫은 5억 달러를 매입하면서 실사를 하지 않았다.
>
> 2002년부터 2003년까지 버크셔 해서웨이는 페트로차이나의 1.3% 지분을 4.88억 달러에 매입하였다. 당시의 시가총액은 370억 달러였고, 버펫은 기업가치를 1천억 달러로 보았다. 상장 초일의 주가는 거의 200% 상승하였다.
>
> 그가 2007년에 매도한 시점에 시가총액은 2,750억 달러에 도달하였고, 버크셔 해서웨이는 36억 달러의 차익을 얻었다. 2008년 버크셔 해서웨이의 연차총회에서 “페트로차이나 매입 당시 보고서만 읽었고 실사를 하지 않았다”는 지적이 나왔다. 버펫은 “정확한 체중을 달아 보지 않아도 뚱뚱한지 여부는 알 수 있다” 고 답변하였다.

표3-11. 국가대표 해외IPO 현황

<table>
<tr><th>기업명</th><th>업종</th><th>상장 연도</th><th>공모규모(10억 $)</th></tr>
<tr><td>차이나모바일</td><td>통신</td><td>1997</td><td>4.5</td></tr>
<tr><td>페트로차이나</td><td>에너지</td><td rowspan="3">2000</td><td>2.9</td></tr>
<tr><td>차이나유니콤</td><td>통신</td><td>5.1</td></tr>
<tr><td>시노펙</td><td rowspan="3">에너지</td><td>3.3</td></tr>
<tr><td>중국해양석유</td><td rowspan="2">2001</td><td>1.4</td></tr>
<tr><td>중국알루미늄</td><td>0.5</td></tr>
<tr><td>차이나텔레콤</td><td>통신</td><td>2002</td><td>1.4</td></tr>
<tr><td>중국인수보험</td><td>보험</td><td>2003</td><td>3.4</td></tr>
<tr><td>핑안보험</td><td>보험</td><td>2004</td><td>1.8</td></tr>
<tr><td>에어차이나</td><td>항공</td><td rowspan="4">2005</td><td>1.2</td></tr>
<tr><td>중국선화에너지</td><td>에너지</td><td>3.3</td></tr>
<tr><td>교통은행</td><td rowspan="4">은행</td><td>2.2</td></tr>
<tr><td>건설은행</td><td>9.2</td></tr>
<tr><td>중국은행</td><td rowspan="2">2006</td><td>11.1</td></tr>
<tr><td>공상은행</td><td>21.9</td></tr>
<tr><td>합계</td><td></td><td></td><td>73.2</td></tr>
</table>

* 자료: Wind Information

비유통주의 전환으로 국유주식 잠재매물 (overhang)우려가 해소되자 국영기업들은 국가대표 기업을 홍콩 및 상해거래소로 상장시키는 데에 주력하였고, 특히 은행주의 공모 규모가 컸다.

2003년 이래 중국 국영기업은 미국 대신 홍콩에 상장하고 있다. 2005년 중국건설은행과 교통은행은 홍콩에만 상장하였다. 그 이유는 홍콩거래소의 유동성이 개선되었고, 2003년 차이나라이프의 35억 달러 상장 후의 미국 대표소송 사건[87]으로 중국측이 불편해진 데 기인한 것으로 보인다. 중국기업의 미국 상장이 2004년 이후 감소한 또 하나의 이유는 사베인 옥슬리법의 입법으로 인해서 중국 대형 국영기업이 지배구조를 맞추기가 어려워졌기 때문이다.

SEC가 2010년 미국 의회에 제출한 보고서에서는 '중국기업들이 유가증권 신고서를 작성하면서 국가기밀법의 적용을 받음에 따라 컨트리리스크에 대한 문구가 최초 상장 이후 변경된 것이 거의 없으며, 미국 변호사들도 과거 유사 업종의 공시를 뒤따르는 성향이다'고 지적하고, 정보 공시가 부족하다는 전문가 의견을 제시하였다.

6) 미국 상장의 ADR구조

중국 국가 대표기업의 미국 상장은, 통신업 레드칩의 경우 이외에는 ADR직상장 형태를 취하였다. 2011년 페트로차이나의 IPO에서는 홍콩 H주식과 뉴욕에서 H주식에 대한 ADR이 동시 공모되었다. 미국에 상장된 중국물 중 원주(우회상장 포함)는 중소형주인 반면 ADR은 대형주로 구성되었다는 연구가 있다[88]. 중국물 ADR은 타국 ADR보다 빅4 회계법인 선정 성향이 높고, 감사보수 수준도 75% 높았으며, 소송 문제는 제일 적었다고 보고되었다.

외국발행자가 최초로 미국내 증권 발행을 위해서 예비등록서를 제출하면 SEC는 EDGAR 온라인에 즉시 공개하는 것이 원칙이다. 2011년부터 SEC는 해외기업의 IPO에서 외국정부가 민영화하는 경우, 및 달리 자국 법과 상충된다고 입증되는 경우

---

87) China Life는 국유기업의 우량자산을 분할하여 국영기업이 72%의 지분을 보유한 상태에서 2003년 35억 달러를 공모하여 뉴욕에 상장하였다. 그러나, 2004년 미국 투자자들이 국유기업 당시 모회사와의 거래가 문제라면서 사베인옥슬리법 위반 혐의를 제기하여 대표소송을 제기하였다. 이 회사는 홍콩과 뉴욕에 동시 상장되었으므로, 양국 증권 당국이 조사에 나섰고, 주가는 8개월 간 36% 하락하였다. 위법의 사실은 발견되지 않았다.

88) Aloke Ghosh, Elisabeth Peltier, How have auditors managed their Chinese ADR Engagements, August 2015.

는 비밀을 유지해 주는 방침을 채택하였다[89]. 그러나 과거 12개월 중에 shell 이었던 외국기업은 예비등록서의 비밀 취급 대상으로 인정받지 못한다[90]. ADR발행을 하려면 사전에 SEC에 검토를 받으며 사업설명서 초안을 공시해야 하므로, 중국 민간기업이 우회상장을 추진할 경우 ADR구조를 고려할 이유가 없어진다.

라. 중국 민간기업의 해외상장

1998년부터는 민간기업의 해외 간접상장이 출현하였다. 2006년 당국의 규제 (소위 10호문, 후술 참조)가 강화되었지만, 역외에 기 설립한 지주회사에 소급적용하지 않았으므로 소규모 민간기업들이 홍콩의 GEM, 싱가폴 및 나스닥에 상장하였다. 실제로 영국, 캐나다, 한국 및 일본에까지 상장이 출현하게 된다. 토론토는 광산, 런던은 자원에 특화된 시장 특성이 있었다, 2011년 말까지 영국 AIM에 43개 중국종목이 상장되었으나 유동성이 낮았다. 2011년에는 싱가폴 상장기업들이 대만, 홍콩 및 한국시장에 교차 상장을 추진하였다. 본토 IPO시장이 비유통주 개혁으로 인해 2006년 5월 이전까지 일시 중단되었음에 따라, 민간의 Small레드칩 간접 상장은 2007년에 정점에 도달하였다.

중국기업이 IPO과정에서 인상적인 로드쇼팀을 결성하기는 단기적으로 어렵지 않지만, 다년 간 재직한 유능한 경영진을 갖추기는 어렵다. 중국기업은 미국 IPO직전에 영어를 구사하는 CFO를 고용하였다.

표3-12. 국영 대 민간기업 해외상장 추이

	해외 직상장		해외 간접상장			
			Grand 레드칩		Small 레드칩	
	건수	금액 ($mm)	건수	금액 ($mm)	건수	금액 ($mm)
1996년 이전	26	4,874.00	30	63.36	0	0
1997	17	4,685.00	8	11.89	0	0
1998	1	457.00	1	16.00	3	182.01

89) 또한 오바마 대통령의 JOBS법에서는 미국 내 신흥기업(Emerging Growth Companies)도 예비등록 사실의 비밀 유지 대상으로 포함시켰다.

90) SEC Division of Corporation Finance, Non-Public Submissions from Foreign Private Issuers, Dec 8, 2011, updated May 30, 2012.

1999	3	569.00	3	235.00	7	196.12
2000	5	6,790.00	2	282.07	18	698.64
2001	8	882.00	3	1,316.49	16	318.09
2002	16	2,323.00	0	0	49	586.85
2003	18	5,369.54	2	330.18	44	1,145.33
2004	18	4,989.04	6	3,882.86	74	1,719.38
2005	12	15,699.05	2	95.28	72	3,999.19
2006	23	32,522.61	1	1,023.00	72	7,140.01
2007	7	12,697.00	6	4,091.38	122	24,139.58
2008	5	3,744.78	0	0	42	4,073.18
2009	6	13,473.12	2	957.84	78	12,759.73
2010	7	15,561.96	2	574.75	115	16,818.49

* 자료 : CVSource, ZDB Database, Dealogic, CSRC's website

중국 민간기업의 미국 상장은 닷컴버블 당시에 인터넷 업체들이 개시하였고, 2004년에 태양광 패널의 Suntech, 금융 소프트웨어 Longtop(부실감사 문제 발생), 영어 교육인 New Oriental으로 다변화되었다. Suntech, Longtop, New Oriental들은 모두 ADR방식으로 발행하였다[91].

2004~07년 동안 미국 IPO의 5%를 중국물이 점유하였다. 서브프라임 위기 이후에는 미국 경기의 침체로 인해 중국물의 비중이 더욱 상승하였다. 이 상황이 지속되어 2010년에도 유쿠 등 35개 중국종목이 상장하는 기록이 달성되었다.

2014년에는 페이스북과 트위터에 이은 중국 웨이보와 징동 IPO에 미국인들이 긍정적으로 돌아섰다. 2014년에 JD.com(京東商城), Jumei(聚美優品)화장품, 다네이커지(達內科技), 아이캉궈빈(愛康國賓), 신랑웨이보(新浪微博), 러쥐(樂居), 례바오이동(獵豹移動), 투뉴뤼여우(途牛旅遊) 등이 미국 증시에 상장했다.

중국 측은 14개월의 국내 IPO중단으로 인해서 해외상장의 욕구가 높았으며, 웨이보는 미국에서 6천억 달러 공모를 목표로 했다가 2,850억 달러를 달성하였다. 중국주식의 PER는 2014년 알리바바의 뉴욕 상장을 앞두고 관심의 촛점으로 재 부상하였다.

91) 2018년 2월 현재 미국증권거래소에 상장된 중국 ADR은 93개 종목이다. http://topforeignstocks.com/foreign-adrs-list/the-full-list-of-chinese-adrs/ 참조.

2016년 말이 되면 중국기업의 미국 IPO는 감소 추세에 있다. 다만, 중국 국내는 상장 절차가 모호하고 외국인이 참여하지 못하며, 인기 있는 차등의결권주식(control structures)과 VIE가 불허된다는 한계가 있다(후술 참조). 이에 따라 중국 민간 기업 중에서 선별적 일부는 계속하여 미국 상장을 선택할 것으로 보인다.

미국의 차등의결권

애플의 스티브잡스는 1985년 이사회에서 축출되었다가 1995년 컴백하였다.

이 사실을 인식하는 미국 벤처 창업자들은 벤처캐피탈 펀딩 이후에도 경영권을 유지하기 위해서 초다수 의결권 주식을 사용하였다. 미국법은 control structures를 허용한다. 반면에 대부분의 시장 (중국과 한국 포함)은 이러한 구조를 허용하지 않는다.

Facebook의 경우 Mark Zuckerberg 가 보유한 주식은 주당 10개의 의결권을 보유하고 있으며, 450억 달러 상당 개인재산의 99%를 자선기구인 Zuckerberg Chan Initiative 에 기부한 후에도 의결권은 유지하게 된다. 그가 재단에 기부할 경우 의결권을 상실할 것이지만, 그의 자선기구는 재단이 아닌 LLC회사이다. LLC자선기구는 영리와 비영리 활동을 병행하고, 정치자금 기부 활동까지도 할 수 있다 (고 스티브 잡스의 자선기구인 Emerson Collective도 LLC형태를 취하고 있다).

구글의 경우 모회사인 Alphabet에서 창업자인 Larry Page 와 Sergey Brin의 지분율은 11%이지만 의결권은 51%를 보유한다. 이들의 B주식이 주당 10개의 의결권을 갖기 때문이다.

마. 해외 라운드트립 구조

1) 라운드 트립의 출현

등소평주석의 남순강화 직후인 1992년 장쩌민 당서기는 14차 전인대에서 기업의 해외 진출을 국가개발정책으로 채택하였다. 이에 따라 해외투자가 상무부의 지원 하에 급증하였는데, 목표는 주로 홍콩의 부동산 및 주식시장이었다. 이는 1997년 아시아 외환위기를 맞이하여 손실로 이어졌고, 해외투자는 90년대 말에 급감한다. 그러나 북경은 2001년 WTO 가입 이후 10차 경제5개년 계획에서 해외진출을 다시 주 전략으로 채택한다[92].

---

92) Shaoming Cheng & Roger R. Stough, 2008. "The Pattern and Magnitude of China's Outward FDI in Asia,"

표3-13. 중국의 해외직접 투자국가 구성 (2014연말 현재)

순위	국가	금액(억$)	점유율(%)	순위	국가	금액(억$)	점유율(%)
1	홍콩	7,469	46.5	5	싱가폴	723	4.5
2	버진 군도	1,418	8.8	6	대만	612	3.8
3	일본	986	6.1	7	한국	599	3.7
4	미국	754	4.7	8	케이만 군도	287	1.8

* 자료: 상무부 2015

라운드 트립(返程投资)은 중국인이 해외투자하여 역외에 설립한 외국지주회사가 본토로 재투자하는 거래이다. 2004년 현재 라운드트립이 외국인 직접투자의 30% 내지 50%를 차지한 것으로 추정되었고[93], 중국의 해외직접투자 통계에서 홍콩분은 과대평가되었다[94]. 초기 라운드 트립은 외국인투자기업 대우를 받았으므로 세제혜택을 누릴 수 있었지만, 절세는 부수적인 목적이고 주목적은 해외 자금조달이었다. 라운드트립은 역외지주회사를 상장시키는'레드칩'과 밀착 결합되었다. 초기 레드칩을 구성함에 있어서 3천만 달러를 해외 투자하려면 북경의 승인을 얻어야 하는 요건이 있었으나, 국유기업들은 분할 투자로 우회하였다. 중앙부처와 지방 정부는 산하기업의 해외 상장에 열을 올렸다[95]. 본토 국유기업들이 레드칩을 해외 상장한 데 이어서, 민간기업들도 역외에 지주회사를 설립하여 해외 주식 공모를 시도하였다.

초기 라운드 트립 행태에 대한 북경 당국의 입장은 '해외에 간접 상장될 본토자산의 과거 형성과정이 외국인투자와 무관하다면 당해 자산을 대상으로 하는 해외상장을 엄격히 규제하되, 본토자산이 외국인 투자로부터 창출된 것이라면, 해외상장을 탄력적으로 허용한다'는 것이었다. 당해 자산이 3년 이상 보유된 경우에 승인관

World Scientific Book Chapters,in: New Dimensions Of Economic Globalization Surge of Outward Foreign Direct Investment from Asia, chapter 5, pages 115-139 World Scientific Publishing Co. Pte. Ltd.

93) Xiao, G. (2004). People's Republic of China's Round-Tripping FDI: Scale, Causes and Implications. ADB Institute Discussion Papers, (Working Paper No. 24). Latin America/Caribbean and Asia/Pacific Economics and Business Association

94) Sutherland, D. and Anderson, J. (2015) 'The pitfalls of using foreign direct investment data to measure Chinese multinational enterprise activity.', China quarterly., 221.

95) Hing Lin Chan, Chinese Investment in Hong Kong: Issues and problems, Asian Survey Vol.35, No. 10 (Oct. 1995), University of California Press.

할을 북경이 아닌 지방정부 부처로 위임하였다[96]. 홍콩 반환 직전인 97년 초 GITIC Enterprise의 홍콩 상장 막바지에 자산 이전 승인 절차에 대한 논란이 발생하자, 국무원은 6월에 역외주식 발행과 상장관리 강화 통지(Circular of the State Council Concerning Further Strengthening the Administration of Share Issuance and Listing Overseas: 国务院关于进一步加强在境外发行股票和上市管理的通知 No.21, 이하 'Grand Red-chip Circular')를 제정하여 '본토 내 자산이 외국인투자로부터 창출되었고 3년 이상 보유된 경우'에 한하여 역외 이전을 허용하였다.

2) CSRC의 규제

1999년 증권법(2005년 개정) 제238조에서는 해외상장이 CSRC의 승인사항으로 최초로 명시되었다.

2000년에 CSRC는 민간기업의 자금조달이 어려운 상황을 인정하여 '역내권리 보유 해외기업의 해외주식 발행에 관련된 사항(Circular of China Securities Regulatory Commission on Issues Concerning Stock Issuance and Public Offering Abroad of Overseas Corporations which Involve Domestic Equity: 中国证券监督管理委员会关于涉及境内权益的境外公司在境外发行股票和上市有关问题的通知. 이하 'Small Red-chip Circular')'에 근거하여 민간 라운드트립 해외상장에 소위 '노액션 레터'를 도입하였다.그러나 실제로 국무원의 국유기업 관할 Grand레드칩과 CSRC의 민간기업 관할 Small 레드칩 간의 구분은 모호하였다[97].

CSRC는 해외상장을 감독할 역량을 축적하고자, 노액션 레터제도를 시행하면서 시장을 학습하였다[98]. CSRC는 노액션 레터가 2003년 행정 라이선스법에 저촉되지 않

---

96) Liu Yi, China's Regulation of Domestic Companies' Indirect Overseas Listing: A Critical Assessment after the Financial Fraud, Securities Regulation Law Journal, Vol. 40, No. 1, 2012

97) Grand레드칩은 'Overseas listing of overseas Chinese-invested companies'으로 정의되었다. Small red-chip은 overseas issuance of shares by foreign companies involving domestic equity로 정의되었다가 노액션 레터제 폐지 이후에는 'Overseas issuance of shares by SPVs established by domestic enterprises abroad and not belonging to an overseas Chinese-invested company' 로 정의되었다 실제로 CSRC가 Grand레드칩으로 승인한 건은 거의 전부가 국영기업이었다. 이에 따라 실무에서 'Overseas Chinese-invested companies' 는 '국영기업이 해외 설립한 법인'으로. Small레드칩은 '거주자 개인 또는 본토 민간기업이 역외에서 통제하는 SPV'로 해석되었다. 그런데, CSRC가 민간기업에 Grand레드칩 규정을 적용한 전례도 존재하였다.

98) "CSRC head warns of long wait for domestic investors scheme", South China Morning Post 22 November 2002;
The CSRC does not take any responsibility in the Euro-Asia Incident, Xin Pao 22 November 2002

도록 신청인을 법무법인으로 하고, 발급 주체도 CSRC 기관장이 아닌 법무부서로 처리하였다. CSRC의 노액션 레터도 기업 측에게는 획득하기 어렵고 수개월씩 소요되어 불확실성이 컸다[99]. 이 제도는 200건의 발급실적을 기록한 후, Euro Asia사건으로 인해 2003년 4월 폐지되었다[100]. Euro-Asia Holdings는 CSRC의 노액션 레터를 2001.6.12에 발급받았으나, 사업설명서에 허위 재무정보가 기재되었다는 의구심으로 인해 홍콩거래소에서 거래 정지가 빈발하였다.

1998년부터 증권법의 29조 상 직간접 해외상장이 CSRC의 사전 승인 사항으로 규정되어 있는 상황에서, 노액션 레터가 폐지되자 규제의 공백이 발생하였다. 본토의 변호사들은 '내국인이 1997년 그랜드 레드칩 규제 상 해외 Shell 설립을 할 수 없다는 규제는 국영 및 집단소유 기업에만 적용되고, 중국인 개인은 적용을 받지 않는다'는 의견을 고객들에게 제시했다. 이에 따라 대부분의 민간 기업들은 오너 개인이 해외에 투자하는 절차로 역외 SPV를 설립하였다. 일부 창업주들은 라운드 트립을 위해서 해외 투자이민으로 외국 국적을 취득하였다[101]. Grand레드칩의 경우, 외환당국에 등록 및 조달 자금을 국내 환류시킬 의무를 적용 받았으나, small레드칩은 특정한 규제를 받지 않았다. 중국인 창업주들의 라운드 트립 거래자금 조달 수요에 대해서, 외국계 사모펀드들은 역외에서 안전한 기업지배구조의 보호를 받으며, 해외상장으로 투자를 exit할수 있다는 점이 매력적이므로, 적극 역외에서 우선주 출자로 참여하였다. 2003~2004년 간 120건의 해외 간접 상장이 출현하였고, 자본유출 현상이 뚜렷히 나타났다..

그러나, 2005년경부터 통화증발 문제가 대두하면서 북경은 해외 간접 상장을 억제하는 방향으로 돌아섰다. 국무원 산하 부처 합동으로 2006년 8월 8일에 발표된 "외국투자자의 역내기업 M&A에 관한 규정(Provisions on Mergers with and Acquisitions of Domestic Enterprises by Foreign Investors: 关于外国投资者并购境内企业规定: 소위 10호문 규정)"의 40조에서는 '특수목적회사가 역외상장을 하려면 국무원 증권감독기관의 승인을 받아야 한다'고 규정하였다. 당시 상장 추진 중이던 New Oriental Education

---

99) Chia Kim Huat, PRC Companies Going Public, Rajah & Tann, 2004.3.

100) CSRC, Announcement of China Securities Regulatory Commission on Canceling the Second Group of Administrative Approval Items and on Changing the Management Methods of Some Administrative Approval Items, 2003.4.1.

101) Ding Lu, Public Listing of China-originated Companies in Singapore, Researchgate 2014

& Technology Group 는 황급하게 신 규정 시행 전날에 뉴욕 상장을 달성하였고, Mindray Medical International 은 뉴욕 상장 사업설명서에 CSRC 승인 미필 상황을 위험 요소로 공시하였다.

2004년 급증하던 민간 해외상장은 2005년에 붕괴를 맞이하지만, 2006년부터는 다시 회복세로 돌아선다. 2006년 3월의 기존 라운드트립 등록 시한도 연장되었으므로, 벌칙은 거의 부과되지 않았다

3) 상무부의 규제

국무원 산하 부처 합동으로 2006년 8월 발표된 "외국투자자의 역내기업 M&A에 관한 규정 (소위 10호문)에서는 라운드트립을 체계적으로 규제하였다.

- 외국투자자의 역내기업 M&A에 관한 규정

제11조 국내회사, 기업 또는 자연인이 그가 국외에 합법적으로 설립하였거나 지배하는 회사의 명의로 그와 계열사관계가 존재하는 국내 회사를 인수합병하는 경우, 상무부에 보고하여 인허가를 득하여야 한다.

제15조 인수당사자는 인수 당사자의 각 계열사관계의 존재여부에 대해 설명하여야 하고...당사자는 신탁, 대리보유 또는 기타 방식으로 위 요구사항을 피하여서는 아니 된다.

즉, 중국기업 또는 중국인이 해외지주회사를 설립한 후, 그 해외지주회사 명의로 그 해외지주회사와 관련이 있는, 즉 계열사 관계에 있는 본토기업을 인수하는 경우, 중앙 상무부의 승인을 받아야 한다(11조)는 것이다. 특히 본토인이 해외 간접상장을 목표로 역외에 설립한 특수목적회사에 대한 취급을 제3절에서 규정하였다 .

제3절 특수목적회사에 대한 특별규정

제39조 특수목적회사라 함은, 중국 국내회사나 자연인이 그 실제 보유의 국내회사의 권익을 가지고 해외 상장시킬 목적을 달성하기 위하여 직접 또는 간접적으로 지배하는 해외회사를 가리킨다.

특수목적회사가 해외상장을 실현하기 위해, 그 주주가 자신이 보유한 회사지분, 또는 특수목적회사가 자신이 증자 발행하는 주식을 지급수단으로 국내회사 주주

의 지분이나 국내회사의 증자 발행하는 주식을 매수하는 경우, 본 절의 규정을 적용한다 (제29조 단서에서는 '본토주식과 교환될 외국주식이 기 상장되었고 가격이 안정적이어야 한다'는 요건을 특수목적회사에 대해서 배제 조치).

당사자가 특수목적회사로서의 권리와 이익을 보유한 해외회사를 국외상장의 주체로 하는 경우, 그 국외회사는 본 절의 특수목적회사에 대한 관련 요건에 부합되어야 한다.

종래의 레드칩 방식 해외상장에서 중국인들은 막대한 역외 현금을 투입하여 역내 자산을 현금매수해야 했고, 이에 대해서 외환관리국의 승인을 획득해야 했었다. 이에 중국 재계에서는 주식교환 방식을 통한 레드칩 방식을 정부에 요청하였고, 신 규정에서는 레드칩 방식에 대한 법적 근거를 마련해 주는 동시에 CSRC와 상무부의 심사를 도입한 것이다.

2008년 상무부는 '외국인 투자 심사 및 승인 관리 지침 핸드북(Foreign investment examination and approval management guidance handbook)'을 발간하였다. 이 핸드북은 법규의 효력은 없으나, 상무부의 라운드트립 거래 승인 요건을 규정하였다.

- 역외 인수주체가 상장법인이거나 (상장법인의 정의를 내리지 않음)
- 설립 승인을 필했고 실제 운영을 하며 인수자금을 자체 이익으로 조달할 것.

첫번째 요건은 상무부가 내국기업의 우회상장을 배려한 것이다. 해외에서 상장하는 특수목적회사의 주식 발행 총액은 역내기업 지분을 자산평가한 가치보다 낮아서는 안 된다.

상무부가 사전 심사하여 조건부로 외국인 투자기업으로 비준해 주면, 당사자는 1년 내 해외상장을 달성하면 된다.

제49조 영업허가증 발급일로부터 1년 내에 국내회사가 조건이 붙지 않은 비준증서를 취득할 수 없을 경우, 조건이 붙은 비준증서는 자동적으로 효력을 상실하며 본 규정 제36조의 규정에 따라 변경등기절차를 하여야 한다.

당초 국무원의 Grand Red-chip Circular에서는 해외 상장에서 본토자산의 역외 편입거래(해외 상장 전후 편입분 포함)를 CSRC가 검증하도록 하였었다(제 2조). 그러나,

2006년 제정 10호문 제3장에서 특수목적회사를 별도 규제함에 따라, 내국인의 특수목적회사 설립은 상무부 승인사항이고(제 42조), SPV의 해외 상장 승인만이 CSRC의 관할 하에 있다(제 40조).

4) 외환관리국의 규제

초기 레드칩은 국영기업이 주도했던 반면, 민간의 레드칩은 정부 승인이 없이 진행되었고, 개인의 무단 역외차입 행태에 문제가 제기되었다.

중국 국가외환관리국(SAFE)은 2005년 Circular 75 "거주자가 역외 특수목적회사를 통하여 자금조달 및 중국내 재투자를 함에 대한 외환관리 문제에 관한 통지(Relevant Issues Concerning Foreign Exchange Control on Domestic Residents' Corporate Financing and Roundtrip Investment Through Offshore Special Purpose Vehicles: 国家外汇管理局关于境内居民通过境外特殊目的公司融资及返程投资外汇管理有关问题的通知)"를 공포하여 라운드트립 거래를 규제하였다.

Circular 75에서는 거주자 개인'도 사전 승인대상에 포함시켰으며, 거주 개인의 정의에 중국여권 소유자만이 아니라 중국에 "관행적으로(habitually) 거주하는 자"도 포함시켰다. 이에 따라 중국인이 국적을 변경하여 법 규제를 회피하는 행태가 어려워졌다. 또한 본토 재투자의 방식에 '계약에 의한 통제'(VIE구조)를 명시적으로 포함시켰다.

SAFE는 2007년에 거주자의 역외 특수목적회사를 통한 자금조달 및 중국내 재투자에 관한 국제부서의 실행규칙 문건 Circular of the SAFE's General Affaires Department on the Implementing Rules of the "Circular on Relevant Issues Concerning Foreign Exchange Administration for Domestic Residents to Engage in Financing and in Round-tripping Investment via Overseas Special Purpose Vehicles:国家外汇管理局关于境内居民通过境外特殊目的公司融资及返程投资外汇管理有关问题的通知(Notice 106)"에서 본토 자연인은 역외에서 소득은 일반 외환계정에 보유하고, 특수목적회사 지분매각 등 자본 변동액은 특별외화계정에 예치하도록 하였으며, 신청자로 하여금 과거 3년간의 재무상태 및 자금조달 계획을 제출하도록 요구하였다. 내국인이 역외에서 영업실체가 있는 법인을 Circular 75상의 SPV로 전환하는 행위는 금지하였다. 또한 내국인의 라운드트립 투

자에서 개인 신청자는 SAFE의 지방단위 승인사항으로, 법인 신청자의 경우는 북경 SAFE의 승인으로 강화하였다. 본토인이 외국인이 통제하는 역외법인에 소수지분을 출자할 경우 독자적 역외법인을 설립한 후 재출자하도록 규정하였다. 본토인이 라운드 트립에 관련하여 과거부터 역외에 보유하던 자산을 본토에 투자할 주체인 법인에 투입할 경우도 규제 대상에 편입하고, 취득 과정의 합법성 입증과 2년 간의 세무 기록을 요구하였다[102].

SAFE의 2011년 거주자의 역외특수목적회사 경유 조달 및 재투자의 외환관리 운영지시(Operating Instructions on Foreign Exchange Administration for Domestic Residents Engaging in Financing and Round-tripping Investment via Overseas Special Purpose Vehicles": 境内居民通过境外特殊目的公司融资及返程投资外汇管理操作规程: 제19호문)에 의해서 라운드트립에 대한 6년 간의 집중 감독이 실질적으로 종료되었다. Safe는 기업의 라운드 트립은 상무부 요건을 충족할 것을 전제조건으로 한 반면, 개인의 라운드 트립은 직접 심사함으로써 10호문에서 누락된 개인에 대한 취급을 강화하였고, 정부 부처 간의 감독 중복을 해소하였다[103]. 역외 조달 이전에 라운드 트립의 사전 등록이 허용되며, 유효 기간을 두지 않는다. 거주자 개인에게 라운드 트립 행위가 준법하다는 증빙 제시를 요구하고, 과거의 무단 SPV에 대한 소급 등록을 허용하였으며 (이후 등록 기한은 폐지됨[104]), 2010년 규정 대비 벌칙을 명확화하였다. 모든 외국인투자기업에게 라운드트립 구조인지 여부를 소명할 의무를 부과하며, 라운드 트립이 아닌 목적으로 내국인이 투자한 역외법인이 실체를 갖춘 경우, 본토에 재투자를 인정하였다.

SAFE는 2014. 7. 14."거주자가 특수목적회사를 통하여 역외 자금조달, 역외 투자 및 중국내 재투자를 함에 대한 외환관리 문제에 관한 통지(Circular on the Relevant Matters Concerning Foreign Exchange Administration on Outbound Investment/Financing and Roundtrip Investment though Special Purpose Companies by Domestic Entities or Individuals: 国家外汇管理局关于境内居民通过特殊目的公司境外投融资及返程投资外汇管理有

---

102) Neal A. Stender, Selena M. She and Mingyi Jin , SAFE Plugs Holes for China/Offshore Round-trip Investments, China Law & Practice; Jul/Aug 2007
103) Neal Stender, David Zhihua Tang and James Jianwen Miao. Safe registration of China round-trip investments, China Law & Practice, Jul/Aug2011
104) Neal A. Stender, Selena M. She and Mingyi Jin , SAFE Plugs Holes for China/Offshore Round-trip Investments, China Law & Practice; Jul/Aug 2007

关问题的通知: Circular 37)"를 공포하여, 2005년의 Circular 75를 대체하였다.

Circular 37에서는 SPV의 개념을 "거주자가 투자 또는 자금조달 목적 하에, 합법적으로 소유하는 국내외 자산이나 권리를 활용하여 설립, 직간접 통제하는 외국법인"으로 정의하여, '투자활동'목적을 추가하였다.

종전에 거주자가 중국 내 자산이나 권리로만 역외 지주회사를 설립하던 것을 거주자가 합법적으로 소유하는 역외의 자산이나 권리로도 설립이 가능하도록 출자 대상 범위를 확대하였다. 이에 따라, 구 규정의 적용을 받지 않던 법인들이 신 규정의 적용을 받게 되었다. 미등록 라운드트립의 소급 등록 절차에서 위법행위가 없다는 증거 및 역내외 간 자금흐름에 대한 감사보고서 제출 항목을 삭제하였다[105].

한편, 종래에 거주자 중'기업'은 역외 지주회사를 설립한 후 당해 역외 지주회사를 통하여 해외 재투자를 하는데 관한 외환 관리 법규가 정비되어 있었지만 (후술 참조), 거주'개인'에 대해서는 역외 지주회사를 통하여 중국내 재투자를 하는 데 관한 외환 관리법규만 있었다. 이에 거주자 중 개인이 역외 지주회사를 통하여 해외 재투자를 하는데 관한 규정을 명확히 하였다.

신 규정에서는'거주개인'의 범위에서 중국과 외국(홍콩, 대만, 마카오 포함)의 이중국적자를 배제함으로써, 외국 여권을 보유한 중국인은 사업상 관행적으로(habitually) 중국에 거주하지 않는 한 등록 대상에서 제외되었다. 단 중국인이 외국 영주권만 보유한 경우는 외국인으로 간주되지 않으므로 SAFE등록 대상에 포함된다.

또한 신 규정 제10, 11조에서는 거주자로 하여금 특수목적회사에게 자금 대여, 및 특수목적회사의 설립, 주식 상환 및 해외 상장폐지 목적으로 직접 대외송금을 할 수 있게 허용하였다. 구 규정 하에서는 해외의 이익금 (배당, 처분이익)을 180일 내에 국내 환수할 의무가 부과되었으나, 신 규정에서는 역외 보유할 수 있도록 허용하였다. 본토의 직원들이 수령하는 역외 특수목적회사 스톡옵션도 SAFE에 등록하도록 근거가 마련되었다.

2015년 외국인투자기업의 외화자본금의 환전에 관련한 행정접근방식 개혁 통지 (Circular on Reforming the Administrative Approach in relation to the Conversion of

105) Shuangjuan Wei, Yan Kang and Michael Hickman, SAFE clears the way for round-trip investors, China Law & Practice; Sep 10, 2014

Foreign Exchange Capital of Foreign-Invested Enterprises: 国家外汇管理局关于改革外商投资企业外汇资本金结汇管理方式的通知)에서는 외국인투자기업의 자본금의 위안화 환전이 자유화되었다.

한편, 홍콩의 위안화 시장이 상당히 발전함에 따라 상무부는 2011년 10월 위안화 표시 직접투자 통지 (Notice on Cross-border Direct Investment in RMB Fund: 关于跨境人民币直接投资有关问题的通知)를 공표하여 외국인이 역외에서 적법 취득한 위안화를 본토로 외국인 투자할 수 있도록 승인제를 도입하였다. 인민은행도 외국인 직접투자 관련 위안화결제 행정조치 (Administrative Measures on RMB Settlement in Relation to Foreign Direct Investment: 外商直接投资人民币结算业务管理办法)를 공포하였다. 이는 외환보유고 감소에 대응하여 역외 위안화의 본토 유입을 촉진하기 위한 정책이다.

적법하게 취득한 위안화에는 국제거래로부터의 수취 대금, 본토로부터 대외송금된 투자의 양도, 감자, 청산 및 조기 회수분이 포함된다. 또한 2010년부터 역외에서 위안화 표시로 발행이 개시된 증권(딤섬 본드 등) 발행으로 조달된 금액도 인정된다.

역외 위안화의 본토 투자의 용도는 외국인투자법에 따르되, 본토 상장주식이나 파생상품의 직간접 매입은 금지된다.

5) 국가세무총국의 규제

2008년의 신기업소득세법 시행으로 외국인투자기업의 조세감면(국내 25% 대비 외자 10%로 우대)이 폐지되고 서브프라임 금융위기가 발발하자 홍콩이나 싱가폴계 외자기업들이 본토 투자를 회수하는 과정에서 본토기업지분의 역외 양도거래가 급증하였다. 이에 국가세무총국은 역외지분거래에 대한 과세관리를 강화하였다[106]. 2009년 역외기업주식의 양도 차익에 대한 기업소득세 과세 강화 통지(國家稅務總局關於加強非居民企業股權轉讓所得企業所得稅管理的通知: Notice on strengthening the administration of enterprise income tax on income from the transfer of shares by nonresident enterprises, 소위 698호 규정)에서는 지주회사가 합리적인 상업적 목적을 결여한 경우, 본토기업 지분

106) 중국이 국제관례를 수용한 것으로 해석되므로, 비거주 기업이 본토 내에 고정사업장을 두었는지, 및 본토 내 원천소득이 국외에 소재하는 실질지배기구에 관련이 있는지 여부에 따라 본토과세권이 확정된다. 유호림, 중국의 역외지분양도 과세사례에 관한 연구, 조세연구 제17권 제4집(2017.12)

(상장 제외)의 간접 양도차익에 대해 국내 과세를 도입하였다[107].

Jiangdu 사건

> 2010년 6월 지방세무서가 공개한 이 사건에서, 비거주자인 사모펀드는 홍콩지주회사를 경유하여 본토 기업의 49% 지분을 소유하고 있었다. 비거주자가 홍콩지주회사의 지분을 매각한 후, 국가세무총국이 이 거래를 인지하였다. 본토의 세무당국이 양수도계약서 등을 검토한 결과, 홍콩지주회사가 직원이나 지주사업 외의 자산, 부채를 결여하여 실체가 없었으며,'양수인 측의 공고에서 홍콩지주회사의 존재가 언급되지 않았다'는 사실에 주목하였다. 과세 당국은 과세 목적상 홍콩지주회사를 불인정하였으며, 양도자 측은 당국과 합의하여 소득신고를 하고 1.73억 위안을 납세하였다[108].

외국기업이 본토에 투자 시에 홍콩지주회사를 경유한 경우가 많이 있다. 외국 F1기업이 홍콩에 H회사를 설립했고, H회사가 본토에 100% 외자기업 C를 설립해 놓았고 가정하자. 외국인 F2기업이 C사를 인수하려면 C주식을 직접 매수하는 방식과 홍콩 H주식을 매수하는 방식 중 선택이 가능하다. 후자의 방식으로 거래할 경우, F1이 본토 내에서 양도소득세를 납부해야 하는지 여부는 국가세무총국의 2015년'비거주자 기업의 간접적인 재산양도 기업소득세에 대한 약간 문제의 공고(PRC tax treatment of an indirect transfer of assets by a nonresident enterprise:國家稅務總局關於非居民企業間接轉讓財產企業所得稅若干問題的公告: 7호 규정)에 따라 판정한다. 홍콩도 698호 규정 상 거주자의 국외원천 자본이득에 대해서 소득세를 과세하지 않는 지역에 해당하므로, 홍콩의 변호사들은 해외 인수자들에게 세무실사를 철저히 하고, 인수 대금 지급 이전에 본토의 매도자가 세무신고를 제출하였는지를 사전 확인할 것을 당부하였다[109].

---

107) Anonymous. China's anti-tax avoidance measures for offshore SPVs: Part II, International Financial Law Review, Jan 2011.

108) Rocky T.Lee, Circular 698: China's anti-tax avoidance measures for offshore SPVs, Limited partners association of China, 2010.9.16.
Darren Brown, Circular 698 shows its teeth, HKICPA APLUS, 2010.9.

109) McNulty, Lucy. China buyers warned on tax diligence following Circular 698, International Financial Law Review, Oct 2011.

7호 규정에서는 과세대상 자산, 간접양도, 순수한 상업적 목적의 정의를 상세 규정하였다[110].

합리적인 상업목적이 있는지를 판단하는데는 양도 사무 전반과 하기 요소들을 결부하여 분석한다(제3조).

(1) 해외기업 주권의 주요한 가치가 직접 혹은 간접적으로 중국국내의 과세대상재산으로부터 오는지

(2) 해외기업의 자산이 직접 혹은 간접적으로 중국국내기업의 투자로 조성되는지 또한 수입이 주요하게 직접 혹은 간접적으로 중국 국내기업으로부터 오는지

(3) 해외기업 및 직접 혹은 간접적으로 본토 내 과세재산을 소유하고 있는 기업이 실제적으로 이행하는 기능과 감당하는 위험이 기업구조의 경제실질을 증명할 수 있는지

(4) 해외기업의 주주, 업무방식, 조직구조의 존속시간

(5) 간접적으로 본토 내 과세재산을 양도함에 따라 해외에서 소득세를 납부하는지

(6) 주권양도자가 본토 내 과세재산에 대한 간접투자, 간접양도거래가 직접 투자, 직접 양도거래로 대체 가능한지

(7) 간접적으로 본토 내 과세재산을 양도함에 따른 소득이 중국과의 세수협정과 안배정황에 적용되는지

다음의 거래는 상업적 목적을 벗어난 것으로 간주된다(제4조)

- 역외법인 기업가치의 75% 이상이 중국 과세대상자산으로부터 직간접으로 창출되는 경우
-거래 직전의 어떤 1년 동안 역외 자산(현금제외) 또는 수익의 90% 이상이 중국 과세대상자산으로부터 직간접으로 구성 또는 창출된 경우
- 역외 법인의 기능에 경제적 실질이 결여된 경우
- 역외에서 과세되는 세율이 본토 세율보다 낮은 경우

698호 규정은 중국주식에 적용되었던 반면, 7호규정은 과세 대상을 주식을 포함하여 본토 자산으로 확대하였다. 단 상장주식의 매도 및 이중과세 방지조약이 적용되는

110) China SAT re-defines tax matters related to non-residents' indirect transfer of China assets, E&Y China Tax & Investment News, 2015.2.7.

직접 양도의 경우는 제외된다.

신고는 의무신고로부터 자율신고로 변경되었으나, 신고자를 양도자로부터 양수도 쌍방으로 확대하였고, 거래당사자만이 아니라 본토 내 거주자기업에게도 정보 제출 의무가 부과된다. 차익을 지급하는 측에게는 원천징수 및 납부 의무가 부과된다.

6) 국유기업의 역외자회사 활동

2011년 SASAC은 중앙국유기업의 역외국유자산 감독 및 관리 잠정방법 (Interim Measures for the Supervision and Administration of Central Overseas State-owned Assets of Central State-owned Enterprises (中央企业境外国有资产监督管理暂行办法)과 중앙국유기업의 역외재산권관리 잠정방법(Interim Measures for the Administration of Overseas Property Rights of State-owned Enterprises:中央企业境外国有产权管理暂行办法)을 제정하였다. 이 규정은 중앙SASAC 관할 국유기업에만 적용되며, 지방은 독자 규정을 채택할 수 있다.

중앙국유기업의 역외자회사 (홍콩 포함)설립, 재투자 활동은 상무부 승인에 추가하여 SASAC의 승인사항이며, 해외 IPO, 지분 변경 및 SPV의 설립 등은 보고사항이다[111]. 2015년 SASAC은 국유기업의 역외자산을 감사하도록 PwC 등 7개 회계법인을 선정하였다[112].

바. 라운드트립 규제를 우회하는 해외상장 구조

소위 10호 문건에서는 순수 외국투자자의 본토기업 지분 인수는 중앙 또는 지방 상무부의 승인 사항인 반면 (제10조), 라운드트립 해외상장 목적을 위한 본토기업 지분 인수는 중앙 상무부의 승인으로 요건을 강화하였다. 10호문 이후 상무부의 레드칩 승인은 전혀 없었다.

그런데, 실제로는 라운드 트립 규제에 불구하고, 2007초부터 2011 상반기까지 400건의 해외간접상장이 출현하였다. 이중에는 2006년 9월 이전에 역외지주회사 설립

---

111) Allen & Overy, SASAC issues regulations on overseas state-owned assets, 06 July 2011

112) Teddy Ng, PwC among auditors enlisted by China to probe state firm's offshore assets, South China Morning Post. April 16, 2015.

을 완료한 기업들도 있지만, 서브프라임 글로벌금융위기 및 A주식 상장 중단의 어려운 상황을 맞이하여 본토 법무법인의 창의적인 법률의견에 힘입어 규제가 우회되기 때문이다. 이를 위해 개인 국적 변경 및 외국인투자법에 의한 2단계 레드칩 구성 등 다양한 방식이 활용되었다. 상장 거래소도 런던, 프랑크푸르트 및 한국으로 다변화되었다.

1) 최대주주 국적변경 방식

최대주주가 투자이민을 받아 주는 국가로 국적을 옮기는 방식이다. 하지만, 본토의 유명 사업가가 국적을 바꾸면 인민 대중의 주목을 받게 된다. 또한 '경제적 목적으로 본토 내에 빈번히 거주하는 자'로 규정 적용 대상이 강화되었으므로 활용이 어렵다.

2) 기존 레드칩 인수 방식

2006.9.8.이전에 본토에 외국인투자 법인을 확보해 놓은 역외지주회사를 중국인이 인수하고, 역내 외국인투자법인에게 본토 사업을 인수시키는 구조이다. 이러한 기존 레드칩은 더 이상 시장에 남아 있지 않다.

도3-5. 기존 레드칩 인수방식

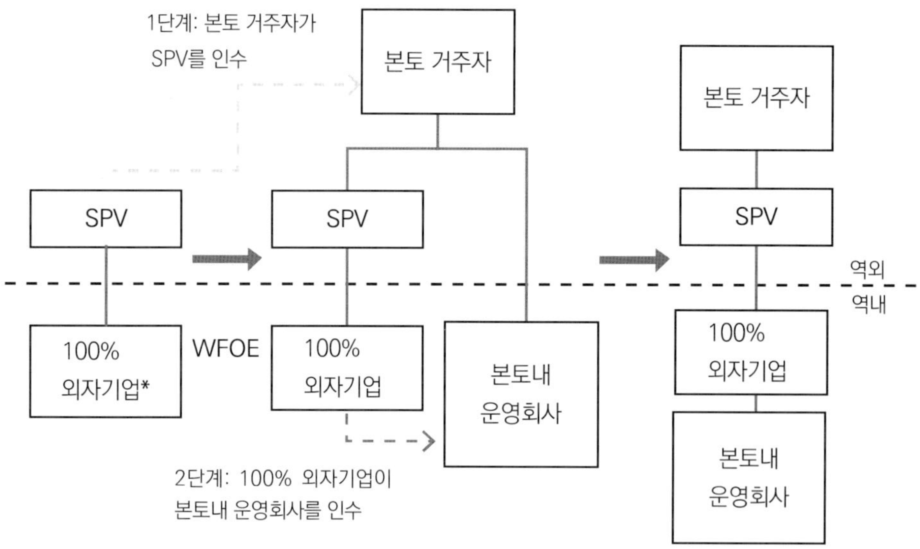

* 자료: ONC Lawyers

3) 토종기업의 외국인투자기업화 방식

소위 10호 문건은 기존 외국인투자기업에 적용되지 않는다. 외국인이 기 투자한 외국인투자기업을 경유하여 토종기업을 인수합병하는 경우도 포함되지 않는다.

10호 문건 제2조
본 규정에 있어서의 '외국투자자 국내기업 인수'라 함은, 외국투자자가 국내 외국인투자기업이 아닌 기업(이하 "국내회사"라 함)의 주주의 지분권을 매수하거나 국내회사의 증자를 인수함으로써 그 국내회사를 외국인투자기업으로 변경하거나, 외국투자자가 외국인투자기업을 설립하고 그 기업을 통해 국내기업의 자산을 매수하여 그 자산을 운영하거나 또는 외국투자자가 국내기업의 자산을 협의하여 매수하고 그 자산으로 외국인투자기업을 투자 설립하여 그 자산을 운영하는 것을 의미한다.

제11조. "역내회사, 기업 또는 자연인이 그가 역외에 적법하게 설립하거나 지배하는 회사명의로 그와 관련관계가 있는 역내의 회사를 인수 시에는 상무부의 심사비준을 받아야 한다. 당사자들은 외국투자기업 역내 투자 또는 기타 방식으로 위 요구를 회피하여서는 아니된다".

제11조에 근거한 관리감독범위는 "그와 관련이 있는 역내의 회사를 인수합병"하는 것으로 제한되어야 하므로, 순수 외국인투자기업(중외합자 및 100% 외자기업 등 형식)을 인수합병하는 경우를 포함하지 아니한다.

상무부가 2008년 12월 10일 발표한 〈외국투자진입관리지침수첩: 外商投资准入管理指引手册〉(상자복자[2008]530호)의 관련 조항도 10호문과 일치한다. 제5부 下放或委托审批的有关说明 五、인수합병에 관한 심사비준설명(关于并购的审批说明), (一) 인수합병 적용대상(并购适用对象)에서는 "외국투자기업은 다음과 같이 정의하여야 한다. 즉 외국투자자 및 외국투자성회사가 중국 내에 법에 따라 설립하고 외국투자기업비준증서 및 영업허가증을 취득한 기업으로 외자비율이 25%에 달하는지는 막론한다. 기 설립한 외국투자기업의 중국측이 외국측에 지분을 양도하는 것은 인수합병 규정을 참조하지 아니한다. 중국측과 외국측 간에 관련관계가 존재하는지 여부를 막론하고, 외국측이 기존의 사원인지 아니면 신규 투자자인지도 막론한다"고 규정하고 있다[113].

따라서 역외상장을 목표로 하는 본토기업이 이미 일부 지분에 외국인이 참여하였다면, 10호 규정의 적용을 받지 않고서 역외지주회사를 편성할 수 있다. 외국인 지분이 전혀 없는 순수 토종기업은 일정 지분을 외국국적자(홍콩, 마카오 포함)에게 이전하여 외국인투자기업 요건을 갖춘 후에 역외지주회사를 편성할 수 있다

2008년 상무부의 외국투자진입관리지침수첩에서 토종기업의 외국인투자기업 전환 절차를 규정하였다.

제3부. 외상투자주식회사 심사비준 안내

三, 외국인투자기업으로 변경시 주의 사항

(4) 이미 설립된 주식회사는 증자, 주식전환, 국내상장외국인주 혹은 국외상장외국주식 등의 방식을 발행하여 외국인투자기업으로 변경할 수 있다

二, 신청서류

(5) 내자주식회사가 역외주식을 발행하는 등의 방식을 통해서 외국인투자회사로 변경 경우

1, 하위 상무 부서의 전보문

2. 외국인투자유한공사로의 전환신청서

3. 주총에서 외국인투자회사로의 전환에 대한 결의, 이사회 결의

4. 원 주식회사 자산평가보고서

5. 정관 개정.

6. CSRC의 해외상장 승인 서류

7.외국증권기관 승인 원주 상장 서류

8.외국에 상장된 원 주식회사의 주식 거래 상황.

9.회사의 자금 조사 보고, 영업 허가증.

10. 신청인이 요구하신 서류목록 및 연락처

---

113) 최용원, 중국기업의 한국거래소 상장 이슈 해설 - 중국 상무부 2006년 제10호 문건 돌파 전략- 법무법인 세종 2013.1.11

도3-6. 레드칩 구성 2단계 절차도

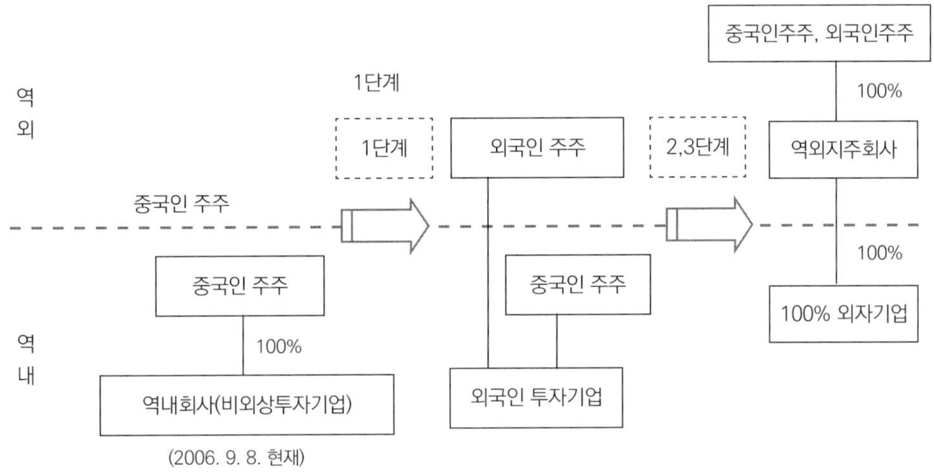

* 자료: 법무법인 세종

1단계의 25% 지분 양도 거래에는 외자M&A규정이 적용되며, 2단계의 75% 지분양도 거래는 외자M&A나 CSRC의 관할이 아니고, 외국투자기업 투자자지분권 변경의 약간규정 (Rules on the Changes of Shareholding of Foreign-invested Enterprise Investor: 外商投資企業投資者股權變更的若干規定)에 근거하여 지방 상무부의 승인 사항이다.

이에 따라 2009년 4월 China Zhongwang Holdings Limited (HK 01333)의 홍콩 상장이 출현하였고[114], 2018년 윙입푸드가 코스닥에 입성하였다.

ADD New Energy 사례

2012년에 ADD New Energy Investment Holdings Group Limited (구 China Zhongsheng Resources Holdings Limited: 케이만 소재, HKSE코드 2623)상장에서는 외국인투자법에 의해 레드칩을 구성하였다. 1단계에서 해당 본토기업에 외국인 지분 25%를 유치하여 중외합작기업으로 만들었고, 2단계에서는 100% 외국인투자기업으로 만들었다.

114) Vincent S. Tso, Yujing Shu, James Jeng-Yang Chen, Amigo Xie, China Opens Door to Overseas IPOs, K&LGates, July 20, 2009

Shandong Ishine사례

- 본토 Shandong Ishine은 2001년 산동성에 설립. 2007년 국내 상장 추진 및 1대 주주 Mr.Li가 임원에게 지분 매각으로 지분율을 90%에서 75%로 축소.
- 2008년 국내 상장 기각 및 Mr.Li의 지분 95%로 증가
- 2010년 주식회사에서 유한회사 및 외국인투자기업으로 변경. 2인의 대주주들이 각각 20%, 5%지분을 홍콩 소재 Shine Mining Investment Limited (SMI)에 양도
- SMI는 중국인 Mr. Lang이 소유한 케이만 자회사의 통제 하에 있었다. Mr.Lang은 지분 간접 취득 후, Shandong Ishine의 이사로 취임
- 2011년에는 상장대상법인 China Zhongsheng Resources Holdings Limited를 케이만에 설립하였고, 재편성을 통해서 5단계 지주회사를 구성하였다.
- 최하단계 지주회사인 Ishine Mining은 본토주주 지분 75%를 Mr.Li로부터 인수하였다.

라운드 트립에 10호문의 적용을 피하려면 외자 지분율이 25%에 달하여야 하는 것으로 인식되었다. 그러나 본토 오너의 입장에서 25%의 지분을 배정할 신뢰성 있는 외국인을 물색하기는 쉽지 않고, 외국인 측에서도 투자 위험 부담이 크다. 이후 25% 미만의 지분만을 양도하여 중외합자기업으로 전환한 사례가 출현하였다 (후술 참조).

Jiashili Group 사례

2014년 Jiashili Group Limited (2013 케이만 설립, 홍콩거래소 코드 1285)의 상장 과정에서는 싱가폴인 (창업주의 누이)가 1%를 취득하여 지분25% 미만의 중외합자기업으로 승인받았다. 잔여 99%지분을 홍콩지주회사로 양도하는 후속 거래도 10호문이 아닌 외국인투자기업 투자자 지분 변경의 관련 규정에 근거하여 처리되었다[115]. 영국 Actis사모펀드가 5천만 달러를 pre-IPO 투자하였다.

115) A practical Handbook to Hong Kong IPOs 2017, CPD101

Jiyi Household International Holdings 사례

Jiyi Household International Holdings Limited (2015년 케이만 설립. 홍콩코드 1495)는 2015년 홍콩에 상장하였다.

Jiyi Household는 1997년 광동성에 설립되었다. 본토나 대만 상장을 위해서 2013년 주식회사로 변경했다가 홍콩거래소로 목표를 변경함에 따라 유한회사로 복귀하였고, 3.43%지분을 외국인에게 양도하여 중외합자기업으로 전환하였다. 2014년 재편성에 착수하여 Honest Winner(외국국적자인 Lin Kuanming가 벨리즈회사 및 케이만회사를 경유하여 100% 소유)가 본토 운영회사에 633만 위안을 출자하여 Jiyi Household는 완전 외국인투자기업이 되었다. 이후 홍콩에 상장하였다. Jingtian & Gongcheng법무법인이 중국법 의견을 제시하였다.

4) 신탁방식

신탁계약은 실질주주가 수익자로서 주식과 의결권을 수탁자인 명의주주에게 위탁하는 방식이다. 신탁은 창업주의 병환, 이혼소송등 사건의 영향을 최소화하여 주며, 다수의 자손들에게 상속되더라도 지분의 소액 분산이 발생하지 않는다

IPO신탁에서. 창업주는 역외지주회사 지분을 신탁에 편입한다. 지주회사가 역외 상장되면 신탁이 대주주로 공시되면서. 위탁자명도 함께 공시된다. 신탁이 discretionary trust이고 수익자의 권리가 사전 확정되지 않기 때문에 수익자명은 통상 공시되지 않는다. 신탁의 준거법은 케이만의 STAR trust가 선호된다. Special Trust (alternative regime)은 위탁자에게 신탁재산 통제를 인정하기 때문이다[116].

지분 위탁보유의 적법 및 규정 부합 여부에 관하여 <최고인민법원의 <중화인민공화국회사법> 적용의 약간 문제에 관한 규정>(3)> 제25조 제1항에 의하면, “유한책임회사의 실제출자자와 명의출자자가 계약을 체결하여 실제출자자가 출자하고 투자권익을 향유하는 것으로 약정하고 명의출자자를 명의사원으로 하였으며 실제출자자와 명의사원 간에 당해 계약의 효력에 대하여 분쟁이 발생 시, 계약법 제52조에서 정한 상황이 없는 경우 인민법원은 당해 계약이 유효하다고 인정하여야 한다”.

---

116) Maples private client services, Considering a trust in pre-IPO planning, A Practical Handbook to Hong Kong IPOs 2017, Corporate Professional Development 101, 2017

〈외국투자기업분쟁사건 심리 약간 문제에 관한 최고인민법원의 규정(1)〉 제15조 제1항에 의하면, "계약에서 일방이 실제로 투자하고 다른 일방이 외국투자기업 명의사원으로 되도록 약정하였고, 법률, 행정법규에서 규정한 무효 상황이 없는 경우, 인민법원은 당해 계약이 유효하다고 인정하여야 한다. 일방 당사자가 단지 외국투자기업 심사비준기관의 비준을 받지 않았다는 것만으로 당해 계약이 무효이거나 또는 효력을 발생하지 않은 것으로 주장하는 경우, 인민법원은 이를 지지하지 아니한다. 실제 투자자가 외국투자기업 명의사원에게 양자의 약정에 따라 상응하는 의무를 이행할 것을 청구하는 경우, 인민법원은 이를 지지하여야 한다."[117)]

5) VIE구조

VIE구조는 외국인 소유 가능 사업은 본토 내 외국인투자기업이 소유하고, 외국인 소유 불가 사업은 본토의 개인주주 소유 하에 두면서 외국인투자기업이 계약에 의해서 통제하도록 하는 구조이다. 중국 정부가 외상투자산업지도목록에서 외국인 투자 규제업종을 축소함에 따라 VIE구조의 효용이 감소할 수 있다[118)].

6) Creeping acquisition

본토의 창업주가 역외 spv를 설립하고 spv는 본토에 100% 외자법인을 설립한 후, 외자법인이 고유사업을 운영하면서 창업주의 본토 내 기존사업을 점진적으로 인수하는 방식이다. 이 구조는 기존사업의 자산 규모가 작고 주요 계약의 만기 시에 외자법인이 주체가 되어서 갱신할 수 있는 경우에 유용하다.

사. 순수 외자계 기업의 해외 상장

1) 중국진출 외국기업의 해외지주회사 상장

외국기업들이 본토에 투자하는 경우 홍콩 법인을 중간지주회사(Intermediate Holding Company)의 형태로 활용하는 경우가 많다[119)]. 한국기업이 홍콩 법인을 사이에 두고서

117) 2018년 코스닥에 상장한 윙입푸드의 중국 법률의견
118) 강영승, 최근 중국법규 개정이 계약통제방식에 미치는 영향, 한국기업지배구조원 CG리뷰 Vol 81. 2015.12.
119) 박종영, 홍콩에 회사를 왜 설립하는가? Kotra해외시장뉴스 2018.1.8

본토에 투자하면, 본토에서 발생할 수 있는 세무, 노동, 상거래 등 여러 법적 분쟁을 홍콩에서 중재로 해결을 도모할 수 있다. 본토 내 손회사로부터 배당을 받거나 재투자할 때 홍콩 내 외환규제가 없어 송금이 상대적으로 원활하다. 중간지주회사인 홍콩법인이 연결감사를 수행했다면 본사 감사인의 의무와 책임을 덜어주면서 본사의 비용도 절감할 수 있는 효과를 기대할 수 있다. 홍콩 법인을 꾸준히 성장시켜 홍콩 내·외 시장에 상장할 수 있다. 또는, 중국사업이 어려움에 봉착해 철수가 필요한 경우 피투자회사의 지분을 직접 매각하는 것보다 홍콩법인의 지분을 간접 매각할 수 있다.

이같이 외국인이 중국 투자를 위해 설립한 역외지주회사는 외국인이 통제하므로 레드칩이 아니고, 본토 자산의 역외 유출 우려 대상도 아니다. 하지만 근거가 달라도 외형은 레드칩과 동일하다. 또한 외국기업이라도 본토인과 합작을 하면 중국인들로부터 레드칩으로 동일시당한다 (10~25%의 외국자본이면 외국인투자기업 혜택을 받아 왔기 때문이다).

이러한 중국 법체계 상 공백으로 인해서, CSRC는 순수 외국인이 통제하는 역외지주회사가 중국 본토 내에 자산이나 권리를 소유하면서 해외에 상장하는 경우에도 당초 노액션 레터를 적용하였다. CSRC의 노액션 레터 제도 폐지 이후에는, 외국인투자기업의 해외 지주회사상장절차는 실사 측면에서만 규제를 받는다.

싱가폴 계 투자 지주회사의 해외 상장사례로는 싱가폴 화교인 Peh Chin Hua와 본토 간 합작 부동산개발회사인 Dragon Land Limited가 1998년 싱가폴거래소에 상장한 사례가 있다 (2005년 Kepple Land에 인수되어 2006년 Evergro Properties로 개명, 2009년 상장폐지). 한국계 투자 지주회사로서는 글로벌 SM테크가 4개 중국공장을 케이만 역외지주회사로 편입하여 2009년 코스닥에 상장한 사례가 있다.

2) 외국 벤처캐피탈 투자기업의 해외상장

1990년대 초 H주식의 성공적인 출범에 자금을 받아 해외 벤처캐피탈이 중국에 적극 진입하였다. 외국 벤처캐피탈은 중국국영기업과 JV VC를 구성하는 전략을 취하였다. 파트너인 국영기업 측의 역할은 딜 소싱과 기업지배구조 통제였다.

벤처캐피탈 1차 붐 시기는 중국의 사유경제가 고성장하던 시기였는데도 해외벤처캐피탈이 왜 국영기업에 투자하였는가? 그 이유는 국영기업이 자원 및 많은 부문에서 독점을 향유하였기 때문이다. 사유 기업은 기업공개 서열에서 거의 기회를 부여 받지 못했다. 90년대 초까지 중국에서 사유기업은 국영기업을 보완하기 위한 '필요악'이라는 인식이 지배하였으므로, 사유기업가들은 성장율을 노출하거나 기업정보를 공개하기를 꺼렸고, 역외VC들도 사유기업에 대한 신뢰도를 갖지 않았다.

중국 국영기업 측은 부실기업에 투자를 요구할 개연성이 높았다. 따라서 해외 VC이 투자한 국영기업들은 창업단계가 아닌 성숙기업이었고, 업종도 하이테크가 아닌 제조와 소비재 업종이었다. 유일한 IT기업인 Upsonics는 대만기업가가 창업한 컴퓨터 주변기기업체였다.

해외 벤처캐피탈들은 본토에 합작투자하면서 합작기업의 국내 상장을 기대하였으나 2001년까지 국내 상장을 달성한 경우는 1996년 Hangzhou Kaidi A주식, Wuxi Little Swan B주식(심천) 및 1997년 Lukang제약 A주(상해)뿐이었다[120]. 또한 해외벤처캐피탈이 보유한 법인주식은 비유통주였다. 이는 국내 상장을 달성하더라도 매각이 불가하다는 의미였다. 따라서 해외 벤처캐피탈은 본토 국영 파트너와 합작에서 지배구조에 상당한 손상을 받았다.

1993년부터는 계획경제가 사라지면서 국영기업에 대한 지원도 제거되어 국영기업의 부실화도 진전되었다. 국영기업과의 JV는 퇴조하였으며, 일부 국제VC들은 중국 국영기업에는 투자하지 않는다는 정책을 수립하였다.

90년대 초에는 벤처캐피탈 투자 대상의 90%가 국영기업이었지만, 90년대 말이 되면 10% 미만으로 감소하였다. 국영기업 투자 손실로 인해서 1997년 중국VC 조성액은 9,600만 달러로 하락하였다. 1991년에서 1997년까지 조성되었던 33개 펀드 중 1997년 이후 펀드를 재결성한 경우는 IDG뿐이었다. Walden International 과 H&Q도 차이나 펀드가 아닌 아시아펀드로 활동을 유지한 것이었다.

북경은 외국인 투자 벤처캐피탈사 설립 잠정 규정(Provisional Regulations on Establishing Foreign-Invested Venture Capital Investment Enterprises)을 2001년 시행하여 중외합작 벤처캐피탈을 도입하였다.

2차 VC 붐은 2005년 비유통주의 유통 허용조치 이후 도래하였고, IT업종에 집중되었다.

---

120) Feng Zeng, Venture Capital Investments in China, Pardee Rand Graduate School, 2004

국가외환관리국은 75호문의 9조에서 역내창업투자기업은 역외에서 특수목적회사를 설립하여 창업투자 활동을 진행할 수 있도록 허용하였다. SAFE의 2005년 11, 29호 규정으로 인해 벤처캐피탈의 해외상장 exit경로가 막혔으나 75호로 재개되었다[121]. 또한 90년대 말 미국 NASDAQ의 성장이 중국 민간 투자 자산에 대한 exit경로가 되어 주었다.

최초의 민간 벤처기업으로 대만계 Ta Fu Internation 및 홍콩계 Zindart완구가 진출하였고, 1996년에 Ta Fu International이 홍콩에, 1997년 Zindart가 NASDAQ에 상장하였다. 해외유학파의 본국투자로서 Asiainfo, UT Starcom이 Warburg Pincus, ChinaVest, Fidelity 및 소프트뱅크로부터 각각 투자를 받았다. ChinaRen은 스탠포드 유학생 陈一舟, 周云, 杨宁들이 1999년 골드만삭스, KKR등 투자자로부터 1천만 달러를 조달한 사례였다. ChinaRen은 5위 포탈사이트로 성장하여 2001년 Sohu에 피인수되었다.

중국 토종 벤처기업으로는 1991년 창업한 Stone Richsight사가 1998년 Sina.com으로 NASDAQ에 상장하였다. 민간기업이 각광을 받고 역외 레드칩 지주회사 상장 구조가 출현하면서, 벤처 레드칩은 2000년에 정점에 달하였다. 2006년 Focus Media가 Target Media를 인수하던 시점에 양사가 모두 벤처캐피탈 펀딩을 받은 기업이었다. 벤처캐피탈 최대 딜은 2008년 소프트뱅크 컨소시움이 Mop.com을 운영하는 Oak Pacific Interactive에 4.3억 달러를 출자한 건이다. Ctrip에 2000년 투자했던 Carlyle 사모펀드는 나스닥 상장 후 시장매도하였다.

표3-14. 해외벤처캐피탈 투자 기업의 상장 현황

회사명	업종	상장거래소	소유구조	연도
Yuchai Diesel	디젤 제조	NYSE	국영	1994
Hangzhou Kaidi	섬유	Shenzhen A	국영	1996
Wuxi Little Swan	가전	Shenzhen B	국영	1996
Guangdong Kelon	가전	Hong Kong	SE TVE	1996
Lukang	제약	Shanghai A	국영	1997
Ta Fu International	목재	Hong Kong	민간	1996

121) Xiaoqing Eleanor Xu, Venture-backed IPOs and the exiting of venture capital in China, Journal of Entrepreneurial Finance, 2006, vol. 11, issue 3, 39-56

Zindart	완구	NASDAQ	홍콩인	1997
Eagle Brand	세라믹	Singapore	TVE	1999
Asiainfo	통신	NASDAQ	민간	2000
UTStarcom	통신장비	NASDAQ	민간	2000
Sina.com	인터넷 포탈	NASDAQ	민간	2000
Sohu.com	인터넷 포탈	NASDAQ	민간	2000
Netease.com	인터넷 포탈	NASDAQ	민간	2000
Kingdee Software	소프트웨어	Hong Kong GEM	민간	2001
Skyworth	가전	Hong Kong SE	민간	2000
Medianation	광고	Hong Kong GEM	민간	2002
Harbin Brewery	맥주	Hong Kong SE	민간	2002
Ctrip	인터넷 여행	*NASDAQ*	민간	2003

* 자료: Feng Zeng

해외 VC들은 Asiainfo와 UT Starcom의 경우 지주회사를 델라웨어 주에, 토종기업인 Stone Richsight은 케이만에 설립하도록 투자 구조를 구성하였다. 해외VC는 중국에 직접 투자하는 대신 역외 지주회사에 투자하므로, 나스닥 상장 의사결정을 통제할 수 있게 되었다. 외국인 투자 제한업종의 경우에는 국내에 지주회사를 별도 설립하였다.

토종 벤처 Stone Richsight의 경우 Robertson Stephens투자은행의 Bo Feng 이 투자하는 데에 2년의 설득 기간이 소요되었다. 케이만에 controlling shell을 설립하였기 때문이었다. Bo Feng은 2000 년 Chengwei Venture를 창업하여 예일재단 자금을 유치하였다. 하버드 출신인 Richard Yan의 토종 벤처펀드인 Richina는 미국의 Rainwater, Ziff 및 Sprangle가문으로부터 투자금을 유치하였다.

중국 정부는 2차 벤처붐 시기를 하이테크 산업 육성의 기회로 잘 활용하여 국영 펀드를 설립하고 세제 혜택을 부여였다. 1999년 말에 하이테크 민간기업의 국내 상장을 허용하였으므로, 2차 붐에서는 초기 창업기업에 대한 투자가 급증하였다. Microsoft와 Yahoo의 이름은 중국인들이 벤처캐피탈을 학습하도록 교과서 역할을 수행하였다.

3) 해외 사모펀드가 투자한 본토기업의 해외 상장

2004년 뉴브리지의 Shenzhen Development Bank지분에 참여하였다. 이후, 뉴브리지 출신 Au Ngai가 2006년 토종사모펀드인 Bohai Fund를 창업하였다. 핑안보험도 1994년 골드만삭스와 모건스탠리 고유계정의 투자를 받았던 경우였다. 뉴브리지는 2009년 핑안보험에 매각하여 exit하였으나 은행업이라는 특수한 경우였고, 후속 외국 사모펀드들이 본토기업에 투자하려면 역외 IPO exit경로가 필요하였다. 또한 중국인 경영진에게 역외지주회사의 스톡옵션으로 인센티브를 부여할 필요가 있었다.

그러나 본토 거주자의 역외스톡옵션은 2005년 SAFE의 Circular 75에 따른 라운드트립 등록절차를 적용 받았다. 2014년에 CSRC가 사모펀드 제도를 정비하고 SAFE가 Circular 37을 제정한 이후에야 역외스톡옵션 절차가 완비되었다.

Tianrui Cement사례

2000년 후난성에 설립된 Tianrui시멘트는 2004년 요녕성에 진출하였다. 2007년부터 KKR(Titan Cement BVI)과 IFC, JPMorgan PCA(Mauritius) 들로부터 36.1%의 출자 5천만 달러 +19.9억 위안의 대출을 받아 중외합작기업이 되었으며, 사업분야를 확대하였다. 홍콩지주회사는 본토 오너로부터 47.5%를 양수하여 100%지분을 획득하였고, 2011년 홍콩에 상장하였다(홍콩 코드 1252).

4. 외국인 투자 업종 제한 규제 회피 구조

1995년 북경은 외국인 투자를 국가 전략적 육성산업에 투입시켜 국가 경제의 선순화 구조를 실현하는 데 일조하도록, 업종 별로 장려, 제한, 금지하는 '외상투자산업지도목록(Foreign Investment Industrial Guidance Catalogue: 外商投資産業指導目錄)'을 제시하였다. 인터넷 콘텐츠 제공업종의 경우 제한업종이다가 2015년 개정에서 개방되었으며, 전자상거래는 제한업종으로 유지되고 있다.

2015년 1월 중국산업정보부는 상해자유무역구에 외국인의 온라인 데이터 처리와 전자상거래업 진입을 100% 허용한 바 있다 (Announcement on Lifting Restrictions for Foreign Equity in Online Data Processing and Transaction Processing Services (Operational E-commerce Businesses: 关于在中国(上海)自由贸易试验区放开在线数据处理与交易处理业务(经营类电子商务)外资股权比例限制的通告). 그러나 규정 상'전자상거래'의 정의가 모호하다.

이러한 제한을 우회하여 외국인이 본토에 투자한 구조가 출현하였다.

가. 초기 CCF 구조

국영 통신기업인 차이나 유니콤(China United Network Communications Group Co., Ltd.)은 차이나 텔레콤의 독점을 깨기 위해 설립되었지만 자본력에서 열세였다. 이에 유니콤은 1994년부터 소위 China-China-Foreign (CCF) 구조를 활용하였다. 즉, 중-외 합작사업을 설립한 후, 합작사업체가 국내JV와 프로젝트 협조협약을 체결하여 자금과 기술지원을 제공하고, 대가로 프로젝트의 현금흐름에 대해 일정기간 동안 일정비율을 수령할 권리를 획득하였다. Unicom은 Hong Kong Telecom, France Telecom, Sprint Corp, Deutsche Telekom, Bell Canada International, Metromedia International Group Inc, Amtec Inc, 등 40개 외국기업과 14억 달러 이상의 장기 계약을 체결하여, 40개 이상의 GSM프로젝트에 CCF를 적용하였다.

도3-7. CCF 지배구조도

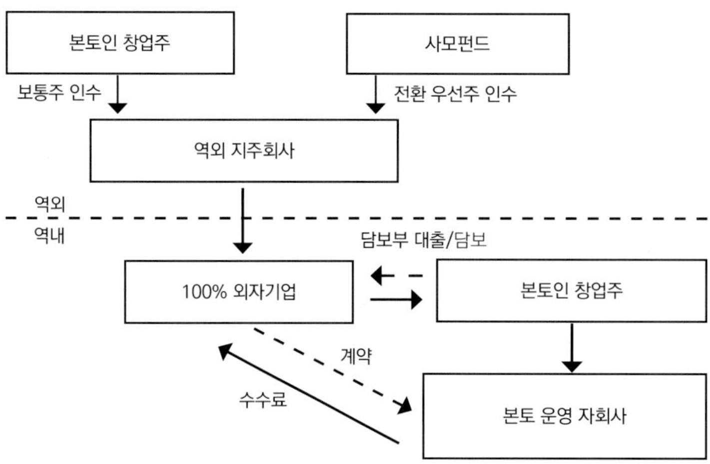

그러나 1998년 10월 북경 당국은 중국의 WTO 가입 및 차이나 유니콤의 레드칩 홍콩 상장을 앞두고 CCF구조의 해지를 명령하였다. CCF해지 협상으로 인해서 IPO는 2000년 6월까지 지연되었다[122]. 외국인들은 투자 원금에 일정 보상을 추가한 금액 및 IPO주식과 워런트로 보상을 받았다. 그러나 워런트는 행사되지 않고 소멸되었다.

나. VIE구조

1) 레드칩 목적의 VIE

유니콤의 CCF구조가 폐지된 직후, 인터넷기업인 Sina Corporation이 나스닥에 상장하면서 Variable interest entities (VIE: 계약통제)구조를 창안하였다. VIE구조는 인터넷 업종 레드칩 시장의 주류로 자리매김하였다.

CCF구조가 지분 소유에 기반한 조인트벤처였던 반면, VIE구조는 역내에 지분 없이 계약에만 의존하는 형태이다. 즉, 역내회사가 소유권 대신 계약을 통해 통제된다. 계약은 주식의 직접 소유보다 소유권에서 열등한 형태이므로, VIE구조는 실물자산의 비중이 낮은(asset light) 업종에서 타당성이 높다.

외국인이 소유 할 수없는 사업은 중국 개인 (일반적으로 회사의 CEO)이 소유한 국내회사에 배치하되, 이 국내회사를 해외 상장 회사의 통제 하에 두는 계약을 체결한다. 즉, 본토의 규제 당국에게는 '내국인 소유로서 외국인 투자 제한을 받지 않아야 한다'고 주장하면서, 외국 투자가에게는 '본토 내의 사업을 통제하고 있다'고 믿게 한다.

Sina와 Sohu의 회계감사인인 PWC와 Sullivan & Cromwell 및 Venture Law Group 변호사들은 '라이선스 지주회사의 경영권을 역외상장회사에게 이전시키는 계약'을 고안해 낸 것이었다. PWC의 Bradshaw 와 Pfeiffer 파트너들은 SEC로부터 VIE의 연결 회계처리를 인정한다는 회계기준(ARB 51 Consolidated Financial Statement) 해석을 받아 냈다. 2003년 FASB 해석 46 (Consolidation of Variable Interest Entities)에서는 빅4가 고안해 낸 소위 VIEs를 인정하였다. VIE구조는 외국인 투자 제한업종인 교육 및 보험중개업으로 확대 적용되었다.

---

122) Leontine D. Chuang, Investing in China's Telecommunications Market: Reflections on the Rule of Law and Foreign Investment in China, Northwestern Journal of International Law & Business, Vol 20, Issue 3 Spring 2000

China Maple Leaf Educational System은 본토 내에 40개 학교를 설립하였다.

표3-15. VIE구조로 미국 상장된 주요 중국 종목 (2012)

회사명	종목코드	업종	시가총액(백만$)	
Baidu	BIDU	인터넷	40,314	
Netease	NTES	인터넷	6,764	
Sina Corp	SINA	인터넷	4,587	
Youku Tudou	YOKU	인터넷	3,357	
Focus Media	FMCN	광고	3,126	
Qihoo 360	QIHU	인터넷	2,953	
Ctrip.Com	CTRP	인터넷	2,653	
New Oriental	EDU	상업	2,347	
Sohu.Com	SOHU	인터넷	1,666	
Renren	RENN	인터넷	1,562	

* 자료: Forensic Asia Limited

알리바바의 VIE구조 사례

알리바바 케이만 지주회사가 알리바바 홍콩지주회사를 경유하여 저장성 타오바네트워크와 저장성 티몰네트워크 (손회사)를 100% 보유한다.

케이만 지주회사의 중국내 손자회사들은 중국 내에서 다수의 VIE들과 독점적 기술 서비스 계약을 체결하였다. 그 계약 내용은 손자회사가 VIE에게 기술적 서비스를 제공하고, 그 대가로 VIE들은 세전이익의 실질적 전액에 상당하는 수수료를 지급함으로써, VIE의 이익을 케이만 지주회사의 중국내 손자회사로 전부 이전시키는 것이다.

VIE중에서 저장성 티몰, 항주 알리바바 광고, 항주 알리기술 및 알리바바 크라우드컴퓨팅은 마윈 80% 및 사이몬 시에(Simon Xie) 20%의 2인 주주로 구성된다. 저장성 타오바오 네트워크만이 마윈90% 및 사이몬 시에 10%로 지분비율이 상이하다. 또한 중국내 손자회사들은 마윈/사이몬 시에와 대출계약, 독점적 콜옵션 계약, 위임장 대리계약 및 주식 담보 계약을 체결하였다. VIE주주들은 사업양도 등 기업의 중요한 변동 사건을 결정할 수 없다. 알리바바 케이만지주회사는 이들 VIE법인들에 계약을 통해서 영향력을 행사하므로, 연결재무제표에 포함시킨다.

- 대출계약은 케이먼지주회사의 손회사가 마윈 등 VIE주주에게 자본금 출자금을 무이자로 대출

하며, 대출금의 조기상환 요구 재량권을 가진다. 마윈 등이 차입금을 조기 상환할 경우, 손회사 (또는 그 피지정자)는 차주가 소유하던 VIE 지분을 잔존채권액에 매입할 수 있다.

- 독점적 콜옵션 계약은 VIE주주가 보유주식에 대해서 케이만 지주회사의 손회사에게 부여한다. 옵션의 행사가격은 등기된자본금과 중국법상 허용되는 최저가 중 높은 가격이다. 또한 각 VIE도 케이만 지주회사의 손회사에게 자사의 자산을 그 장부가격 또는 중국법상 허용되는 최저가 중 높은 가격에 매입할 수 있는 콜옵션을 부여했다. 옵션보유자는 이 콜옵션을 중국법 상 금지되지 않은 한, 타인에게 행사시킬 수 있다. 케이만지주회사의 손회사는 VIE가 선언하는 모든 배당수취권을 가지며, 마윈 등 지주는 자신들이 출자한 금액을 초과하는 배당에 대해서는 권리를 포기하고 그러한 금액을 케이만지주회사의 손회사에게 지급하기로 약정하였다. 콜옵션의 만기는 VIE의 주식이나 자산이 케이만지주회사의 손회사에게 양도되는 시점까지 지속된다.
- 위임장 대리계약은 마윈 등 VIE주주들이 주주총회 참석 및 의결권 행사를 케이만지주회사의 손회사에게 위임하는 계약이다.
- 주식담보계약은 마윈 등 VIE주주가 소유 주식을 케이만지주회사의 손회사에게 차입금에 대한 담보로서 제공하는 계약이다. 이 계약은 중국 국가공상행정관리총국에 등록되었다.

도3-8. 알리바바 사의 VIE구조

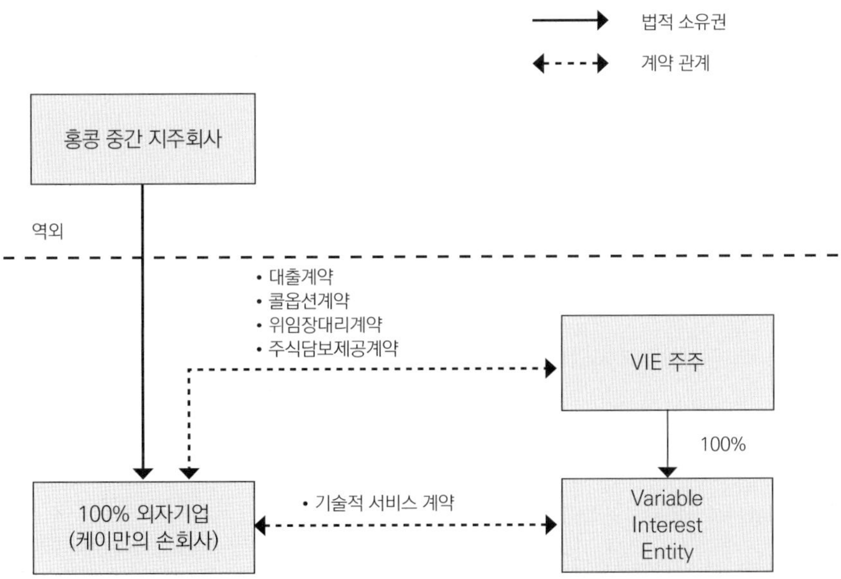

알리페이 분할 사례

1999년 항주에서 창립한 알리바바닷컴은 2004년에 알리페이를 도입하였고, 2005년에 소프트뱅크와 야후의 출자를 받았으며, 2007년에 홍콩에 상장하였다. 야후의 알리바바 투자는 VIE구조를 취했다.

2010년에 인민은행은 외국인이 출자한 제3자 온라인 결제서비스업체에게 2011년 9월까지 인가 획득 의무를 부과하였다. 그러자 알리페이는 홍콩 알리바바닷컴으로부터 떨어져 나와 앤트파이낸셜의 자회사로 변신했다. 알리페이가 외국인투자기업인 알리바바로부터 분할된 것은 순수 내국법인이 됨으로써 북경의 규정을 준수하기 위한 결정이었지만, 이 분할은 대주주인 야후와 소프트뱅크의 승인을 받지 않았다.

당사자 3인은 소송하지 않고 협상을 타결하였으며, 알리바바는 지적재산권 라이선스를 알리페이에게 부여하고 알리페이의 세전이익의 49.9%로 구성되는 로얄티를 수령한다. 알리페이가 상장될 경우 알리바바는 37.5%를 수령하되 최소 20억 내지 최대 60억 달러의 상하한을 설정하였다. 그러나 야후 측의 주주이던 Greenlight헤지펀드의 David Einhorn은 보유 지분을 매도하였다.

한편 Ant Financial의 상장은 알리페이의 분할에서처럼 제3자 지급서비스 관련하여 정부의 승인을 요할 가능성이 있으며, 홍콩과 뉴욕 거래소 간에 Ant Financial상장유치 경쟁이 벌어졌다.

유통업 M&A에서 전자상거래 영업 배제 사례

2012년 8월 월마트가 Niu Hai Holdings를 인수하는 거래가 상무부의 승인을 얻었다. 월마트는 중국의 최대 수퍼마켓 자회사인 Yihaodian (1号店)의 경영권을 취득한 것이다. 그런데 Yihaodian의 전자상거래 사업부는 외국인 투자제한업종인 부가통신사업체였다. 이에, 상무부는 세 가지 조건을 붙여 승인을 내 주었다.

- 인수 대상은 직접판매 영업으로 제한된다.
- Niu Hai Holdings는 인터넷 서비스를 타인에게 제공할 수 없다.
- 월마트는 전자상거래 사업에 VIE구조를 활용할 수 없다.

2) 순수 외국인투자 목적의 VIE

VIE는 순수 외국인이 본토의 외상투자산업 지도목록 상 금지업종에 투자하는 경로로서 사용된다. 미국의 Amazon, 한국의 온라인게임, 홈쇼핑 업계가 VIE구조로 진출하였다[123).

외국기업이 VIE구조 활용을 위해서는 먼저 본토 내에서 본토법인의 설립 주체가 될 신뢰할 수 있는 중국인을 확보하는 것이 관건이다[124).

아마존차이나의 경우 전국기업신용정보 시스템 검색에 의하면 자본금 1천만 위안의 본토기업이다. VIE에 참여한 100% 외국인투자기업은 아마존(중국)투자유한회사가 설립하였으며, 투자유한회사의 출자자는 아마존 홍콩이다. 중국 투자유한회사 및 아마존 홍콩의 자본금은 2014년 말 현재 53억 홍콩달러이다.

다. VIE의 위험 요소

VIE의 위험은 과도한 권한을 가진 중국인과의 신뢰관계에서 빈발하였다.

2000년 나스닥 상장 대만계 게임업체인 Gigamedia (싱가폴 설립)는 2010년 본토인 대표를 경질하려다가 법인인감을 통제할 수 없어 실패하였다[125). 2010년 Tudou사는 IPO를 추진하던 중, 중국 창업자의 부인이 이혼소송을 제기하면서 남편 명의 VIE지분 95%까지 재산분할 대상으로 요구함으로써 IPO가 지연되었다[126). CSRC는 'Tudou등 인터넷기업의 해외상장 관련 보고'라는 내부 문건에서 역내 자산이 수십억 달러씩 역외 유출되고 하이테크 기업의 대외 의존도가 높은 데에 우려하면서, '기존의 VIE는 인정하되 신규 상장은 억제할 것' 을 요구하였다고 알려졌다.

2011년 8월 중국 상무성은 외국인의 VIE를 통한 투자도 M&A 국가보안 검토의 대상이라고 선언하였다(Provisions of the Ministry of Commerce on Implementing a Security Review System for M&A of Domestic Entities by Foreign Investors:商务部实施外国投资者并购境内企业安全审查制度的规定).

---

123) 김종길, VIE구조: 중국에서의 효과적인 우회투자 방법, 산업연구원 중국산업경제 브리핑, 2014.6.24.

124) 노성균, (돈 벌면서 시작하는) 중국 법인 설립 가이드, e비즈북스, 2016.

125) Dutch Trader, GigaMedia will survive current VIE turmoil, Seeling Alpha, 2011.6.3.

126) Greg Pilarowski, Tudou IPO exposes yet another China risk factor: the founder's wife, Venturebeat, August 19, 2011

Baosheng Steel사례

Hebei성의 Baosheng Steel의 지배주주는 철강업에 외국인 투자가 불허되기 때문에, Baosheng의 통제권을 실질적으로 역외로 넘기는 VIE계약 구조를 추진하였다.

이 지배주주는 Gold Promise (Hong Kong) Group Co를 설립하였고, 델라웨어 주에 소재하는 AG Volney Center Inc.를 인수하여 Budda Steel로 개명하였다. Gold Promise와 Buddha는 주식교환을 통해서, Gold Promise의 구 주주들이 Buddha의 지배주주가 되고 Buddha가 Gold Promise의 주식 전부를 취득하는 역합병을 실시하였다. 이에 따라, Buddha는 Baosheng을 VIE로 연결재무제표에 계상해 놓고 있었다. 그러나 Hebei성 당국이 VIE구조를 불허 결정을 내렸다.

2011년 3월 Buddha Steel은 중국 내 자회사가 VIE계약을 해지하였다는 공시와 함께 나스닥 상장 및 3800만 달러의 주식발행을 철회하고 shell로 복귀하였다.

2007년에 나스닥에 우회상장했던 ChinaCast Education Corporation의 경영진이 2012년 해임되고 회계법인이 사임하면서 시가총액이 2억 달러로부터 5백만 달러로 추락하였다.VIE의 중국인 주주가 잠적한 사건에서 인민대법원과 중재원은 'VIE 계약이 중국 법 하에서 집행할 수 없다'고 판결하였다. 회사는 상장폐지되었고, 미국 대표소송 피소로 인해 2016년 미국 Chapter 11파산을 신청하였다.

북경당국은 2015년 외국인투자법 개정안에서 다음과 같은 VIE 처리 초안을 제시하면서, 업계의 의견을 수집하였다,

- 경영권은 '50% 미만의 지분을 소유하더라도 의사결정에 중대한 영향력을 갖는 경우'로 정의된다.
- 알리바바, 바이두와 같이 중국인의 통제 하에 있는 VIE의 경우는 (control structure 및 차등의결권 포함) 기존의 VIE지배구조를 인정받는다.
- 외국인 통제 하의 VIE는 구조 지속 허가를 신청한다.

입법안에 대해서 외국 측은'만일 외국인 통제 하에 있는 VIE가 해산 또는 중국인에게 매각되어야 한다면, 과거의 CCF구조 사례에서처럼 대거 손실이 발생할 수 있다'고 우려하였다, 상해의 미국상공회의소에서는 '기존 VIE에게 25년 간의 기간 보장'

을 중국 측에 건의하였다[127].

그러나 2016.10.1.개정 중국 외국인투자법에서는 VIE에 대한 취급을 도입하지 않았다. 개정법에서는 외국인투자기업의 온라인 등록제를 도입하면서, 등록 항목에 외국투자자의 실질통제자를 추가하였을 뿐이다.

VIE 구조는 2016년 ZTO Express 물류의 NASDAQ상장에서 지속되었다[128].

2016년 말 Changsha Yaxing Real Estate Development vs. Beijing Ambow Shida Education Technology 판례에서 인민대법원은 VIE계약의 집행가능성에 대해서 명시적으로 판단하지 않았다[129].

5. 분식회계 해외 스캔달

가. 미국 상장 중국물 폭락

2007년 RINO International Corporation, 2009년 China Media가 우회상장을 하여 중국물 우회상장 붐이 도래하자, SEC는 2010년에 상장외국기업을 담당하는 Cross-Border Working Group을 설치하여 대응하였다. 우회상장만이 아니라 레드칩 구조에도 경고가 제기되었다[130]. 궁극적으로 나스닥은 사립탐정을 고용하여 SEC 등록서와 본토 내의 세금 신고서를 비교하며, 본토 현장의 시설과 배경 조사를 개시하였다[131].

127) Gregory J. Millman, Foreign Companies at Risk From Proposed Chinese Law: New regulation may render illegal a corporate structure used in China by companies like Amazon, CBS – Wall Street Journal, 2015. 4. 19.

128) Fredrik Öqvist, ZTO's unusual VIE, Paul Gills China Accounting Blog, 2016.10.26.

129) Zhang Biwang, Analysis of the VIE model from a legal perspective, China Business Law Journal, November 16, 2017

130) Chen, Kun-Chih, Cheng Qiang and Lin Ying-Chou, Lin, Yu-Chen and Xiao Xing. 2013. "Financial Reporting Quality of Chinese Reverse Merger Firms: The Reverse Merger Effect or the China Effect?" Singapore Management University Working paper

131) Francine McKenna, After China fraud boom, Nasdaq steps up scrutiny of shady listings, MarketWatch, June 20, 2016

2010년 여름 Muddy Waters사가 Orient Paper에 대한 보고서를 낸 후 주가가 70% 하락하였다. 그 직후, PCAOB는 Staff Audit Practice Alert No.6 를 발표하여 중국기업에 대한 미국회계법인의 감사품질에 우려를 제기하였다. SEC에 제출된 공시와 중국 내 SAIC에 공시된 내용의 격차에 대해서, 우회상장 중국기업 측은 주로 회계기준의 차이라고 주장하였다. 이러한 격차에 대한 연구에서는, '회계기준 차이에 의해 격차가 설명되지 않으며 대상기업이 SAIC에 의해 고발당하지도 않았으므로 회계부정이다' 라고 보고하였다. '중국 경영자들이 미국 증권법의 허점을 완전히 파악하고 활용한다'는 경고가 제기되었다[132].

이후 다수 중국기업들이 공시를 중단하여 등록이 철회되었고, 미국 주주들이 손실을 보았다. 역합병 거래를 주선했던 미국 소형 투자 은행들은 SEC의 규제조치를 맞았다. 헤지펀드 업계에서는 본토의 금융 부띠끄들이 SAIC등록서 위조 및 허위인감 날인 방식을 연수를 시킨다고 알려졌다[133].

2011년까지 미국 증시에 상장한 중국·홍콩기업 518개사가 2012년까지 72%의 시가를 상실하였고 106개사가 상장 폐지되었다. Renaissance Capital 은 2008년부터 3년간 중국주 IPO수익률이 -23.8%라고 보고했으며, 기간 중 다른 IPO 수익률은 24.8%였다. 역 합병 우회상장으로 인해서 미국투자자들이 입은 손실은 340억 달러로 추정되었다. 중국물 주가가 미국주식 대비 30% 수준 할인되어 평가되고 공매도자들의 목표가 됨에 따라, 2013년에는 중국기업의 미국 거래소 상장폐지 건이 신규상장 건을 초과하였다.

도3-9. 미국 증시의 중국계 기업 시가총액

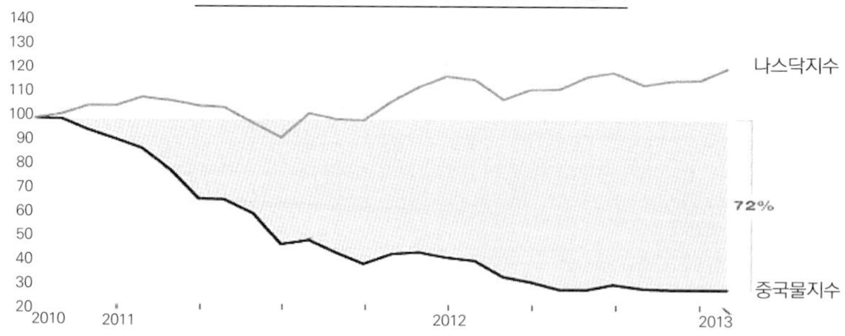

* 자료: 블룸버그, 데이터스트림

132) http://chinastockfraud.blogspot.com/2013/11/china-stock-fraud.html
133) Sovereign Advisers, Exchange-Listed Chinese Company Fraud. Globalsecuritieswatch.org. 2013.

당시 홍콩에서도 중국 종목의 신뢰도가 떨어지자 기업 측이 자발적으로 또는 거래소의 권고에 따라 실사를 하는 모습이 나타났다[134].

나. 헤지펀드의 중국주 공매도

공매도 전문 헤지펀드는 과대평가된 주식을 물색하여 차입매도하는 방식을 구사한다. 이들은 공매도 후 주가 하락을 기다려서 저가에 매입하여 차입한 주식을 상환하면서 차액을 실현시킨다. 기업지배구조에서 문제가 있는 경우 주주행동주의 활동을 병행하게 된다. 만일 기대하던 것과 반대로 주가가 상승한다면 매수가격이 당초 매도가보다 높으므로 이들은 손실을 시현하게 된다. 단독거래로(stand-alone) 행해지는 공매도는 이론적으로 무한대의 손실을 볼 수 있는 극단적인 위험행동이지만, 자유분방하고 강한 개인들이 공매도 전문펀드를 운용한다.

공매도 헤지펀드 포트폴리오의 편입 대상 종목은 다음과 같다;

- 재무상태가 약하나 주가가 높은 기업. 이익이 없거나 부채가 많은 기업을 포함.
- 회계감사인을 정기적으로 교체하거나 공시 등록에 지연이 빈발하는 경우
- 매력적인 분류에 소속되는 단일제품을 생산하지만 그 내역이 측정하거나 이해하기 어려운 경우
- 설비과잉 업종에 소속된 기업, 이익 감소 또는 가격결정력이 약한 기업.
- PER 비율이 성장률에 근거한 합리적 수준보다 훨씬 높은 기업
- 합병에 개입되었으나 합병이 실패한 기업. 피인수 대상회사들은 합병 실패 이후 대부분 주가 하락을 보인다.
- 석유나 금 등 새로운 천연자원이나 매장량을 발견했다고 또는 신 채굴 방식을 개발했다고 주장하는 기업
- 항상 스스로 축하하는 보도자료를 내놓는 기업
- 시장의 누군가가 시가총액이 10% 이상을 공매도한 기업

---

134) Kate O'Keeffe, Chinese Company Scandals Are Spurring Due Diligence In HK Dow Jones Institutional News, 17 Oct 2011.

- 증권거래소의 종목코드(ticker)를 너무나 영리하게 붙이는 기업. 이는 공매도 지표로서는 이상하게 보일 수 있으나 과거 그럴 듯한 코드를 가진 기업에 문제가 많이 발생하였다. 예로서 SEXI라는 코드의 종목은 증권사기 사건의 하나로 판명되었다.
- 미국 증권법의 규정S를 통하여 역외에서 신주를 빈번히 사모 발행하는 기업. 이러한 주식은 통상 할인 발행되며 45일 이후 미국으로 환류할 수 있어 기존 주주에 대한 희석 효과를 발생시킨다.
- 공매도자들을 억누르기 위해 소송을 제기하거나 시스템 적으로 반응하는 기업

공매도 전문가들은 2009년부터 해외상장 중국주를 목표로 삼았다. 199 개 공매도 사례가 출현하였는데 2011년에 65건에서 36%의 수익률을 시현하면서 정점에 도달했다. 해외 상장 당시의 자문역이 상장 후에는 공매도자로 돌변한 경우도 있다고 알려졌다[135].

표3-16. 중국주식 공매도 활동

연도	종목 수	수익률(%)
2009	4	21.11
2010	19	80.52
2011	65	36.24
2012	19	-51.94
2013	12	-59.45
2014	28	14.71
2015	30	15.3
2016	22	13.09
합계	199	

* 자료: Activist Insight

머디워터리서치의 카슨 블록은 상하이에서 창고회사를 창업했던 경력자이다. 머디워터는 손자병법에 나오는 '물을 흐리게 해야 물고기가 더 쉽게 잡힌다'는 뜻인 '혼수

135) Wang He Anonymous. Not falling short: The rise of short selling in China, China Law & Practice, Dec 2011

모어(混水摸魚)'라는 전략에서 따온 이름이라고 한다.

그의 최초 목표는 뉴욕 증시에 상장되어 있는 Orient Paper라는 중국 기업이었다. 블록은 친구와 함께 잠재 구매자를 가장하여 직접 오리엔트페이퍼의 허베이성 공장을 방문하였다. 이 회사의 주가는 리포트 발표 전 대비하여 90% 폭락했다. 블록의 다음 목표는 제철공장에서 배출되는 배기가스의 탈황(desulfurization)키트 생산업체였던 라오닝성 다롄시의 RINO International Inc이라는 업체였다. 이 회사는 당시 나스닥에 상장되어 있었다. 블록이 직원들을 직접 중국에 보내 몇 달간 추적한 끝에 그 공급계약의 5분의 4가 거짓말임이 드러났고, 곧 상장폐지된다.

세 번째 회사는 나스닥에 상장되어 있던 Chian Media Express라는 회사였는데, 중국의 대도시들 간에 운항되는 고속버스 안에 달려 있는 디지털TV 광고권을 가지고 있는 회사였다. 이 회사도 상장폐지되고 만다.

2011년 머디워터스는 시가총액 미화 42억달러의 Sino-Forest Corporation에 강력한 매도 의견을 냈다. 이 종목은 폴슨앤드컴퍼니 헤지펀드의 존 폴슨이 이 회사 지분을 대거 매집하였다는 사실이 공시되면서 유망 종목으로 증권사들에 의해 추천 받았고, 피델리티 및 싱가포르 Temasek도 주주였다.

Sino Forest측에서는 이사회 특별위원회를 구성하여 반박에 나섰으나, 이 회사가 중국 윈난성에서 당해 연도에 벌목했다고 주장하는 목재의 양이 윈난성 정부가 목재회사들에 벌목을 허용한 벌목량을 9억 달러 가량 초과하고 있었음이 밝혀지자, 2012년 5월에 상장폐지된다.

블록은 그 후에도 Focus Media Holdings, Olam International, Duoyan Global Water, Spreadtrum Communications, New Oriental Education Technology 등 중국 기업들을 차례로 공략하는 매도 리포트를 내면서 '차이나 핸드'라는 별명을 획득한다. 블록이 공략한 이들 기업 중에서 New Oriental Education Technology 외에는 대부분이 큰 폭의 주가 하락을 경험하거나 상장폐지된다.

Sino Forest 소송 사례

Sino Forest는 머디워터스에게 명예훼손 소송을 제기하였으나, 주식이 거래정지 당하고 파산에 들어갔다. Sino Forest가 상장되었던 캐나다의 투자자들은 주식공모 주관사 및 회계감사인에게 대표소송을 제기하였고, 주관사들은 다시 중국 Commerce & Finance: (주관사측 중국법 자문) 및 Jingtian & Gongcheng (회사측 중국법 자문) 법무법인들에게 소송을 제기하였다. 캐나다로부터 피소당한 2개 중국 법무법인들은 재차 Sino Forest의 이사회 독립위원회와 법률자문사에게 소송을 제기하였다. Paulson헤지펀드의 투자자들도 미국 내에서 헤지펀드에게 대표소송을 제기하였다.

Sino Forest의 이사회 독립위원회는 2011년 11월 중간보고서에서 '분식이 발견되지 않았다'고 발표하였으나, 최종보고에서 자문사들은 '자사의 보고가 아닌 위원회의 보고서'라고 한정하였다. 독립위원회 위원(전 감사위원장)은 재판에서 '독립위원회가 보기에 SAIC에 등록된 기업정보도 신뢰할 수 없었다'고 증언하였다. 입목소유권의 공식인증서(Forest Right Certificate)는 토지사용권을 향진 기업이 소유한 경우 주민 2/3의 동의를 요했으며, 외국인인 Sino Forest의 역외법인에게는 원천적으로 발급될 수 없었다. 이에 따라 Sino Forest는 담당부처의 확인서(Forest Bureau Confirmation)를 입수하였다. 확인서에는 담당자 이름이 없이 '공식인증서가 시스템 개선 이후 발행될 것이다'라고 기재 (실제로 외국인에게는 발급 불가능) 및 날인되어 있었다(발급일자는 실거래일자에 맞추어 소급). 회사 측은 공식인증서 미입수 문제를 투자 위험요소 항목에 기재하였으며, '이러한 확인서가 유효하다'는 본토 법률의견서가 2008년에 회계감사인에게 제시되어 있었다. 회계감사인은 2010년 확인서 발급부처를 방문하려 했으나, 회사가 협조하지 않았다. 독립위원회는 상당한 조사 진행 후에야 '확인서를 회사가 작성한 후 현지 하청업자를 통해서 날인 받았다'는 사실을 발견하였다. .

IPO주관사들은 잘못을 인정하지 않고서 합의금을 지불하였고, 자문사들 간의 소송도 타결되었다[136]. 2017년 캐나다 당국은 '역외보유 분이라서 공식인증서를 획득할 수 없는 비중이 높다는 사실을 밝히지 않았다' 면서, 의도적인 분식회계로 판단하였다.[137]

---

136) 캐나다 주관사로부터 피소당한 2개 중국 법무법인들은 재차 캐나다 원고, Sino Forest의 이사회 독립위원회 및 법률자문에게 명예 침해 소송을 제기하였다. 그런데, 이사회 독립위원회의 중국법 자문인 Jun He법무법인의 심천지사에서 담당 파트너가 미국변호사일 뿐이고 중국변호사 자격을 갖추지 않았기 때문에, Jun he법무법인이 제기한 법적의견은 무효라는 논쟁이 비화되었고, 북경 법무부가 법무법인의 외국파트너 역할을 조사하는 파동이 일어났다.

137) Sino-Forest Corporation (Re), 2017 ONSEC 27, 2017-07-13

6. 본토-역외 간 주가 괴리

가. 본토 - 홍콩 간 주가 괴리

북경은 1985년 외국인 합작기업 회계기준을 도입하여 내국 기준과 병행 사용하였다. 1993년에 일원화된 기준을 시행하였으나 국제기준과는 괴리가 상존하였다. 내국 회계기준을 적용한 A주식은 외국인용 B주식 대비 상당히 높은 가격에 거래되었다. 1993년 대륙과 홍콩 교차상장 제도를 창설하여 칭다오 맥주가 최초 교차상장기업이 된 후, A주식은 국제회계기준을 사용한 H주식에 대비해서도 높은 프리미엄을 형성하였다[138].

표3-17. H주식과 A주식의 최대 괴리 10대 종목

	H주가(HK$)	A주가(위안)	A주 프리미엄
Sinopec Yizheng Chemical	4.08	13.12	221
Sinopec Shanghai Petrochemical	6.37	19.65	209
Beiren Printing	3.60	9.75	179
China Oilfield Services	19.60	51.65	387
Northeast Electric Development	2.59	6.79	161
Jiangxi Copper Company	29.70	75.19	269
Nanjing Panda Electronic	3.44	8.65	151
Shandong Xinhua Pharma	2.95	7.32	149
China Eastern Airlines	8.00	19.05	138
Tianjin Capital Environmental Protection	4.57	10.79	136

* 자료: Tom Mitchell, Integration of Bourses Is Not Black and White, Financial Times, 2007.10.12.

투자은행과 회계법인들은 어느 가격을 적용해야 할지 난감해 했고, 홍콩 당국은 가격괴리에 우려하였다.

괴리의 원인으로서, 1994년부터 4년 간 A와 B주식이 교차상장된 50종목에서 국

138) 상해와 홍콩에 교차 상장된 30개 종목(11개는 뉴욕에 동시 상장)의 경우, A주식이 해외주식보다 높게 가격이 형성되었다는 연구가 있다, Arquette G.C., W.O, Brown Jr. and R.Burdekin, US ADR and Hong Kong H Share Discounts of Shanghai-listed Firms, Journal of Banking and Finance 32,1916-1927, 2008.

내기준이익이 국제기준이익보다 20~30% 높았다는 연구가 있다. 표본 50종목 중 빅5회계법인이 A와 B주식을 모두 감사한 경우는 20%에 불과했다. A주와 H주가 교차상장된 칭다오맥주, 상하이페트로와 Yizheng Synthetic Fiber 의 3종목을 1995-1998간 비교한 연구에 의하면 결과가 엇갈렸다. 칭다오 경우는 국내기준실적이 홍콩기준에서보다 30~60% 우수했다. 상하이페트로(최초로 뉴욕까지 3개거래소 교차상장)에서는 실적격차가 별다르게 나타나지 않았다. Yizheng의 경우는 국제회계기준에 의한 이익이 국내기준 이익보다 컸다.

2004년의 A와 H 교차상장 30사에 대한 연구에서는 실적 격차가 나타나지 않았다. 2004년 A주식의 감사인의 70%가 빅4였던 점도 홍콩회계보고와의 격차 축소에 기여했을 것이다. 단 이러한 수준은 본토와 홍콩 교차 상장기업에 한정된 상황으로, 순수 본토기업에서는 기대할 수 없는 것이었다.

또한 A주식시장의 IPO발행가가 낮으며, 공매도 기회가 없다는 이유도 제시되었다.

표3-18. 중국IPO 저가 발행에 대한 연구

저자	연구 대상 기간	표본 수	저가 폭
Mok and Hui (1998)	1990 - 1993	101	462%
Datar and Mao (1998)	1990 - 1996	226	388%
Ritter (2003)	1990 - 2000	n/a	256.9%
Chen and Gao (2000)	1992 - 1996	565	335%
Lui and Li (2001)	1991 - 1999	781	142%
Zhou and Zhou (2009)	1991 - 2005	1380	238%
Chan et al. (2001)	1993 - 1998	540	178%
Chi and Padgett (2002)	1996 - 2000	668	129%
Han and Chen (2001)	1997 - 1999	379	135%
Li and Hovey (2009)	1999 - 2001	311	132.8%
Ti (2003)	1999 - 2002	354	135%
Huang (2011)	2000 - 2011	1256	43.13%
Su and Bangassa (2011)	2001 - 2006	391	82.73%
Teshima and Suzuki (2008)	2004 - 2005	50	48.6%
Varadzhakov (2009)	2004 - 2008	378	116%

* 자료:Social Science Research Network

2000년부터 2004년까지 상해A주식의 PER는 59배로부터 24배로 하락하였고, 심천A주식은 56배로부터 26배로 하락하였다. 같은 기간 H주식의 PER는 9배로부터 16배로 상승하였다. 양 시장 간 가격 수렴 추세가 출현함에 따라서 'A주식이 IPO의 공모가 설정에서 결정력을 잃을 것이라'는 관측이 대두하였다[139]. 2010년부터 H주식의 상장에서 중국회계기준의 재무제표 등록이 허용되었다.

2007년에는 A와 H주식 가격을 비교하는 항생 AH 프리미엄 지수가 출범하였는데, 133.24포인트의 괴리를 갖고서 출범하였다. A주식의 프리미엄이 발생한 이유로는 정보 비대칭, 유동성, 상이한 위험수용도 등의 이론이 제시되었다[140]. A주식의 프리미엄은 초기의 비현실적인 수준으로부터 장기적으로 하락을 보였다.

AH프리미엄 지수는 2014년의 상해-홍콩 간 후강통 연결 직전에 일시 100을 하회하였으나, 120 이상을 유지하고 있다[141]. 홍콩에서 재정거래가 비공식적 경로를 통해 발생하였으나, 위안화 외환 규제 하에서 불완전한 세력일 뿐이었다. 2015년 후강통 주식에 대한 공매도 제도가 상해에 도입되었지만 규제가 심해 실제 효과를 내기는 어렵다. 중국 경제 전문 사이트 허쉰에 따르면 2015년 7월 현재 공매도 잔액은 16억 위안으로서, 신용융자 잔액 1조 3,361억 위안의 0.1% 수준에 불과했다. 이에 따라 A주식 공매도/H주식을 매수하는 재정거래자 (convergence trader)들이 발붙일 데가 없다.

나. 홍콩주식을 원주로 한 CDR예탁증서 도입

2001년에 레드칩으로 홍콩에 상장한 CNOOC는 2007년 더 높은 가격 배수를 받고자 CSRC에 본토 상장을 요청하였다[142]. 2018.3.30. 국무원은 유니콘들의 본토 상

139) A股H股加速接轨 股票定价权或已丢失，2005年03月15日，广州日报
140) Tingting Wu, Xiaoying Gao, Factors of Price Difference between A-Shares and H-Shares under SH-HK Stock Connect, International Conference on Transnational Corporations and Emerging Markets, October 2015
Terry Ng, A shares and H shares - Why a company's same shares can have different prices, marketMugul, 2017.8.10.
141) Renbin Zhang, Tongbin Zhang, Understanding AH Premium in Chinese Stock Market, November 22, 2016.
Wensheng Peng, Hui Miao and Nathan Chow, Price convergence between dual-listed A and H shares, HKMA China Economic Issues, 2017.7.
142) ___, Red chips wait for Chinese go-ahead, International Financial Law Review; Apr 2007

장을 위한 방식으로서 CDR방식을 도입하였다(Circular of the General Office of the State Council on Forwarding the Several Opinions on Launching the Pilot Program of Domestically Issuing Stocks or Depositary Receipts by Innovative Enterprises Guo Ban Fa [2018] No.21).

2018년 홍콩 거래소는 샤오미의 VIE 및 가중의결권을 허용하여 상장시켰다.샤오미는 홍콩 상장과 함께 본토 증시에 30%를 배정하여 CDR을 발행한다는 계획을 CSRC에 제출했다. CDR이 본토 내에 상장되면 '차등의결권'과 'VIE구조'가 본토에서 간접적으로 인정 받는 결과가 될 것이었다. CSRC는 샤오미가 CDR 투자설명서를 제출한지 2주 만에 심사를 마쳤으며, 이는 제출에서 심사까지 평균 1년 이상 걸리는 중국 증시에서 매우 이례적이라는 평가가 나왔다. 그러나, 샤오미는 홍콩 증시 상장에서 CDR 발행은 연기하였다. 이에 따라 A주식과 VIE 레드칩 간의 공식적인 PER비교는 이루어지지 않았다.

다. 미국 상장폐지 후 홍콩 재상장 행태

중국주식의 분식 스캔들 이후 '차이나 디스카운트'현상이 현저하자, 중국 우량종목들은 PER가 높은 본토와 홍콩의 증시로 복귀하였다. 미국증시에서 공개매수로 상장폐지를 선언한 중국기업수가 2013년에 50개사를 초과하였다. 이들은 사모펀드의 지원 하에 지분을 매입하여 A, H주식으로 재매각을 노렸다.

표3-19. 미국 증시에서 기업공개 대 공개매수 선언 건수 추이

연도	2010	2011	2012
기업공개	45	15	2
공개매수 선언	6	16	25

중국 정부의 정책금융사인 중국개발은행(CDB)이 중국 기업의 자발적 해외 상장폐지(Going Private) 공개매수에 자금을 지원하였다. 중국과 미국계 사모펀드들도 동참하였다.

공개매수에 응하는 미국 주주 측에서는 공개매수자 측이 지급하는 가격이 헐값이

라고 생각하였다. 발행회사 측이 미국 투자은행으로부터 공정의견을 확보하여 제시함에 불구하고, 대다수 중국계 기업의 역외지주회사가 소재한 Cayman군도는 미국 국내보다 투자자 보호가 약하기 때문이다.

표3-20. 2010-2012년 사이 상장폐지 선언 및 실행 추이

회사명	상장방식	공시일	결과
Feihe International	우회	2012.10.03	완결됨
American Lorain	우회	2012.10.15	무산됨
Andatee China Marine Fuel	주식공모	2011.11.29	무산됨
AsiaInfo-Linkage	주식공모	2012.01.20	완결됨
BMP Sunstone	우회	2010.10.28	완결됨
China Advanced Construction Materials	우회	2011.07.26	무산됨
ChinaCast Education	우회	2011.11.15	무산됨
China Fire & Security	우회	2011.03.07	완결됨
China Chemical	우회	미상	무산됨
China Natural Gas	우회	2011.07.05	무산됨
Cninsure	주식공모	2011.05.16	무산됨
China Mass Media	주식공모	2012.05.04	완결됨
Chemspec International	주식공모	2010.11.12	완결됨
China Shengda Packaging Group	우회	2012.10.15	무산됨
China Real Estate Information	주식공모	2011.12.28	완결됨
China Security & Surveillance Tech	우회	2011.03.08	완결됨
China TransInfo	우회	2012.02.21	완결됨
Focus Media Holding	주식공모	2012.08.13	완결됨
Fushi Copperweld	우회	2010.11.03	완결됨
Funtalk China Holdings	우회	2011.03.25	완결됨
Global Education & Technology	주식공모	2011.11.21	완결됨
China GrenTech	주식공모	2011.11.14	완결됨
Gushan Environmental Energy	주식공모	2012.02.24	완결됨
Zhongpin	우회	2012.03.27	완결됨
Harbin Electric	우회	2010.10.11	완결됨
LJ International	주식공모	2012.08.13	완결됨
Jingwei International	우회	2012.01.06	완결됨

China Kanghui Holdings	주식공모	2012.09.28	완결됨
Ninetowns Internet Technology Group	주식공모	2012.10.12	완결됨
China Nuokang Bio-Pharmaceutical	주식공모	2012.05.09	완결됨
Pansoft	주식공모	2012.01.09	완결됨
Puda Coal	우회	2011.04.29	무산됨
Qiao Xing Mobile Communication	주식공모	2010.09.08	무산됨
Shengtai Pharmaceutical	우회	2012.04.17	무산됨
ShangPharma	주식공모	2012.07.06	완결됨
Shanda Interactive Entertainment	주식공모	2011.10.17	완결됨
SOKO Fitness & Spa	우회	2011.07.25	완결됨
3SBio	주식공모	2012.09.12	완결됨
7 Days Group Holdings	주식공모	2012.09.26	완결됨
Syswin	주식공모	2012.09.07	완결됨
Tibet Pharmaceuticals	주식공모	2012.02.27	무산됨
Trunkbow International Holdings	우회	2012.11.02	완결됨
Tiens Biotech Group	우회	2011.06.27	완결됨
Tongjitang Chinese Medicines	주식공모	2010.04.08	완결됨
WSP Holdings	주식공모	2011.12.13	무산됨
Winner Medical Group	우회	2012.04.02	완결됨
Yongye International	우회	2012.10.15	완결됨
Yucheng Technologies	우회	2012.05.21	완결됨

* 자료: Hansen, Jens Øarding and Öqvist, Fredrik, Why Do U.S.-Listed Chinese Firms Go Private? (August 18, 2015).

RINO와 China Media의 회계 부정으로 인해 미국 사모펀드들은 실사를 더 강화하였다. 두 회사 모두 창업자나 선임 경영자가 우회상장 전과 후에 공히 최대주주였다. SEC가 최고경영자를 고발하면, 미국 상장 폐지 이후에도 상장기업이던 기간 중의 활동에 대해서 SEC 의 조사가 계속되고 비용 부담이 발생한다. 창업자 및 최대주주 개인이 징계를 받고 나면 기업 자체가 존속하기 어렵다는 지배구조 상의 리스크로 인해 홍콩 재상장이 위태로와 질 수 있었다.

China Metal Resources Utilization사례

이 회사는 2007년에 뉴욕증권거래소에 Gushan Environmental Energy로 상장하면서 8억 달러로 평가되었다. 2012년 상장 폐지 시에는 바이오디젤 공장은 한 군데만 운영 중이었고, 유통지분 공개매수에 소요된 자금은 2,100만 달러에 불과했다. 이후 주 사업을 구리 재활용으로 변경하여 몇몇 기업 인수 건을 수행하였다. 2014년 초 홍콩에 재상장 가격은 주당 1.13HK$로서 기업가치를 3억 달러로 평가 받았다. 재상장 과정에서 홍콩증권거래소 측은 신규사업이 상장을 목적으로 졸속 인수한 건이 아닌지, 인수 후 통합이 잘 되었는지를 집중 실사하였다.

2013년 3SBio의 공개매수는 CITIC사모펀드가 주도하였다. 3SBio는 2015년 홍콩에 재상장하였다.

한편 케이만 소재 레드칩이 뉴욕에서 공개매수되면 미국 주주들은 케이만 회사법 238조 에 근거하여, 주식의 공정가치 판단을 법원에 의뢰(appraisal right)할 수 있다. 2009년 NADSAQ에 상장했던 중국 Shanda Games Limited가 2015년 미국에서 상장을 폐지하기 위한 공개매수를 선언하자, 가격에 불만을 품은 홍콩의 Maso Capital 등 3인의 주주들이 케이만 법원에 공정가치 판정을 요청하였다(FSD 14 of 2016, 2017.4.25.). 소송 과정에서 데이터룸이 설치되었고, 전문가의 보고서가 제출되었다. 원고인 반대주주 측 전문가는 기업가치를 73억 달러로 평가한 반면, Shanda측의 전문가는 26억 달러로 평가했다(심리 중 다소간 증액함). 케이만 법원은 델라웨어 주의 판례를 참조하여 판결하였으며, 피고가 주장한 소수지분 할인(minority discount)은 배제하였다[143]. Integra Group, E-Commerce China,Qihoo, Homeinns Hotel의 공개매수에서도 유사한 소송이 발생하였다[144].

AsiaInfo-Linkage의 공개매수는 CITIC사모펀드가 주도하였다. 2013년 5월 Asiainfo-Linkage는 CITIC Capital Partner 및 Edward Tian의 China Broadband Capital Partners II, L.P. 컨소시엄과 주당 12달러(30일 가중평균주가

---

143) Nigel K. Meeson QC Erik Bodden Paul Smith, Dissenting Shareholders, Fair Value Petitions and Statutory Appraisals: New Guidance from the Cayman Islands, Conyers Dill & Pearman, April 2017
Mac Imrie, James Eldridge, Gemma Freeman, Merger dissenters prevail in Cayman Islands Grand Court ruling, Maples, 2017.4.26.

144) Bernadette Carey, New year, new laws and new judgments, Cayman Financial Review, April 26, 2017

에 53% 프리미엄 부)에 인수계약을 체결하였다. 인수금융은 아시아계로만 구성되어서 Bank of Taiwan, Cathay United Bank, Co., LTD, ICBC International Capital Limited, Maybank Investment Bank Berhad 및 Nomura International (Hong Kong) Limited 가 3.3억 달러를 제공하였다 (아시아 은행신디케이트로 구성된 최초 미국 LBO).

이 건은 중국 측이 버진아일랜드나 케이만, 네바다 주들이 아닌 델라웨어 주에 상징지주회사를 설립하였던 희소한 사례였다[145]. 미국에서 저가 공개매수로 상장폐지 후 고가에 중국 내 재상장하는 데에 '모럴해저드'라는 비판에 제기된 상황에서 지주회사가 델라웨어 주 소재법인으로서 케이만 소재의 경우보다 미국 내 피소 위험이 높았으며, 특히 공동창업자가 포함된 단독 컨소시엄이 인수자이므로 더욱 그러하였다[146]. 이에 따라 각 거래당사자 별로 수많은 자문사들이 참여하였다.

- CITIC Capital Partners 의 법률자문 Davis Polk & Wardwell
- Asiainfor-Linkage사의 이사회 특별위원회의 법률자문: Shearman & Sterling
- CITIC Capital Partners의 재무자문; Morgan Stanley 및 Nomura International (Hong Kong) Limited와 ICBC International Capital Limited
- Asiainfor-Linkage사의 이사회 특별위원회의 재무자문: Goldman Sachs (Asia) L.L.C.
- Edward Tian and China Broadband Capital Partners II, L.P의 법률자문: Skadden, Arps, Slate, Meagher & Flom LLP
- Edward Tian 의 재무자문 China Renaissance Holdings Limited
- Goldman Sachs (Asia) L.L.C.의 법률자문: Fried, Frank, Harris, Shriver & Jacobson LLP

145) Lee, Ashley. AsiaInfo: how a US-incorporated ChinaCo goes private International Financial Law Review, Jul/Aug 2013

146) Edward Tian이 AsianInfo의 창업자 및 China Netcom의 부회장 경력자로서 2006년 사모펀드를 창업하였다.

라. 해외 상장폐지 후 본토 내 우회상장 행태

광고회사 Focus Media는 2005년에 나스닥에 37억 달러로 상장되었다가 2013년 사모펀드 (칼라일, FountainVest, Citic, China Everbright, Fosun International)과 회장 개인이 인수한 후 (기업가치 39.7억 달러), 2015년에 심천거래소에 우회 상장하였다(기업가치 73.8억 달러)[147].

한편, 2014년에 홍콩 상장한 Wanda Commercial은 본토거래소 복귀를 위하여 2016년 홍콩에서 345억 HK$의 바이아웃으로 상장폐지하였다. Kuwait Investment Authority 와 China Life Insurance Group Co이 공개매수에 동참하였고, 완다는 2018년 9월 내 상장 달성을 하거나, 12%의 수익률에 바이백을 약정하였다. 2018년 부동산개발사 Sunac, Tencent, JD.com 및 Suning이 완다의 14% 지분에 참여하였다.

2017년에는 Qihoo 360이 뉴욕으로부터 복귀하여 상해에 우회상장하였다.

미국에서 상장 폐지한 중국기업이 본토에 재상장하려면 중국 감독 당국은 미국 상장에서 채택되었던 역외 지주회사, VIE구조 및 control structure를 제거하도록 요구하였다. 또한 2015년 당시 북경의 외국인투자법 개정안에서 VIE감독 강화 방향을 제시하고 있었다 (입법되지 않음).

147) Yifan Xie. Prudence Ho, Focus Media's $7.4 billion backdoor listing doubles Chinese firm's Nasdaq delisting value, Dow Jones Institutional News, 2015.6.3

제4장

증권발행 시의 실사

증권의 공모 발행 시장에서, 발행기업과 기존주주들은 높은 발행가를 원하는 반면, 신규 투자자들은 낮은 공모가를 원하는 상반된 이해관계가 존재한다. 주관회사는 발행회사를 파악하고 사업설명서를 작성하기 위하여 실사를 수행한다. 사업설명서는 발행회사가 IPO를 할 만큼 성숙하였다는 증거를 제시하고, 기업 정보를 잠재투자자에게 제시한다.

주관회사는 실사를 수행함으로써 사업설명서 상의 부정확한 공시 책임에 대한 법적 방어를 할 수 있다. 하지만 투자자들은 발행 주관회사가 실사를 충실히 수행하였을 것은 당연시하므로, 발행 이후에 불미스런 사건이 발생할 경우 주관회사는 자사의 평판에 손상을 받게 된다.

실사전문업체인 Kroll 이나 Copal에 의하면 해외 상장 중국기업에 대해서 국제 IPO주관사인 투자은행들의 실사가 미진했다고 지적되었다. 이러한 상황은 기업공개 공동주관사 수가 많아지면서 수익 감소에 따라 심화되었다.

1. 미국 증권법 상의 실사

미국의 SEC는 증권 발행시장에서 인수인의 책임에 대해서 규정 176을 제정하고 구체적인 사안에 대해서 비조치의견서(No-Action Letter)를 통해서 명확한 유권해석을 내려 준다. 미국법의 '실사에 의한 방어'는 홍콩·싱가폴·중국에서도 모두 채택하였다.

가. 증권발행 주관회사 측의 책임 방어

증권의 발행시장을 규제하는 1933년 미국 증권법 11장에서는 유가증권 등록에서 중대한 허위 표시와 누락을 금지한다. 공시서류의 허위 기재에 관한 증권 발행 주관회사의 책임은 발행시장을 규제하는 1933년 증권법의 11조 및 제12조a항 제2호에 근거한다.

증권발행신고서에 중요한 허위표시 또는 기재 누락이 있는 경우에 정보관계자는 민사책임, 형사제재나 행정처분의 부과대상이 된다. 이러한 민사 책임을 부담하는 대상자로는 ①등록신고서에 서명한 자, ②등록신고서 제출 당시의 이사, ③본인의 동의하에 등록신고서의 일부를 작성하거나 증명한 것으로 기재된 회계사, 기술자, 평가사, 기타전문가 및 ④ 당해 증권의 인수업무를 담당하는 인수인이 해당한다.

발행 주관회사는 발행회사와의 인수계약에서 주관회사 측의 손실에 대한 발행자의 보상(indemnity)조항을 확보하지만, 이러한 권리가 실사를 대체할 수는 없다. 주관회사가 실제로 보상을 받으려면 소송 절차를 거쳐야 하거나, 소송에서 승소 하더라도 발행사에게 재원이 없을 수가 있다. 그리고 설사 보상을 받았더라도, 주관회사의 평판은 회복되지 못할 것이다.

이에 따라 미국 변호사들은 주관회사 측의 과실이 없음을 증명하는 '실사에 의한 방어'로써 증권법상의 소송 피소를 방지한다. 발행주관회사는 이러한 방어에 의해서 자사의 평판을 유지하기 위하여 발행회사에 대한 합리적인 조사를 해야 한다. 등록신고서에 기재된 정보에 관하여 상당한 주의를 기울였다면 제11조의 책임 적용에서 면제되기 때문이다. 이러한 실사는 "새로이 발행되는 증권과 증권의 발행인에 대하여 인수인이 조사 또는 분석해야 하는 주의의무"로 해석되며, 일반적으로 상당한 주의의 정도로 이해된다.

미국증권거래위원회는 1982년에 규정176조를 제정하여 33년 증권법 제11조에 따라 합리적인 조사를 하였는지의 여부 및 그 기재 내용을 신뢰할 만한 합리적인 근거가 있었는지 여부를 결정하는 데 고려할 요소들을 규정하였다.

- 발행회사의 유형
- 증권의 종류
- 책임을 추궁 당한 자의 자격
- 피고가 임원인 경우 그 직위
- 피고가 이사인 경우 발행회사와 다른 관계가 있는지 여부
- 임직원 기타 직무상 특정한 사실을 알고 있어야 할 자에 대한 합리적인 신뢰
- 인수인의 경우 인수계약의 내용, 인수인의 역할, 인용된 사실이 포함된 신고서 제출 시점에서 그 사실에 대하여 책임이 있었는지의 여부

1997년의 판례에서는 발행주관회사의 상당한 조사에 관해 적극적인 행위를 필요로 한다는 판단 기준이 제시되었다.

- 주관회사가 당해 회사의 재무, 경영 및 영업에 관하여 알고 있는지의 여부
- 당해회사가 소속한 업계에 관한 지식을 보유하였는지의 여부
- 당해 회사의 종업원과 면담을 하였는지 여부
- 당해 회사의 고객과 면담을 하였는지, 또는 고객이나 제3자와 자료를 확인하였는지의 여부
- 당해 회사 및 외부감사인으로부터 사업설명서의 정확성에 관한 확인서를 징구했는지 여부

SEC의 규정 176에서는 무엇이 합리적인 조사이고 합리적으로 믿을 근거가 되는지를 판단하는 데에 영향을 주는 상황을 규정하였다

- 발행자의 형태: 다국적기업의 경우는 국내 단일제품 기업보다 강화된다.
- 증권의 종류: 증권의 조건이 복잡할수록 실사가 강화된다. 2008년에 증권화 현상이 리스크 확산의 주 요인이었음에 따라 더욱 강조된다. 채권 발행의 경우에 발행으로 인한 신용등급, 현금흐름, 조달 자금의 용도 및 추가 자금 조달

소요가 점검된다.

- 개인의 역할: CFO의 경우 더 강화된다.
- 실사참여자: 법원은 실사의 질을 판단함에 있어서, 역할의 위임 또는 의존을 허용하지만, 반드시 적절한 모니터링을 조건으로 한다. 이에 따라 실사 방어는 11(b)(3)조 및 11(c)조에서 전문가와 비전문가의 책임을 구분한다. 주관회사가 전문가에 의존하지 않은 경우에, 주관회사가 합리적인 조사 후에 사업설명서가 진실하고 중대한 누락이 없다고 합리적으로 믿을 근거가 있다면 방어가 성립된다. 주관회사가 전문가에게 의존하는 경우에는, 주관회사가 사업설명서가 진실이 아니고 중대한 누락이 없다고 믿을 합리적인 근거가 있다면 주관회사에게 책임이 없다.

  만일 실사에 비 숙련 인력이 참여한다면, 사전에 특별 연수를 시키고, 그들의 실사 작업 내용을 서면화해서 선임자들이 검토할 필요가 있다.

사례: 월드컴

2002년 회계부정 사건을 일으켜 파산한 월드컴 사는 2000년과 2001년의 재무제표를 재 작성하자 760억 달러의 조정이 발생하여 자기자본이 5천만 달러로부터 -200억 달러로 감소하였다. 월드컴은 2000년 5월과 2001년 119억 달러의 채권을 발행하고 있었고, 채권자들은 유가증권신고서의 허위기재에 대해서 대표소송을 제기하였다. 피고는 월드컴, 이사진, 아더앤더슨 회계법인 및 발행 주관회사들이었다.

발행주관회사는 '허위기재 사항이 전부 회계관련이므로 월드컴의 감사인인 아더앤더슨의 감사보고서와 컴포트레터에 의존하였다'는 실사에 근거한 방어를 하였다. 실사보고서는 주관회사 측 법무자문이 작성하였고, 월드컴의 CFO와의 면담 내용이 포함되어 있었다.

소송 원고들은 감사필 재무제표가 적정의견을 받았지만, 월드컴의 E/R비율 (통신회선비용/수입비율)이 43%로서 경쟁사들의 53.2% 및 46.8%보다 상당히 낮았으므로 주관회사들이 데이터의 신뢰성에 의문을 제기할 합리적 근거가 있었다고 주장하였다. 궁극적으로 월드컴의 재무제표 재 작성의 주된 이유는 회선비용의 과소 계상으로 밝혀진다.

피고는 감사필 수치는 전문가에 의한 것이므로 조사할 대상이 되지 않는다고 주장하였으나, 원고들은 월드컴이 MCI로부터 470억 달러에 매입한 장거리전화 사업에 대해서 영업권의 손상을 감안했어야 한다고 주장하였으며, 법원은 이를 인정하였다. 감사 받지 않은 재무제표의 허위 기재 사항에 대해서 주관회사가 '컴포트 레터에 의존했다'는 주장에 대해서 법원은 '컴포트 레터만으로는 충분하지 못하며 발행 등록서 상에 전문가 작성분이 아닌 부분에 대해서 합리적인 조사가 수행되었어야 한다'고 판시했다.

원고 측은 주관회사 측의 실사보고서에 대해서 '발행자 측과의 면담 내용이 제한적이고, 질문이 피상적이며, 주관회사 측에서 독자적으로 판단해야 할 사안들을 질문하지 않은 것들이 있었다'고 주장했다. 주관회사 측이 2001년에 내부적으로 월드컴의 신용등급을 격하시키고 신용 노출을 줄인다는 결정을 내리고 있었던 상황에서, 본 2건 채권의 발행 규모가 거대함을 감안할 때 주관회사 측에서 특히 신중해야 했다는 점은 배심원의 판단에 맡겨졌다.

2005년에 피고인들은 배심원 판결 이전에, 월드컴 이사들 및 아더앤더슨과 함께 배상에 합의하였고, 사상 최대의 대표소송 합의 금액이 되었다.

법무법인과 회계법인에게는 실사업무에 규범이 입법되어 있는 반면, 투자은행의 실사업무는 정의되어 있지 않았다. 월드컴 판례의 주관회사에 대한 교훈은 '경고신호에 대한 조사를 하였다는 증거를 남기고, 업계 경쟁사와 비교 분석을 하며, 정형화되고 지속적인 실사의 모델을 만들며, 공동주관사들은 대표 주관사에 책임을 넘기는 행태를 지양하라'는 것이다.

나. 실사 수행 절차

미국의 공모 발행에서는 증권거래위원회에 최초 유가증권 신고서를 제출하기 전에 법률실사, 경영자 면담, 회계 실사를 포함하여, 실사의 대부분의 절차가 수행된다. 등록서류 작성 과정에서 경영자와의 유용한 면담 기회가 많이 생성된다. 발행자의 고객에 대한 면담도 필요하지만, 발행자 측이 늦추기를 선호하므로 최초 유가증권 신고서 등록 이후로 미루어질 수 있다.

1) 사업설명서 작성

사업설명서는 회사 측 법률자문이 유사한 타 발행사의 사업설명서를 기초로 발행사 경영진과 협의하여 그 초안을 작성한다. 발행사가 신흥국에 소재한 경우 '컨트리

리스크' 절이 작성된다. 이 절은 당해 국가가 발전하고 해외투자자들의 지식이 축적되어 가면서 업데이트 된다.

사업설명서 작성 과정에서, 발행자가 대기업인 경우는 CFO가, 중견기업인 경우는 CEO와 CFO가 시간을 내서 실시간으로 결정을 내리고 답변해 주어야 한다. 발행사의 회계감사인은 감사 담당팀과 함께 실사 전문가를 동반 투입한다.

주관사 측 변호사도 사업설명서 기안 회의에 참석한다. 주관사 측 변호사는 주관사가 선정하는 것이 원칙이지만, 정기적으로 증권 발행을 하는 발행사는 과거에 자사 발행 건 자문 실적을 갖춘 법무법인을 선정하도록 주관사에게 영향력을 행사할 수 있다. 이는 실사 업무와 비용 부담을 완화하기 위함이다.

사업설명서 작성 일정 상 전원이 참석하는 기안회의를 목요일에 개최하면, 수정본을 주말까지 작성하여 월요일에 배포하고, 전원이 검토 후 주간 회의에 참석할 수 있다. 이러한 일정을 단축하려면 검토 시간이 부족하여 질적인 하락의 우려가 발생한다. 기안 회의를 매주 연속 컨퍼런스콜로 소집하는 방식도 있으나 대면 회의에 비해 효율이 떨어진다. 사업설명서 작성에는 4주 내지 6주가 소요되며, 기존에 SEC등록 실적이 없는 발행자의 경우 이러한 일정을 단축하는 것은 쉽지 않다.

사업설명서 초안이 작성되면 발행사의 각 부서 별로 하루의 시간을 할애하여 실사팀에게 설명과 질의응답을 제공한다.

표4-1. 국제주식발행 실사회의(2차: 수~금)어젠다 예시

1. 거래 개요	참석자 명단 -1일차는 본사, 2~3일차는 공장 실사 -사업설명서 초안 검토 및 질의응답 -시장 상황 소개 (주관사): 글로벌 주식시장, 발행사 업황 -핵심 현안(주관사 및 변호사) 발행 승인 절차, 마케팅 시나리오, 로드쇼 출장자 선정 및 리허설 -절차 및 일정(주관사) -향후 진행 단계 설명
2. 일정	실사 개시 및 공장 방문 초일: 영업부서, 회계부서, 재정부서, 국제금융팀 2일차: 오전 공장 이동, 오후 기획실, 조달, 관재, 환경, 연구개발부서 3일차: 오전 귀경
1주차	공모 마케팅 자료 작성 착수

2주차	룩셈부르크 증권거래소 상장 신청 제출 사업설명서 2차 초안 배포 및 의견 접수 컴포트레터 초안 배포
3주차	주식인수계약서, 주식예탁계약서 초안 배포 리서치 지침 배포 및 발행 전 리서치 발간 사전 마케팅 개시
4주차	사업설명서 3차 초안 배포 및 의견 접수 사업설명서에 대한 룩셈부르크 거래소 의견 접수 예비사업설명서 및 발행 마케팅 자료 확정 사전 마케팅 계속
5주차	실사 마감 예비사업설명서 인쇄 인수단 초청 및 위임장 수령 로드쇼 개시 주식인수계약서, 주식예탁계약서 2차 초안 배포
6주차	로드쇼 진행 인수단 물량 배분 및 주식인수계약서 확정
7주차	로드쇼 완료 및 발행가격 결정, 주식인수계약서 체결
8주차	납입 사업설명서 인쇄 컴포트레터 접수

2) 실사 항목

실사는 사업설명서 작성을 직접적으로 좌우한다. 사업설명서를 기안한 후 수정을 해야 하는 당혹스러운 상황을 방지해야 하기 때문이다. 또한 주관회사 측도 실사의 결과가 만족스러워야 내부 리스크관리부의 승인을 획득할 수 있다.

실사 과정에서 발행자 측 변호사가 목록을 제시하면 주관사 측 변호사가 검토하고 추가 자료를 요구하는데, 이 과정에서 버추얼 데이터룸(VDR)이 유용하다. 주관사 측 변호사가 많은 서류를 요구하지만, 신규 생산할 문서는 많지 않으므로, 발행사 측은 사전 준비 및 VDR으로 해결할 수 있다.

최초 등록서 제출일로부터 예비사업설명서(red herrings)인쇄 또는 가격결정 시점까지 날짜 지연이 발생할 수 있으므로, 이 기간 동안에 발생하는 상황을 실사 보고서에서 업데이트해야 한다. 주관회사는 가격 결정 직전 또는 납입 직전에 전화 회의에 의해서 최종(bring down) 실사를 수행해야 한다.

표4-2. 발행 주관회사의 실사 항목

구분	내용
회사의 배경	회사, 이사, 업종에 대한 Lexis/Nexis와 구글 검색 신용평가사 보고서, 업계 전문지, 회사의 웹사이트 및 SEC등록 서류, 경쟁사 등록서류
사업	경영자 면담. 상하위자들에게 동일한 질문을 하여 비교함 경영자 개인 경력 조회 마케팅, 인사, 생산 등 핵심 중간관리자 면담 회사 사업장 방문, 회사의 고객들 방문 면담(회사 불 입회)
재무	CFO와 함께 회사의 사업 예측과 모델을 세부 검토 예측의 전제인 가정이 합리적인지 판단(낙관적, 비관적) 민감도 분석에 의해서 핵임 요인과 위험 요인을 파악 회사의 자본적 지출(유지 및 성장)의 현금 소요를 판단 경쟁사의 재무통계와 비교 예측치 검토에 의해서 사업계획 및 경영진단의견서의 수정이나 개선 사업계획을 수행하기 위해서 신용 한도 증액이 필요한지 판단 당해 증권 발행으로 인해서 기존 자금조달에서의 재무제한 약정에 위반이 발생하는지를 판정 부외부채 또는 연금부채 파악 비경상 항목, 특수관계자 거래, 경과부채의 취소, 수익 인식
경영자의 논의와 분석 경영진단 의견 (Management's Discussion & Analysis; MD&A)	SEC규정에서는 부외부채, 계약상 의무, 유동성, 자본 원천과 특수관계자 거래에 대한 공시를 요구 부문별, 사업부별, 영업 단위 및 제품 라인 별 데이터 추세 경영진단 의견서에 포함된 최근 기간 이후의 재무 실적. 중요한 추세를 기재 비용을 매출액 대비 비율이 아닌 총액기준으로 추세 파악 마진 추세 및 경쟁사와의 비교
법적 실사	회사 및 자회사의 이사회 의사록, 정관, 주주 간 계약 회계감사인과의 발수신 서류 차입 계약, 중요 사업상 계약, 고용 계약 증권거래위원회 또는 다른 규제당국과의 발수신 서류 현행 소송 검토 및 변호인과의 면담 세무, 지적재산권, 스톡옵션, 반독점 또는 정부 조사 공시에 허위나 중요한 누락이 없다는 주관회사 측 변호사의 10b-5의견 발행자 측 변호사도 유사한 의견서를 제시

경영자의 논의와 분석은 회사의 재무적 성과와 위치에 대한 경영진의 통찰력을 보여 준다는 목적으로 작성되므로 가장 핵심 부분이지만, 외부감사 대상 항목은 아니다. MD&A의 요건은 미국 SEC의 Regulation S-K의 303항에 규정되어 있다. 그 내

용은 회사의 사업 설명으로 시작하여 재무성과를 이해하는 데 필요한 정보가 제시된다. 실적에 대한 분석을 중요 계정 별로 기간 비교를 하며, 수치의 변동 폭뿐만 아니라 그 사유도 제시한다. 또한 회사의 유동성과 자본 원천을 제시하므로 장래 불확실성의 영향을 언급하되, 예측치를 제시하지는 않는다. 신용등급이 낮은 채권발행자의 경우에는 회사가 직면하는 시장 위험에 대한 민감도 분석을 제시한다.

IFRS는 2010년 Practice Statement, Management Commentary를 채택하였으며, 2013. 5.31 SEC의 Elisse B. Walter의장은 미국 재무보고협회 연차총회 연설에서 '미국이 회계기준을 국제회계기준과 상호 합치시키는 중에 있으므로 경영자의 논의와 분석에 관한 개선이 있어야 한다'고 언급하였다[148].

IASB이사회는 2017년 Management Commentary Practice Statement개정 안건 Ref 15A을 채택하였다[149].

3) 채권 발행 실사

발행자 신용등급이 낮은 고수익률채권(High yield bond) 발행의 경우, 투자자들이 발행사의 수익성과 신용도 추이에 민감하므로, 수탁계약서 (Indenture) 및 발행계약서의 협상이 중요하다. 주관사인 투자은행과 주관사 측 변호사는 '시장상황 때문에 발행자 측의 요구를 들어 줄 수 없다'고 나올 것인 바, 이 때에 발행자 측 변호사가 경험을 발휘하여 발행자를 대변하여 준다.

4) 컴포트 레터의 기능

증권 발행의 주관사는 실사에 의한 방어를 추구하기 위해서 회계감사인으로부터 컴포트레터를 획득한다. 컴포트 레터의 수신인은 33년 증권법상 실사에 의한 방어에 의존하는 매각주주, 매각 주관사 및 주식교환이 수반되는 M&A의 당사자이다.

컴포트레터는 감사 절차 수행 중에 '발행회사에게서 회계원칙에 맞지 않는 사항을 발견한 것이 없다'는 negative assurance를 제시하므로, 회계감사인은 어떤 사항

---

148) Cole, Cathy J. International Best Practices for MD&A: An Update, The Journal of Corporate Accounting & Finance; Hoboken Vol. 23, Iss. 6, (Sep/Oct 2012): 37-47.

149) IFRS, IASB Agenda ref 15A Management Commentary Practice Statement Education session, 2018.3. IASB Meeting

이 실존함에 불구하고 '발견된 것이 없다'고 진술할 위험을 부담한다. 이에, 미국회계감사기준 1993년 72호 (SAS 72) 증권인수인과 특정한 요청자들을 위한 서한, 1995년 개정 76호 및 98년 개정 86호 (집합적으로 AU 634호)에 '증권인수인 및 다른 요청자들을 위한 서한'이 채택되었다. AICPA는 AU Section 634 "Letters for Underwriters and Certain Other Requesting Parties (당초 SAS 72로 발표되어 'SAS 72'로 통칭됨)에 근거하여 1993년부터 표준 컴포트레터 양식을 제시하였다.

유럽에서는 International Capital Markets Association ("ICMA")가 표준 컴포트레터를 제시한다. 미국에서는 발행회사만이 회계법인을 고용하는 반면, 유럽에서는 발행주관사도 회계법인들과의 계약에 참여하여 컴포트레터의 책임과 용도를 한정하고, 발급 절차를 규정한다. 이에 따라 미국과 유럽 간에 지역 별로 컴포트레터를 구분하여 발급하는 행태가 출현하였다.

컴포트레터는 미국 증권법상 의무사항이 아니고, SEC에 제출되는 서류도 아니지만, 미국 자본 시장의 표준이 되었다. 기관투자자 대상 144A 사모발행의 경우, 공모발행에서처럼 발행주관사에게 법적 의무가 부과되지는 않으나, 시장의 실무에서는 공모발행과 동일한 실사를 수행하고 있다.

컴포트 레터의 수신인은 회계감사인에게 '33년법 상의 실사 의무를 부담한다' 는 법률의견서 및 '수행하는 실사 절차가 33년법에 따른 공모절차에서의 실사와 실질적으로 동등하다'는 진술서(representation letter)를 제출해야 한다.

컴포트 레터의 일자는 증권인수 계약체결일자 및 발행가격 결정일자 부로 제출되며, 최종 감사 또는 검토된 재무제표 일자로부터 135일을 넘지 않아야 한다. 이 기간이 도과한 경우, 회계감사인이 월간 검토를 수행하면 135일 이내로 축소할 수 있다. 납입일에 기존의 내용을 갱신하는 "bring-down" 컴포트레터가 추가 발행된다.

가장 최근의 재무제표일자로부터 컷오프 일자까지의 기간을 stub기간이라 칭하며, 이 기간 중에 회계감사인의 활동은 경영진에게 질의 및 이사회 이사록 열람으로 한정된다. SAS 72의 23항에서는 컴포트레터 일자를 컷오프 일자로부터 5일 이내로 규정하였으며, 발행주관사들은 이 기간(dark period)를 3일 이내로 설정하고 있다.

컴포트레터의 범위는 증권인수계약에 좌우되므로, 인수계약서 초안이 나오면 회계법인은 컴포트레터 초안을 주관사와 협의하여 확정한다. 컴포트레터 초안에서는 최종 컴포트레터의 항목들을 필요 절차의 수행 조건부로 제시한다. AU 634.15에서는 회계감사인이 주관사와 절차를 협의하면서, 당해 절차가 주관사 측의 목적에 충분할지의 여부에 대해서 보장을 제시하는 어떤 행위도 금지하였다. 따라서 회계법인의 컴포트레터 초안에서는 주관사 측이 별도 요청하지 않는 한, '초안에 명시된 절차만을 수행한다'고 명시한다. 회계사는 컴포트레터에 어떤 코멘트도 추가하지 않는다

- 회계법인이 발행자로부터 독립적임을 진술
- 발행자의 감사 필 재무제표가 SEC의 규정에 준법함
- 감사 받지 않은 분기 재무제표에 대해서는 PCAOB의 검토기준(상장기업 SAS 100, 비상장기업 SAS 116)에 따른 회계법인의 검토 결과
- 감사 받지 않은 월간 재무제표에 대해서는 경영진에게 문의하고 주요 항목을 분기 재무제표와 비교한 결과.
- 최종월의 재무제표 이후부터 컷오프일자 간의 기간(stub period)에 대해서는 회계법인은 경영진의 진술 청문 및 이사회 이사록의 검토 하에서, 재무제표의 주요항목에 대해 중대한 변동이 발견되지 않았음을 서술한다.
- 증권 등록서에 포함된 비교 목적의 stub기간 재무제표에 대하여 보장을 부인하는 진술
- 변호사의 의문사항을 대조한 (Ticking and tying) 결과물 첨부: 발행서류 상에 주관사 측 변호사가 의문을 제기(circle up)한 부분을 회계사가 재무정보와 대조한 (tie out)한 절차와 내용.

Tie out은 주관사 측 변호사가 확인을 요구한 circle up항목에 대해서 회계사들이 감사필 재무제표, 검토필 재무제표 또는 시산표에 일치시키거나, 발행사의 회계정보를 이용하여 재계산하는 작업이다. Tying이 불가능할 경우는 발행회사가 작성한 자료를 회계사가 비교, 추적하여 재 산출하며, 이에 대한 인정 여부는 주관사 측이 결정할 사항이다.

SAS 72하에서 회계법인들의 tick and tie수행 항목

- 발행사의 회계 기록으로부터 입수된 달러금액이나 비율 정보
- 발행사의 회계기록으로부터 분석에 의해 또는 직접 도출된 정보
- 발행사의 회계기록으로부터 입수된 계량적 정보
- 법적인 해석의 대상이 되는 정보는 제외됨

그 외에도 회계감사인은 발행사 경영진으로부터 사업설명서의 진실성에 대한 경영자확인서(Management Representation letter)를 받고 최종(bring down)레터를 작성하는 절차를 수행한다. 컴포트레터가 가용하지 않은 재무정보에 대해서 발행주관사는 발행회사의 경영진으로부터 그 정확성을 서면으로 인증 받는다. 사업설명서가 완성되고 나면 시니어 매니저급 회계사가 미국 증권거래위원회 측의 스탭의 검토 과정을 지원한다.

회계감사인이 교체된 경우 감사인은 발행사의 내부통제를 충분히 파악한 후에야 컴포트레터를 발급할 수 있다. 그렇지 못할 경우에는 전임 감사인에게 의존해야 하는데 전임자에게는 발급을 할 동기가 없다는 문제가 발생한다.

과거에 회계법인들은 감사 받지 않은 재무제표에 컴포트레터를 제시하고, 발행사와 별도로 주관사들과 재무제표의 원천 정보들을 협의했었다. 발행주관사가 회계감사인에게 다양한 질문을 하고, 회계감사인이 고객의 경영진에게 제출한 비공개 정보를 요구하는 경우도 빈발하였다. 질문이 회계법인의 고유 영역을 벗어나는 경우 및 발행주관사가 발행회사 측이 없이 직접 회계감사인을 면담하고자 하는 상황도 발생하였다.

그러나 2004년 12월 WorldCom 판결 이후 발행주관사 측은 독자적인 실사 절차 없이 회계감사인의 컴포트레터에만 의존해서는 자사의 책임에 방어를 할 수 없게 되었다. 회계업계 측에게도 아더앤더슨의 붕괴 이후 책임 부담이 커지면서, 미국공인회계사회는 실사 협의 관여와 컴포트레터의 사용을 억제하고자 하였다. 증권발행신고서 내의 재무정보에 관하여 회계감사인이 제시할 수 있는 언급이 한정되었고, 불확실성과 몰이해의 여지가 초래되었다. 미국에서 회계감사인은 발행주관사가 아닌 발행사와만 용역계약 관계를 맺기에 더욱 그러하였다.

2006년 8월 AICPA는 회계법인들의 입장 및 실사에서의 실무를 통일하기 위한 목적으로 '인수인 실사회의에 회계감사인 참석'(소위 White Paper II) 백서 초안에서 다음의 내용을 제시하였다.

- 발행회사의 내부통제의 취약점,경영진의 부정이나 불법행위에 대해서 논의 불가.
- 경영진이 증권 발행주관사에게 그릇된 정보를 제공하더라도 논의 불가
- 전임 회계감사인, 감사위원회와의 의사전달 등 핵심 주제에 대한 논의 불가

- 서류의 법적 해석이나 공시의 적정성에 대해서 진술 불가
- 회계감사인이 발행주관사를 면담하는 경우 발행회사의 승인을 획득
- 표 및 통계에 대해서 언급을 삼가고 주관사에게 컴포트레터를 참조시켜야 한다.
- 감사 절차의 적용에 의한 발견 사항, 결론 등의 논의를 삼갈 것

'발행주관사가 부정이나 불법행위를 질문해 오면 답변하지 말고 발행회사 경영진에게 답변을 넘기라' 는 AICPA의 백서초안의 권고안에 투자은행 업계와 법조계가 강력히 반발하였다. 당시 Marc Lackritz 미국 증권협회장은 "회계감사인이 증권 인수 절차에서 빠지면 항공기에서 내비게이터를 제거하는 결과"라고 평했다. 결국 백서II는 보류되었다.

2005년 AICPA백서 발간 이전에는 재무제표가 아닌 분기이익 발표 수치를 포함하는 10-K양식 등록에 있어서 회계감사인이 컴포트레터를 제공하였었다. 그러나 AICPA는 백서에서 4/4분기의 검토 절차를 완결하기 전에는 회계법인에게 10-K에 대한 컴포트레터 발급을 지양하도록 하였고, 회계법인들은 모든 분기에 대해 레터 발급을 거부하였다. 이에 발행자들은 회계수치 확정시까지 증권 발행을 순연하거나, 경영진이 추가 인증을 제공하게 되었다[150].

다. 부실공시 경우의 책임

외국기업이 미국 내에서 증권을 발행하면 미국증권법을 적용 받으므로 미국투자자는 증권 발행등록서의 허위표시나 중대한 누락 사실을 발견한 경우 증권법 11장에 근거 1년 이내 또는 3년의 소멸시효 중 이른 날짜 내에 소를 제기할 수 있다.

증권 발행을 하지 않았더라도 그의 행동이 미국 내에서 중대한 영향을 미친다면 미국법원이 관할권을 갖는 경우가 있다.

미국 상장 중국기업의 본토 모회사의 특수관계자간 거래 등의 이슈는 미국투자자로부터 중요 사항의 공시 누락 소송을 당할 개연성이 있다. 진술 사항의 중요성에 대

150) Lloyd S. Harmetz, Bradley Berman, FREQUENTLY ASKED QUESTIONS RELATING TO COMFORT LETTERS AND COMFORT LETTER PRACTICE, Of Counsel, Morrison & Foerster LLP, 2017

한 기준은 TSC Industries v Northway 판례에 의한다. 일단 미국소송의 당사자가 되면 이메일 등 전자문서도 법원에 제출 대상이 되는데, 중국 기업들은 전자 보관이 미흡한 경우가 많았다.

소송 사례

Fuwei Films (Holdings) Co는 2006년 나스닥에 상장된 필름제조업체였다. 이 회사와 임원, 상장주관사들은 상장주체인 지주회사가 본토에서 운영 자산을 취득한 과정에 본토법상 문제소지가 있으나 공시하지 않았고, '문제 소지가 희박하다' 고 진술한 것이 33년 증권법 상 허위라고 대표소송을 당하였다. 2007.10.16. 신화통신은 '주주 3인에게 국유자산 저가 매각혐의로 체포영장이 발급되었다'고 보도하였다. 이 사건은 2011년에 합의 타결되었다[151].

2. 미국과 중국의 회계법인 감독주권 논쟁

PWC출신 회계사이자 북경대학교 회계학 교수인 Paul Gills는 자신의 블로그에서 "본토에서 감사업무의 대부분이 수행된 후 홍콩 회계사가 감사보고서에 서명하는 것은 복건성에서 제조한 셔츠에 'Made in Italy '라벨을 붙이는 것과 같다" 고 지적하였다.

가. 감사조서 서명 책임 문제

과거 중국기업의 우회상장 붐 당시 미국의 소형 회계법인(파트너 5인, 10인의 회계사 기준)들이 감사를 맡은 경우가 많았다. 2010년 PCAOB는 '중국기업을 회계감사한 절차가 PCAOB기준에 미달하는 회계감사인이 최소 40개사에 달한다'고 지적했다.

PCAOB는 또한 '미국에 우회상장한 기업을 감사한 회계법인의 멤버펌 들 간에 주

151) http://securities.stanford.edu/filings-case.html?id=103849

감사인이 업무를 아웃소싱하는 비중이 과다한 경우가 빈발하다'면서, 업무 분담 체계를 중점 점검하도록 요구하였다.

PCAOB는 빅4 회계법인의 경우에 언어 문제를 제기하였다. AU sec 326.25에서는 감사인이 증거 자료를 검토하여 감사목적이 달성되었는지를 평가하도록 규정하였는데, 빅4의 파트너들 중 중국 국적자는 소수에 불과했다. PCAOB는 빅4 회계법인의 대다수 가용 인력이 전 세계를 뒤져 발굴한 화교CPA들인 상황에서, 중국어 능력이 없는 파트너들의 역할에 우려하였다. 중국 대형 국영기업을 감사하는 빅4의 파트너는 번역이나 통역에 의존해야 한다. 당초에 빅4는 감사 조서를 영문으로 작성하였으나, 중국 재정부는 중국 내의 공식서류는 중국어본으로 요구하였다. 따라서 미국인 파트너는 원천서류를 검토하고 고객과 회계 이슈를 논의하는 데에서 한계가 있었다.

PCAOB의 감리 시도에 대해서 중국 당국은 '중국의 주권 침해와 국가기밀 유출'이라며 반발했다. 중국 당국은 '1국가 2체계' 에 불구하고, 홍콩회계법인에 대해 중국의 주권을 주장한다.

SEC는 2014년 알리바바의 뉴욕 상장 이후, '알리바바의 설비의 94%가 중국 항주시에 소재하는데, 회계감사는 홍콩 회계법인에서 받은 이유'를 서면 질의하였다. 알리바바 측의 답변은 다음과 같다[152].

알리바바의 회계감사팀 구성 사례

PwC홍콩은 1999년의 창업 시부터 감사인이었으며, 알리바바 자회사인 Alibaba.com Limited가 2007년부터 2012년까지 홍콩에 상장되었던 기간 중에도 감사인이었다.

알리바바 그룹의 회계부서는 홍콩에 소재하며 35인의 팀을 관장하는 부사장급 CFO가 홍콩에 주재하고 있다. 회사의 회계시스템은 홍콩과 항주 간에 상호 연결되어 있다. 회사의 법무부문 170명도 홍콩에 소재하고 있다.

PwC홍콩의 알리바바 팀은 2인의 파트너가 총괄하고, 감사품질 파트너 및 기술적 파트너들이 지원하며, 이들은 모두 홍콩에 주재한다. 알리바바에 대한 감사는 주로 홍콩에서 수행되며, 홍콩의 인력들이 항주로 수시 출장한다. PwC홍콩은 중국 내 PwC Zhong Tian LLP ("PwC ZT")

152) https://www.sec.gov/Archives/edgar/data/1577552/000119312514237452/filename1.htm No.57

의 지원을 받는다. 업무에 투입된 시간 비중은 순수 홍콩에서 70%, 홍콩인력의 중국 출장 10% 및 PwC ZT 20%로 구성되었다 (2012-2014 기준).

Barron's지는 알리바바가 영업은 중국, VIE법인등록은 케이만 군도에, 회계감사는 홍콩에서 수행하므로 PCAOB의 감리가 미치지 못하는 다원적 구조를 비판하였다. 당시는 빅4의 차이나 법인이 SEC의 징계를 받았던 시기였다.

2015년 PCAOB는 회계감사인에게 총괄 파트너 인적사항, 총 감사 시간의 5% 이상 참여하는 각 멤버 회계법인의 인적사항, 5%에 미만으로 참여한 회계법인의 수와 총 참여 비율을 공개하도록 하는 감사 투명성 규정을 채택하였다[153].

나. 감사조서 제출 문제

홍콩상장 건의 경우, 2012년 SFC가 홍콩 법원 판결에 의해서 본토의 감사조서를 제출 받은 사례가 출현하였다. 전문가들은 홍콩 주권 반환 후 15년이 지나서야 이러한 사건이 불거진 것이 놀랍다는 반응을 보였다[154]. 미국에 상장한 중국기업에서 회계 부실이 발견된 경우, 미-중 간 증권당국 간 협의 채널이 없어서 더욱 곤란을 겪었다. 양측 간 양해각서는 2013년에야 체결되었다.

홍콩 EY판례

중국 Standard Water Limited는 2009년에 홍콩 상장을 신청하였으나, 2010년 3월 EY HK이 감사인을 사임하였고, 스폰서들에 의해 상장 신청이 철회되었다. 2014년 5월, 홍콩 법원은 Ernst & Young 홍콩에게 본토의 EY Hua Ming사가 보유한 감사 조서를 제출하도록 명령하였다. 법원은 '감사조서가 중국의 국가기밀이라' 는 EY의 항변을 기각하였다. 중국법 전문가는 '해당 정부부처의 사전 승인 하에 감사조서가 반출될 수 있다'고 증언하였다. 2010년 홍콩 SFC

153) PCAOB, IMPROVING THE TRANSPARENCY OF AUDITS: RULES TO REQUIRE DISCLOSURE OF CERTAIN AUDIT PARTICIPANTS ON A NEW PCAOB FORM AND RELATED AMENDMENTS TO AUDITING STANDARDS, PCAOB Release No. 2015-008 December 15, 2015

154) Lee Ashley. How China state secrecy law challenges Hong Kong independence, International Financial Law Review, Oct 2012

는 북경 CSRC의 협조를 요청하였으나, EY본토멤버펌은 CSRC에 관할권이 없다고 CSRC에게 회신하였다. 그런데 2012.12. 청문을 앞두고 전직 담당 파트너의 하드드라이브 기록이 홍콩의 Forensic, Technology & Discovery 부문에서 발견되었고, 이메일이 서버에서 발견되었다.이 기록에 대하여 본토멤버펌이 소유권을 주장하였으므로, 법원은 EY에게 CSRC의 승인절차를 밟도록 요구하였다[155]. EY는 해당 기록을 2015년 홍콩 증권당국에 제출하였으며, SFC는 CSRC의 협조에 감사를 표명하였다.

2012년 말 미국 SEC는 빅5의 차이나 멤버펌에게 미국 다국적기업의 중국현지법인 회계감사조서 및 미국증시에 우회상장한 중국기업의 회계감사 조서를 요구하였다. 본토 멤버펌이 국가비밀보호법으로 인해 제출을 거부하자, 미국 행정법원은 빅5차이나에게 6개월 간 영업정지를 명령하였고, 이후 각 법인 당 50만 달러의 합의금으로 소송이 타결되었다.

China Medical Technologies사례

이 회사는 2005년 NASDAQ에 상장하였으나, 2009년 회계감사인에게 횡령 제보가 접수됨으로 인해 상장이 폐지되었다. 2012년 케이만 지주회사가 청산되면서[156] Borrelli Walsh 청산인이 감사인에게 조서 제출을 요구하자, 홍콩 멤버펌에서 조서에 서명하였지만 조서를 보유하고 있지 않은 상황이 드러났다. 본토의 멤버펌은 청산인에게 변호사 입회 하에서 조서의 현장 열람을 허용하였다. 2016년 홍콩 고등법원은 감사조서 제출을 명령하였다.

뉴욕법원은 회사의 감사위원회에 의해 고용된 법무법인에게 고객 정보 제출을 명령하였고, 대표이사는 미국에서 기소되었다.

회사의 부사장은 잠적하였고, 청산인은 그의 밴쿠버 주택을 압류하는 판결을 캐나다 법원으로부터 받아 냈다. 그는 의료기술을 매입하였지만, 기술을 매도한 측이 회사가 비밀리에 통제하는 관계회사였다. IPO주관사는 기술매도처를 실사하려 시도했지만 실패하였다.

---

155) HCMP 1818/2012, the Securities and Futures Commission v. Ernst & Young, Judgments 2014.5.23.

156) Hong Kong Case Law, THE JOINT & SEVERAL LIQUIDATORS OF CHINA MEDICAL TECHNOLOGIES, INC. v. THE BANK OF CHINA (HONG KONG) LTD AND OTHERS, 2016.11.7.

Longtop Financial의 경우는 2007년 IPO 직상장한 기업인데도 부실이 불거져 나온 경우였다.

Longtop Financial 사례

Longtop Financial은 6년 간 회계감사인이던 딜로이트상하이가 Longtop의 은행잔고조회서를 은행지점이 아닌 본점에게 발급하도록 요구하였다. Longtop측이 가공 현금 시재를 인정하자, 회계법인은 즉시 사임하고 모든 기존 감사보고서를 철회하였다.
SEC가 감사조서 제출을 요구하자 Deloitte 상하이 회계법인은 중국의 법상 비밀 유지 의무를 사유로 제출을 거부하였고 소송이 발생하였다. 2012년 SEC는 감사조서를 입수하기 위해 중국 당국과 협의하는 동안 연방법원에게 사건 진행을 6개월 간 중단하도록 요청하였다. PCAOB도 감사조서 검토를 위해 중국 당국과 협의하였다. 2013년 7월에 중미 양국 당국은 Longtop사건 조사에 합의하여 20만 페이지의 서류가 미국 측에 전달되었다. 2014.1월 SEC와 딜로이트 상하이는 미국 법원에서 Longtop Financial Technologies의 감사조서 관련 2년여의 소송을 취하하였다. SEC는 '중국 당국이 많은 서류를 제공하였고, 더 이상의 법적 구제가 필요하지 않다'고 밝혔다[157].

PCAOB는 홍콩의 소규모 회계법인들을 징계하였다[158]. 징계로 인하여 등록이 폐지된 당사자는 일정기간 후에 등록을 재신청할 수 있다.

다. 미국과 중국의 상호감독 체계

1) 외국회계법인의 미국 PACOB에 등록

미국 PACOB는 상장기업의 회계감사를 감독하고, 회계 기준을 수립하며 회계법인 등록과 감리를 수행한다. PCAOB가 상장기업의 회계감리를 수행함에 따라, 2017년 1월 현재 43개 중국회계법인(빅4의 중국법인 포함) 및 36개 홍콩법인(빅4 및 기타 국제법인

157) Agence France-Presse, US to drop legal action against Deloitte over China accounting, South China Morning Post, 2014.1.28.
158) https://pcaobus.org/Enforcement/Decisions/Pages/default.aspx

의 홍콩법인 포함)이 PCAOB에 등록하였다.

표4-3. PCAOB에 등록된 중국 회계법인 (2017.1.13현재)

AGN China Regal CPAs Co., Ltd.
Alliott, Shanghai
Anthony Kam 2017.11. 징계 받음
Baker Tilly China Certified Public Accountants
BDO China Shu Lun Pan Certified Public Accountants LLP
BDO China Zhonglian Mindu Shu Lun Pan CPAs Co., Ltd.
Beijing AnShun International CPAs Co., Ltd.
Beijing Ever Trust CPAs Co., Ltd.
Beijing Huaweixin Certified Public Accountants Co. Ltd
Beijing Senheguang Certified Public Accountants Co.,Ltd
Beijing Topson Certified Public Accountants Co., Ltd.
Beijing Yongtuo Certified Public Accountants Co., Ltd.
BEIJING ZHONGXINGYU CERTIFIED PUBLIC ACCOUNTANTS
Beijing Zhongxuanyu CPA Co.,Ltd.
Dahua CPA Co.,Ltd.
Deloitte Touche Tohmatsu Certified Public Accountants LLP
Ernst Young
Ernst Young Hua Ming LLP
Gansu Hongxin Accountants Ltd
Grant Thornton
Guangzhou Good Faith CPA LTD
Guangzhou Zhongxincheng CPA Ltd.
JTC Fair Song CPA Firm
KPMG
KPMG Huazhen LLP
LehmanBrown Lu Hua CPA Firm
Pan-China Certified Public Accountants LLP
PricewaterhouseCoopers Zhong Tian LLP
Reanda CPAs Co., Ltd
Ruihua Certified Public Accountants
Shandong Haoxin Certified Public Accountants Co., Ltd
Shanghai Linfang Certified Public Accountants Co.,Ltd

Shanghai LVR Financial Consulting Co., Ltd.
Shanghai Mazars Certified Public Accountants
Shanghai Perfect C.P.A Partnership
Shanghai RISMO C.P.A. LTD
Shenzhen Kung Ming Certified Public Accountants Co.Ltd.
ShineWing Certified Public Accountants
Union Power Certified Public Accountants (Special General Partnership)
Zhong Cai Accountants Company
Zhonghua Certified Public Accountants LLP
Zhonglei Certified Public Accountants

2) 중국 재정부의 외국회계법인 간접 감독

중국 재정부는 2015년 7월 해외 상장 중국기업의 회계감사 규정을 도입하였다 (Interim Provisions on Accounting Firms' Provision of Auditing Services for the Overseas Listing of Enterprises in Chinese Mainland: 会计师事务所从事中国内地企业境外上市审计业务暂行规定).

이 규정에 따라 회계감사가 적용되는 해외상장에는 레드칩이 포함된다.

제2조: 본 규정에서 회계감사는 증권의 간접 발행을 위한 경우를 포함한다. 단 본토기업이더라도 홍콩, 마카오, 타이완계가 50% 이상 지분을 소유하는 기업에는 적용되지 않는다.

규정 제3조에서는 해외에 상장하는 중국 발행사로 하여금 중국계와 외국계 회계법인 중 선택할 수 있게 하였다.

제3조. 본토기업은 본토회계법인이나 해외회계법인을 독립적으로 선정한다.

중국계 회계법인도 해외상장 업무에 참여하려면 해외 감독 당국에 등록하도록 요구하였다 (이미 다수가 등록되어 있으며, 홍콩 H주식의 적격감사인은 중국 재정부와 CSRC가 지정하였다).

미국 상장의 경우에는 PCAOB 등록회계법인이어야 한다. 해외 회계법인인 경우 중국 내 회계법인과 제휴하고 있어야 한다(제6조). 북경 당국은 외국회계법인으로 하여금 당초 중국의 100대 회계법인과 제휴하도록 의무화하려 했지만, 최종 규정에서 100대 요건은 삭제되었다. 해외회계법인이 감사보고서의 서명자이되 조서는 본토에 보관하므로, 외국회계법인 측은 중국 파트너 법인의 업무역량을 신뢰할 수 있어야 한다.

제5조. 본토기업이 해외 회계법인을 선정한 경우, 당해 회계법인은 본토회계법인과 제휴해야 한다. 양 회계법인은 권리와 의무, 업무 분담을 약정해야 하며, 감사 조서는 본토회계법인에 보관한다.

다만 H주식에 대해서는 북경에서 지정한 본토회계법인이 본토회계기준에 따라 단독 감사하도록 이미 인가되어 있었다. 신 규정은 이미 제휴관계를 갖추고 있는 빅4에게는 영향이 미미한 반면, H주식을 감사하는 홍콩의 중견 회계법인에게는 타격을 줄 수 있으므로, 예외조치가 부여되었다. 즉, 발행회사가 홍콩 상장종목이고, 상장지분의 절반이 홍콩에 소유된 경우에 한하여, 홍콩과 대만 회계법인은 본토 회계법인과 제휴해야 하는 규정의 예외조치를 부여 받았다 (단 감사 조서는 본토 내 보관). 홍콩공인회계사회는 표준 협약서 양식을 홈페이지에 제시하고 있다[159].

해외상장기업과 회계법인은 제12조에 따라서 CSRC의 2009년 역외 증권발행 및 상장 관련 비밀유지 및 기록관리 강화 규정(Provisions on Strengthening the Relevant Confidentiality and Archives Management Work Relating to the Overseas Issuance of Securities and Listing: 关于加强在境外发行证券与上市相关保密和档案管理工作的规定)을 준수해야 하며, 감사 조서의 해외 반출은 승인사항이다. 국제 소송이 발생하였거나 외국 감독기구가 감사 조서를 요구하는 경우, 중국당국과 외국 당국 간의 감독협약에 따른다.

라. PCAOB 와 CSRC 의 양해각서 체결

미-중 양측은 10 년 이상 협상을 거친 끝에 2013 년에 PCAOB의 조사 활동에 관한 상호 협력 양해각서를 체결했다[160].

PCAOB는 22 개 국가와 의정서를 체결하면서 PCAOB가 유럽 연합 (EU)에게 감독권에 의존한 선례가 있다. 중국 측은 이를 적용해 달라고 요구한 반면, PCAOB는 최

159) Charltons, Hong Kong Accountants' Exemption from Restrictions on Foreign Accountants Auditing Chinese Companies Listing Offshore - Hong Kong Law Newsletter - Issue 294 - 25 July 2015 http://www.hkicpa.org.hk/file/media/section6_standards/standards/Audit-n-assurance/bcagreement.pdf

160) http://pcaobus.org - International - Cooperative Arrangements with Non-U.S. Regulators - China

소한 합동 감리를 주장하였다. PCAOB는 'EU 가 아닌 다른 국가에서는 감독 당국이 미국 상장 기업의 감사에 대한 전문성이나 관심을 갖지 못할 수도 있다' 고 우려를 표명하였다. 양해각서에 의해 미국 측은 CSRC의 협조 하에 정보를 제공 받을 수 있으되, 먼저 조사 근거와 목적을 제시하여야 한다 (제4조 (b)항)[161].

3. 홍콩증권거래소 상장 실사

가. 홍콩증권거래소의 대 본토 정책

1) 홍콩의 위상

홍콩증권거래소는 국제IPO에서 뉴욕증권거래소 다음으로 세계 2위의 위상을 보유하고 있다. 홍콩은 중국으로 향하는 관문 또는 중국기업들이 세계로 진출할 수 있는 교두보로서의 역할을 하고 있다는 장점과 함께 영국의 통치를 받을 당시 확립된 보통법(Common Law) 시스템에 기초한 법령 체계로 인해 서구인에게 익숙한 법률환경을 제공하고 있다는 점에서, 홍콩시장을 아시아의 다른 유가증권시장과 차별화 할 수 있는 요소를 지니고 있다.

1997년 홍콩 반환 당시에는 대륙기업의 지배구조가 홍콩거래소의 자율성을 저해할 것이라는 우려가 대두되었다. H주식시장의 창설은 당시 홍콩증권거래소가 북경에게 먼저 제안하였고, 홍콩의 회계사들이 이 과정에 주도적인 역할을 하였다. 북경당국은 국영기업 IPO시 10%는 국유주식을 우선 매각하여 연금재원을 마련하는 계획을 주가폭락으로 인해 중단하던 때에도, '홍콩 증시는 성숙하였다'면서 H주식 공모에서는 국유주식 10% 매도를 계속 적용한 바 있었다. 홍콩 증시에서 중국주 비중

---

161) Odom, Che.'Understanding' With China Might Give PCAOB Access to Documents Denied It, Accounting Policy & Practice Report, Vol. 9, Iss. 12, (Jun 7, 2013): 487-488
Rapoport, Michael, McMahon, Dinny. Beijing Makes Move on Audits, The Wall Street Journal Asia; 11 July 2013
Richard Ma and Zheng Zha, Implementation Of The MOU Entered Into Between U.S. PCAOB And Chinese Regulators, Mondaq, 7 May 2014

은 1991년 1% 미만이었지만 2000년대 중반이 되면 발행시장의 70%를 중국계가 점유하였다.

홍콩시장에서는 Euro Asia 사건 이후 본토기업 실사 부실 문제 발생이 비교적 희소하였다. 이는 1974년 설립된 부패방지기구인 Independent Commission Against Corruption (ICAC; 廉政公署)의 인사권을 북경이 가지며[162], H주식시장 창설에서 북경과 인력 교류를 하였고, 레드칩의 규제 공백에 대응하여 조기에 스폰서 제도를 강화하였기 때문이었다. 홍콩증권거래소에서 2009-2011년 까지 1억 달러 이상을 공모한 127개 기업 중 72%가 공모가격 미만으로 거래되고 69%가 항셍지수 수익률에 미달하자 홍콩 당국은 완화 정책을 취하지 않고 비우량 기업의 시장진입을 막는 정책을 채택하였다.

2) 북경 홍콩 간 레드칩 규제 협조

1998년에 전 홍콩 SFA의 회장인 Anthony Neoh가 CSRC의 자문역을 맡았으며, 2001년 주룽지 총리가 SFA출신 Laura Cha (상해 출신, 미국변호사로서)를 CSRC의 부회장으로 영입하였다(최초의 외국 국적 포기 차관급 귀국자)[163].

스몰 레드칩인 Euro Asia상장폐지 사건으로 인해서 2003년 CSRC가 no action letter제도를 폐기한 후, 북경 측은 규제 공백 상태에 들어갔고, SFC측의 스폰서 제도 강화 대응으로 이어졌다. SFC는 입법 상의 비밀유지 조항으로 인해서 세부 협조 항목들을 공개하지 않지만, 2004년 2월 20일 보도자료에서 '본토 당국과의 규제 협조 체계 하에서 정기적인 협의가 이루어지고 있으며, SFC 측의 기업금융 부문의 상장 담당 임원이 CSRC에 파견되어 있다'고 밝혔다.

2007년 양측은 SFC가 CSRC에게 중국 내에서 조사를 요구할 수 있는 Side Letter를 교환하였다[164]. SFC가 본토에서 정보를 수집하기 위해 CSRC측에 지원을 요청하면 중국법원을 통해서 해당 중국인에게 강제 집행할 수 있는 조항이 합의되었다(2006년 개정 중국 증권법에 근거). 과거에는 CSRC도 해당 중국인의 자발적인 협조에 의

---

162) George W. Russell. 2012. Trust but verify. HKICPA A Plus, 8(7): 35-39.

163) Paul Crowney, China's Iron Lady, Institutional Investor, 2002.5.1.

164) SFC, 'Cross Border Enforcement Enhanced' (2 April 2007), Press Releases
Graeme Johnston and Christine Astaniou, "Hong Kong: Financial Regulation-Cross Border", (2007) 22(8) Journal of International Banking Law and Regulation N84

존하여 정보를 수집할 수밖에 없었다[165]. 2007년 CSRC는 증권 국제기구인 IOSCO의 다자간 양해각서에도 참여하였다. IOSCO체제 내에서 CSRC의 협조활동은 공개되지 않았으며[166], SFC의 2005년 연차보고서에서는 CSRC가 5차례, SFC가 4차례 협조하였다고 언급되었다.CSRC의 2007년 연차보고서에서는 SFC와 20여건의 협조 실적을 언급하였다.

협조체계에 불구하고 2008년에 민간 레드칩 GOME사건이 불거진 당시, 홍콩측은 본토에서 발생한 수뢰사건의 죄수에게 통지서의 송달조차 할 수 없었고[167], 죄수가 옥중에서 홍콩 상장기업의 경영에 관여한 상황이 출현하였다[168]. 이는 본토 내에서 공안의 관할에 대해서 CSRC의 역할이 한정되는 데에 기인하였으며, 이점은 홍콩과 광동성 간 일반범죄 협조체계도 기업범죄에서는 실효가 없음에서 반증되었다[169]. 또한 홍콩에서 범죄한 자에게 본토 재판에서 사형을 면제하고 홍콩에서 재판을 받도록 하는 협정의 타결 전망이 보이지 않고 있다[170]. 2012년에 홍콩 당국에서 스폰서의 의무를 대폭 강화하자(후술 '다) 스폰서 제도' 참조), CSRC는 '주식회사의 해외주식발행 및 상장 관련 신고서류 및 심사절차 감독지침(Regulatory Guidelines in relation to the Document Submission and Review Procedure for Stocks Issuance and Overseas Listing by Joint Stock Companies: 关于股份有限公司境外发行股票和上市申报文件及审核程序的监管指引)'을 공표하여 절차를 간소화하고, 승인 창구를 CSRC로 집중하였다. 당시는 미국 상장이 거의 중단되었던 시기였다.

한편, H주식에 의무중재 제도가 도입되어 있으나, 중재판정의 본토 내 집행을 위한 소송 건은 2013년 현재 발견되지 않았으며[171], 2017년 말 상장한 Shandong

---

165) SFC, "Cross Border Enforcement Enhanced," 2 April 2007

166) LegCo, "Panel on Financial Affairs Meeting on 5 July 2007 - Response by Securities and Futures Commission (SFC)/Hong Kong Exchanges and Clearing Limited (HKEx) to List of Follow-up Actions", 7 July 2007, CB(1)2312/06-07(01)

167) Shirley Yam, "Gome saga shows we have not progressed on disclosure", South China Morning Post, 29 November 2008.

168) SFC, "High Court varies order against ex-Gome chairman's wife", 3 March 2011
Simon Parry, "The inside story", South China Morning Post, 17 October 2010

169) Dick Wan Choy and Hualing Fu, "Cross-Border relations in Criminal Matters", in Mark S. Gaylord and Harold Traver (eds.), Introduction to crime, law and justice in Hong Kong (Hong Kong, University of Hong Kong Press 2009), 227

170) Frank Ching, "One handover agreement that's still to be resolved", South China Morning Post, 30 November 2009

171) CHAN, Yiu Ming Gordon, The Regulation of Mainland Chinese Companies Listing in Hong Kong - An

International Trust사의 사업설명서에서도 그러한 사례를 알 수 없다고 언급하고 있다[172].

나. 홍콩증권거래소의 본토주식 상장 기준

홍콩증권거래소에서는 본토기업의 IPO기준을 상장규정 19A장으로 분리하였다. 19장에서는 외국기업 상장 경우 주주보호 기준이 최소한 홍콩과 동등할 것을 요구한다, 버뮤다와 케이만 군도는 홍콩과 동일한 보통법 체계이므로 이 지역 기업은 홍콩증권거래소에 상장이 용이하다. 반면, 중국은 대륙법 체계이고 외환이 규제가 수반되므로, 홍콩당국은 H주식의 상장에서 발행기업에 직접 조사권을 가진 북경 CSRC 당국과 협조하여 1994년 정관의 의무조항 (Mandatory provisions for the articles of association of companies to list abroad)을 도입하였다. 의무정관은 홍콩상장규정 부록 13 part D로 채택되어 있다(약간의 수정).

- 3조. 주식의 교차 상장 경우 상장거래소 간에 협조 채널이 마련되어야 한다
- 5~7조에서는 상장신청기업이 스폰서와 준법자문인에게 정보를 제공할 의무를 명시하였다.
- 6조. 스폰서는 발행회사가 상장에 적합하며, 이사진이 자신의 책임을 인식하고, 의무를 이행할 것으로 기대된다는 확인을 해야 한다.
- 14조에서는 상장신청인은 지배주주나 이사가 직간접 경쟁사업에 지분을 보유하는지 여부를 거래소에게 보고하도록 하였다. 단, 본토의 정부기구는 지배주주(30% 지분 보유 기준)의 정의로부터 일반적으로 제외된다(10A.04조 정의 및 19A.14조). 홍콩증권거래소는 상장규정 14A '주식의 관계자거래(Connected Transactions)'에서도 일반적으로 본토의 정부기관을 관계자로 간주하지 않는다(14A.10조). (그러나 중국 정부는 2005년 27,773건의 내부거래를 수행하였으며, 이해상충 요소가 많이 내재되어 있었다)[173].

Examination of the Enforcement Problems and Strategies, The Chinese University of Hong Kong thesis, August 2013에서 북경대 Chinalawinfo.com 검색
Simon Parry, "The inside story", South China Morning Post, 17 October 2010

172) http://www3.hkexnews.hk/listedco/listconews/SEHK/2017/1128/LTN20171128011.pdf

173) 상해 증권거래소의 2006년 조사에 의하면 831개 상장기업 중 587개가 국가의 지배를 받고 있으며, 1년 간 2만 건의

- 15조에서는 발행회사의 이사 최소 2인이 홍콩에 상주할 것을 요구한다
- 18조에는 중국기업의 이사회 규정이 감독위원회에도 적용된다고 명시하였다. 그러나 중국회사법 54조에서는 감독위원회를 도입하면서 어떤 법적 책임도 부과하지 않았다.
- 43-3조 VIE구조
  홍콩증권거래소는 2012년 개정 상장결정 (Listing Decision) 43-3에서 VIE구조 (계약통제)의 상장 승인 기준을 마련하였다. 상장 스폰서는 VIE구조 채택 이유를 명시하며, 본토 사업 및 매출에 대한 권리만이 아니라 그 자산의 취급까지 VIE계약에 포함시켜야 한다. 본토의 주주가 상장신청 지주회사에게 모든 권리를 위임하는 위임장을 발급해야 한다. 2016년 NKK Group Limited (코드 3773), Viscend Education Company (1565), China Art Financial Holdings (1572), 2017년 Wisdom Education Holdings (6068)이 VIE 구조로 상장하였다.
- 54조 중재에 의한 분쟁 해결
  분쟁해소 방식을 본토나 홍콩에서 중재로 지정하고, 관할법원에게 중재 판정의 가집행권을 부여해야 한다.

홍콩거래소의 서면지침서 86-16의 5.3조에서는 케이만,버뮤다 및 중국발행자를 위해서 상장신청인의 설립 준거법 항목의 표준 문언을, 상장규정 부록13 a와 b에서는 정관 요건을 제시하고 있다[174].

경미한 상장규정 위반에 대해서 거래소는 구두나 서면 지침을 주는데, 2008년에 284건의 서면 지침서가 발급되었고, 규정 해석에 대한 질의응답도 2008년 350건, 2009년 502건, 2010년 430건 및 2011년 393건에 달하였다. 중대한 위반 시 독립 자문역이 상장기업에게 권고사항을 제시하고 이행보고서를 거래소에 제출한다. 또한 당해기업은 상장 스폰서 자격을 갖춘 준법자문역(compliance advisor)을 선임해야 한다.

특수관계자 거래를 수행하고 있었다. H주식 상장기업이 특수관계자 거래를 모두 공시하려면 운영 효율이 현저히 저하될 수 있을 것이었다.

174) www.hkex.com.hk - Listing - Rules and guidance - Other resources - New applicants - Listing document simplification guide

다. 스폰서 제도

1) 본토 기업을 위한 스폰서 제도 강화

홍콩증시는 영국의 스폰서 제도를 도입하였으며, 1993년 H주식 도입 시, 1999년 GEM설치 시, Euro Asia사건 발생 후인 2005년 및 2012년에 스폰서의 게이트키퍼 기능을 강화하여 IPO에서 국제경쟁력을 갖출 수 있었다[175].

1993년 H주식의 스폰서 요건이 상장규정 19A장에 설치되었다. 스폰서는 H발행자와 거래소 간의 의사소통 창구가 된다. 권고 사항이던 상장 후 1년 간 스폰서 유지가 H주식에는 3년 간 의무사항으로 부과되었다. 다른 거래소에 교차 상장될 H주식 발행사의 스폰서는'당해 이사회가 거래소 간의 차이점과 권리, 의무를 인지하고 있는지에 대한 의견'을 거래소에 제출해야 한다.

GEM의 스폰서 요건은 더욱 엄격하여, 상장 후에도 2년 간 활동하고 실사 기록을 6년 간 보관해야 했다. 그러나 2003년 China Rare Earth Holdings의 감사인 2회 교체 사건[176] 및 2004년 Euro Asia사건이 발생하였다.

Asia Aluminum 사례

이 회사는 1992년 설립되어 1998년 홍콩에 상장하였고, 2004년 4.5억 달러의 채권을 싱가폴 거래소에 상장하였다. 2006년 경영진이 MBO로 인수하여 주식 상장을 폐지하였다.

2008년 이후 상황이 악화되자 본토와 홍콩 채권자들이 법적 조치를 하여 2009년 홍콩법원은 FTI Consulting을 청산인으로 선임하였다. 청산인은 '본토 운영회사가 비 협조적'이라고 보고하였다. 청산인은 본토 내 경매가 진행되기 전에 본토지분의 매각을 추진하였다.

Norsk Hydro가 의향서를 제시하였으나, 본토 경영진의 MBO에 밀렸다. 2009년 6월 홍콩법원은 본토 MBO를 승인하였고, 싱가폴 채권자들은 원금의 18%만을 회수하였다.

CSRC가 민간 레드칩에 대한 책임을 부인한 상태에서 레드칩이 폭증함에 따라

175) Fanpeng (Frank) Meng, Gatekeepers: Bonding Benefits of Listing Chinese Companies in Hong Kong? *European Business Organization Law Review 14: 2013*

176) J. Roche, Corporate Governance in Asia (London and New York, Routledge 2005), at p. 63

2005년 홍콩 상장규정이 개정되었고, 2006년 SFC의 Fit and Proper Guidelines의 부록I로서 '스폰서 및 준법자문인 자격 신청 또는 유지 주체의 적정성 기준 (Additional Fit and Proper Guidelines for Corporations and Authorized Financial Institutions applying or continuing to act as Sponsors and Compliance Advisers: 適當人選的指引[177])에서 인력과 자본 요건을 부과하였다 (메인보드와 GEM 통일).

2009년에 상장한 대만 혼텍스 의류사의 사업설명서 기재 내용에 문제가 드러나자 홍콩당국은 2012년 3월 거래정지를 하였고, 법원의 주식 재매입 명령을 받아 냈다[178]. 회계사의 수뢰 혐의는 법원에서 기각당하였다[179]. 스폰서인 Mega Capital은 혼텍스의 상장신청 당일에 전화로 고객실사를 했다고 알려졌으며, HK$4,200만의 벌금 부과와 인가 취소를 당했다. China Forestry Holdings Co. Ltd는 2009년 상장 후 청산에 들어갔고, SFC가 상장주관사, 회계감사인, 이사진을 고발하였다. 홍콩 당국은 이 건으로 주관사와 G회계법인에게 2017년 소송을 제기하였다. 2010년 9월 홍콩에 상장한 중국 보시와 홀딩은 2012년 3월 회계감사인이 정보 부족을 이유로 사임하자 주가가 42% 폭락하였다. 2013년에 상장한 China Huishan Dairy Holdings Co는 2017년 머디워터스로부터 분식 혐의를 받았고, 파산절차에 들어갔다. 2014년 상장한 Tianhe는 이중장부 혐의를 받았고 거래정지되었다. 실사비용 2백만 달러를 들여서 Tianhe에 pre-IPO투자했던 미국 사모펀드는 주식원가의 60%로 평가감을 하였다.

2011년 SFC가 17개 주관사의 업무 실태를 조사한 결과에 의하면, 스폰서의 실사팀에 인력이 부족할 뿐만 아니라 상위자들의 관심이 부족하다고 지적되었다. 전문가에 대한 의존이 너무 높으며, 상장신청인이 복수의 스폰서를 선임하다 보니 역할의 공백과 중복의 비효율이 생겼다[180]. 스폰서들이 사업설명서를 미흡한 상태에서 제출하고 나서 SFC가 지적하는 사항을 교정하는 행태를 보이자, 2012년 SFC는 스폰서로 선임된 후 2개월 이내에는 상장신청서 제출을 금지함으로써 실사에 충분한 시간을 확보하도록 강제하였다. 거래소는 투자설명서 초안인 상장신청서 안을 공시하도록 하

177) www.sfc.hk - Rules & standards - codes & guidelines - guidelines - Fit and Proper Guidelines
178) SFC, 'Hontex Ordered to Make $1.03Billion Buy-back Offer over Untrue IPO Prospectus' (20 June 2012)
179) D. Mao, 'KPMG Auditor Cleared of Taking Bribe for Work on Hontex's Hong Kong IPO', *Bloomberg,* 28 April 2011,
180) HKMA, *Report on Thematic Examinations of Sponsor Activities* (November 2011)

였다 (해당 정보는 투자정보로서 불완전하며, 중요한 변동이 있을 수 있음을 주기)[181]. 사업설명서 초안에는 본질적으로 사후 결정될 항목 이외에는 중요정보가 전부 반영되어야 한다. 이에 따라 신청 초기 단계부터 스폰서 측 변호사의 검증이 필요하게 되었다. 특정 스폰서의 사업설명서가 반려된 사실의 공개, 및 8주 후에 재신고를 허용하는 조치도 1년 유예를 거쳐서 2014년 시행하였다.

2012년 4월의 신 제도 시행 직전에 상장신청이 쇄도하여, 3월의 신청이 21건이었고, 4월 신청분 28건 중 21건이 3월 제출 분이었다. 이후 5월에는 5건, 6월에는 9건에 불과했다.

거래소는 신 제도 시행 후 평균 처리기간이 133일로부터 59일로 단축되었다고 밝혔다. SFC는 스폰서들이 계약 체결에서 보다 선별적으로 사전 심사하게 되었다고 평가하였다. 규제 강화 당시에는 '홍콩의 3년 연속 세계 최대 IPO시장 지위가 흔들릴 수 있으며, 투자은행들이 스폰서는 기피하고 인수업무만 선호할 수 있다'는 우려가 제기되었지만, 그러한 상황은 발생하지 않았다.

2) 스폰서의 기능

스폰서는 상장 절차를 주관하는 금융회사로서, IPO라는 단일 목적 하에 증권선물위원회(SFC)의 업무인가를 받는다.

- 상장과정을 주관하고 공시의 충분성을 확보한다
- 실사 수행
- 상장신청인, 전문가들, 규제당국과 신디케이트. 간 의사소통을 주관
- 거래소와 증선위의 요구사항. 처리 주관

상장신청 기업은 홍콩 상장 규정 3A 'Sponsors and Compliance Advisers'에 따라서 스폰서를 선임해야 한다. 상장기업은 홍콩 메인보드 상장규정 3A.19에서는 상장 후 1년 간, GEM 상장규정 6A.19에서는 2년 간 준법자문을 두어야 한다. 준법자문은 상장 스폰서가 아닐 수도 있으며 공시 발표, 관계자 거래, 공시 내용과 다른 자금 용도, 거래소의 질의 사항 들에 대해서 자문한다. 거래소는 상장규정 상의 의무기간

181) John Moore, Hong Kong's sponsor rules: one-year later, International Financial Law Review; London (Sep 23, 2014) 및 Cooper, Jane. Reg rage: Hong Kong SFC's IPO Rules - Hong Kong toughens up IPO rules, The Banker; London (Sep 2012): n/a.

경과 후에도 준법자문 선임을 지시할 수 있다.

2009년 스폰서 중 6사가 은행으로서 수입 기준 39%를 점유하였으며, 이 경우 홍콩 은행감독 당국은 SFA의 기준을 따른다[182]. 한국계 증권사의 홍콩법인 중 IPO스폰서는 아직 출현하지 않은 상태이다.

표4-4. 홍콩 IPO스폰서 등록 현황

	회사명	인가일자
1	ABCI Capital Limited 農銀國際融資有限公司	2011
2	Alliance Capital Partners Limited 同人融資有限公司	2014
3	Altus Capital Limited 浩德融資有限公司	2007
4	Ample Capital Limited 豐盛融資有限公司	2007
5	Anglo Chinese Corporate Finance, Limited 英高財務顧問有限公司	2007
6	Asian Capital (Corporate Finance) Limited 卓亞(企業融資)有限公司	2007
7	Ballas Capital Limited 博思融資有限公司	2017
8	Barclays Capital Asia Limited 巴克萊亞洲有限公司	2011
9	BNP Paribas Securities (Asia) Limited 法國巴黎證券(亞洲)有限公司	2013
10	BOCI Asia Limited 中銀國際亞洲有限公司	2007
11	BOCOM International (Asia) Limited 交銀國際(亞洲)有限公司	2007
12	BOSC International Company Limited 上銀國際有限公司	2015
13	CCB International Capital Limited 建銀國際金融有限公司	2007
14	CEB International Capital Corporation Limited 光銀國際資本有限公司	2015
15	Celestial Capital Limited 時富融資有限公司	2007
16	Central China International Capital Limited 中州國際融資有限公司	2007
17	Changjiang Corporate Finance (HK) Limited 長江證券融資(香港)有限公司	2012
18	China Everbright Capital Limited 中國光大融資有限公司	2007
19	China Galaxy International Securities (Hong Kong) Co., Limited 中國銀河國際證券(香港)有限公司	2012
20	China Industrial Securities International Capital Limited 興證國際融資有限公司	2013
21	China International Capital Corporation Hong Kong Securities Limited 中國國際金融香港證券有限公司	2008
22	China Investment Securities International Capital Limited 中投證券國際融資有限公司	2013
23	China Merchants Securities (HK) Co., Limited 招商證券(香港)有限公司	2007
24	China Securities (International) Corporate Finance Company Limited 中信建投(國際)融資有限公司	2013
25	CIMB Securities Limited 聯昌證券有限公司	2007
26	Cinda International Capital Limited 信達國際融資有限公司	2007

182) SFC (2011), *Report on Sponsor Theme Inspection Findings*, 1,

27	Citigroup Global Markets Asia Limited 花旗環球金融亞洲有限公司	2007
28	CLC International Limited 創僑國際有限公司	2012
29	CLSA Capital Markets Limited 中信里昂證券資本市場有限公司	2007
30	CMB International Capital Limited 招銀國際融資有限公司	2010
31	CMBC International Capital Limited 民銀資本有限公司	2017
32	Convoy Capital Hong Kong Limited 康宏資本香港有限公司	2015
33	Credit Suisse (Hong Kong) Limited	2007
34	Dakin Capital Limited 德健融資有限公司	2016
35	DBS Asia Capital Limited 星展亞洲融資有限公司	2007
36	Deutsche Securities Asia Limited 德意志證券亞洲有限公司	2012
37	Dongxing Securities (Hong Kong) Company Limited 東興證券(香港)有限公司	2016
38	Emperor Capital Limited 英皇融資有限公司	2007
39	Essence Corporate Finance (Hong Kong) Limited 安信融資(香港)有限公司	2010
40	Ever-Long Securities Company Limited 長雄證券有限公司	2016
41	First Shanghai Capital Limited 第一上海融資有限公司	2007
42	Fortune Financial Capital Limited 富強金融資本有限公司	2012
43	Frontpage Capital Limited 富比資本有限公司	2015
44	GF Capital (Hong Kong) Limited 廣發融資(香港)有限公司	2007
45	Giraffe Capital Limited 智富融資有限公司	2017
46	Goldman Sachs (Asia) L.L.C. 高盛(亞洲)有限責任公司	2007
47	Gram Capital Limited 嘉林資本有限公司	2014
48	Grand Moore Capital Limited 中毅資本有限公司	2018
49	Guosen Securities (HK) Capital Company Limited 國信證券(香港)融資有限公司	2011
50	Guotai Junan Capital Limited 國泰君安融資有限公司	2007
51	Guoyuan Capital (Hong Kong) Limited 國元融資(香港)有限公司	2014
52	Haitong International Capital Limited 海通國際資本有限公司	2007
53	Halcyon Capital Limited 鎧盛資本有限公司	2012
54	HeungKong Capital Limited 香江資本有限公司	2017
55	HSBC Corporate Finance (Hong Kong) Limited	2012
56	Huabang Corporate Finance Limited 華邦融資有限公司	2017
57	Huarong International Capital Limited 華融國際融資有限公司	2016
58	Huatai Financial Holdings (Hong Kong) Limited 華泰金融控股(香港)有限公司	2015
59	ICBC International Capital Limited 工銀國際融資有限公司	2008
60	Innovax Capital Limited 創陞融資有限公司	2015
61	Investec Capital Asia Limited 天達融資亞洲有限公司	2007
62	J.P. Morgan Securities (Far East) Limited	2012
63	Jefferies Hong Kong Limited 富瑞金融集團香港有限公司	2012
64	KGI Capital Asia Limited 凱基金融亞洲有限公司	2007

65	Kim Eng Securities (Hong Kong) Limited 金英証券(香港)有限公司	2012
66	Kingston Corporate Finance Limited 金利豐財務顧問有限公司	2014
67	Kingsway Capital Limited 滙富融資有限公司	2007
68	Lego Corporate Finance Limited 力高企業融資有限公司	2016
69	LY Capital Limited 絡繹資本有限公司	2013
70	Macquarie Capital Limited 麥格理資本股份有限公司	2007
71	Merrill Lynch Far East Limited	2007
72	Messis Capital Limited 大有融資有限公司	2011
73	Mizuho Securities Asia Limited 瑞穗證券亞洲有限公司	2009
74	Morgan Stanley Asia Limited 摩根士丹利亞洲有限公司	2007
75	Nomura International (Hong Kong) Limited 野村國際(香港)有限公司	2007
76	Oceanwide Capital Limited 中國泛海企業融資有限公司	2007
77	Octal Capital Limited 八方金融有限公司	2011
78	Optima Capital Limited 創越融資有限公司	2007
79	Orient Capital (Hong Kong) Limited 東方融資(香港)有限公司	2016
80	Oriental Patron Asia Limited 東英亞洲有限公司	2007
81	Partners Capital International Limited 博大資本國際有限公司	2013
82	Ping An of China Capital (Hong Kong) Company Limited 中國平安資本(香港)有限公司	2013
83	Platinum Securities Company Limited 百德能證券有限公司	2007
84	Pulsar Capital Limited 脈搏資本有限公司	2017
85	RaffAello Capital Limited	2012
86	Red Solar Capital Limited 綽耀資本有限公司	2017
87	Red Sun Capital Limited 紅日資本有限公司	2017
88	RHB Capital Hong Kong Limited 興業金融融資有限公司	2007
89	Rothschild (Hong Kong) Limited 洛希爾(香港)有限公司	2007
90	Shenwan Hongyuan Capital (H.K.) Limited 申萬宏源融資(香港)有限公司	2007
91	Sinolink Securities (Hong Kong) Company Limited 國金證券(香港)有限公司	2015
92	Somerley Capital Limited 新百利融資有限公司	2013
93	South China Capital Limited 南華融資有限公司	2015
94	Southwest Securities (HK) Capital Limited 西證(香港)融資有限公司	2007
95	SPDB International Capital Limited 浦銀國際融資有限公司	2016
96	Success New Spring Capital Limited 實德新源資本有限公司	2011
97	Sunfund Capital Limited 耀盛資本有限公司	2015
98	TC Capital International Limited 天財資本國際有限公司	2010
99	Titan Financial Services Limited 天泰金融服務有限公司	2015
100	UBS Securities Hong Kong Limited	2016
101	VBG Capital Limited 建泉融資有限公司	2013
102	VC Capital Limited 滙盈融資有限公司	2009

103	Vinco Capital Limited 域高融資有限公司	2007
104	VMS Securities Limited ®珮證券有限公司	2016
105	WAG Worldsec Corporate Finance Limited 華高和昇財務顧問有限公司	2007
106	Well Link International Capital Limited 立橋國際融資有限公司	2016
107	Yunfeng Financial Markets Limited 雲鋒金融市場有限公司	2012
108	Zhongtai International Capital Limited 中泰國際融資有限公司	2014

* 자료: SFC.

3) 스폰서의 책임

홍콩 IPO시장에는 상장신청기업의 설립지와 사업운영지가 홍콩이 아닌 경우가 많기 때문에 스폰서의 역할이 중요하다. 특히 본토 기업의 경우 정보 검증이 더욱 어려우며, 증권발행 실사는 수사 방식이 아니고 허위, 위조나 은닉 사실의 적발을 보장해주지 못한다는 사실을 처음부터 인정해야 한다.

홍콩의 IPO스폰서는 홍콩거래소의 '최초상장 신청에 대한 스폰서의 실사 실무(Practice Note 21. DUE DILIGENCE BY SPONSORS IN RESPECT OF INITIAL LISTING APPLICATIONS) 및 SFC의 스폰서 가이드라인을 적용 받는다.

홍콩의 회사법 Companies Ordinance 32절 해산 및 기타조항 (Winding Up and Miscellaneous Provisions) 40(1)조에서는 이사, 사업설명서의 발간을 승인한 자 및 추진자(promoter)들은 사업설명서의 내용에 대한 책임을 부담하도록 규정하였으며, 홍콩 회사법의 부록 12에서는 40A조 위반이 입증되면 최대 3년형 및 70만 홍콩달러의 벌금형을 규정하였다.

하지만 스폰서가 사업설명서의 발간 승인자인지에 대해서는 논란이 있었다. 이에 2014년 SFC는'스폰서는 이미 사업설명서의 발간 승인자이므로 회사법 개정이 필요하지 않다'고 판정하였다[183].

스폰서의 책임은 공동 스폰서의 경우에도 경감되지 않으며[184], 스폰서는 전문가에게 실사를 위임한 경우 전문가 보고서에 허위나 누락이 있다고 믿을 합리적인 근거가

---

183) SFC, Supplemental Consultation Conclusions on the Regulation of IPO Sponsors Aug 22, 2014.

184) 이 점은 미국과 홍콩이 동일하다 (미국 증권법 11장, 홍콩 회사법 40(1)(d). 반면 한국의 중국고섬 판례에서는 실질적으로 대표주관회사만이 공시부실기재의 배상책임을 부담한다. 김갑래, 증권 인수인의 기능과 책임 국제비교 및 시사점, 자본시장 Weekly, 2015.3.3.

없어야만 실사에 의한 방어를 인정 받는다.

스폰서 보수는 과거 인수수수료로 갈음하던 행태가 있었으나, 2013년 제도 개선에 따라 인수 기능과 별도로 책정된다. 공모 성공불 조건이 불가하며, 업무 진행 실적에 비례하여 단계별 지급된다.

신 규정 시행 후 1년 간의 수수료 수준은 상장 건당 $50,000~$6백만이었고, 평균과 중간값은 $988,000 및 $671,000이었다. 스폰서 당 평균과 중간값은 $661,000 과 $500,000였다. 스폰서들은 상장 성공시 수수를 감액해서 받는 조건을 활용하였다.

4) 스폰서의 실사 기준

2013년 홍콩의 스폰서 업계는 회계와 법무법인 참여 하에 13개월 간 작성한 762 페이지의 스폰서의 실사기준을 채택하였다 (www.duediligenceguidelines.com : SFC등록인력의 행위규범: Code of Conduct for Persons Licensed by or Registered with the Securities and Futures Commission 의 17장). 이 기준은 당국이 공식 승인하지는 않았지만 중요한 기준으로 활용되고 있다.

실사는 수사 (forensic) 절차가 아니므로, 허위, 위조나 의도적인 누락이 없음을 보증하지 않는다(제1조).

스폰서는 실사에서 상장신청기업의 지배주주, 이사진의 경력을 파악해야 한다. 지배주주와 상장신청기업 간의 관계 실사는 실사 가이드라인의 10장에 규정되어 있다. 지배주주는 상장규정 상 30% 이상의 의결권 보유자 또는 이사회 과반수의 구성권자로 정의되므로, 복수의 지배주주가 존재 가능하다. 지배주주를 파악하는 목적은 상장신청자를 더 잘 파악하고 다른 실사 발견사항을 보완하는 것이다. 특히 지배주주가 경영진이 아닌 경우, 지배주주와 상장신청기업 간의 관계가 상장 적격여부에 영향을 미치는지를 확인한다.

30% 지분권자가 없는 경우 최대주주를 실사하며, 복수의 지배주주 존재 경우 양자 간의 관계를 조사한다. 지배주주가 중국 국가기관인 경우 회신을 받기 어려우므로 대체실사방안을 고려한다. 지배주주가 납품거래선인 경우 실사를 강화한다. 지배주주와의 면담은 그의 경력조사 이후에 실시한다. 지배주주 면담 시 상장신청기업이 배석하여 영향력을 끼치지 말아야 한다.

SFC가 2009년의 스폰서 업무를 조사하여 발표한 사례 중에, 중요 거래처 한 곳이 과거에 상장신청인의 이사가 소유했던 곳이 있었다. SFA는 주식 양도가 명의신탁이었음을 파악하였다. IPO과정에서 거래소가 질의하였을 때, 스폰서는 신탁계약을 밝히지 않았다.[185] 스폰서 내의 한 책임자가 7건의 IPO를 주관하는 상황도 지적되었다[186].

SFC는 2013년 제도 개선 후 31개 스폰서의 2017년까지의 업무 검사 결과를 발표하면서 다음과 같은 사례를 제시하였다[187].

- 최대주주가 5대 고객 중 한 곳에 신탁을 경유한 지분을 보유하며, 신탁서류에 일자 소급 등 하자 발견
- 특정 고객에 대한 배경 조사로 입수된 정부 자료 상의 매출수치가 회사 측 수치를 대폭 하회
- 상장신청인과 주요 고객 간의 선적 및 결제에 개입한 제3자에 대한 실사 불이행
- 결제에 중개인이 개입하면서 과도한 권한을 행사함으로써, 매출 수치에 의혹
- 간접 지급이 업계 관행이며, 법률의견 상 합법적이다 하더라도, 스폰서는 영향을 더 고려해야 했다
- 스폰서는 회계감사인이 문제를 제기하지 않았다고 주장하지만, 회계사의 감사절차를 협의 파악하였다는 증빙을 제시하지 못했다.

라. 내부통제와 회계감사인의 컴포트레터

홍콩에서도 COSO의 내부통제 개념 체계를 도입하였다. 홍콩증권거래소는 2004년에 기업지배구조 실무 기준을 발간하였고, 이를 상장규정에 편입시켰다. 이 기준의 C.2.1항에서는 상장기업의 이사회로 하여금 최소 매년 내부통제 시스템을 평가하도록 규정하였다.

---

185) SFC, *Report on Sponsor Theme Inspection Findings, 1, 2011.3.*

186) Lucy McNulty, "Alder: SFC head reveals his 2012 agenda" (2012) 31:1 *International Financial Law Review 28*

187) www.sfc.hk - News & announcements - News - All News, SFC identifies continued deficiencies in sponsor work, 26 Mar 2018

거래소는 홍콩공인회계사에게 상장기업의 내부통제 요건에 관련된 지침을 마련하도록 의뢰하였으며, 이에 따라 2005년 내부통제 및 위험관리 - 기본 체계 (Internal Control and Risk Management - A Basic Framework)가 공표되었다.

컴포트레터는 홍콩의 증권 발행 시장에서 법적 요건이 아니다.

회계법인은 홍콩공인회계사회의 Hong Kong Standards on Investment Circular Reporting Engagements 400 '컴포트레터 발급과 실사 회의 참여' 기준에 따라 실사회의에 참여한다. 이 기준은 2005년에 채택되었고, 2016년에 개정되었다.

홍콩 내에서 유가증권 공모를 위해 컴포트레터를 발급하거나 주관사의 실사 회의에 참석하는 회계사는 HKSIR100 "Investment Circulars and Reporting Accountants" 의 요건을 따라야 한다. 컴포트레터는 회계감사의견에 기 반영되지 않은 재무적, 비 재무적 정보와 직전 보고일자로부터 컷오프일자 사이의 기간 중에 발생한 변동사항을 커버한다. 결산일 이후의 기간에 대해서 회계감사인은 주주총회와 이사회 의사록 검토 및 경영진에 대한 질의 등의 활동을 수행한다.

회계감사인이 주관사에게 전문적인 지원을 하지만, 투자설명서의 완전성과 정확성 및 규제 요구 사항의 준수에 대한 책임은 발행회사에게 있다. 회계감사인은 절차가 스폰서의 목적 상 충분한지에 관하여 어떤 진술도 제시하지 않는다.

컴포트레터의 발급을 위한 절차는 발행주관사, 발행회사와 회계감사인의 3자 간에 서면계약으로 합의된다 (arrangement letter). 회계법인과 주관사 간에 실사회의 참여에 대한 포괄계약서를 사전에 체결해 놓기도 한다(HKSIR 부록5B).

회계감사인은 수행된 절차 목록과 발견사항 및 제한된 보장만을 스폰서에게 제공하므로, 스폰서가 알고자 하는 모든 정보를 획득한다는 보장은 제공하지 않는다. 준수해야 할 절차에 대한 상호 이해를 확실히 하기 위해, 회계감사인은 컴포트레터의 초안을 합의한다.

증권 발행의 전부나 일부가 유럽에서 수행되는 경우, 홍콩 회계법인은 HKSIR에 의한 컴포트레터를 참조하고, 미국의 경우 별도로 발급한다. 따라서 표준 컴포트레터는 홍콩 내 주식 공모 외에 Reg S에 따른 국제 주식 사모, 홍콩공모와 Reg S에 따른 동시 사모, Reg S에 따른 국제채권 사모발행의 네 가지 시나리오를 제시한다.

마. HKSE의 차등의결권 허용

알리바바의 마윈회장은 1999년 항주에서 창업 당시 18인의 발기인을 구성하였지만, 2010년에 케이만군도의 Lakeside Partners L.P.로 재편성하였다. 케이만의 파트너 수는 30인이며 의결권에 차등을 두지는 않았지만, 파트너위원회의 5인의 위원이 인사권을 통해서 실질적인 통제권을 보유한다[188]. 알리바바 측은 뉴욕상장에 앞서서 홍콩증권거래소 측에게 미국식 차등의결권주식에 대한 지배 구조를 허용해 달라고 요청했으나 홍콩 증권거래소는 거부했고, 이에 따라 알리바바는 독특한 'Alibaba Partnership 구조'를 인정해 주는 뉴욕 증권 거래소를 선택하였다[189].

중국 벤처기업들도 미국 방식을 따르는 경향이 있다. 바이두가 발행한 ADR의 경우도 A보통주 (1 의결권)로 발행되었으며, 창업자 보유 B보통주는 (10 의결권)을 보유한다.

2018년 홍콩거래소는 미국과 달리 집단소송제도가 없는 상황에서[190] 차등의결권제도를 도입하였으며, 이에 따라 샤오미의 홍콩 상장이 실현되었다. 이후 미국의 암진단 스타트업인 Grail Inc.사는 홍콩에서 5억 달러의 IPO를 추진한다고 발표하였고[191], Ally Bridge Group. Hillhouse Capital Group, 6 Dimensions Capital, Blue Pool Capital, China Merchant Securities International, CRF Investment, HuangPu River Capital (HPR), ICBC International, Sequoia Capital China, and WuXi NextCODE로부터 pre-IPO펀딩 3억 달러를 조달하였다[192].

---

188) Yu-Hsin Lin, Thomas Mehaffy, Open Sesame: The Myth of Alibaba's Extreme Corporate Governance and Control, Brooklyn Journal of Corporate, Financial & Commercial Law, Volume 10, Issue 2, 2016

189) Nelson Ching, Why Alibaba bailed on a Hong Kong IPO: After a year of waiting, the man running what could be the biggest-ever technology IPO finally lost patience with Hong Kong, Bloomberg March 19, 2014

190) 홍콩의 법률개혁위원회는 2012년 클래스액션 도입을 제안하는 보고서를 발간하였으나, 채택되지 않았다. Shirley Yuen, Class action lawsuits not suited to Hong Kong, South China Morning Post, 2013.10.16. Mark Hughes, Kevin Warburton, The Class action law review, 2018.5.

191) Li Dongmei, Grail IPO Tests Hong Kong's Commitment To Duel-Class Listings For Tech Companies, Chinamoneynetwork, 2018.3.1.

192) Alex Keown, GRAIL Grabs $300 Million Ahead of Possible IPO on Hong Kong Exchange, Biospace, May 22, 2018

바. 한국 기업의 홍콩 IPO 현황

홍콩은 중국 및 아시아권에서 사업을 영위하는 기업이 대부분이기 때문에 중국 비즈니스와 관련 없는 기업이 홍콩에 상장할 경우 기업가치 측면에서 좋은 평가(Valuation)를 받기 힘들다. 홍콩 상장관련 검토를 했던 베이직하우스, 이랜드 차이나는 모두 중국에서 성공한 대표기업이었다 [193]. 홍콩 상장 시에는 최소 2000만 홍콩달러(28억 원)의 비용 부담이 있다. 그리고 모든 전문가 집단에는 계약과 동시에 30% 수준의 착수금이 지불됨을 감안하면 6000만 홍콩달러(8억 원)의 초기비용이 발생된다.

2017년 현재 홍콩 증권거래소에 상장된 기업 1955개 중 한국 기업은 '드림인터내셔널' '코웰이홀딩스' 및 '퓨처데이터' 의 3개사이다. 과거 SNS 게임업체인 '미투온과' 한라그룹의 부품계열사 만도의 중국 법인인 '만도차이나홀딩스', 광성전자의 홍콩 현지법인인 '광성전자 홍콩' 등이 홍콩 증권시장에 상장을 시도한 바 있었다.

○ 드림 인터내셔널(2002년, 1126)

국내 비상장 완구업체업인 C&H코리아의 홍콩, 중국 현지법인들의 통합 홍콩지주회사이다. 대우증권 홍콩 현지법인과 와터슨(Watterson)아시아를 공동 주관사로 선정해 1주당 1.2홍콩 달러의 가격으로 1억 6250만 주를 발행, 홍콩 증시에 상장하였다.

○ 코웰이홀딩스(2015년, 1415)

코스닥에서 2011년 자진 상장 폐지한 후 홍콩으로 본사를 옮겨 BNP Paribas, 모건 스탠리 및 CIMB를 주관사로 홍콩에 재 상장한 사례이다. 주당 4.25홍콩 달러로 발행해 약 1억 1,400만 달러를 조달했다.

○ 퓨처데이터 그룹(2016년, 8229)

IT 솔루션 전문회사인 글로벌 텔레콤의 케이만 중간지주회사로 2016년 설립되었다. Shenwan Hongyuan Capital과 Gransing Securities을 대표 주관사와 공동 주관사로, 홍콩 GEM에 상장하면서 총 3440만 홍콩 달러를 공모하였다.

---

193) 신동민, 중견기업을 위한 홍콩 주식시장 입성하기, 코트라 해외시장뉴스 2014.12.10.

도4-1. 퓨처데이터그룹 지배구조도

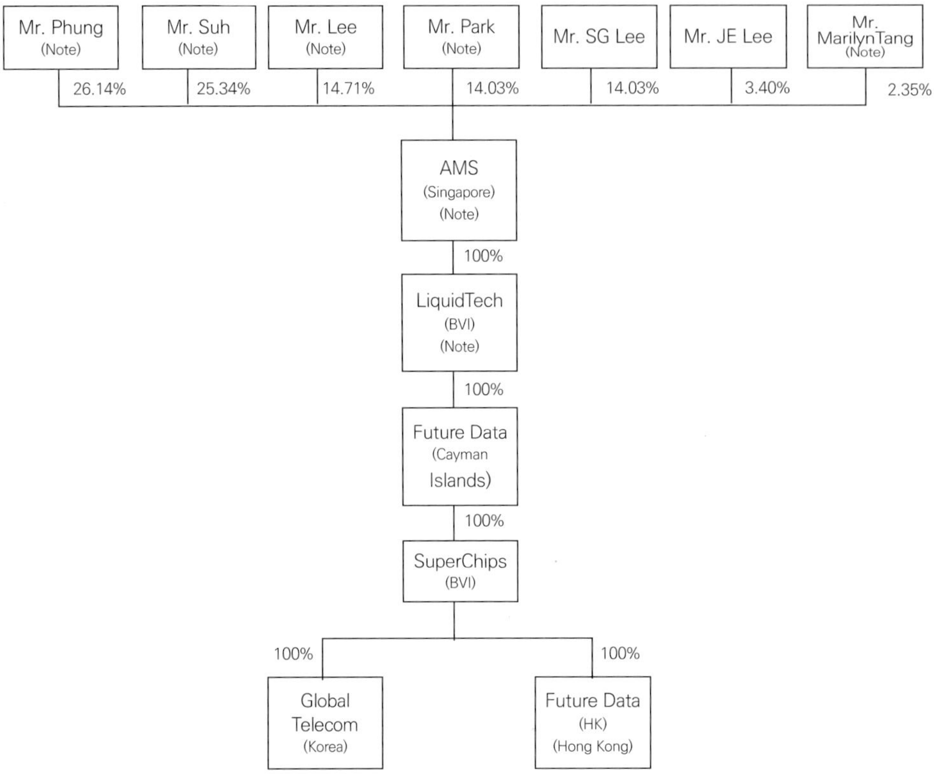

사. 러시아 기업의 홍콩 상장

홍콩거래소는 본토 기업 상장의 경험을 바탕으로 신흥국 기업을 유치하고 있으며, 2010년 세계 최대의 알루미늄 제조업체인 러시아의 Rusal의 22억 달러의 IPO를 유치하였다. 사업설명서는 1,141페이지에 달하는 방대한 내용이었으며, 스폰서는 Paribas와 Credit Suisse였다.

SFC는 최소 투자금액 1백만 홍콩달러의 전문투자자 요건을 설정함으로써 개미투자자의 청약을 막았다. 대신 영국 Nathaniel Rothschild의 NR Investment, 미국 헤지펀드 Paulson & Co., 말레이시아의 Robert Kuok 및 러시아 국영은행 Vnesheconombank, 이가성의 Cheung Kong Holdings 들이 앵커 투자자로 참여하였다. 홍콩과 동시에 파리에도 DR이 상장되었다.

주가는 공모 후 6개월 간에 38% 하락하였으며, 러시아 투자은행 측은 개미투자자 청약금지 조건을 향후 다른 러시아 공모기업에게도 적용할 것인지를 SFC측에 질문하였다[194].

4. 싱가폴 거래소의 상장 실사

2007년 북경이 외국거래소의 사무소 설치를 개방한 후 4번째로 싱가폴 거래소가 2008년 북경사무소를 설치하였고(미국2개 거래소 및 동경거래소 이후), 중국 지방정부와 협조각서를 체결하였다[195].

가. 중국물 상장 실적

1) 초기 상장

Cosco해운은 93년 싱가폴자회사를 통해 상장기업 Sun Corp를 인수하여 Cosco Shipping International (Singapore) Co., Ltd로 우회상장하였다. 1997년 5월 "천진중신약업(Tianjin Zhong Xin Pharmaceutical Group: 天津中心約業)주식회사"가 본토기업 가운데 최초로 싱가포르에 S주를 직상장했다.

90년대의 싱가폴 상장 중국기업은 주로 국영기업이었고, 민간기업은 2000년 대 들어서 출현하였다. 간접 상장 레드칩으로는 Hongguo International Holdings 신발업체가 2002년 버뮤다에 설립되어 2003년 싱가폴 메인보드에 상장하였다(2010년에 공개매수로 상장폐지, 2011년 홍콩 상장).

2003~2004년에 중국주식 상장 붐이 일어났다. 2005년 4월 현재 643개 상장종목

---

194) Naomi Rocvnick, HK must explain ruling on Rusal IPO, South China morning Post, 2010.6.19.

195) World Federation of Exchanges, "SGX deepens ties with China Shandong Province" *World Federation of* Exchanges (28 August 2012):
Jamie Lee, "SGX inks MOU with Chongqing govt." The Business Times (19 May 2010)

중 중국 기업 77개사가 있었다. Straco, Midas등은 본토와 싱가폴 합작법인이었다. 또한 중국에 관련이 많은 51개 홍콩 및 11개 대만기업이 상장하였다. 심천 상장 후 싱가폴에 1995년 교차상장한 종목으로 China Merchants Shekou Holdings 가 있었다.

그런데, 2004년 중국 국영 China Aviation Oil의 S주식에서 스캔달이 발생하였다. 이 종목은 2003년 상장 후 중국 대표주였으나, 무리한 가격에 싱가폴 페트롤리움 인수에 나섰고, 본토 모회사가 지분을 할인매각하였다. 그런데 실제 자금경색 요인은 파생상품 매매 손실 5.5억 달러로서, 주주총회에서 M&A 건이 부결된 시점에서야 밝혀졌다. 이후 싱가폴 거래소 측은 기업지배구조 요건을 강화하고, 2005년과 2012년에 외국주 상장요건을 강화하였다.

거래소는 2005년에 W증권사에게 3개월 간 기업공개 업무 중단 및 실사 기준 개선을 권고하였으며, 2006년에 S사 신규상장 주선 실사가 미흡하다고 지적하였다. 2008년에는 O사에 대해 독립적 전문가를 고용하여 실사 수준을 개선하도록 명령하였다.

2) 부실 대거 노출

그러나 2008년에 싱가폴 중국주식 지수는 76% 하락하여 전체지수의 49%보다 낙폭이 컸다. 2008년 FTSE Straight Times China주가지수 63종목은 11% 하락하였다 (싱가폴 전체지수는 1.3% 하락)[196].

2008/2009년의 부실기업은 다음과 같다.

- FerroChina: 이익에 불구 차입 상환 불능
- Fibrechem Technologies: 매출채권과 은행잔고 괴리로 매매정지
- Beauty China: 대주주 지분 담보실행으로 강제매도
- Sino Environment: 1400만 S$가 사라졌다가 다른 은행에 출현.
- Oriental Century: 매출과 현금시재 분식
- China Printing & Dyeing: 2008년 8월 2분기 실적이 폭락하였으나 회사 측은 수익성을 유지할 것이라고 언급했다. 그러나 10월에 이사회는 'CEO 부부가 잠적했다'고 공시하였고, 곧 상장이 폐지되었다.

196) Editor, Chinese rogue executives dodge Singapore law by staying home, The edge markets, 2011.7.11.

- 2009년부터 Falmac사에서 이사와 감사는 재무기록에 접근이 불가능하였다.

퇴출기업들은 악화된 실적에 불구하고 낙관적인 해석을 제시하였으나, 애널리스트들은 숨겨진 부실을 적발해 냈다. 미국의 Carson Block 헤지펀드는 싱가폴 상장 농산물 트레이딩 업체의 회계에 대해서 2012년 11월 헤지펀드 컨퍼런스에서 의문을 제기하여 소송단계까지 이르렀다.

2011년 4월 Sino Techfibre는 회계문제 발생 후 1주일 만에 화재로 인하여 재무기록이 소실되고, 매매 정지되었다. 6월에는 중국고섬의 은행잔고가 비었다는 사실을 회계감사인이 발표하였다.

2009년 거래 중지된 China Sub Bio-chem Technology Group은 서류 수송 차량이 도난당하였다고 공시하였고 1.37억 달러의 현금과 매출채권 확인불능이라서 2011년 청산인이 회복불능을 선언하였다 (2018년 상장폐지). 싱가폴 Securities Association of Singapore은 북경에 징계조치를 호소하였다

Hongwei Technologies는 2011년 감사인이 이의 제기로 2013년 상장폐지하였다.

China Sky는 2005년 싱가폴 거래소에 상장하였다. 2011년 거래소는 특별감사인 선임을 명령하였고, 거래를 정지하였다. 그러나 회사 측은 특별감사인 선임을 거부하였고, 이사들이 사임하였다. 이후 경찰 수사가 시작되었고, 중국인 임원의 개인구좌가 동결되었다. 사외이사와 감사위원회가 공석임을 이유로 회계감사인이 사임한 이후, 회사측은 자발적으로 청산인을 선임하였다.

중국 기업 발행 전환사채에도 부실이 발생하였다. Borelli Walsh청산인에 따르면 China Milk Products Group, Delong Holdings, Celestial NutriFoods, Sino-Environment Technology, Sunshine Holding 등 싱가포르에 상장된 11개 중국회사 중 절반 이상이 2005년부터 2008년까지 발행한 CB를 상환하지 못하였다[197). China Milk의 회계감사인은 현금시재가 2.2억 달러로부터 5천6백만 달러로 급감하였다고 발표하였고, 2011년 청산인이 선임되었다.

3) 자발적인 상장폐지

Man Wah Holdings는 2009년 9월 공개매수로 상장폐지하였다. 매수가는 9.52%

---

197) Ellen Sheng, Investors run into trouble with Chinese deals Wall Street Journal, 2010.7.1.

프리미엄부로서 4배의 PER에 해당하였다. 7개월 후 홍콩에 재상장 가치는 3배에 달하였다.

소위 'China orphan'으로서 2009년과 2012년 싱가폴에서 상장 폐지한 Sihuan Pharmaceutical Holdings 과 Luye제약은 2010년과 2014년 홍콩 재상장에 성공하면서 홍콩에서 중국 제약주 붐을 일으켰다[198]. Yangzijiang Shipbuilding은 2010년 대만DR을 교차 상장하였으나 2015년 현재 DR이 15.48%만이 잔존하여 대만에서 상장폐지하였다.

China Hongxing Sports은 2009년 불경기 하에서 현금 보유가 많았으나 투자도 배당도 하지 않았고 매출채권은 배증하였다. 2010년 감사인 사임 후 교체감사인이 회계감사 의견을 내지 못함으로써 2011년 자발적으로 매매가 정지되었다. NTan Corporate Advisory의 특별감사 결과 본토자회사의 현금시재가 엉터리였다[199]. 2017년 오너가 싱가폴 주주들에게 본토 운영회사를 매수 제안하였고, 2018년 5월 Jiayao Investment에 인수되어 China Hongxing Erke Sports Goods로 재출범하였다. 인수자가 회사의 최대주주이므로 특수관계자와의 거래였다. 이에 따라서 회사의 현금 배분 대상에서 대주주는 제외되었다. 주식 매각 대금은 1억 위안이었다 (감사받지 않은 2017. 6 현재 순자산은 4.7억위안). 싱가폴 상장법인은 운영 사업이 없는 현금회사가 되어서 신규사업 개시 시까지 거래 정지되었다[200].

4) 2017년 이후의 신규 상장

싱가폴 레드칩을 의미하는 'S칩'의 IPO는 2012년에 중단되었고, 상장폐지가 지속되었다. 2008년 싱가폴에 150개 중국기업이 상장하여 약 20%의 비중을 보이고 있었으나, 2012년에는 140개로 감소하였다. 본토 거래소들이 대기업을 선호함에 따라 싱가폴 거래소의 중국기업들이 거래량, 시가총액 등에서 홍콩 증시에 뒤쳐진다는 인식도 있었다[201]. 2007년 싱가폴에서 상장폐지한 China New Town Development는

198) Stephen Aldred, Strong Luye Pharma debut boosts prospects for 'China orphan' firms, Asian Legal Business, 2014.7.9.

199) Mak Yuen Teen, Corporate Governance Case studies, vol 2. CPA Australia, 2013.5.

200) CHINA HONGXING SPORTS LIMITED CIRCULAR TO SHAREHOLDERS, 2018.3.2.

201) PEH Zu Hao, Dealing with Perception: A Look at Overseas-Listed Chinese Firms in Singapore, National University of Singapore, 2014.2.6.

홍콩상장은 유지하였다.

그러나 싱가폴 거래소의 800종목 중 100개 S칩이 잔존하고 있으며, 2016년 EC World REIT, 2017년 Dasin Retail Trust의 부동산펀드 신규상장이 이루어졌다[202]. 2016년 상장 China Jinjiang Environment Holding는 폐기물 에너지화 종목이다.

EC World는 2.5억 달러 규모의 공모로서, 교통은행계 BoCom International Global Investment의 S$5천만, Fosun International Holdings S$6,700만 및 Cinda자산운용 산하의 Sunkits Resources S$7,700만의 청약과 중국계 수요에 지지되었다[203]. 본토의 Reit시장은 본토의 부동산 양도세 부담으로 인해 활성화되지 못하고 있어, 본토 부동산업계의 싱가폴 Reit 스핀오프에 관심이 높아졌다[204].

나. 상장주선인의 실사

싱가폴 IPO에서 상장주선인(Issue manager)은 실사 방어에 의존할 수 있다. 싱가폴 은행연합회는 상장 실사 기준에서 실사의 원칙과 체계만을 제공하고 Practice note를 수시로 발간하는데, 이는 법적 구속력이 없는 권고사항이다. 실사의 범위는 상장주선인 및 증권의 인수인이 판단하고 결정한다. 이러한 판단은 비용-효익만에 의하지 않고 충분한 정보 획득을 확보해야 한다. 싱가폴 증권거래소의 외국주식 상장 요건 221조에 의하면 외국 발행자는 최소 2인의 사외이사를 싱가폴에 거주시켜야 한다.

실사의 원칙

- 상장주선인은 발행자에게 실사의 절차를 인식시키고 협조를 확보한다.
- IPO 이전에 기업소유구조의 개편을 포함하여 발행사의 상황을 고려하여 적절한 기간을 확보한다.
- 상장주선인은 전문가의 독립성, 능력의 적합성을 고려한다.

---

202) Yen Nee Lee, More Chinese firms are saying goodbye to Singapore's stock market, CNBC.com, 27 April 2017

203) Breen, Jonathan.EC World prices S$346m Reit IPO high on China demand, Global Capital; London (Jul 21, 2016).

204) Khoo, Lynette. Don't let S-chip baggage cloud judgement of Chinese Reits: Instead of shutting them off, investors should take time to understand the trusts, their sponsors and their sectors, The Business Times; 13 July 2016.

5. 한국 상장 실사

뉴욕, 나스닥, 홍콩, 싱가폴 등 해외 유수의 증권거래소는 중국 민간기업의 상장을 유치하기 위하여 적극적으로 마케팅을 전개하였으며, 한국거래소도 2008년 북경사무소를 설립하여 상장 유치 대열에 합류하였다. 한국거래소는 제조업 비중이 높아 중국 제조기업에 적합하며, 상장 비용이 저렴하고 유상증자가 편리한 장점이 있다. 이에 따라 중국기업 다수가 유치되었고, 싱가폴과 한국에 교차 상장하여 수요를 확충하는 현상이 2010년 출현하였다. 그러나 2013년 중국고섬 사태 이후 2018년 9월까지 13개 상장기업중 10건이 상장폐지(자진상폐 4건), 매매정지 1건이 발생하면서 차이나 디스카운트가 심화되었다.

가. 법률의견

한국 증시를 선택한 중국 기업은 CSRC의 직상장 승인을 받은 경우는 없고 모두 레드칩 방식이다. 2006년 금융위원회는 역외지주회사 방식의 국내 상장을 위해서 투자자 보호 장치를 마련하였다[205]. 즉, 외국에 실체를 가진 자회사와 협의, 실사, 확인 등 절차를 거쳐 상장을 추진하게 하되, 질적 심사를 통해 해당국 법체계 상 '국내와 동일한 수준의 정상적인 주주권 행사, 투자자 보호가 불가능한 경우'에는 상장을 불허한다. 한국과 법체계가 다른 국가의 지주회사는 '국내기업과 동일한 수준의 지배구조와 규제체계' 를 정관에 명시하고, 이를 준수하는 경우에 한해 상장을 허용하였다. 중국기업의 한국 상장 경우 한국법, 중국법 및 지주회사의 설립지(케이만, 홍콩 등)법의 변호사 의견서가 필요하다.

1) 지주회사의 자회사 범위

한국거래소는 외국지주회사의 자회사를 '회계처리기준 상 연결 대상인 경우' 로 정의하였다(유가증권시장 상장규정 제2조(정의) 22항 다, 코스닥시장 상장규정 제2조(정의) 24항)

205) 금융감독위원회, 외국기업의 지주회사방식 상장 관련 제도개선, 2006.8.22 정례브리핑 자료

2013년에는 지주회사의 주요종속회사 편입/탈퇴 신고 의무 조항을 신설하였다 (코스닥시장 공시규정 제6조의2(종속회사의 공시신고사항))

코스닥시장 상장규정에는 외국자회사의 실질적인 영업활동이 중단되는 경우를 상장폐지 사유로 규정하였다.

***코스닥시장 상장규정 제38조** (상장의 폐지)*

② 거래소는 코스닥시장 상장법인이 다음 각 호의 어느 하나에 해당되는 경우 코스닥시장 기업심사위원회의 상장적격성 유지여부에 대한 심의·의결을 거쳐 당해 기업의 상장폐지 여부 또는 개선기간 부여여부 등을 확정한다.

5. 다음 각 목의 어느 하나에 해당하는 경우로서 기업의 계속성, 경영의 투명성 또는 그 밖에 코스닥시장의 건전성 등을 종합적으로 고려하여 상장폐지가 필요하다고 인정되는 경우

라. 세칙에서 정한 주된 영업이 정지된 경우.

코스닥 상장규정 제38조제2항제5호라목에서 "세칙에서 정한 주된 영업이 정지된 경우"란 다음을 말한다:

코스닥시장 상장규정 시행세칙 제33조 11항 4호:

마. 외국지주회사가 주요외국자회사(최근 사업연도말 현재 매출액 또는 당기순이익 비중이 각각 외국지주회사의 연결재무제표상 매출액 또는 당기순이익 대비 100분의 50을 초과하는 외국자회사를 말한다) 지분의 전부 또는 일부를 매각하여 해당 주요외국자회사가 외국자회사의 지위를 상실하게 되거나, 주요외국자회사 영업의 전부 또는 중요한 일부의 양도 등으로 인하여 실질적인 영업활동이 중단되는 경우

2017년 코스닥 시장에 상장한** Coloray International Investment Co. Limited (홍콩)**의 정관 사례:

***제81조** (b): 회사가 발행한 주식이 지정거래소에 상장되어 있는 동안에는, 회사조례, 상장규정, 기타 적용 법률과 규정에 위반하지 않는 한, 회사가 보유하는 자회사 발행 주식은 이사회, 또는 주주총회(심지어 특수결의로써도)를 통해 제3자에게 처분될 수 없다.*

2) 준거법 및 KDR방식

한국거래소는 유가증권시장 상장규정 시행세칙 [별표 8] 정관 필수기재사항 및 코스닥시장 상장규정 시행세칙 [별표6] 외국기업 정관 필수기재사항 〈신설 2013.3.20〉에서 외국기업에게 '정관필수 기재사항'을 요구하고 있다.

다만 한국 상법 제409조 '감사선임 시 최대주주 의결권 3% 제한' 조항은 정관 의무조항에 들어 있지 않다. 과도하게 한국「상법」의 준수를 강요하는 정관개정은 국제사법원칙에 어긋날 수 있기 때문이다.

한편 홍콩과 중국에서는 자본금의 분할납입 및 주주총회의 전원 동의 서면결의가 허용되는 바, 한국 상장을 위해서는 정관에서 분할납입을 배제할 필요가 있다[206].

2017년 코스닥 시장에 상장한 Coloray International Investment Co. Limited (홍콩)의 정관 사례:

7조(c) 주식이 지정거래소에 상장되어 있는 동안, 무상증자 및 주식배당의 경우를 제외하고 모든 주식은 주금 완납되어야만 발행되며, 어떠한 주식도 미납입(nil-paid) 또는 부분납입 상태로 발행되지 아니한다.

25조.(e)(ii) 자본금의 변경 사유로서 몰수: 주금 미납 상태에서 주금을 납입하지 아니함으로써 본 정관의 정함에 따라 몰수 되는 조항은 한국 상장시에 주금미납 발행이 금지 되므로 몰수 적용 가능성이 없음

54. 의결권을 가진 주주 전원의 만장일치의 동의에 의해 가결되는 서면결의 방식으로 결의를 채택하는 방법은 지정거래소의 최종적인 상장승인 후에는 이를 이용할 수 없다.

한국주식예탁증서(KDR)는 외국주식을 국내에서 발행하지 않고 예탁결제원이 선임한 본국의 보관기관에 보관하고 국내투자자는 예탁결제원을 통해 이 외국주식을 간접 보유하는 방식이다. 한국에 2차 상장되었던 화풍방직과 중국고섬은 1차상장과 2

---

206) 2017년 코스닥에 상장한 컬러레이홀딩스 (홍콩) 지주회사는 2016년 7월 27일 주주배정 유상증자를 실시하였으며, 해당 자본금의 모든 주주 완납은 2016년 12월에 이루어졌다. 증자금액 중 미납 자본금이 2016년 7월말 현재, 대여금으로 처리 되었다. 대여금은 자본금 등기와 납입 시간의 불일치로 발생한 것으로 정상적인 회계처리이다. 신한금융투자 주관 투자설명서 참조.

차 상장 국 법률 간의 마찰을 피하기 위하여 KDR방식을 택했었다.

3) VIE구조 불허

미국, 홍콩과 달리 한국 상장에서는 계약통제 구조가 불허된다.

2015년 코스닥 상장을 추진한 헝셩홀딩스는 홍콩에 본사를 두고 있으며 중국 헝셩완구 지분을 100% 소유하고 있었다. 헝셩완구는 다시 헝셩어패럴과 헝셩애니메이션 등의 자회사 지분을 보유하는 지배구조를 갖고 있다. 하지만 이 중 애니메이션 자회사가 지분이 아닌 VIE계약으로 연결돼 있었다. 애니메이션 자회사가 매출에서 차지하는 비중은 약 5%였다.

2016년 헝셩은 헝셩애니메이션을 계열에서 분리했다고 공시했다. 헝셩의 최대주주가 "헝셩과 헝셩애니메이션 간에 어떤 이면계약과 불법이 없었다"는 확약서를, 상장주관사인 신한금융투자는 같은 내용의 인수의견을 금융감독원에 제출함으로써, 헝셩홀딩스는 코스닥에 입성했다.

영국기업인 콘텐트미디어도 9개의 자회사 중 1개사가 VIE방식으로 연결되어 있었으며, 2016년 1월 코스닥 상장 예비심사를 철회하였다.

4) 해외 한상기업의 국내 상장

2011년 중국고섬 사태로 인하여 중국기업 상장이 사실상 끊기자, 이에 대한 활성화 방안 내지 대책으로 2012년부터 상장규정에 '외국기업지배지주회사'제도가 도입되었다. '외국기업지배지주회사'란 외국기업을 지배할 목적으로 국내에 설립한 지주회사를 의미한다. 그러나 한국은 홍콩 또는 케이만처럼 세제 혜택이 주어지지 않으므로, 상장을 추진하는 외국기업 입장에서는 지주회사를 한국에 설립할 유인이 없다. 대신에 외국에 자회사를 둔 한국기업이 이 제도를 활용하였다.

2016년 LS전선아시아(주)(베트남)와 ㈜화승엔터프라이즈(베트남), 두산밥캣(주) (미국)이 위 제도를 이용하여 한국거래소에 상장하였다. 기존의 국내 상장회사가 매출 규모가 큰 외국 자회사를 별도로 분리하여 상장시킨 경우이다[207]. 외국에 자회사를 둔

---

207) 이은영, 외국기업지배지주회사와 IPO, 지평 뉴스레터 2016.8. 제4호
조윤희, 코스닥 시장에도 제2의 두산밥캣 나올까, 인베스트조선, 2016.12.22.

국내기업이 자회사를 상장하는 경우에 역외지주회사(코스닥 상장 글로벌SM테크, 홍콩 상장 퓨처데이터)에 국내지주회사(LS, 화승) 가 추가되어 상장거래소의 선택 대안이 늘어난 것이다.

또한, 외국기업지배지주회사는 한국법인으로서 국내 상법상의 소수주주 보호제도가 적용되며, 지정감사인 제도에 따라 한국회계법인이 직접 감사를 수행하는 장점이 있다.

2017.3.10 공포 법인세법 시행규칙에서는 외국기업지배지주회사 등을 설립하는 주식의 분할 · 현물출자 시 과세이연을 허용하였다(제41조제4항 및 제5항 신설). 단, 3년 이상 지배하고 있는 모든 자회사를 출자해야만 한다.

외국기업지배지주회사 등을 설립한 사업연도까지 주권이 상장되지 아니한 경우 과세이연을 받기 위해서는 해당 내국법인의 주권 상장계획을 확인할 수 있는 서류를 분할등기일 또는 현물출자일이 속하는 사업연도의 과세표준 신고기한 종료일까지 과세관청에 제출하여야 하며, 2년 이내에 주권을 상장해야 한다.

법인세법 시행령 제82조의 2 (적격분할의 요건 등)

③ 2. 「독점규제 및 공정거래에 관한 법률」 및 「금융지주회사법」에 따른 지주회사를 설립하는 사업부문. 다만, 분할하는 사업부문이 지배주주등으로서 보유하는 주식등과 그와 관련된 자산·부채만을 승계하는 경우로 한정한다.

3. 제2호와 유사한 경우로서 기회재정부령으로 정하는 경우

법인세법 시행규칙 제41조제4항 및 제5항

④ 영 제82조의2 제3항 제3호에서 "제2호와 유사한 경우로서 기획재정부령으로 정하는 경우"란 분할하는 사업부문이 다음 각 호의 요건을 모두 갖춘 내국법인을 설립하는 경우를 말한다. 다만, 분할하는 사업부문이 지배주주등으로서 보유하는 주식등과 그와 관련된 자산 · 부채만을 승계하는 경우로 한정한다. 〈신설 2017. 3. 10., 2018. 3. 21.〉

1. 해당 내국법인은 외국법인이 발행한 주식등 외의 다른 주식등을 보유하지 아니할 것

2. 해당 내국법인이 보유한 외국법인 주식등 가액의 합계액이 해당 내국법인 자

산총액의 100분의 50 이상일 것. 이 경우 외국법인 주식등 가액의 합계액 및 내국법인 자산총액은 분할등기일 현재 재무상태표상의 금액을 기준으로 계산한다.

3. 분할등기일이 속하는 사업연도의 다음 사업연도 개시일부터 2년 이내에 「자본시장과 금융투자업에 관한 법률 시행령」 제176조의9 제1항에 따른 유가증권시장 또는 대통령령 제24697호 자본시장과 금융투자업에 관한 법률 시행령 일부개정령 부칙 8조에 따른 코스닥시장에 해당 내국법인의 주권을 상장할 것

나. 한국 상장 사례

1) 한상기업

2007년 3노드디지탈이 최초로 한국에 상장한 이후, 한국인이 창업한 한상기업 2개사가 뒤따랐다. 2008년 초 상장한 코웰이홀딩스(Cowell e-Holdings)지주회사는 홍콩자회사(경영 총괄), 한국자회사(기술), 중국손회사(생산 및 영업)으로 구성되었다 (코웰이홀딩스는 사모펀드인 한앤컴퍼니에 인수되어 코스닥에서 자진 상장폐지하고 홍콩거래소에 재상장하였다).

한국기업인 글로벌SM 테크는 중국 4개 공장을 케이만 지주회사 밑으로 집결시키고, 지주회사를 2009년 코스닥에 상장하였다.

글로벌SM테크의 역외지주회사 설립 사례

글로벌SM테크의 모태인 ㈜서울금속은 삼성전자, Sony 등 글로벌 IT 제조업체들을 주요 거래처로 두고 있으며 중국 본토 공장에 100% 외국인 투자를 하고 있었다. 동사는 중국거점들을 홍콩법인의 자회사로 편입하고, 홍콩법인들을 케이만 지주회사에 편입하여 케이만 법인을 한국에 상장하였다.

- 1981.03 서울금속사 설립
- 1999.06 홍콩법인 설립. 동관에 공장 설립
- 2002.01 서울금속(소주)유한공사 설립
- 2003.04 천진한성금속유한공사 설립
- 2004.04 한성전자(혜주)유한공사 설립

- 2005.05 위해서울전자유한공사 설립
- 2007.09 개인지배그룹은 중국지역의 법인을 지배할 목적으로 홍콩 소재 SM(혜주), SM(천진), SM(위해) 자회사 설립
- 2007.12 서울금속으로부터 인적분할로 (주)서울메탈홀딩스 설립

  자본금 6억원 순자산 356억원

  홍콩1개 및 중국본토 4개의 회사를 직접 지배

  주주 개인3인, 동경병겸(주) 및 서울금속
- 2008.08 글로벌에스엠테크리미티드 Cayman 설립. 발행가격 50센트에 2주 발행. 자본금 1달러
- 2008.08 개인지배그룹은 서울금속(소주)유한공사를 Seoul Metal (HK)Co., Limited에, 천진한성금속유한공사를 SM(TJ) Co., Limited에, 위해서울전자유한공사를 SM(WH) Co., Limited에, 그리고 한성정밀(혜주)유한공사를 SM(HZ) Co., Limited에 각각 완전종속기업으로 편입하는 주식교환을 실시.
- 2008년9월 홍콩에 소재하는 4개의 중간지배회사들을 케이만지주회사의 완전종속회사로 편입하는 주식교환을 실시.

구조개편 과정이 완료된 후 서울메탈홀딩스가 직접지배하는 종속회사는 Global SM Tech Limited 케이만이며, 동사에 대한 서울메탈홀딩스의 지분율은 81.10%이다.

도4-2. 글로벌SM테크 지배구조

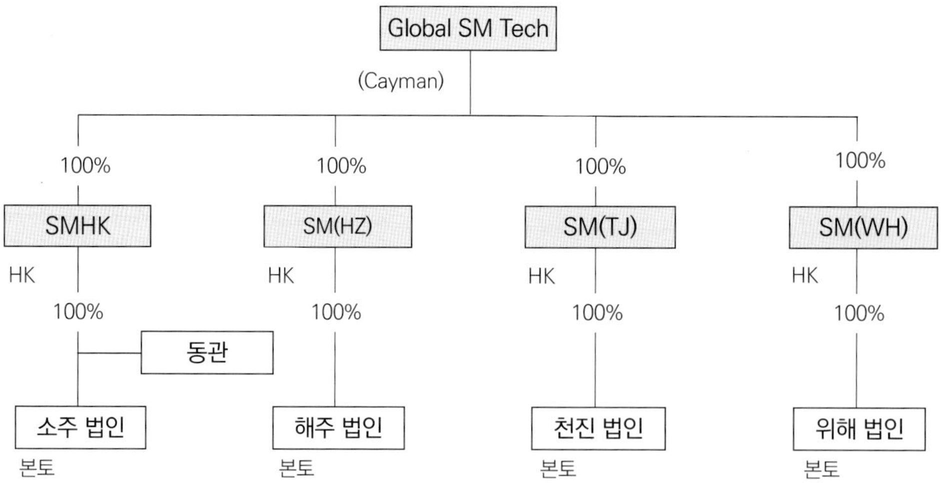

2) 순수 본토기업의 한국 상장: 10호문 시행 이전

한국거래소에 상장된 중국기업들은 대부분 복건성, 광동성, 절강성, 강소성, 상해시에 있는 기업들이다. 남방지역이 일찍 개방되었기 때문에 이들이 해외 진출에 밝은 때문이다. 특히 유가증권시장에 상장되었던 중국원양자원, 연합과기, 화풍집단, 중국고섬 등 4개 중국 기업은 모두 복건성에 소재하였으며, 코스닥시장에 상장된 중국엔진집단, 차이나킹, 차이나그레이트, 이스트아시아스포츠 등도 복건성에 자회사 등을 두고 있다. 크리스탈신소재와 로스웰인터내셔널은 강소성 기업이다.

최대주주가 중국인인 3노드디지탈과 화풍집단, 웨이포트는 2006년 중국의 10호 규정이 발효되기 전에 라운드트립으로 설립되었다.

표4-3. 2006년 10호문 발표 이전 결성 레드칩의 한국 상장

회사명/ 한국상장일자	역외 지주회사 설립지, 설립일	본토자회사 설립일자	본토자회사의 역외지주회사 편입일자	지주회사 편입 전 자회사 대주주 국적
3노드디지탈 2007	2006.6. 케이만	1996.7. 심천.	2006.9. 본토 지분 100% 양수	중국인 개인 100%
평산차업(구 화풍집단) 2007	2002. 케이만	1988 복건성 화풍침직 설립	2001 화풍침직 자산을 버진 군도 Treasure Wealth사에 편입	중국인
웨이포트 2010	2003. 홍콩	2004~2009	2004~2005년 홍콩지주회사가 본토자회사를 설립 및 출자	중국인

3) 본토 내 외국인투자기업의 한국 상장

2010.12.6. 연합뉴스에 의하면 한국에 상장된 중국지주회사 14곳 중 최대주주가 중국인인 곳은 3곳에 불과하였고, 나머지 11곳의 최대주주 국적은 한국 3사, 홍콩(중국식품포장, 중국엔진집단, 동아체육용품), 캐나다(차이나하오란, 차이나킹), 싱가포르(중국원양자원), 캄보디아(차이나그레이트) 등으로 나타났다.

표4-4. 외자계 역외지주회사의 한국 상장

회사명/ 한국상장일자	역외 지주회사 설립지, 설립일	본토자회사 설립일자	본토자회사의 역외지주회사 편입일자	지주회사 편입 전 자회사 대주주 국적
중국식품포장 2009	2007.6.홍콩	2004	2008.3. PPC (Popular Purchase Co)로부터 100% 주식교환 양수	Virgin Island PPC Co 100%
코웰이홀딩스 2008	2006. 케이만	2002년 (홍콩100% 출자)	2006. 홍콩지분 100% 케이만이 주식교환 양수	한국인
연합과기 2008	2007.2.홍콩	2001~2004	2007.6. 3개자 회사 지분 100%를 현금 및 신주와 교환	3사 모두 홍콩 화교 법인
차이나 그레이트 2009	2008. 케이만	2002년	2004년 홍콩 Fairdeal이 본토자회사 인수. 2008.6. 동 지분을 무상으로 지주회사에 편입[209]	홍콩 화교법인 Fairdeal
에스앤씨엔진 2009	2008. 홍콩	2007	2008.11. 홍콩중간지주회사로 편입	Sanli Australia
글로벌SM 2009	2008. 케이만	1999~2007	2008. 9. 주식교환으로 지주회사 편입	한국
차이나하오란 2010	2009. 7. 홍콩	2007 장인신하오 제지 (중외합작) 설립	2007년 싱가폴중간지주회사에 현금 대가 편입, 2009년 중간 지주사가 지주회사에 편입됨[210]	중외합작으로 신규 설립된 경우임
씨케이에이치 (구 차이나킹) 2010	2009.2. 케이만	2000.福建金山大道生物科技	2009.6.본토자회사 지분을 케이만지주회사가 양수	남양환구기업유한공사(캐나다국적 대주주)

208) 2004년 대주주가 구두신탁 계약에 따라 Fairdeal에게 제공한 자금으로 본토자회사에 대한 투자가 이루어졌다. 코스닥 상장 지배구조의 명확화를 위해 Fairdeal의 지분을 무상 양도하였다.

209) -2005. 12 PEH ENG THONG이 신하오싱가폴을 싱가폴에 설립. 신탁계약을 통하여 캐나다인이 신하오싱가폴을 100% 소유
-2007. 02 중외합작법인(JV) 인 장인신하오제지가 신하오싱가폴(지분 95%과 장인창하오(5%) 출자로 설립됨.
-2007.08 Broad Reach가 신하오싱가폴에 증자하여 최대주주가 되었으며(98%의 주식을 취득), 같은 날 Broad Reach외의 신탁계약을 통해 Mr. Li가 신하오싱가폴을 98% 소유 (실질주주 변경 없음).
-2007. 11 Broad Reach (BVI소재) 와의 새로운 신탁계약을 통하여 Mr. Li가 신하오싱가폴을 100% 소유
-2009. 06 신하오싱가폴이 장인창하오가 가지고 있는 장인신하오제지 5% 지분을 인수. 장인신하오제지는 중외합작기업(JV)에서 100% 외국인투자기업으로 변경됨
-2009.7. 차이나하오란이 Broad Reach가 소유하던 신하오싱가폴 지분 100% 취득완료

210) 설립 당시 복건진강화건실업유한공사 (대주주 Mr. Wu) 와 홍콩 Wai Ko Zipper (주주 Mr.Weng 및 Ms.Li)간의 5:5합작 외국인투자법인이었다. Mr.Wu와 Mr.Weng 및 Mr.Li간에 2010년 신탁계약이 체결되어 있었으므로, 복건성 진강만리는 설립시부터 실질적으로 Mr.Wu의 지배 하에 있었다. 그룹의 구조 개편은 IFRS 3 사업결합의 적용 대상이 아니었다.

성융광전투자 2010	2008. 홍콩(한국인 최대주주)	2006.소주(외국인 100%)	2008.6, 홍콩지주회사가 기존 외국인 지분 양수	한국 개인 및 장가항 성융안륜제품 유한공사(외국인)
이스트아시아 (구 동아체육용품) 2010	2009.7. 홍콩	2001.복건성치우즈 체육용품(100%외자 기업)	2009.7. 홍콩지주회사가 정강위로부터 본토자회사 지분 양수	香港恒富皮鞋廠 이 2007년 정강위 (1994 홍콩이민자)에게 양도
완리 2011	2008. 홍콩완리 Int'l	1991 복건성 진강만리 (중외합자기업)[211]	2008.7. 홍콩완리가 Wai Ko로부터 본토자회사 지분 100%양수	실질 대주주 Mr.Wu (국적 필리핀)
오가닉코스메틱 2016	2012년 홍콩. 설립주주 Candu nominees limited	2009.복건해천약업 과기발전유한공사. 2014년 중간지주회사 통호무역	설립주주Candu nominees limited가 Yvonnne Global Ltd (BVI)에게 양도	2014. Mr.Wang (국적 통가) 60%[212] 한국인 16명 10%
GRT 2016	2012.홍콩. 주주 Acota Services Ltd	2002 강음통리광전 과학기술유한공사	2013 본토중간지주회사 강소준휘 설립	2012년 Acota는 주영남 (국적 도미니카)에게 지분 양도[213]
골든센츄리 2016	2014. 케이만금세기	2004.양주금세기 차륜설립(중외합자기업)[214]	2011. 홍콩 금세기설립(중간지주) 및 2012년 양주금세기 지분100% 인수. 2014 케이만금세기가 100% 지분 인수	중국 개인 외 2011부터 홍콩금세기
형성 2016	1995 홍콩주주 Hui Man Kit	1992 형성완구 (중외합자기업)[215]	2002. 홍콩형성이 형성완구 인수	홍콩인
로스웰 2016	2014 홍콩로스웰	2005 양주보싱. 2006. 강소로스웰	2014년 홍콩로스웰이 양주보싱(100%외자기업)을 인수. 2015년 양주보싱이 로스웰 인수	텐푸실업(홍콩).
크리스탈신소재 2016	2012 케이만	2003 장인유자주광운모 (100% 외자기업)	홍콩중간지주회사(2010설립) 및 본토중간지주회사인 루이자(2011설립)에 편입	필리핀인
컬러레이 2017	2013. 컬러레이홀딩스홍콩	2008. 저장 컬러페이 (100%외자기업)	2013부터 유상증자 참여 및 2016.1잔여지분 인수	도미니카인

211) 한국 상장을 위해서 Yvonne Global Limited (BVI)의 보유 주식을 채정망 대표이사에게 이전

212) 2013년 10월 대만시장 상장 목적으로 Stonehenge Industrial Holdings Ltd에게 지분 이전. 한국 상장 준비 과정에서 주영남 동사장이 다시 인수.

213) 강소금세기물자유한공사 51%, 영상구맹국제유한회사 49% 공동투자. 2012년 홍콩금세기가 100% 지분을 인수.

214) 진장롱후시우형플라스틱완구부속유한회사와 Hong Kong Hang LAP Co.가 각각 3.75%와 96.25%를 출자하여 설립되었으며, 1999년 홍콩헝리가 롱후시우형의 지분을 인수하여 형셩완구의 100%지분을 보유하게 되었다. 2000년 5월 홍콩헝리는 후이만킷과 지분신탁계약을 체결하여 형셩완구의 실제주주가 후이만킷이고 홍콩헝리는 후이만킷의 대리인이었음을 명확히 하였고, 동일자로 형셩완구의 지분 5%를 롱후시우형에게 양도하였다. 2002년 홍콩지주회사가 롱후시우형과 홍콩헝리로부터 형셩완구의 지분 전체를 인수하였다.

크리스탈신소재의 경우는 4차에 걸쳐서 pre-IPO투자를 받았다.

표4-5. 크리스탈 신소재의 pre-IPO투자

일자	연혁
2011. 06	중국계 기관투자자인 TDR로부터 1차 투자를 받음
2012. 02	기존 CSMT의 설립지인 British Virgin Islands가 부적합하다는 대만 주관사의 의견에 따라 상장주체인 "차이나크리스탈신소재홀딩스" 설립.
2012. 05	한국 LB 인베스트, 일본 JAFCO Asia, 중국 Guofa Rongfu 등이 2차 투자
2013. 04	대만 개인투자자 6인으로부터 3차 투자를 받음
2014. 12	한국산업은행의 펀드로부터 4차 투자를 받음

컬러레이

2017년에 코스닥 상장된 컬러레이는 지주회사와 본토 종속회사가 모두 2006년의 10호문 이후 설립된 경우이다.

컬러레이홀딩스와 자회사들은 100% 지배구조로 연결되어 있으며, 컬러레이홀딩스는 홍콩, 저장컬러레이와 더칭커러는 중국에 설립되어 있다. 컬러레이홀딩스는 저장컬러레이를 중외합자기업(외국인과 내국인이 공동으로 지배) 형태로 2013년 11월부터 통제하게 되었으며, 2016년 1월 컬러레이홀딩스가 내국인 지분을 모두 인수함으로써 100% 외자기업으로 변경되었다. 또한 2014년 6월 중국내 공장과 건물 매입 및 화장품 원료 사업 확대 등을 위해 더칭커러가 컬러레이홀딩스의 최대주주에 의해 설립되었고, 2016년 6월 저장컬러레이가 더칭커러를 100% 인수하였다.

표4-6. 컬러레이 연혁

2008. 5	저장컬러레이과기유한공사(전 명칭: 절강컬러레이)를 설립
2013. 10	홍콩 컬러레이홀딩스를 설립. 초대 이사 양밍통
2013. 11	저장컬러레이는 중국정부로부터 외국인투자기업 비준을 받음
2013.12.4	양밍통의 홍콩 컬러레이 지분 100% 주중표 (도미니카 국적)가 인수
2014. 6	더칭커러신소재과기유한공사를 설립
2016. 1	홍콩컬러레이는 저장컬러레이의 지분 100%를 인수함
2016. 6	저장컬러레이는 더칭커러의 지분 100% 인수에 관한 더칭현 상무국의 승인을 득함

2016. 6	더칭커러는 외국인투자기업 역내재투자기업으로 변경됨
2017. 8	홍콩 컬러레이홀딩스는 한국 코스닥시장에 상장함(900310)
2018. 6	더칭커러는 저장컬러레이에 흡수합병 된 후 해산함

저장컬러레이는 4인의 출자로 설립되었으나, 주주간 명의신탁에 의해 실질적으로 주중표 (도미니카 국적)의 100%소유였다.

기업지배구조의 개편은 한국상장을 위하여 형식적인 지분 이전절차가 이루어진 것이다. 종속기업 설립 이후부터 현재까지 회사는 주중표를 중심으로 실질적인 지분구조의 변동이 없고, 동일지배하에 있는 기업간의 구조개편으로서 IFRS 3 '사업결합'에서 규정하는 사업결합에 해당하지 않았다.

2013년 12월 주중표와 양밍통간의 지분이전협약을 체결함에 따라 주중표는 컬러레이홀딩스의 지분 100%를 취득하였다.

코스닥 상장을 위한 중국 법률의견서의 작성일까지 컬러레이의 지배주주인 주중표는 SAFE의 해외투자외환등기를 경료하였다.

4) 중국원양자원의 경우

중국원양자원은 2007년에 먼저 홍콩지주회사를 설립한 후 pre-IPO펀딩으로 본토자회사를 편입시킨 독특한 경우였다.

표4-7. 중국원양자원 상장 구조

회사명, 한국 상장일자	역외 지주회사 설립지, 설립일	본토자회사 설립일자	본토자회사의 역외지주회사 편입일자	지주회사 편입 전 자회사 대주주 국적
중국원양자원 2009.5.	2007.8.홍콩	1995. 복건성. 2006년 장화리가 99% 1대주주	2007년부터 홍콩지주회사가 신주 납입 및 구주 인수하여 중외합자기업으로 전환(1차 93%, 2차 99%). 2008년 잔여 내국인 지분 1% 양수로 100% 외자기업화	중국인

중국원양자원유한공사(China Ocean Resources Co., Ltd.) 상장 사례

- 2007년 8월 홍콩에 설립되었으나 본토자회사가 없었다.
- 2007년 10월과 12월 한국 마이에셋자문의 하오차이나펀드에게 150억원과 50억원의 CB 발행으로 본토자회사 편입자금 조달 (리픽싱 조건은 공모가의 50%에 해당하는 가격).
- CB발행대금을 복건성 연강현원양어업유한공사에 출자하여 단계별로 93%, 99%를 충족하고, 구주 1% 추가 인수하여 100% 자회사 편입. 100% 외자기업으로 전환시킴
- 2009년 한국 IPO로 533.2억원 조달(주당 공모가 3,100원)
- 상장 시 최대주주 추재신 (싱가폴 거주) 보유주식수 4천만주(53.8%)
- 하오차이나펀드의 전환사채는 상장 직후에 1,167원에 전환하였고, 3개월 내 시장 매도하였다.

명의신탁의 처리

- 상장 이후, 2010.11.10.에 장화리와 추재신 간 "신탁성명 (信托聲明, DECLARATION OF TRUST)"을 체결하여 주식의 권한이 2009년 8월 18일자로 장화리에게 이전되었음"을 공시.
- 공시시한 내 공시불이행 (1년 이상 지연)으로 불성실공시법인 지정 및 과징금 부과

최대주주 변경 사실 불성실 공시

추**은, 당사 설립 시부터 지주회사의 최대주주이고, 회사의 실질적인 경영과 운영은 장** 현 대표이사가 담당하여 왔습니다. 장**는 실제 사업을 영위하고 있는 당사의 자회사 "복건성연강현원양어업유한공사"의 경영을 설립 시부터 담당하여 왔으며, 현재에도 당사의 경영을 담당하고 있습니다. 한국 상장 시, 명의신탁계약은 체결한 바 없습니다. 상장 후 2009년 8월 18일에 장**는 추**과 "신탁성명 (信托聲明, DECLARATION OF TRUST)"을 체결하여 주식의 권한을 장**에게 이전하였고, 현재 당사 경영의 실질적인 지배자는 장**입니다.

중국원양자원인의 최대주주 허위기재 과징금 부과 소송 (서울행정법원 2013.8.23.선고 2012구합22041판결)

중국원양자원의 대표이사인 원고 장**는 중국 국적자로 동사를 한국거래소에 상장하고자 하였으나, 중국 CSRC의 허가를 받아야 하는 규제를 피하기 위하여 싱가포르 국적의 추** 명의로 홍콩에 지주회사를 설립하여 중국원양의 주식 전부를 인수하게 한 후 한국거래소에 상장하였다.

이에 따라 2007년 8월 양자는 옵션 계약 (추**가 홍콩지주회사의 주주로 등기한 후 옵션 만기시에 장**가 추**에게 1홍콩달러를 지불하고서 모든 주주권을 획득한다는 내용)을 체결하고, 장**가 홍콩지주회사의 자본금을 전액 납입하였다.

국내 IPO주관회사는 홍콩지주회사의 국내 상장을 위한 실사 과정에서 옵션 계약을 알게 되었고, 양자는 옵션계약을 2008년 7월에 합의 해제하였다. 홍콩지주회사는 2009년 5월 KRX에 상장되었고, 2009년 8월 양자는 신탁계약(장**가 수익자로서 주식과 의결권을 수탁자인 추**에게 위탁)을 체결하였다.

홍콩지주회사는 증권신고서 및 6회의 정기보고서에서 최대주주를 추**로 기재하였다. 2011년 금융위원회는 '최대주주가 장**임에 불구하고 보고서에 추**로 허위 기재하였다'는 이유로 주관회사 및 홍콩지주회사에게 과징금을 부과하였다.

중국원양자원의 대표이사가 반발하여 제기한 소송에서 서울행정법원은 '증권신고서 상의 최대주주는 주주명부 등의 기재와는 관계없이 주주로서의 권리를 행사하는 실질주주를 의미한다'고 판시하였다. 법원은 '역외지주회사 방식의 상장은 해당 기업을 직접 상장하는 경우에 비하여 시장위험도가 증가하므로, 외국법인의 최대주주에 관한 사항은 증권신고서의 중요사항에 해당한다'고 판단하였다. 언론보도에 따라 주가가 급락하였고, 중국정부로부터 '역외상장 제한을 탈법적으로 회피하였다'는 이유로 제재를 받을 가능성이 있으므로, 이에 대한 위험도 투자자들이 부담하는 것이다.

국내 주관회사도 소송을 제기하였으나, 법원은 '원고가 거짓기재의 주체가 아니라는 주장, 고의 또는 중과실이 없었다는 주장 및 최대주주 관련 사항이 중요사항이 아니다'라는 주장을 기각하였다. 또한 '상기 옵션 계약이 해제되자 한국거래소 측에서 상장을 승인하였다고 하나, 거래소 상장요건과 증권신고서의 기재사항이 동일하다고 볼 수 없고, 거래소가 증권신고서의 기재사항에 대한 유권해석기관이라고 볼 수 없다'고 판시하였다. (2018.9.3. 3심 확정)

- 2012.4. 금융위원회는 최대주주 거짓기재 건이 상장폐지 실질심사 대상이 아닌 것으로 결정.

중국원양자원의 실소유주 논란 이후 한국거래소는 한국에 상장된 14개 중국기업 중 대표주주가 중국인이 아닌 11개 기업에 대해서 실소유주와 대표주주가 이면계약을 통해 편법 상장을 하였는지 여부를 검사하였다.

신주인수권부사채 발행 및 본토 외환징계 경과

- 2010년 9월 신주인수권부사채 500억원 발행, 자금용도는 원양어업기지 건설이며 한국기관이 대주주 지분 담보부로 인수하였다.
- 자회사가 2010년에 증자결의를 했었으나 2014.1.7.에야 9,500만 위안이 납입되었다(계열사 명의).
- 2012년 2월 8일 주주총회에서 주식예탁증서의 홍콩 거래소 교차상장을 결의하였다.
- BW 채권단이 1년 만에 중도상환요구를 하자 장화리 대표는 절차 없이 150억원을 상환하였으며, 350억원 지연상환에 대한 보상 성격으로 워런트 75억 가량을 매입하였다[215].
- 본토 자회사는 2010년 5월에 상향된 자회사 등기자본금 중 9,500만 위안 미납으로 인한 기한초과와, 2012년 9월 장화리 대표이사의 BW관련 신주인수권 매수자금인 72억원의 송금 및 2012년 10월 회사의 BW 일부 상환대금 150억원 송금의 심사누락과 경로위반으로 본토 외환 당국의 징계를 받았다.
- 2013.3. 신주인수권부사채 잔액 281억원에 대해서 채권자들이 약정위반을 이유로 장화리 제공 담보주식, 대만매출채권 및 구입중인 선박에 질권을 행사 및 매각하였다. BW는 전액 상환되었고, 장화리가 회사에게 407억원의 구상채권을 보유하게 되었다.
- 2013.10. 신주인수권부사채 200억원 발행. 단, 2014.1.까지 외환규제 해결 조건부이며, 장화리 보유 지분 12.82% 중 12.04%에 질권을 설정하였다.
- 홍콩에 소재하는 거래처이자 관계회사인 홍콩 중윤투자집단유한공사를 통해 자회사 증자를 납입하였으나, 2014년 7월 본토 당국으로부터 증자무효 처리 당하였다. 무효 대금은 중윤에게 환불.
- 2014년 4월 외환규제 미해결로 BW의 조기상환 발동. 이에 따라서 채권자인

---

215) 임권택, 중국기업 한국에 상장시켜서는 안된다. 주주모임 김진섭 대표. 파이낸셜신문, 2018.3.9. http://efnews.co.kr/75550

피닉스자산운용이 10.12%의 최대주주로 등극하였으나 즉시 매각.
- 2014년 7월 복건성 10개 판매업체가 입하중단 통지 및 원양어업 어획자격을 일시 중지 민원제기. 목적은 업계독점을 타파하고 기업에게 공평한 업종환경을 제공하기 위함. 86백만 HK$의 매출채권을 면제함.
- 2014년 8월 6일 9천만 HK$의 BW발행 결의. 자회사 지분 74.13% 담보제공. 발행금지 가처분신청 및 이사회결의무효확인 소송이 있었으며 발행계획이 철회됨.
- 2014.11. 복건성 거래처 13개와 화해 달성. 3개는 협상 중
- 2014.11.18. SAFE연강현 지국에서 외환업무처리 재개 통지받음.
- 2015.11.10. 복건성해양어업청에서 동사의 원양어업자격을 일시 정지하고, 319억원 상당의 세금 추징을 부과받았다.
- 2015년말까지 장화리 대표는 워런트행사 및 구상채권 상계 유상증자로 18.5% 최대주주 지위 복귀. 2016년 초 보증 이행을 위한 매각으로 2016.3.16.현재 1.63%로 감소.

중국원양자원은 2016년 선박건조대금 조기상환 청구 및 2015년 차입액 640만 달러 청구소송을 받았다. 신한회계법인이 선박 구입이 정당한 거래인지 및 청구소송에 대해 충분한 증거를 제공받지 못하여, 재감사 의견을 거절함으로써 2017년 상장폐지되었다.

중간지주회사 설립

- 연강현원양어업유한공사는 2012년 1월 복건성 장복어업유한공사(1997 설립)의 지분을 100% 취득하여 자회사로 편입(평가액 409억원).
- 2012.5. 장복어업유한공사를 홍콩지주회사의 손자회사로 편입 공시
- 소송 피소 연도인 2016.2.16.에 100% 자회사 연강신의안수산유한공사를 설립하고, 2016.2.22.자로 한국에서 지주회사의 자회사 편입 신고
- 2016.3.14.자로 지주회사는 연강현원양어업유한공사 지분을 본토 내 중간지주회사의 성격을 갖는 연강신의안수산유한공사에게 양도. 이에 따라 복건성 연강현원양어업유한공사는 중국내자기업(지주회사의 손회사)으로 법인형태가

변경되었다.

5) 윙입푸드

2018년 11월 코스닥에 상장한 윙입푸드는 내자회사에서 중외합자회사로 변경한 사례이다.

광동영업을 내자회사에서 중외합자회사로 변경 시 인수합병규정(소위 10호문)을 적용 받았고, 중외합자기업에서 외국독자기업으로 변경되고 외국독자기업으로 변경 후 증자 시에는 모두 10호문이 아닌 외국투자기업 투자자 지분변경에 관한 규정을 적용 받았다.

중외합자회사로 전환

2015년 5월, 마카오 자연인 Wang Xiaozhen여사는 Wang Xiantao가 보유한 광동영업 5%의 지분을 인수하였다. 당시 광동영업은 내자기업으로, 당해 인수는 지분인수에 속하고 인수 지분은 인민폐 150만 위안으로 양도대가는 인민폐 173.5만 위안에 상응하는 외화였다. 〈외상투자산업지도목록〉에 의하면 광동영업의 경영범위는 허가류에 속하고 Wang Xiaozhen여사와 역내회사 간에 관련관계가 없으므로, 당해 인수건은 〈10호문〉 제6조, 제10조 관련 규정을 적용 받고 성급 상무주무부서 심사비준기관이 심사비준하였다. 광동영업은 광동성 상무청이 발급한 〈지분인수방식으로 합자회사 광동영업식품유한공사를 설립함에 관한 광동성 상무청의 회신〉(월상무자자[2015]137호), 광동성인민정부가 발급한 〈중화인민공화국 대만·홍콩·마카오투자기업 비준증서(상외자월합자증자[2015]0020호)를 취득하였고 법에 따라 공상변경등기를 거쳐 중외합자기업으로 변경하였다.

외국독자기업으로 전환

2016년 2월, 홍콩회사 Wing Yip Holdings이 광동영업의 100% 지분을 인수하였다. 이 때 광동영업은 이미 중외합자기업이어서 상무부의 심사비준을 요하지 아니하며 외국투자기업 투자자 지분변경 규정에 따라 지분변경만 하면 되는 것이다.

2015년 12월 회사는 중산시상무국으로부터 〈합자경영기업 광동영업식품유한공사 지분양도에 관한 회신〉(중상무심자[2016]13호)를 취득하였고, 2016년 1월 11일에 광동성인민정부가 발급한 <홍콩·마카오투자기업비준증서>(상외자월외자증자[2016]0009호)를 취득하여 위 변경사항이 허가되었다. 또한, 2016년 2월 4일 공상변경절차를 거쳐 외국독자기업이 되었다.

지분위탁보유관계의 해지

광동영업(당시의 명칭은 중산시영업식품유한공사임)은 내자회사였던 2014년 12월 당시 광동영업의 5인의 합작파트너(위탁인)들이 Wang Xiantao, Su Yonghong(수탁인)에게 지분보유를 위탁한 바 있었다.

2016년 10월 11일, 위 위탁인과 수탁인은 각 <지분위탁계약해제계약>을 체결하여 지분위탁보유관계를 해제하였다.

중국 변호사의 의견 상, 광동영업의 역사상의 지분위탁보유관계는 적법하고 유효한 것으로 당해 지분위탁보유관계는 이미 해제되었고 지분은 이미 실제보유자에 환원되었으며 권리관계가 분명하고 분쟁과 잠재적인 위험이 존재하지 않는다.

6) 중국고섬

중국고섬공고 유한공사는 2009년 9월에 8,320만 달러의 대규모 공모 하에 싱가폴 거래소에 상장하였다. 중국고섬은 2011년 1월 25일 KRX유가증권시장에 1,791억원의 주식예탁증서를 교차 상장하였다.

표4-8. 중국고섬 상장 구조

회사명	설립일,지역	본토자회사, 손회사	역외지주회사 편입	본토자회사 원시주주
중국고섬(2009 싱가폴 상장) 중국고섬(2011 KRX 상장)	2008 싱가폴(주주는 China Success의 Nominee)	2003년 Zhejiang Huagang 설립(외국인 Lau Chung Kong 100% 출자)	2008.11. China Success Group으로부터 Zhejiang Huagang지분 100%를 신주발행교환 인수	2005. China Success가 Lau Chung Kong으로부터 지분 인수
		1997년 설립 Fujian Huawei Fiber Dyeing		

도4-3. 고섬의 싱가폴 상장 당시 지배구조

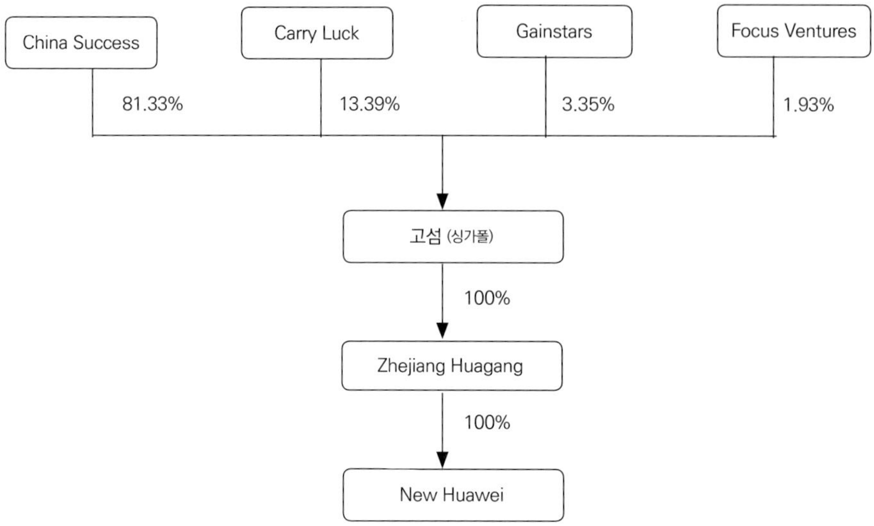

* 자료: 중국고섬 사업설명서

또한, 고섬은 싱가폴 상장 후에는 10호문 상의 역외SPV가 아니므로, 한국 상장에 대하여 CSRC 등 중국 당국의 인가를 득할 필요가 없었다. Carry Luck과 Gainstars는 2008년 British Virgin Islands에 설립된 투자회사이며 고섬의 이사진과 무관하다. Focus Ventures는 British Virgin Islands에 설립된 투자회사로서 고섬에게 컨설팅을 제공하였다.

- 본토자회사

본토자회사들은 2008년 이후에 설립 및 인수되었다. Zhejiang Huagang이 100% 외자기업으로서 국내기업이 아니므로 10호 문건이 적용되지 않고, 외국인투자기업 투자자 지분 변경 규정이 적용되었다.

Zhejiang Huagang은 본토 내 자회사 New Huawei를 설립하였는데, 이는 외국인투자기업 역내 투자에 관한 임시규정(Interim Provisions on Investment within PRC by Foreign-invested Enterprises)에 근거하였다.

- 본토자회사의 외국인주주

China Success는 2005년 홍콩에 설립되었으며, 실질 대주주는 중국고섬과 동일인물이었다. China Success는 싱가폴 공모 상장시 구주 6천만주를 매출하였다. China Success의 최종 주주들인 2인의 중국 거주자들은 해외투자를 위한 외국환등록 승인을 SAFE 절강성분국으로부터 획득하였다. 따라서, 이들은 SAFE의 2005년 10월 21일자 '거주자가 역외특수목적회사를 통하여 자금조달 및 중국내 재투자를 함에 대한 외환관리 문제에 관한 통지'(소위 75호 통지) 및 2007년 5월 29일자 '거주자의 역외특수목적회사를 통한 자금조달 및 중국 내 재투자에 관한 국제부서의 실행규칙 문건'(소위 106호 통지: 이 규정은 75호 통지의 실행을 위한 SAFE내부지침으로만 사용됨)에 따라 요구되는 추가 외국환등록을 마쳤다.

중간지주회사 설립

1997년 설립되었던 Fujian Huawei Fiber Dyeing Co., Ltd는 2008년 New Huawei에게 영업을 양도하였다. 관련 영업의 평가가액은 약 RMB 3.3억이었다 (2008.6. 평가자 Fuzhou Minhang Assets Appraisal Real Estate Land Valuation Co., Ltd).

10호 문건의 효력발생 이전에 설립된 외국인투자기업이 10호문건 제55조에 따라 국내기업으로부터 자산을 인수하는 경우, 해당 인수는 상무부 또는 지방당국의 승인을 받을 필요가 없다. 또한 Zhejiang Huagang의 중국 자회사인 New Huawei는 국내기업이므로 New Huawei의 Fujian Huawei로부터 관련 영업 인수는 국내거래이다.

고섬은 2010년 홍콩에 자회사를 설립하고 그의 자화사로서 저장성에 Huaxian (China) Premium Fibre Co., Ltd라는 본토 손자회사를 추가 설립하였다. 고섬은 10호 문건 상의 SPV로 간주되지 않으므로 신규 본토자회사의 설립은 관련 중국 법령에 따라 CSRC의 승인을 받을 필요가 없었다.

- 한국 상장폐지 후의 본토자회사 동향

중국고섬은 은행잔고 불일치 및 감사의견 거절로 2013년 KRX에서 상장이 폐지되었다.

고섬의 이사회는 싱가폴 거래소의 질의에 대해서 Huaxian (China) Premium Fibre Co., Ltd가 정상 가동되고, 부실기업에 금융지원이 가용하기 때문에 계속 기업으로 운영할 수 있을 것이라고 답변하였다. 싱가폴 거래소는 또한 Zhejiang Huagang은 설비를 확충하는 상황에서, 26.7억 위안을 투입하여 정상 가동을 달성한 Huaxian (China) Premium Fibre Co., Ltd를 17억 위안의 손실을 실현하면서 매각하려는 이유를 질의하였다[216].

다. 자본시장법상 주관회사의 책임

한국 자본시장법에서는 ①유가증권신고자, ②발행회사 이사 ③공인회계사 ④발행주관회사 들에게 유가증권신고와 사업설명서의 허위 기재, 누락에 대한 손해배상 책임을 규정하고 있다

자본시장법제162조*(거짓의 기재 등에 의한 배상 책임)*

① 제159조 제1항의 사업보고서· 반기보고서· 분기보고서· 주요사항보고서 (이하 "사업보고서 등"이라 한다) 및 그 첨부서류 (회계감사인의 감사보고서는 제외한다) 중 중요사항에 관하여 거짓의 기재 또는 표시가 있거나 중요사항이 기재 또는 표시되지 아니함으로써 사업보고서 제출대상 법인이 발행한 증권 (그 증권과 관련된 증권예탁증권, 그 밖에 대통령령으로 정하는 증권을 포함한다. 이하 이 조에서 같다)의 취득자 또는 처분자가 손해를 입은 경우에는 다음 각호의 자는 그 손해에 관하여 배상의 책임을 진다. 다만, 배상의 책임을 질 자가 상당한 주의를 하였음에도 불구하고 이를 알 수 없었음을 증명하거나 그 증권의 취득자 또는 처분자가 그 취득 또는 처분을 할 때에 그 사실을 안 경우에는 배상의 책임을 지지 아니한다. 〈개정 2009.2.3〉

---

216) Annabeth Leow China Gaoxian able to operate as going concern, says board of directors, The Business Times, Tue, Apr 10, 2018
Marissa Lee, SGX queries China Gaoxian on proposed divestment; yarn supplier asked to justify sale, The Business Times Mon, Sep 03, 2018

1. 그 사업보고서 등의 제출인과 제출 당시의 그 사업보고서 제출대상 법인의 이사

2. 상법 제401조의2 제1항 각호의 어느 하나에 해당하는 자로서 그 사업보고서 등의 작성을 지시하거나 집행한 자

3. 그 사업보고서 등의 기재사항 및 그 첨부 서류가 진실 또는 정확하다고 증명하여 서명한 공인회계사 ·감정인 또는 신용평가를 전문으로 하는 자 등(그 소속 단체를 포함한다) 대통령령으로 정하는 자.

4. 그 사업보고서 등의 기재 사항 및 그 첨부 서류에 자기의 평가· 분석· 확인 의견이 기재되는 것에 대하여 동의하고 그 기재내용을 확인한 자

다만 배상의 책임을 질 자가 상당한 주의를 하였음에도 불구하고 이를 알 수 없었음을 증명하거나 그 증권의 취득자 또는 처분자가 그 취득 또는 처분을 할 때에 그 사실을 안 경우에는 배상의 책임을 지지 아니하므로, 국내법에서는 발행인도 상당한 주의(실사)의 항변에 의해 부실 기재에 의한 손해배상 책임으로부터 벗어날 수 있다'

2011.11. 금융위원회는 'IPO제도 개선방안' 에서는 상장 예비심사청구 3개월 전까지 대표주관회사가 실사에 착수하여 실사기간을 확보할 수 있도록 의무화하고, IPO 증권신고서상 재무정보에 대한 외부감사인의 확인서한(Comfort Letter)을 도입하였다. 또한 기관 별(감독원·거래소·금투협회)로 중복 · 혼재되어 있는 Due Diligence 기준을 통합 · 조정하여 금융감독원이 '금융투자회사의 기업실사(Due Diligence) 모범 규준'을 제정하였다 (2012.2 시행)

***금융투자회사의 기업실사 모범규준 제17조** (외국기업 기업공개)*

① 주관회사는 외국기업을 국내증권시장에 상장하고자 할 경우 추가적으로 다음 각호의 내용을 확인, 검토하여야 한다.

1. 발행회사가 속한 나라의 국가신용도, 지정학적 리스크 등을 검토

2. 기업에 관한 법률, 증권거래에 관한 법률 등 국가별 법률차이로 인해 발생가능한 위험요인에 대한 검토

3. 국내 일반투자자가 해당 외국에서 손해배상을 청구할 가능성 등을 고려하여 해당 외국에서의 손해배상청구 창구 및 관련 절차 등이 마련되었는지 여부

4. 발행회사가 속한 국가의 회계투명성이 낮은 것으로 판단되는 경우 재무정보의 신뢰성을 확보할 수 있는보완적 방안 마련 검토

5. 발행회사의 명목상 최대주주와 실제 사주에 대해 확인절차를 거쳤는지 여부

② 언어 및 물리적 위치로 인하여 관련 자료의 입수 및 인터뷰가 어려울 수 있으므로 국내기업보다 충분한 시일을 확보하여 일정을 수립하여야 한다.

금융투자협회의 대표주관업무모범기준 (2017. 9.21개정)

본 기준은 의무사항이 아니며, 대표주관회사가 발행회사에 대한 대표주관업무를 행함에 있어 참고자료로 활용할 수 있도록 금융투자협회가 제공한 것이다

표4-9. 대표주관업무모범기준 Ⅴ장. 외국기업 IPO 주관시 유의사항

주관회사는 실사 이행결과보고서 및 관련 자료(발행회사에 대한 질의서, 경영진과의 면담기록, 외부감사인 등 전문가로부터의 의견서, 수정보완요청서, 발행회사 제출 신고서 기재내용의 검증자료 등)를 실사 수행 후 5년간 보관하여야 한다.

대표주관 계약 체결 전 유의사항	가. (주관회사 제한사유 해당여부 검토) 주관회사 또는 주관회사의 이해관계인이 직접 또는 투자조합·사모투자전문회사 등의 형태로 해당 외국기업의 지분을 보유하는 경우가 있으므로, ㅇ 금융투자업규정 및 협회 '증권 인수업무 등에 관한 규정'에서 정하는 주관업무 제한사유 해당여부를 철저히 확인한 후 대표주관계약 체결 진행 나. (해외자본 투자가능 여부 확인) 발행회사의 사업범위가 해당 국가에서 해외자본의 투자를 제한하거나 금지하는 산업에 속하는지 확인 * (예시) 중국 "외상투자산업지도목록" 내 제한·금지 산업에 속하는지 확인 다. (발행회사 신뢰도 확인) 발행회사 방문, 최대주주 및 임직원 면담, 인터넷뉴스 및 공시사이트 검색, 관련 단체(협회 등)를 통하여 발행회사에 대한 사회적 평판 및 신뢰도 확인
대표주관 계약 체결 시 유의사항	가. 대표주관계약 체결시 발행회사가 제출한 자료 또는 발행회사가 작성한 증권신고서 및 투자설명서에 허위·누락이 있을 경우 이에 대한 처리방법 등을 명확하게 기술할 필요 나. 대표주관계약서의 내용을 명확히 하기 위하여 대표주관계약서를 국문과 발행회사가 속한 국가의 언어로 각각 작성할 것을 권고*함 * 금투협 대표주관계약체결 신고시, 국문이 없는 경우에는 국문 번역본 제출 ㅇ 아울러, 대표주관계약서의 해석에 이견이 있는 경우, 우선하는 언어를 명시해 놓을 필요가 있으며, * (예시) 국문 우선 or 영문/중문 우선 ㅇ 소재지가 다른 기업간의 계약이므로 관할법원도 명확히 규정할 필요가 있음

대표주관계약 체결 후 기업실사 사전단계	ㅇ (인력) 해당 국가의 법률·세제·금융 등에 정통한 전문가가 충분히 포함되어야 함(자체 전문가가 부족한 경우 아웃소싱 등을 통하여 철저히 준비) ㅇ (기업실사 계획) 국내기업 기업공개시에 비하여 물리적인 시간 및 인력 등이 더 많이 소요되므로 기업공개 일정 및 투입인력 등을 여유 있게 준비할 필요가 있음 ㅇ (요청자료 목록작성) - (발행회사) 조직, 영업, 재무·회계·세무, 생산, 소속산업, 지배구조, 외환과 관련된 법률위반 및 제재사항 유무 관련 증명서 등 - (행정당국) 발행회사에 대한 인허가 자료 등 - (외부전문기관) 해외상장을 위한 지배구조 변경시 적법성에 관한 외부전문기관의 확인서 등 - (기타) 관련단체(협회) 등에 요청할 필요가 있는 자료 ※ 해당 외국기업의 정관에 국내 상법 및 상장규정 등에 저촉되는 사항이 있는지 확인
기업실사	ㅇ (자료 확인) 해당국가의 행정당국, 외부전문기관 및 관련단체 등에서 확보한 자료와 발행회사가 제출한 자료와의 비교, 전문가 확인 등을 통하여 자료의 진실성 여부를 확인 - 회사개요·재무·회계·세무 자료의 경우, 행정당국에 제출한 감사보고서, 세금 완납증명서, 현금시재 및 예금 등의 일치여부 확인 - 외국기업의 경우, 영업을 영위하는 종속회사를 지배하는 모회사를 기업공개하는 사례가 많으므로 지분구조 확인 필요* * 모회사-종속회사간 지분을 양수도할 경우, 지분변경에 따라 행정당국으로부터 승인받은 계약 이외에 보충계약이나 이면계약이 있는지 확인할 필요 ㅇ (주요시설 방문) 본사, 생산공장, 납품업체 및 판매처 방문을 통하여, 제출된 자료의 진위 여부 및 자료를 통해 확인할 수 없는 내용을 확인 - (본사, 생산공장) 발행회사 담당자, 주관회사 전문가, 감사인 등이 동행하여 실사를 진행 - (판매처) 판매처 방문을 통하여 현장 판매 분위기(방문고객 인터뷰 등), 판매처 일일 판매량 등을 통해 매출액과 실제 회계장부와의 일치여부 등 확인 * 판매구조(직접 판매, 대리점 판매 등) 및 매출채권 회수기간 등 고려 - (기타) 주거래은행 등을 방문하여 일정시점(최근사업연도 등)의 예금잔액 및 차입금 현황 등 대사 ㅇ (면담) 발행회사 대주주 및 임직원, 외부 전문가, 납품업자, 판매업자, 주거래은행 등과 면담 - 한국과 외국기업 소재국가 간 법률이 상이한 점을 감안, 발행회사 및 자회사 소재지 법무법인, 한국 법무법인과의 법률자문 필요
증권신고서 등 작성시 유의사항	가. 금융감독원 및 한국거래소의 해외 IPO시 증권신고서 및 상장심사청구서 제출 방법·서식 등을 참고할 것 나. 주관회사와의 공시대리인계약 체결 ㅇ 현행 상장규정 상, 상장후 2년간 공시대리인 역할 수행을 의무화하고 있음(단, 해당 외국기업이 국내에 사무소를 설치하고 한국어 의사소통이 가능한 공시담당자가 그 사무소에 상근하는 경우는 제외)

실사 사례: 2016년 초 코스닥 상장한 차이나크리스탈신소재홀딩스

대표주관사인 신한금융투자는 매출의 실재성 확인을 위해 중국 전역의 매출처 50% 이상(매출액 기준)을 직접 방문하였으며, 경영진 인터뷰, 재고 확인, 회사설립 증빙 확인, 회사의 매출액에 대한 구두확인 (매출채권조회사는 외부감사인 실시), 향후 매입계획 등을 확인하였다.

- 대표주관사는 16곳(매출액 기준 51.94% 커버)을 방문하였다.
- 대표주관사는 매출처 방문 후 생산설비 실사, 경영진 인터뷰, 설립 증빙 등의 서류를 검토하였다.
- 실사 결과 모두 존재하는 매출처이며, 원재료 창고에 동사의 제품이 제고로 있는 것을 확인하였다. 또한, 인터뷰 결과 동사의 매출 진실성과 업계에서의 지위, 가격 결정력 등에 대해 동사의 주장을 확인할 수 있었다.
- 주관사는 2014년 매출의 실재성에 대한 질의 및 기타 회사 및 산업에 대한 질의, 설립 증빙 등을 확인하였다. 회계법인은 3년치 세무 증빙, 매출 증빙 및 설립증빙 등에 대해 인터뷰 및 자료를 매출처로부터 징구하였다
- 중국 내 관련규정에 의하여 한국의 회계법인이 중국 내 기업에 직접 감사를 수행하지 못하며, 중국 내 제휴법인을 통한 간접감사를 수행하여야 한다. 그러므로, 신한회계법인은 멤버펌인 RSM China와 함께 감사팀을 구성하여 차이나크리스탈신소재홀딩스와 그 종속기업의 감사를 진행하였으며, 한국 측 회계법인은 RSM China가 수행한 감사절차에 대하여 감독, 확인 및 검증하는 절차를 수행하였다.

감사팀은 한국 회계법인 6명, RSM China 6명 총 12명 (한국 측은 KICPA 4명, AICPA 2명으로 구성-중국어, 영어 인력 각 1명씩 포함, RSM China는 CICPA 1명, CISA(공인정보시스템감사사) 1명, 회계감사경력 2~6년 4명)으로 구성되었다.

은행조회서 및 채권채무조회서는 RSM China의 명의로 발송 및 회수하였으며, 한국측 회계법인은 이러한 감사절차에 대하여 감독, 확인 및 검증하는 절차를 수행하였다. 본토 기업의 감사조서는 회계관련문서의 국외반출이 허용되지 않으므로 RSM China가 보관하고 있다.

라. 한국거래소의 상장 심사

한국거래소는 2015년 2월 상장심사제도 개선에서는 IB의 실사 충실화를 위하여,

상장요건의 위반 · 미비사항에 대한 개선 · 보완 및 유지여부를 점검한 후에 상장예비심사를 신청하도록 근거를 명시하였다, 외국기업의 경우 질적심사기준 특례를 마련하여, 법무법인 의견서를 통하여 설립지 법령 등 위반 여부, 사업 자회사의 투자 · 외국환등 관련법규 위반 여부, 공모자금의 사업 자회사에 대한 충실한 투자 여부 등을 심사하도록 하였다[217].

한국거래소는 2014.6. '기업상장 활성화를 위한 규제합리화'에서 외국주권의 상장에 상장주선인을 의무적으로 선임하도록 규정하였다. 상장주선인은 금융투자회사가 맡는다(유가증권시장 상장규정 제12조상장주선인의 선임, 코스닥시장 상장규정 제2조(정의) ⑧).

상장주선인은 상장 후에 상장신청인에 대한 기업분석보고서를 작성하여 거래소에 제출하고, 자신의 인터넷 홈페이지에 게시해야 한다 (유가증권시장 상장규정 제13조. 코스닥시장 상장규정 제26조 상장주선인의 의무).

상장 후에는 상장기업이 한국 사무소에 상근 공시담당자를 두지 않은 한, 대표주관회사가 공시대리인 역할을 2년 간 수행해야 한다.

표4-10. 상장예비심사 신청서류 : 유가증권 시장 상장규정 시행세칙 별표

1) 거래소가 따로 정하는 상장예비심사신청서
2) 신규상장신청인에 대한 재무서류
   가) 최근 3사업연도의 연결재무제표와 그에 대한 감사인의 감사보고서
   나) 신청사업연도의 연결반기재무제표와 그에 대한 감사인의 검토보고서. 다만, 신청사업연도의 반기 종료 후 45일이 지난 경우만 해당한다.
3) 별지 제17호 서식의 내부회계관리제도 운영보고서
4) 정관(별표 8에 따른 정관 필수기재사항이 반영된 것에 한정한다)
5) 외국주권등의 발행에 관한 이사회 의사록 사본과 거래소에 상장을 결의한 주주총회나 이사회 의사록 사본
6) 외국주권등 신규상장신청인의 설립에 관한 등기 또는 등록 서류
7) 해외증권시장에 상장되어 있는 경우 그 사실을 증명하는 서면과 상장된 해외거래소에서의 최근 1년간 주식 유통상황을 증명하는 서면
8) 외국주식예탁증권의 경우 예탁계약서 사본

217) 한국거래소, 상장 심사기간 단축 및심사의 예측가능성 제고를 위한 상장심사제도 전면 개선, 2015-02-24 보도자료

9) 상장대리인 선임계약서 사본

10) 상장신청서와 첨부서류의 내용이 진실함을 인증하는 변호사의 의견서

11) 예탁자계좌부 기재확인서

12) 최근 사업연도 말 현재의 주주명부와 실질소유자명세가 있는 경우 그 서류

13) 주식사무대행기관과 실질소유자의 권리행사방법 등에 관하여 사무대행계약을 체결한 계약서 사본

14) 감사인의 확인서한(거래소가 따로 정하는 서식으로 작성한다) 사본

15) 별지 제16호 서식의 명목회사 확인서

16) 외국지주회사의 경우 다음의 서류를 추가로 제출한다.

가) 자회사에 대한 2)의 서류

나) 자회사의 설립에 관한 등기 또는 등록 서류

17) 그 밖에 거래소가 상장심사에 필요하다고 인정하는 서류

한국거래소는 다음의 업무관련 서식들을 제시하고 있다[218].

- 코스닥시장 상장예비심사청구서 서식_외국기업('18.4.9)
- 외국기업 외형요건 체크리스트(2018.4.9 개정)
- 외국기업 내부통제 관련 DD 체크리스트(2018.4.9 개정)
- 상장주선인의 기업실사점검표 및 첨부 기업실사 가이드라인(개정 2015.3.2.)
- 상장주선인 기업실사보고서[별지 제1-3호 서식] (공통, 2011.9.6)
- 외국기업, 상장예비심사청구서 별지 제1호서식(4)] (2011.9.6.)

한국거래소는 2017년 중국 국가세무총국이 전국 통합 증치세 온라인 조회를 개시함에 따라서 한국 상장신청 중국기업의 매출 실적 등 영수증을 확인하고 있다. 컬러레이와 윙입푸드는 증치세 납부가 확인되어 2017년과 2018년 상장되었다(윙입푸드는 심사를 철회한 후 재도전하여 통과). 윙입푸드의 주관사인 유진투자증권은 북경과 지방정부 간의 시스템 차이가 증치세 문제를 일으켰다고 밝혔다[219]. 2018년 그린페이퍼는 증치세 조사를 통과하였지만, 주관사는 상장예비심사를 자진 철회하였다.

218) www.krx.co.kr - 상장 공시 - 업무 관련 서식

219) 조형근, 긴장감 감도는 중 윙입푸드 상장심사, 머니투데이 방송 2018.8.10.

마. 회계감사인의 역할

1) 적용 회계기준

중국 기업의 국내 상장에 적용되는 회계기준은 국내와 국제 기준이 모두 가능하다 (자본시장법 시행령 제176조).

한국거래소는 외국지주회사 등의 해외 자회사 재무제표는 거래소가 인정하는 회계처리기준에 따라 작성된 것을 인정하였었는데, 2016년부터는 소재지국이 채택한 국제회계기준에 따라 작성되었더라도 상장규정이 허용한 회계처리기준과의 차이에 따른 영향을 소명 하에 해당 재무제표 제출을 허용하였다.

2) 회계감사인의 자격

한국기업의 경우 상장 예정법인은 증권선물위원회로부터 감사인을 지정 받아야 한다(주식회사 등의 외부감사에 관한 법률 제11조 1항 12호 및 시행령 제14조 6항 1호). 이러한 지정감사인 제도는 세계적으로 유례가 없는 강한 투자자보호 정책인 것처럼 보이나, 실무에 있어서는 당기 지정감사인과 전 감사인 간의 의견 상충이 자주 발생하여 상장의 위험요소로 등장하고 있다[220].

반면, 중국기업은 회사 측이 한국회계법인과 외국회계법인 중에서 감사인을 선정한다 (코스닥 상장규정 제3조의 2). 그런데, 한국기업의 IPO지정감사와는 달리, 중국기업 IPO에서는 IPO당시 회계감사인이 이후 3년 간 계속 감사를 진행하도록 의무화하고 있다. 이는 초기의 빅4감사법인에 대한 의존도가 규정에서 상존하는 현상으로 보인다.

코스닥시장 상장규정 제3조의2

② 외국주권 또는 외국주식예탁증권을 상장한 외국기업은 상장예비심사 청구일이 속하는 사업연도를 포함한 연속하는 3개 사업연도(이하 이 조에서 "신규상장 사업연도 등"이라 한다)까지 상장예비심사청구 당시의 감사인(제1항 각 호의 어느 하나에 해당하는

220) 김갑래, 이한상, 증권 인수업 선진화를 위한 개선방향 보고서, 자본시장연구원 이슈보고서 18-14, 2018.12.

자로서 상장예비심사 청구 시에 제출한 최근 사업연도의 재무제표에 대한 감사인을 말한다)을 계속 선임하여야 한다.

국내 회계법인이 한국거래소 상장 외국기업을 감사하기 위한 자격요건은 다음과 같다.

***코스닥시장 상장규정 제15조, 시행세칙 제2조의3** (외국기업의 감사인 자격)*

① 규정 제3조의2제1항제1호에서 '세칙으로 정하는 요건'이란 다음 각 호의 요건을 말한다. 〈 개정 2010.12.31〉

1. 설립 후 5년 이상이 경과되었을 것

2. 소속된 공인회계사의 수가 50명 이상일 것

3. 최근 사업연도의 매출액이 100억원 이상일 것

4. 「공인회계사법」 제28조에 따른 손해배상준비금과 「주식회사의 외부감사에 관한 법률」 제17조의2에 따른 손해배상공동기금을 합산한 금액이 20억원 이상이거나 「외감법시행령」 제17조의2제1항에 따른 손해배상책임보험에 가입하였을 것

5. 제2항제2호 나목의 요건을 충족하는 외국회계감사인과 감사품질관리계약을 체결하고 있을 것

6. 최근 3년간 증권선물위원회로부터 등록취소 건의, 업무의 전부 또는 일부의 정지 건의 조치를 받은 사실이 없을 것

중국기업의 초기 한국 IPO회계감사는 빅4회계법인만이 수행하였으나, 상장 이후에는 감사인의 교체 수요가 발생하였다. 차이나그레이트스타와 SNC엔진이 감사인을 다산회계법인으로 교체하였다. 다산회계법인은 2010년 하반기부터 신영중화회계법인과 공동감사를 수행하였다.

2016년 이후 신규 상장한 차이나크리스탈소재홀딩스, 로스웰인터내셔널, 헝셩그룹, 케이만금세기차륜집단, 그레이트리치과기, 오가닉티코스메틱스 들은 신한과 이촌회계법인을 감사인으로 선정하였다. 한국거래소는 신규 상장 중국회계법인의 실사에 한국회계법인이 참여하도록 권장해 왔다. 홍콩 상장 기업인 에섹스바이오는 2017년 홍콩의 감사 결과만을 활용해 한국 교차 상장을 추진하였다.

한편 2018년의 외감법 개정에 의해 상장기업의 회계감사인 등록제에 따라 연속 6년간 감사인을 회사가 선임한 이후에는 증권선물위원회가 감사인을 선임하는 주기적인 지정제가 도입되었다. 중국기업의 감사는 외감법에 근거하지 않으나, 차이나 디스카운트 현상에서 볼 때, 일정 기간 감사 후 의무 교체 제도를 고려할 수 있을 것이다.

3) 감사보고서

상장 제출서류는 한글로 작성하는 것이 원칙이며, 외국 기업은 국내의 상법이나 주식회사의 외부감사에 관한 법률의 적용 대상이 아니므로, 자본시장과 금융투자업에 관한 법률에 근거하여 국문과 영문으로 감사보고서를 제출하고 있다. IPO를 준비 중인 중국기업이 지주회사까지 포함한 연결 재무제표를 작성하기가 쉽지 않으나, 외부감사인은 재무제표 작성 과정에 개입할 수 없다. 초기 코웰e홀딩스의 경우 지주회사 구성 및 발행회사 측의 재무제표 작성을 다산회계법인이, 회계감사는 E&Y회계법인이 수행한 바 있었다.

한편 2018년 개정 외감법에서는 상장기업의 내부회계관리제도 (중국의 내부통제제도에 해당: 제2장 3. 내부통제 제도 참조)에 대한 의무 감사를 도입하였다. 내부통제 제도는 특히 중국기업의 IPO에서 난이도가 높았던 분야이므로, 한국의 강화된 제도를 중국기업 상장에도 반영할 필요가 있을 것이다.

4) 외부감사인의 확인서한

금융감독원은 2008.12.24 증권회사에 통보한 유의사항에서, 외부감사인의 감사나 검토를 받지 않은 재무제표는 비전문정보에 해당되므로 발행인의 외부감사인으로부터 당해 비감사 재무제표 및 최근 회사의 재무상황에 대한 의견을 묻는 등으로 이에 대한 검증을 실시 (필요시 comfort letter)하도록 요구하였다.

2012.1.3일「증권의 발행 및 공시 등에 관한 규정」제2-6조제8항 제1호 하목이 신설되어 과거 권고사항이던 기업공개 예정회사의 외부감사인의 확인서한이 의무화되었다.

증권의 발행 및 공시 등에 관한 규정 제2-6조 (증권신고서의 기재사항 및 첨부서류).

⑧ 영 제125조 제2항 제10호에서 "금융위원회가 정하여 고시하는 서류"란 다음 각 호에 따른 서류를 말한다

하. 증권시장에 주권 상장시 증권신고서에 기재된 재무관련사항이 기업의 재무상

황을 적정하게 반영하였다는 것을 증명하는 회계감사인의 확인서 등 서류 〈신설 2012.1.3〉

[코스닥 상장서식 39] 외부감사인의 확인서한 〈개정 2012.7.19〉

외부감사인의 확인서한(Comfort Letter)

(상장신청인) 귀중 년 월 일

○○○○회계법인(이하 "본 감사인" 이라 한다)은 ○○○○년 12월 31일, ○○○○년 6월 30일이 속하는 회계연도의 재무제표에 대한 감사(검토)를 실시하였으며, 주식회사 ○○○○(이하 "회사"라 한다)의 ○○○○년 ○○월 ○○일자로 제출예정인 외국주권/외국주식예탁증권 상장예비심사청구서와 관련하여 다음과 같은 사항을 확인합니다.

1. 본 감사인은 회사의 재무제표에 대한 회계감사와 관련하여 ○○○○의 회계감사기준에 따라 회사에 대한 독립성을 유지하고 있습니다.
2. 본 감사인은 본 서한의 작성을 위하여 외국주권/외국주식예탁증권 상장예비심사청구서에 포함된 내용 중 회사가 요청한 "별첨"의 재무관련자료 항목만을 대상으로 회사가 요청한 다음 각각의 확인절차만을 수행하였으며, "별첨"에 열거되지 않은 항목에 대하여는 별도의 추가적인 확인절차를 수행하지 아니하였습니다.
   (1) 본 감사인은 외국주권/외국주식예탁증권 상장예비심사청구서에 포함된 항목의 금액 및 설명을 ○○○○년 재무제표에 대한 감사(검토)보고서상의 해당 금액 또는 기재사항과 대조하였으며, 서로 일치하고 있음을 확인하였습니다.
   (2) 본 감사인은 외국주권/외국주식예탁증권 상장예비심사청구서에 포함된 비율 및 합계를 재계산하여 계산의 정확성을 확인하였습니다.
   (3) 본 감사인은 외국주권/외국주식예탁증권 상장예비심사청구서에 포함된 항목의 금액 및 설명을 ○○○○년 재무제표에 대한 감사(검토)보고서상의 해당 설명내용과 대조하였으며, 동 설명내용에 감사(검토)보고서상의 기재내용 또는 금액과 불일치하는 사항이 포함되지 아니하였음을 확인하였습니다.
   (4) 본 감사인은 외국주권/외국주식예탁증권 상장예비심사청구서에 포함된 항목의 금액을 회사의 결산보고서상의 해당 금액과 대조하였으며, 서로 일치하고 있음을 확인하였습니다.

(5) 본 감사인은 감사(검토)보고서 및 회사의 결산보고서에 포함되어 있지 않은 금액이 외국주권/외국주식예탁증권 상장예비심사청구서에 포함된 경우에는 회사의 회계기록 또는 회사에서 제시한 분석자료 등 내부문서와 대조하였으며 서로 일치하고 있음을 확인하였습니다. 회사에서 제시한 분석자료 등 내부문서의 정확성 및 타당성에 대해서는 검토하지 않았습니다.

본 감사인이 수행한 확인절차의 충분성에 대하여는 본 서한 수신인인 회사의 책임이며, 동 확인절차가 수신인이 의도하는 목적에 부합되는 지 여부에 대한 의견을 표명하지 아니합니다. 또한, 본 감사인이 수행한 확인절차는 ○○○○ 회계감사기준(현지 국가의 해당 회계감사기준 등)에 의하여 수행된 절차가 아니므로 이에 대한 의견을 표명하지 아니합니다.

3. 본 서한의 작성을 위하여 본 감사인은 ○○○○년 ○○월 ○○일부터 ○○○○년 ○○월 ○○일까지의 기간(이하 "후속기간"이라 한다)에 대하여 수신인이 필요하다고 요청한 절차를 수행하였으며, 요청한 절차 및 결과는 다음과 같습니다.

(1) 본 감사인은 후속기간 중 주주총회의사록과 이사회의사록을 확인하였으며, 회사의 의사록 관리책임자는 상기의 의사록을 빠짐없이 제출하였다고 진술하였습니다. 제시된 후속기간 동안의 주주총회 및 이사회의 내용은 다음과 같습니다.

〈○○○○년 ○○월 ○○일의 이사회의사록 발췌 요약〉

- 의결사항 : ○○○○○ 건 승인

(2) 회사 담당자는 ○○○○년 ○○월 ○○일 이후 시점의 대차대조표 또는 이후 기간의 손익계산서가 작성되지 않았다고 진술하였으며, 본 감사인은 이와 관련하여 ○○○○년 ○○월 ○○일 이후부터 ○○○○년 ○○월 ○○일 까지의 기간에 대하여 어떠한 검토절차도 수행하지 아니하였습니다.

(3) 다음의 중요사항 등에 대해 회사 담당자에게 질문하였으며, 중요사항과 관련하여 수신인에 의하여 제출된 후속기간 중의 주요 보조부와 전표 등을 확인하였습니다.

- 발행한 수표 또는 어음의 부도
- 영업활동의 정지
- 재해 또는 과대한 손실의 발생
- 다액의 고정자산의 매각
- 소송의 제기 또는 분쟁의 발생
- 임원의 변경
- 합병, 분할·분할합병(물적분할에 의한 분할·분할합병을 포함), 영업의 양도·양수, 주요자산의 임대 또는 경영위임의 결의 등

- 주식이나 사채의 발행
- 거액의 차입이나 외국차관
- 중요한 회계추정의 변경
- 우발채무 및 약정사항의 발생 여부
- 비정상적인 전기오류수정사항의 발생 여부
- 주주지분, 장기부채, 운전자본 등의 중요한 변화 여부
- 지주회사의 경우 주요 자회사의 상기 사항에 관한 사항
- 기타 중요하다고 인정되는 사항 등

상기 사항에 대한 본 감사인의 질의에 대하여 회사의 담당자는 후속기간 동안 상기 사항이 발생하지 아니하였다고 진술하였습니다.

〈 진술한 사항 〉

상기 절차는 회계감사기준에 의하여 수행된 절차가 아니므로 이에 대한 의견을 표명하지 않으며, 본 절차가 본 서한의 수신인이 의도하는 절차의 목적에 부합하는 지의 여부에 대한 의견을 표명하지 아니합니다. 본 감사인이 추가적인 절차를 수행하거나 회계감사 또는 검토를 수행하였다면 수신인에게 보고할 다른 사항을 발견할 수도 있습니다.

4. 외국주권/외국주식예탁증권 상장예비심사청구서에 기재되는 내용, 공시범위 등의 결정 및 확인에 대한 책임은 본 서한의 수신인인 회사측에게 있으며, 본 감사인의 책임은 요청받은 사항에 대한 확인절차를 수행하고 본 서한을 발행하는 데 있습니다. 또한, 본 서한의 발행이 본 서한 수신인측의 외국주권/외국주식예탁증권 상장예비심사청구서 내용, 공시범위 등의 결정 및 확인에 대한 책임을 대신하거나 면제시키는 것은 아닙니다.
5. 본 서한은 회사의 한국거래소 상장을 위한 외국주권/외국주식예탁증권 상장예비심사청구서와 관련하여 본 서한의 수신인만을 위하여 작성된 정보이므로 다른 목적으로 회람하거나 이용되어서는 아니됩니다.
6. 본 서한은 회사의 한국거래소 상장과 관련하여 한국 내에서만 사용될 목적으로 작성되었습니다. 따라서, 한국 이외의 어떤 지역에서도 사용되어서는 아니됩니다.

ㅇㅇㅇㅇㅇ 회계법인

대표이사 (인)

바. 중국고섬공고 소송 사례

1) 투자자 제기 소송

중국고섬의 한국 내 투자자들은 한국거래소, 상장 주관회사 및 회계감사인과 실사 문제로 손해배상 청구 소송에 돌입하였다. 소액주주들은 "현지 공장을 방문한 결과 당초 알려진 것과 달리 중국고섬이 고기능성 원사를 생산하지 않고 있었다"고 주장했다. 투자자 550명이 제기한 손해배상 청구소송에서 2심 재판부는 공모주에 투자했던 125명에 대해서만 청구액 62억원의 25%의 배상을 판결했다(서울남부지법 2011가합18490, 서울고법 2014나2004505, 상고포기로 확정). 또한, 피고 한화증권은 대표주관회사가 아니므로, 회계감사인은 상당한 주의를 기울였으나 거짓기재를 알 수 없었다는 이유로, 한국거래소는 제출서류의 진실성을 실사할 의무를 부담한다고 볼 수 없고 심사를 부실하게 했다고 인정할 증거가 없다는 이유로, 청구가 기각되었다.

중국고섬 투자자 손해배상 판례 *(서울남부지법 2014.1.17 선고2011 가합18490).*

인수인이 발행회사로부터 제공받은 정보에 대한 적절한 검증을 실시함에 있어 전문가 의견이나 분석이 반영된 정보, 즉 전문정보에 대해서는 그 내용이 진실하지 않다고 의심할 만한 합리적인 근거가 없다면 인수인으로서 적절한 검증을 하였다고 볼 수 있다. 그렇지 않은 정보, 즉 비전문정보에 대해서는 그 내용이 진실하다고 믿을 만한 합리적인 근거가 있어야 인수인으로서 적절한 검증을 하였다고 볼 수 있다.

이 사건의 경우 현금 및 현금성 자산의 거짓기재 중 2009년 말과 2010년 반기 기준 현금 및 현금성자산은 전문정보로서 외부감사인이 각 은행조회를 통해 확인한 자료에 기초한 것이고 달리 위 기재가 진실하지 않다고 의심할만한 합리적인 근거가 없었으므로 위 각 기재에 대해서 인수인이 적절한 검증을 수행하였다고 할 것이다.

그러나 2010.9.30 기준 현금 및 현금성자산 등은 외부감사인의 감사나 검토를 거치지 않은 재무제표에 기재된 것으로서 전문가 의견이나 분석이 반영되지 않은 비전문정보인데 (A증권회사의 주장과 같이 2010년 3분기 재무제표가 B회계법인 싱가포르의 조사를 거쳐 그 대표회계사와 파트너 회계사가 참석한 갑 법인의 이사회에서 중요한 점에서 허위가 없음을 승인받았다고 하더라도 전문정보라고 할 수는 없다), 이에 대하여는 A증권회사가 인수인으로서

적절한 검증을 수행하였다고 볼 수 없다.

2) 대표주관회사의 손해배상 피소 및 과징금 부과 취소소송

중국고섬 피해자들이 제기한 손해배상 소송에서 2014년 1심은 상장 이후 주식을 산 투자자를 제외한 채 공모주 청약 참가자들에게만 청구액의 절반을 배상토록 판결하였다 (원고 일부 승소). 한편 대우증권이 금융위원회를 상대로 한 과징금 취소 행정소송에서는 대우증권이 승소하였다. 이후 손해배상 소송 2심에서는 배상액이 1심의 절반으로 감액되었다.

증권신고서 등 공시서류 부실기재로 인한 배상책임은 2017년 5월 이전에는 대표주관회사 등 인수조건을 정하는 인수인들만 부담하였다. 이에 근거하여 고섬 판례에서 대표주관사만 과징금을 부과 받았고, 공동주관사는 이를 면하였다 (서울행정법원 2015.2.5. 선고 2013 구합65090판결).

이후, 배상책임을 지는 인수인의 범위가 대표주관사만으로 한정되어 투자자보호에 공백이 있을 수 있다는 우려가 대두함에 따라, 금융위원회는 2017년 5월 자본시장법 시행령(제135조)을 개정하여 배상책임자를 전체 인수인으로 확대하였다[221].

***시행령 제135조**(거짓의 기재 등으로 인한 배상책임을 지는 자)*

② 법 제125조제1항제5호에서 "대통령령으로 정하는 자"란 다음 각 호의 어느 하나에 해당하는 자를 말한다. 〈개정 2013. 8. 27., 2017. 5. 8.〉

1. 인수인

2. 발행인 또는 매출인으로부터 인수 외의 방법으로 그 발행인 또는 매출인을 위하여 해당 증권의 모집ㆍ사모ㆍ매출을 할 것을 의뢰받거나 그 밖에 직접 또는 간접으로 증권의 모집ㆍ사모ㆍ매출을 분담할 것을 의뢰 받아 그 조건 등을 정하는 주선인

3) 금융감독원 보유정보 공개 청구 소송

고섬의 주관사가 중국고섬의 감사보고서를 감리한 금융감독원에게 CSRC, 싱가폴

221) 김갑래, 이한상, 증권 인수업 선진화를 위한 개선방향 보고서, 자본시장연구원 이슈보고서 18-14, 2018.12.

통화청 등으로부터 제공받은 정보의 공개를 청구한 소송에서, 법원은 1,2심에서 원고 승소로 판결하였다. 즉, 정보의 내용, 정보제공자의 의사, 정보의 취득 경위 등에 비추어 그와 같은 정보의 공개가 피고 업무의 공정한 수행에 현저한 지장이 있다고 보기 어렵다고 판단하여 정보공개 대상이라고 판결하였다. (서울고법2017누64646, 대법원 2018. 9. 28. 선고 2017두69892 정보공개거부처분 취소).

참고: 일본 상장 중국기업 아시아 미디어 상장폐지 사례

중국 본토 기업으로서 처음으로 아시아 미디어가 2007년 일본의 주식시장 마더스에 상장되었다. 북경의 연결자회사들이 TV프로의 가이드 채널의 전달이나 소프트 웨어 개발 등의 사업을 전개하여, 광고료가 주된 수입원이었다. 실리콘밸리 Sequoia Capital벤처캐피탈의 중국펀드로부터 출자를 받았다. 공모가는 672엔이었고, 3개월 후 2,055엔까지 상승하였다. 그러나 횡령사건이 발생하였고, AZUSA회계법인의 감사의견 거절로 2008년 상장폐지되었다.

6. 중국 국내 상장을 위한 실사

CSRC는 2006년 증권을 공모하는 회사에 대한 정보 공개 내용 및 형식 가이드 라인 1 - 투자 설명서 (Criteria No.1 on the Content and Format of Information Disclosure by Companies conducting Public Offer of Securities - Prospectus:关于公开发行证券的公司信息披露内容与格式准则第一号 - 招股说明书)를 제정하였다.

2008년 상장회사 증권발행관리판법 제51조
상장회사가 증권을 발행하는 경우 증권 공개 모집설명서나 기타 정보 공개서류를 중국증감회가 규정한 절차, 내용, 양식에 따라 작성하고 법에 따라 정보 공개의무를 이행하여야 한다.

1992년 증권업무 규제 공백 하에서 본토기업의 해외 지주회사 간접 상장이 출현하자 국무원과 CSRC는 레드칩이 당국의 승인 사항인지 여부를 포함하여 국내 법무법인의 법률의견서를 제출받기 시작하였다.

CSRC 와 법무부는 2007년 증권법무 종사 법무법인 관리방법 (Administrative Measures for Law Firms Engaged in Securities Law Practices 律师事务所从事证券法律业务管理办法) 에서 증권발행, M&A 및 asst restructuring거래에서 법무법인의 의견서를 도입하였다. 2005년 증권법 173조에서는 공시의 오류 및 누락에 대해 법무법인에게 발행회사와 공동 책임을 부과하였다. 2010년 4개 상장 신청 건이 허위 공시로 중단되었는데, 3건이 동일 법무법인의 의견서를 받은 사건이 발생하였다.

가. 중국 국내 IPO스폰서

1) CSRC 기준

CSRC는 2003년 주식발행과 스폰서 제도 (The Interim Measures for the Stock Issuance and Listing Sponsorship system: 证券发行上市保荐制度暂行办法)를 도입하였고 (2005년 증권법에 통합), 2008년 증권발행상장스폰서업무 관리방법 (Measures for the Administration of the Sponsorship of the Offering and Listing of Securities: 证券发行上市保荐业务管理办法)으로 대체하였다. 스폰서는 CSRC에 신청을 제출하는 역할 및 공모절차를 주관한다. 순자산 5천만 위안 이상인 증권회사로서, 담당부서에 35인 (25인은 최근 3년간 스폰서 업무 종사 경력자여야 함)을 갖추어야 하며, 4인의 대표자는 개인별로 CSRC등록을 필하여야 한다. 스폰서의 수수료는 CSRC가 규정하지 않았으나(제27조), 일반적으로 공모액의 5 내지 7% 수준이다.

2006년에는 스폰서의 실사 지침(Guidelines on Due Diligence Work of Sponsors: 保荐人尽职调查工作准则)을 제정하였다 (2018년 현재 유효).

제1부: 일반 사항

제2부: 발행자 기본사항 조사

제9조: 재편성 및 설립

제10조: 연혁

제11조: 발기인과 주주의 출자액

제12조: 지분의 중요 변동 내역

제13조: 중요 재편성 내용

제14조: 주요 주주

제15조: 직원

제16조: 영업, 자산, 인력, 재무적, 제도적 독립성

제17조: 우리사주조합.

제18조: 영업 신용

제3부: 영업 및 기술 조사

제19조: 업계 및 경쟁

제20조: 조달

제21조: 생산

제22조: 매출

제23조: 핵심 기술인력, 기술, 연구개발

제4부: 업계 내 경쟁 및 관계자 거래 조사

제5부: 선임 경영진 조사

제6부: 조직구조와 내부통제 조사

제33조: 정관 및 운영 표준

제34조: 조직도 및 주주총회, 이사회, 감독위원회의 운영

제35조: 사외이사 제도 운영

제36조: 내부 통제 환경

제37조: 사업 통제

제38조: 정보시스템 통제

제39조: 회계관리 통제

제40조: 내부통제 감독

제7부: 재무 및 회계 조사

제8부: 사업개발 목적 조사

제9부: 자금 용도 조사

제10부: 위험 요소 및 다른 중요 사항 조사

제11부: 보완 조항

2009년 증권공모에서 기업공시의 내용과 양식에 관한 기준 제27호-스폰서 서한 및 업무보고(Rules on Contents and Formats for Information Disclosure of Securities Offering Companies Guidelines (No.27): Offering Sponsorship Letters and Offering Sponsorship Work Reports: 发行证券的公司信息披露内容与格式准则第27号-发行保荐书和发行保荐工作报告)에서는 스폰서 업무보고서를 도입하였다 (제5조).

2) 스폰서 징계 사례

A주식 시장은 2009년부터 3년 간 세계 최대의 IPO규모를 달성하였다. 그러나 발행시장에서 공모가격이 낮게 설정됨에 따라 공모주관사 선정에 별 의미가 없고, 스폰서의 실사 업무가 정착되지 못하였다. 이는 공모주관사가 공모증자에 재참여하지 않는 현상에서 반증된다. 1993년에서 2007년 간 A주식 발행기업의 공모증자에서 82.9%가 IPO 주관사가 아닌 타사로 교체한 것으로 나타났다.

ChiNext 상장 ST Yunnan Greenland사의 2009년 분식으로 인해 스폰서인 Huatai United Securities가 벌금 및 인가취소를 받았다. 홍콩이 스폰서의 의무를 강화하던 시기에, 본토 측의 제도운영이 취약하다고 평가되었다[222].

CSRC는 2012년 IPO기업 재무보고서 특별검사 통지 (Notice on Special Inspection of 2012 Financial Reports of IPO Companies Undertaking an Initial Public Offering: 会计部关于做好首次公开发行股票公司2012年度财务报告专项检查工作的通知) 를 발표하였다. CSRC가 100명의 인력으로 15개 조사팀을 구성하여 상장 신청자를 현장 감사하자, 268사가 상장신청을 철회하였다[223]. CSRC는 스폰서들에게 실사 증빙으로 출장 항공권 제시를 요구하였다.

2013년 CSRC는 IPO 체계 추가 개혁 촉진 의견[224]을 발표하여 통제주주의 바이백 의무 및 스폰서의 배상의무를 규정하였고, 2018년에는 스폰서의 혁신기업 실사 규정을 제정하였다 (Provisions on the Implementation of Due Diligence for Sponsoring

222) Louise Ho, Diligence overdue on IPO sponsors, Shanghai Daily, 2012.5.8.
Ronald Gould, China's IPO Sponsors should prepare for new environment, Promontory Sightlines, 2012.8.10

223) Cai Xiao, CSRC releases finding of IPO inspection, China Daily, 2013.10.12.

224) http://www.csrc.gov.cn- News - News Release - 2014.2.14.일자 CSRC releases opinions on further promoting the IPO system reform

Innovative Enterprises' Offering of Stocks or Depository Receipts within China: 保荐创新企业境内发行股票或存托凭证尽职调查工作实施规定).

3) 지배주주 및 실질 통제자 공시

증권공모에서 기업공시의 내용과 양식에 관한 기준 30호- 창업판 創業板 기업의 연차보고서 내용과 양식 (Standards concerning the Contents and Formats of Information Disclosure by Companies Offering Securities to the Public No. 30 - Contents and Formats of Annual Reports of Companies Listed on the Growth Enterprise Market: 关于公开发行证券的公司信息披露内容与格式准则第30号 - 创业板上市公司年报内容与格式 2012년 개정)에서는 지배주주, 실질 통제자 및 제공한 약정의 이행에 대한 공시 의무를 매우 강화하였다.

제45조. 지배주주 및 실질 통제자 공시

2항. 상장신청기업의 지배주주에 대한 정보

상장신청기업은 지배주주의 인적 사항, 및 타 상장기업에 대한 비 지배지분 소유 정보도 공시해야 한다. 자연인인 경우 과거 10년 동안에 그가 지배하였던 상장기업 정보도 공시되어야 한다. 지배주주가 없는 경우에도 그 사실을 적시해야 한다.

3항. 상장신청기업의 실질 지배자에 대한 정보 공시

상장신청기업은 자사의 실질지배자에 대해서도 2항의 지배주주에 준해서, 자사와의 권리/통제 관계를 지배구조도의 형태로 공시해야 한다. 주주와 계약 관계를 맺은 자연인, 국유자산관리부서나 기관에 대한 정보도, 신탁 관계를 포함하여 공시되어야 한다.

제35조. 2항 관계회사와의 자산 및 지분거래에 대해서는 거래상대자 인적사항, 거래 내용, 가격결정 원칙, 장부가 및 감정가, 거래가격, 결제 방식 및 양도차익이 공시되어야 한다. 거래가격이 장부가나 감정가와 차이가 큰 경우는 그 사유를 기재해야 한다.

제37조. 상장신청기업은 자사, 5%이상의 주주, 실질지배자, 임원 들이 행한 약정의 실행 내역을 공시해야 한다. 여기에는 지분 변동, 자산 재편성, IPO나 재조달 시점에 제시해 놓은 약정, 및 소수주주에게 제공한 약정 등이 포함된다. 약정을 이행하지 못한 경우에는 그 사유와 추후 계획을 서술해야 한다.

나. 역외채권 발행 실사

2007년 최초로 홍콩에서 위안화 채권 (Dim Sum bond)이 발행된 이후로, 중국 관련 역외 채권 발행액은 2016년에 US$1,030억에 도달하였다[225). 역외 채권 발행 방식은 4가지로 구분된다.

- 본토 모회사의 직접 발행
- 본토 모회사의 보증 또는 keepwell 및 자본확충 약정 하에서 해외주체 발행
- 해외 레드칩 기업의 발행
- standby letter of credit부 발행

딤섬본드는 홍콩 자회사가 발행하고 본토 모기업이 보증하는 형태가 대부분이다. 역외채권 발행을 위해서는 NDRC의 승인, 역외보증에는 SAFE의 승인이 필요하다. NDRC는 건별 승인을 하다가 2015년 9월 기업의 역외채무 부담 등록개혁 통지 (Notice on Pushing Forth Administrative Reform for Filing and Registration for Incurrence of Offshore Debt by Enterprises: 关于推进企业备案登记行政改革引发境外债务的通知)에 근거, 1년 이상의 역외 채무에 대해서 사전 등록 의무를 부과하였다. 이 요건은 중국인이 통제하는 레드칩에도 적용된다.

보증부 해외 발행은 SAFE 에 등록되어야 한다. 등록의 근거로서 2014년 SAFE는 역외담보 및 그의 실행기준을 위한 외환관리 실시세칙 (Provisions on the Administration of Foreign Exchange for Cross-Border Security 및 Administration of Foreign Exchange for Cross-Border Security Implementation Guidelines: 跨境交易管理和跨境交易管理规定实施细则)을 제정하였다.

2017년 SAFE는 역외발행자로 하여금 채권 발행대금을 본토로 유입시킬 수 있도록 근거규정으로 외환통제 촉진을 위한 진위와 준법 점검 개선의 통지 Notice on Improving the Check of Authenticity and Compliance to Further Promote Foreign Exchange Control (关于进一步推进外汇管理真实性和合规性检查的通知:"SAFE Circular No. 3")를 공표하였다.

---

225) Chris G. Tang, Brief Discussion on Choice of Transaction Structures for PRC-related Offshore Bond Offerings, Hong Kong Lawyer, May 2017

보증부 발행이나 레드칩 발행의 경우 신용등급은 본토의 모회사에 의존하게 된다. "Keepwell"이란 채권 만기까지 신용보강기업이 신용보강을 제공받는 기업의 지분을 100% 유지하는 조건, 또는 지원 받는 기업이 현금잔액, 유동성비율, 부채비율 등을 일정 비율 이상으로 유지하거나 유지할 수 있도록 신용보강인이 지원한다는 약정이다.

중국국제에너지화공그룹(CERCG)의 어음 부도 사례

CERCG의 자회사인 CERCG Overseas Capital가 발행한 채권을 기초자산으로 한국 내에서 금정제십이차유동화회사가 1,650억원의 기업어음을 발행하였으며, 2018년 11월 최종 부도처리되었다. CERCG가 보증한 다른 자회사 채무가 부도나면서 크로스 디폴트(동반 채무불이행)된 것이며, 전체 규모는 21억 달러로 알려졌다. 당초 미래에셋대우가 투자 검토후 리스크 심사에서 기각하였으며, 신용평가사의 미공시 등급이 유출된 것으로 알려졌다.

시노포리스트 발행채권 사례

2009년 Mandra Forest라는 중국 임업체가 국제채권 1.95억 달러를 부도냈을 때 투자자들은 거의 전액을 상실할 상황이었다. 이때 Mandra 를 채무교환으로 인수하여 채권자들을 행복하게 만들어 주었던 당사자가 Sino Forest였다.

시노포리스트는 캐나다 상장 후에도 18억 달러의 채권 2종목을 발행하였고 본토기업에 출자하였다. 이는 역외 채권자들은 역내 채권자보다 후순위이고, 본토의 산림 자산에 대해 직접 권리를 갖지 못한다는 의미였다. Sino Forest의 목재자산은 80%가 직접 소유가 아닌 계약에 의한 통제로 알려졌다. 그리고 149개의 법인이 BVI, 홍콩, 본토, 캐나다, Barbados 등에 흩어져 있는 복잡한 지배구조이다[226].

도산 전문가들은 시노포리스트의 역외 채권자들이 국제 도산절차를 밟으면 홍콩과 캐나다의 효과적인 법체계의 덕분으로 역외 사업은 통제할 수 있으나, 본토의 산림 자산에 대한 통제는 요원할 것이라고 예상하였다.

---

226) Cai Xiao, CSRC releases finding of IPO inspection, China Daily, 2013.10.12.

제5장

중국의 외국인 M&A패턴과 관련법규

본 장에서는 중국의 국내외 M&A 규정을 소개한다. 본토의 M&A법령은 인수대상이 국영기업인지, 상장기업인지 여부 및 인수자가 외국인인 경우를 구분하여 규정하고 있다. 본토의 외국인투자법제에도 법치주의의 결여, 입법 절차와 집행의 불투명성, 불안정한 국제조약 지위, 지방정부의 불명확한 입법권한 등 문제점들이 존재하였다[227).

1. 외국인 투자 법규 개관

가. 입법 개요

1990년대의 중국 M&A는 천편일률적으로 외국인과 중국인 간의 합작 제조법인 설립 형태였다. 당시 외자3법에 의해 현금 투자로 본토에 진출하였던 외국인투자기업은 1999년에 합병과 분할 활동을 허용 받았고, 2000년 본토 내 재투자를 허용 받았다.

227) 유예리, 한중 FTA투자협정의 주요 쟁점 고찰, 국제법학회논총 제57권 제1호 통권제124호, 2012.9

2002년부터는 본토 상장 종목 (주로 국유)에 대해서 외국인의 비유통주, 외국기관투자자의 유통주, 내외국인의 유통주 인수 기준이 연이어 발표되었다. 상장 국유기업의 비유통주/법인주를 외국인이 매입할 수 있도록 인수기준도 발표되었다(CSRC와 SASAC 승인 하에 사적 계약으로만 가능).

당시 비상장 국유기업들은 순자산 부족 및 채무 부담으로 인해 구조조정 대상이었다. 이에 2002년에 외자를 활용한 국영기업 재편성 기준(비상장, 비금융 대상)이 채택되었다. 당시 1만 건의 M&A와 170만개 국유기업의 재편성이 2008년까지 예상되었다[228].

2000년에 들어서는 국영기업의 개혁이 진전되고 국유재산을 포함하지 않는 민간자산 시장이 형성되었다. 외국인들의 M&A투자를 지원하기 위하여, 2003년에 외국투자자의 국내기업 매수 잠정규정 (Provisional Rules for Mergers with and Acquisitions of Domestic Enterprises by Foreign Investors) 이 시행되었고, 2006년 외국투자자의 역내기업 M&A에 관한 규정(Provisions on the Merger and Acquisition of Domestic Enterprises by Foreign Investors: 關於外國投資者併購境內企業的規定: 소위 10호 문건)이 시행되었다.

과거 분산되어 있던 외국인 M&A 규정은 2006년 10호문에서 집대성되었다.

표5-1. 외국인투자 최초 도입 입법

관할 대상	입법	내용
외국인 직접투자	외자 3법 (79~88)	외국인투자기업의 형태 별 구분 입법
	외국투자기업 투자자 지분권 변경의 약간규정	지분 양도 허용
	외국투자기업 역내투자의 임시규정 (2000)	외국인투자기업의 재투자 활동
	외국투자기업 합병과 분할에 관한 규정 (99)	외국인투자기업의 합병과 분할
A주식 비유통주 매입	외국투자자에게 상장회사의 국유주 및 법인주를 양도하는 것에 대한 통지(2003)	비유통주 개혁 이전에 외국인의 상장 비유통주 매수 허용
기관투자자의 A 유통주 매입	적격외국기관투자자에 의한 국내 증권투자 관리에 대한 잠정방법(2002), 적격외국기관투자자에 의한 국내 증권투자 관리변법 (2006)	외국기관투자자(QFII)의 상장 유통주 매수 허용
외국인의 A유통주 매입	상장회사에 대한 전략적 외국인투자 관리규정 (2005)	비유통주 개혁 이후 외국인의 상장기업 인수 기준
	상장기업 주주변동 정보의 공시 기준 (2002)	내 · 외국인이 상장기업 지분 5% 이상 취득 시 공시 기준

228) 10,000 big merger deals expected in five years in China, People's Daily, 20 November 2003

국영기업	국유기업의 외국투자를 이용한 구조조정에 관한 임시규정(2002).	비상장, 비금융 대상. 2016년 폐지
	외국인투자자에 상장회사 국유주, 법인주 양도에 관한 통지 (2002)	
외국인의 M&A 전반 통합규정	외국투자자의 국내기업 매수 잠정규정(2003) 외국투자자의 역내기업 M&A에 관한 규정 (2006)	2006년 개정본이 소위 10호 문건

* 자료: Hong Ma, MERGERS AND ACQUISITIONS OF STATE-OWNED ENTERPRISES BY FOREIGN INVESTORS IN CHINA, McGill University, Canada, 2005 논문

도5-1. 외국인투자 관련 본토 법규체계

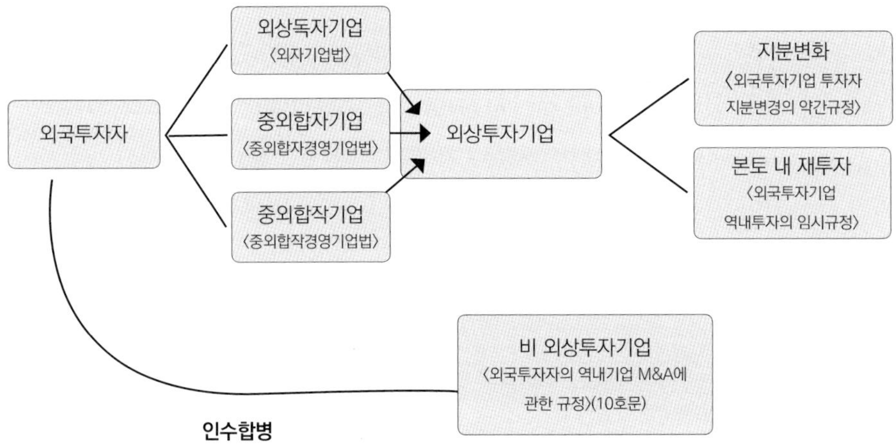

나. 외국인직접투자법과 M&A법규 간의 관할 중복

외국인직접투자는 그 정의 상 신규투자(green field investment) 이고, 외국인의 M&A는 기존사업에 대한 투자이다. 따라서 소위 10호 문건에서는 외국인 직접투자 관련 사항을 규정하지 않았다. 그러나 실무에서는 외국투자기업 역내투자의 임시규정(외국인투자기업의 재투자 관할)과 외국투자자의 역내기업 M&A에 관한 규정(외국인의 M&A 관할, 10호문)을 결합하여 감독하고 있다.

2006년 10호문은 제55조에서 적용의 범위를 규정하였고, 동 조는 2009년 개정에서 52조로 이동하였다.

10호문의 2009년 개정규정 52조

- *외국투자자가 국내 외국인투자기업 주주의 지분을 매수하거나 국내 외국인투자기업의 증자를 인수하는 경우, 현행 외국인투자기업 법률, 행정법규와 외국인투자기업투자자 지분변경의 관련 규정을 적용하며, 그 중에 규정이 없을 경우 본 규정을 참조하여 처리한다.*
- *외국투자자가 그 중국에서 설립한 외국인투자기업을 통해 국내기업을 합병하거나 매수하는 경우, 외국인투자기업 합병 및 분할에 관한 관련 규정과 외국인투자기업국내투자에 관한 관련 규정을 적용하며, 그 중에 규정이 없을 경우 본 규정을 참조하여 처리한다.*
- *외국투자자가 국내 유한책임회사를 인수합병하고 이를 주식유한회사로 조직변경하는 경우, 또는 국내회사가 주식유한회사일 경우, 외상투자주식유한회사의 설립에 관한 관련 규정을 적용하고 그 중에 규정이 없을 경우 본 규정을 적용한다.*

다. 업종별 외국인 투자 제한

중국정부는 1995년 6월 '외상투자산업지도목록(Foreign Investment Industrial Guidance Catalogue)'을 최초로 발표하여 외국인 투자 유치 업종의 지침을 제시하였다. 목록은 총 7차례 개정(1997년, 2002년, 2004년, 2007년, 2011년, 2015, 2017년을 거쳤다). 이 목록은 외국인직접투자 및 M&A에 공히 적용된다.

외국인 투자 제한업종에서는 중국인과 합작, 및 경우에 따라서는 내국인 지분이 다수지분일 것을 요구하였다. 그러나 2007년까지 외국인 투자 제한 업종이 상당히 축소되었으며, 2017년에는 장려, 제한, 금지 3가지로 구분하던 것을 장려와 네거티브 리스트로 단순화하였다.

2004년의 상업분야 외국인투자관리 신규방안(New Measures for The Administration of Foreign Investment in the Commercial Sector)에서는 외국인이 본토 내에 점포를 개설하는 데에 100% 외국인투자법인을 허용하고 지리적 제한을 철폐하였다.

2. 외국인 직접투자 법규

외국인의 초기 투자(Green Field Investment)는 소규모 적자 국영기업을 목표로 시작하여 보다 우량한 중규모의 기업을 목표하였다. 외국인이 자본을 출자하고 국영기업은 재산을 출연하는 합작형태가 가장 일반적이었다. 외국인 투자는 허가사항이지만 100% 외자기업이 본토 내 자산을 매입하는 데에는 추가 승인 요건이 부과되지 않았다. 또한 외국인투자 지분 자체의 외국인 간 양수도 시장이 발전하였다.

가. 외자 3법

1) 외자 3법 개요

중국은 1979년 중외합자경영기업법(Law of the People's Republic of China on Chinese-foreign Equity Joint Ventures: 中外合资经营企业法), 1986년 외자기업법(Law of the People's Republic of China on Foreign-funded Enterprises: 外资企业法) 및 1988년 중외합작경영기업법(Law of the People's Republic of China on Sino-foreign Contractual Joint Ventures: 中外合作經營企業法)을 제정하여 소위 '외자3법' 체제를 확립하였다. 중국 회사법과 외자3법 간의 관계에 대해서, 회사법 제18조에서는 외국인투자 기업에 회사법을 적용할 수 있지만, 외국인투자법률에서 별도의 규정이 있는 경우 회사법에 우선 적용하도록 하였다.

합자기업은 외국인 투지비율이 25%를 초과해야 한다 (법 제4조, 외국인투자기업투자자의 지분변경에 관한 약간의 규정 제5조). 2002년 외국인투자기업 비준, 등기, 외환 및 세무관리 문제에 관한 통지 (Notice on Strengthening the Approval, Registration, Foreign Exchange Control and Taxation Administration of Foreign-funded Enterprises: 关于加强外商投资企业审批、登记、外汇及税收管理有关问题的通知)에서는 외자 지분 25% 미만의 분류를 도입하였다.

표5-2. 합자기업과 합작기업의 비교

	합자기업(2001 개정)	합작기업 (2016 개정)
수익귀속과 손실 부담	참여 당사자의 출자비율에 따름 (제4조)	당사자 간에 약정(제2조). 공인회계사나 관련기구에서 인증
외국측의 우선회수권	없음	합작기간 만료 시 고정자산을 중국측에 귀속 약정 경우 외국 측의 우선회수 방법 약정 가능(제21조)
권리 양도	상대방의 동의(제4조)	상대방의 동의 및 비준 요건(제10조)
분쟁 해소방법	중국 중재 원칙(제15조)	중국 또는 기타 중재(제26조)

지분율에 의해 결정되는 합자 방식에 비해 합작 방식은 당사자 간의 사적 약속을 중시하므로 자유로운 출자목적물 결정, 이윤분배율 차등화 등이 가능하고, 가치평가가 어려운 무형자산도 출자 지분으로 인정받을 수 있다.

외자기업은 외국투자가가 전액 출자한 기업이다 (제2조). 적법한 외자기업은 중국법인 자격을 취득한다 (제8조). 외자기업의 경영기간은 외국투자자가 신청하고 비준기관이 비준한다 (제20조).

2) 지분 양도의 경우

「외국투자기업 투자자 지분권변경의 약간규정 (Provisions for the Alteration of Investors' Equities in Foreign-funded Enterprises: 外商投資企業投資者股權變更的若干規定)」제2조에서는 적용 대상 지분양도를 정의하였다.

(1) 기업투자자 사이에 협의하여 지분을 양도한 경우

(2) 기업투자자가 기타 다른 투자자의 동의를 받고 관련기업 또는 기타 인수인에게 지분을 양도한 경우

(3) 기업투자자가 기업의 등록자본금을 협의조정하여 다른 투자자 지분의 변경을 유발한 경우

(4) 기업투자자가 기타 다른 투자자의 동의를 받고 지분에 대하여 채권자에게 질권을 설정하고, 질권자 또는 수익인이 법률규정과 계약 약정에 따라 해당 투자자의 지분을 취득한 경우

(5) 기업투자자가 파산, 해산, 취소, 말소, 또는 사망하여 그 상속자, 채권자 또는 기타 수익자가 법에 의하여 동 투자자의 지분을 취득한 경우

(6) 기업투자자가 합병 또는 분할하고 합병 또는 분할한 후의 승계인이 법적으로 동 투자자의 지분을 승계한 경우

(7) 기업투자자가 기업계약 · 정관에서 규정한 출자의무를 이행하지 않아 원 비준기관의 비준을 받고 투자자를 교체하거나 지분을 변경한 경우

중국 회사법 제71조상 비 외자계 유한책임회사의 주주가 기존 주주가 아니고 외국인도 아닌 제3자에게 지분양도 시 과반수 주주의 동의 요건이 수반되지만 반대하는 주주에게 매수의무가 부과된다. 따라서 양수도 쌍방 중국인 주주 간 합의 시에, 기타 주주가 양수도를 저지하기 어렵다. 반면에 매수자가 외국인인 경우에는 회사법만이 아니라 추가요건이 뒤따른다. 정관을 개정하여 비준을 받으려면, 중외합자경영기업법 제3조 및 중외합작경영기업법 제5조에 따라 전체 주주의 동의가 필수적으로 수반된다. 따라서 의국인이 매수하는 경우 중국인 소수주주와도 협상해서 동의를 얻어야 하는 것이다. 따라서 외국인은 이러한 부담을 회피하기 위해서 역외지주회사 지분 양도 방식을 선호하게 된다.

나. 외국인투자기업의 본토 내 재투자활동

2000년의 외국인투자기업역내투자에 관한 임시규정 (Interim Provisions on Domestic Investment by Foreign-Invested Enterprises: 关于外商投资企业境内投资的暂行规定)에서, 외국인 투자기업이 이익을 내기 시작하면 (면세 우대를 받더라도) 본토 내 자회사 설립 또는 다른 법인 (외투기업 포함) 인수를 순자산의 50% 한도 내에서 허용하였다(제5조)[229] (단, 투자성회사는 별도 규정: 후술 참조). 이후 외국계인수자들은 본토기업을 직접인수하기보다는 기존에 확보한 본토 내 자회사를 통하여 인수하였다. 그 목적은 규제를 피하기 위함이다.

2001년 Michelin은 합자기업을 통하여 본토 내 기존사업을 3.2억 달러에 인수함으로써 중국투자 방식의 표준 모델이 되었다. 외국인이 맥주, 타이어업 및 광산기계

229) Nicholas Howson and Hans-Ginther Herrmann, China clarifies rules on foreign investment through local subsidiaries, IFLR 2000.11.

업체를 인수 후에, 동 업계 내 각 지역업체들을 통합하는 활동이 출현하고, 해외 상장 사례도 나타났다.

1983년에는 화교에 우대입법조치를 하여, 광동과 복건성의 자유무역구를 통하여 투자를 유치하였다. 화교자금은 1992년부터 유입되었고 주로 홍콩, 대만, 마카오, 싱가폴, 말레이지아, 태국에서 왔다 (1999년 기준 55%). 1997년 광동과 복건성의 무역이 전국 대비 45%를 점유한 사실이 화교 자본이 수행한 기여도를 반증한다. 본토 태생의 화교들이 고령화됨에 따라, 2001년에는 화교 투자우대를 하이테크 위주로 축소하는 입법이 이루어졌다.

화교[230]의 본토 직접투자 사례

인도네시아 Sinar Mas Group의 창업자(복건성 출신) Widjaya가문 자제인 싱가폴 국적의 화교 Oei Hong Leong (Huang Hongnian)회장은 중국 유학 중에 문화혁명을 맞이하여 산시성으로 유배당했던 경력자였다. 그는 홍콩에 소재한 China Strategic Investment (이가성으로부터 Ruby Holdings를 인수하여 중책투자유한공사로 개칭)를 통해 저장성의 제지회사, 항조우 고무공장의 51%, 복건성 천주시의 41개 기업 지분 60% 등 200여개 국영기업을 인수하였다. 중책은 외국자본의 할부 입금 방식을 활용하여[231], 고용을 유지하면서 구조조정에 성공하여 소위 '종세 현상'을 불러 일으켰다.

중책투자유한공사의 주주는 Cheung Kong, Hysan Development, 이태리 Agnelli Group, 쿠웨이트 국부펀드 KIO로 구성되었다. 모건스탠리는 약간의 지분을 보유하면서 이사회에 참여하였다. 맥주업종에서 산동성 2개사, 북경, 항주 및 천주 법인, 타이어에서는 항주, 산시, 닝샤, 총칭, 대련, 연태들을 통합하였다. China Tire Holdings 지주회사는 뉴욕에 상장하였고 (2002년 상장 폐지), 저장성과 복건성의 맥주회사는 아사히와 이또추에 일부매각한 후 뉴욕에 우회상장을 추진하였다 (성공하였더라면 최초의 뉴욕 우회상장 건). 화교 자본이 구조조정에 성공한 기업을 외

230) 북경은 문화혁명 이후 해외이민자 가족을 탄압하였으나, 등소평주석은 대내송금과 투자를 유치할 필요가 절실해짐에 따라 1977년부터 포용 및 우대정책으로 선회하였다. 북경은 화교를 정치에 관여시키지 않는다는 입장을 채택했다. 국가가 몰수했던 재산을 이민자들에게 환원시키는 프로그램도 장기간 시행하였다. 화교들은 본토의 친척들에게 송금 대신 현금과 면세고가품을 전달하였다.
Mette Thun, Reaching out and incorporating Chinese Overseas, The Chinese Quarterly, No.168, 2001.12.

231) 할부 납입 기간이 제한이 없었던 문제에 따라, 1997년 '중외합자경영기업 합영각방 출자에 대한 약간규정 (中外合資經營企業合營各方出資的若干規定. 2014년 폐지)' 제4조에 의해서 분할납입 기한을 설정하였다.

자에 재매각하여 차익을 얻자 '국가자산의 손실이라'는 비판이 일어났다.

1999년, 「외국투자기업 합병과 분할에 관한 규정(Provisions on the Merger and Division of Enterprises with Foreign Investment: 關於外商投資企業合併與分立的規定)」에서는 외국투자기업 사이의 합병을 허용하고 외국투자기업과 내자 기업 사이의 합병도 허용하였다.

외국투자기업 합병분할 규정

제2조. 적용범위

이 규정은 중국법률에 따라 중국 역내에 설립한 중외합자경영기업, 중외합작경영기업, 외자기업 (이하 회사) 간의 합병 또는 분할에 적용한다. 회사와 중국 내자기업 간의 합병은 관련 법규의 규정을 참조하여 처리한다.

제16조. 회사가 중국 중국내자기업과 합병할 경우 중국의 외자유치 법규, 산업정책의 요구에 부합하여야 한다.

제17조. 회사와 중국 중국내자기업이 합병 후 외국투자기업의 된 경우의 취급

제18조. 합병 후의 회사가 피합병된 중국내자기업이 투자 설립한 기업의 지분을 보유한 경우 취급

제37조. 합병이나 분할 과정에서 주권양도가 발생할 경우, 관련법규 및 외국투자기업 투자자 주권 변경 관련 규정에 따라 처리한다. 회사와 중국 내자기업의 합병 과정에서 외국투자자가 내자기업 주주의 주권을 매입할 경우 중외합자경영기업 합영각측 출자 약간규정의 보충규정에 따라 진행한다.

외국인투자기업의 중국 내 재투자에 대한 규정이 명확하지 않음에 따라 부가통신 서비스, 온라인 게임, 온라인 교육 업종에서 계약에 의해 지배하는 VIE구조가 출현할 수 있었다.

2008년 국제금융 위기 당시에 중국 국가외환관리국은 〈외상(外商)투자기업 외화자본금 환전 지급 관리 관련 업무 처리문제를 완벽화하는 것에 관한 통지〉에서 외국인투자기업으로 하여금 자본금을 중국내 재투자에 사용할 수 없도록 제한하였다[232]. 이후 본토 민간기업의 해외상장이 활발히 진행되었고, 2014년에 시범지역에서부터 규제를 완화하였다. 2015년의 외국인투자기업의 외화자본금의 환전 관련 관리개혁 통지 (Circular on Reforming the Administrative Approach in relation to the Conversion of Foreign Exchange Capital of Foreign-Invested Enterprises : 国家外汇管理局关于改革外商投资企业外汇资本金结汇管理方式的通知,Circular 19)에서는 전면 허용하였다.

다. 본토 내 외국인 투자의 지주회사

외국인이 중국 본토에 지주회사를 설립할 경우 '투자성회사'에 해당될 수 있으며, 그 자회사는 외국인으로 간주된다 (제20조).

1995년 외국인의 투자성회사 설립 잠정규정 (Interim Provisions on the Establishment of Foreign Investment Companies 关于外商投资举办投资性公司的暂行规定)에 의해 외국인의 지주회사개념으로 투자성회사가 도입되었다. 당시 자본금 요건이 3천만달러로 높아 외국계에게 메리트가 낮았으나, 10년간 300개가 설립되었다.

2003년의 외국인 투자자 설립 투자성회사의 규정(Provisions of the Ministry of Commerce on the Establishment of Investment Companies by Foreign Investors: 关于外商投资举办投资性公司的规定)에서는 본토 내에 10개 이상의 기업 설립요건을 추가하였다. 이러한 요건은 중국에 일찍 진출한 다국적기업만이 충족 가능하다[233]. 2004년 개정에서는 추가 요건 부과 하에, 지역본부와 재무기능 자회사 설치를 허용하고, 모회사로부터 수입 등 업무 범위를 확대 인가하였다. 또한 대 중국 투자에 구체적 계획이 없더라도 외자를 유입시킬 의지를 가진 외국기업에게 유리하도록 기준을 조절하였다[234].

Johnson & Johnson 의 경우 1998년에 설립한 Johnson & Johnson (China) Investment Co., Ltd를 통하여 2008년 북경 Dabao화장품을 23억 위안에 인수하였다. Dabao는 83.4% 국가 및 16.6% 종업원 소유였으며, 자산거래소가 주관한 입찰에는 Avon과 Unilever가 경합하였다.

---

232) 최용원, 외국인투자기업 외화자본금 사용 규제 완화와 한국기업의 중국투자에 미치는 영향, 법무법인 세종 북경사무소, 2014.08.25

233) 안유화, 중국 인수합병 제도분석(1), 중국금융시장 포커스, 2009.6.

234) Lester Ross and Grace Chen, Revising the foreign-invested holding company regulations, China Law & Practice, 2005.3.

라. 외국인투자 등록제 도입

외국인 투자 제도는 중국의 개방 과정에서 외국기업의 로비가 난무하는 영역이었는데, 2013년에 상무부는 상해 등 4개 자유무역지구에서 외국인투자 심사 비준제도의 등록제 변경을 시범 실시하였다. 2016년에는 전국적으로 시행을 위하여 3자기업법에 1개 조항을 증설하여 등록관리제를 도입하였고, 외국인투자기업 설립 및 변경 등록관리 잠정방법(Interim Measures for the Recordation Administration of the Formation and Modification of Foreign-Funded Enterprises: 外商投资企业设立及变更备案管理暂行办法)을 제정하였다. 2017년의 개정에서는 등록제의 적용범위를 본토기업에 대한 인수에까지 확장하였다.

등록절차는 외국인투자종합관리정보시스템을 통해 온라인으로 진행된다.

등록제도의 시행은 중국 당국의 외자관리가 사전관리로부터 상시 및 사후관리로, 형식적 통제로부터 실질적 통제로 전환되고 있다는 의미를 갖는다[235]. 외국인투자 등록방법 제23, 24조에서는 외국투자자의 신용정보 관리 및 공시 규정을 두고 있다. 상무주관부서는 외국인투자기업 또는 그 투자자의 신용상황을 반영하는 정보를 신용시스템에 입력한다. 또한 등록방법의 부칙에서는 반독점 심사와 국가안전심사제도에 대한 별도의 규정을 두고 있다.

3. 외국인의 인수 합병 법규

외국인이 인수합병할 대상은 순수 내자계기업, 중외합자(합작)기업 중 내국인 출자지분일 수도 있고, 본토기업의 역외지주회사 지분일 수도 있다. 인수 목적물의 형태 및 피인수 기업 형태 (국유기업 및 상장기업) 별로 관할규정이 별도로 제정되어 있다.

235) 최송자, 중국의 외자 진입 등록제도에 관한 소고, 상사판례연구 제30편 제4권, 2017.12.
Wu Ye, Farewell to the Era of Case-by-Case Foreign Investment Approvals, King & Wood Mallesons, 2016.9.8.

가. 외국투자자의 역내기업 M&A에 관한 규정

본토 비상장기업에 대한 인수합병은 2006년 외국투자자의 역내기업 M&A에 관한 규정(소위 10호문)의 적용을 받는다. 10호문의 도입 시기는 Carlyle의 Xugong Group 공개매수가 승인 받을지 여부가 논란을 초래하였던 시기였다.

1) 지분인수 방식과 자산인수 방식

지분인수 대상 내자계기업은 본토에 설립되었고, (i) 외국투자자가 중국 내 비외국인투자기업 투자자의 지분을 매입하거나 또는 국내 기업의 증자에 참여함으로써 당해 국내기업이 외국인투자기업으로 변경 설립되는 경우(지분양도를 통한 M&A)이다.

외국인이 본토 토종기업의 지분을 인수하면, 당해 기업은 전체 주주의 승인 결의에 의해서 외국인투자기업으로 변경 등록해야 한다.

자산인수 방식은 외국투자자가 외국인투자기업을 설립하고 당해 기업을 통하여 국내 기업의 자산을 매입하여 운영하는 경우만이 아니라, 외국투자자가 국내기업의 자산을 매입하기로 협의하고 매입한 자산으로 외국인투자기업에 현물출자하는 경우도 인정된다. 외국투자자는 선호하는 자산과 부채만을 선별 인수할 수 있다.

자산 인수 방식은 본토 기업의 채무를 파악하기 어려운 부담을 회피할 수 있어 선호된다. 자산 매입과 동시에 외국인투자기업을 설립하는 구조는 중국 당국과의 상당한 기술적 협조가 필요하다.

외국투자자의 역내기업 M&A에 관한 규정 제2조

본 규정에 있어서의 '외국투자자 국내기업 인수'라 함은, 외국투자자가 국내 외국인투자기업이 아닌 기업(이하 "국내회사"라 함)의 주주의 지분권을 매수하거나 국내회사의 증자를 인수함으로써 그 국내회사를 외국인투자기업으로 변경(이하 "지분인수"라 함)하거나, 외국투자자가 외국인투자기업을 설립하고 그 기업을 통해 국내기업의 자산을 매수하여 그 자산을 운영하거나, 또는 외국투자자가 국내기업의 자산을 협의하여 매수하고 그 자산으로 외국인투자기업을 투자 설립하여 그 자산을 운영하는 것(이하 "자산인수"라 함)을 의미한다.

도5-2. 지분인수와 자산 인수의 비교

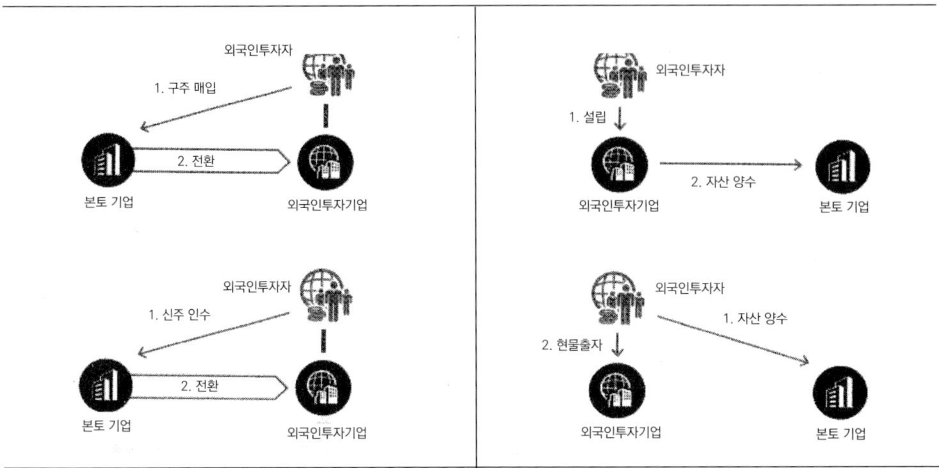

지분 인수	자산 인수

2) 지분인수 방식과 자산인수 방식의 비교

자산인수 경우는 인수대가가 해당 자산을 소유한 법인에 지불되는 반면, 주식인수의 경우에는 피인수 법인의 주주에게 지불되므로, 매도 소득의 귀속처가 상이하다. 자산인수에는 주로 중국의 민법과 계약법이 적용되는 반면, 주식인수의 경우에는 회사법과 증권법이 적용된다.

자산 인수 방식은 일반적으로 주식인수보다 인수 측에게 위험이 덜하다. 그러나, 중국의 법과 규정이 정비되면서 자산 딜의 전통적 장점인 체리피킹, 역사적 이슈와 의무 벗어나기가 약화되었다[236]. 자산 인수에서 매도 측이 사업을 해산하는 경우 또는 다수 지점 운영 경우 매수 측은자산 인수와 함께 중요한 인허가나 고객에 대한 입찰 자격이 유지되는 지에 대해서 특히 유의해야 한다. 이러한 지위는 한번 상실되면 회복이 어렵다. 자산만 인수하고 기존 사업을 중단시키는 거래 구조는 초기에는 인허가 절차를 회피시켜 주지만, 결국은 지방 정부가 미결 세무나 사업중단의 영향을 이유로 영업에 제동을 걸 위험이 잔존한다. 지방정부는 세원이 지역 외로 이탈하는 데

236) Yi Wang, Why multinationals should use asset purchases in China, International Financial Law Review; Feb 2012

에 민감한 반응을 보인다. 보세 수입 장비도 주의 대상이며, 수출제한 기술의 특허 양도에 제약을 받을 가능성이 있다.

3) 합병 방식

외국투자기업 합병과 분할에 관한 규정에서는 외국인투자기업으로 하여금 본토기업과 합병할 수 있도록 규정하였다. 합병절차가 까다로우므로 합병은 기업구조조정 수단으로 많이 활용되었다[237].

나. 상장기업 대 비상장기업

본토와 홍콩에서 상장기업 인수는 한국과 달리 원칙적으로 의무공개매수가 수반된다(한국에서도 공개매수 원칙이 있지만, 예외조치가 많다). 본토의 비상장 M&A 절차는 재산권거래시장(産权交易市場)이나 중개기관을 통한 방식 및 당사자 기업간 직접적인 접촉(直接洽談) 협상방식을 통해 진행할 수 있다. 외국인은 상장회사의 모기업인 국영기업과 합작하여 상장회사를 간접 통제하는 행태를 보였다.

1) 내외국인 공통 적용 규정

2002년 상장회사 인수관리규정(Administrative Measures on the Takeover of Listed Companies :上市公司收购管理方法) 제2조에서 상장회사의 인수주체를 제한하지 않았으므로 외국인의 A주식 매수가 허용되었다(2006, 2014, 2018년 개정). 2002년 상장기업 주주변동 정보의 공시 기준 (Administrative Measures of Disclosure of Information on the Change of Shareholdings in Listed Companies 上市公司股东持股变动信息披露管理办法)에 의해 5% 지분취득 공시가 도입되었다.

상장회사의 인수 방식으로는 1998년의 구 증권법 및 2002년 상장회사 인수관리규정에서 공개매수와 협의매수 방식을 규정하였다. 2002년 상장회사 공개매수 관리방법에서는 전면적 의무공개매수 (유통주와 비유통주 가격 차별)만 규정하였다가, 2006년

---

237) Edwarde F. Webre, Merger & Acquisition Practice In China, Deacons, December 1, 2006 http://ccbjournal.com/articles/7639/merger-acquisition-practice-china

비유통주 개혁 후에는 부분적 의무공개매수를 허용하였다.

상장회사 공개매수 관리방법 제24조. 의무공개매수

증권거래소에서의 주식매집, 자발적 공개매수, 협의매수, 기타 방식으로 상장회사 발행주식 총수의 30%를 보유한 경우, 계속하여 대상회사의 주식을 매수하려면 반드시 대상회사 잔여주식의 전부 또는 일정 비율 이상에 대해 공개매수 방식으로 취득해야 한다.

다만 인수자는 CSRC에 공개매수의 면제 (whitewash: 전술 홍콩 상장 규정 참조)를 신청할 수 있으며, 중국 내 재무컨설턴트를 고용하여 실사를 수행해야 한다(제9조, 65조)

외국인의 공개매수 성공과 실패 사례

2005년 Xuzhou시는 심천거래소 상장기업 Xugong Group의 85% 지분을 자산거래소를 통하여 국제 입찰하였고, Carlyle 사모펀드가 3.75억 달러에 낙찰하였다. 지방 국영기업이자 모기업인 XCMG가 43%의 지분을 보유하던 상황에서 외국인이 공개매수에 의해 85%지분을 확보하고, 15%지분은 모회사가 계속 보유하는 조건이었다. 그러나 경쟁사인 Sany가 헐값 논란을 제기하여 결국 인수는 무산되었다. 외국 측 지분율이 85%로부터 50%, 및 재차 45%로 인하되었음에도 상무부의 승인을 받지 못였다.

Tefal 주방기기 브랜드를 생산하는 프랑스 기업 SEB는 2006년 저장성의 Supor Cookware (2004년 심천 상장: 002032)의 신 · 구주 30%를 10% 프리미엄 부로 인수하고, 의무공개매수로 22.74%를 추가 인수하였다. 토종 주방업계는 강력히 반발하였으나, 상무부는 반 독점 조사를 거쳐서 승인하였다. SEB는 2017년 말까지 72.6%로 지분율을 높였다.

2) 외국인에만 적용되는 규정

2002년 외국인투자자에 상장회사 국유주, 법인주의 양도에 관한 통지(Notice on Relevant Issues Concerning the Transfer to Foreign Investors of Listed Company State-Owned Shares and Legal Person Shares:關予向外國企業轉讓上市公司國有股和法人股有關問題的通知)에서는 외국인의 비유통주 매수를 원칙 입찰로 규정하였다(제3조). 당해 상장기업은 외국인투자기업 대우를 하지 않는다(제9조).

비유통주 매수 사례:

2004년 초 씨티은행은 Shanghai Pudong Development Bank (1993년 설립 및 상해 상장)의 5% 지분을 6억 위안에 취득하였고, 뉴브리지는 심천 상장 Shenzhen Development Bank 의 지분 18%를 1.5억 달러에 인수하였다. 은행주 매입에는 CSRC의 승인에 인민은행의 승인 요건이 추가되었다.

2005년 상장회사에 대한 전략적 외국인투자 관리규정 (Measures for the Administration of Strategic Investment in Listed Companies by Foreign Investors: 外国投资者对上市公司战略投资管理办法)에서는 총자산 1억 달러 이상 또는 운용자산 5억 달러 이상인 외국인에게 (제6조) A주식을 합의매수 또는 신주인수 방식으로 취득하도록 허용하였으며, 3년 간 매각제한이 적용된다(제5조). 이는 재무적 투자자로 한정되던 QFII개념을 벗어나는 전략적 투자자 개념을 도입한 것이다. 최소 취득 지분율이 10%를 넘어야 하며, 외국인 지분율이 25%이상이면서 10년 보유 약장 경우와 10%~25%의 2 단계로 구분하여 차등 대우하였다 (제17조).

CSRC는 2007년 '상장회사 주식 비공개발행에 관한 시행세칙(Implementation rules on the Non-Public Issue of Stocks by Listed Companies)'을 제정하여 상장기업이 10인 이내의 제3자에게 신주를 발행할 수 있도록 조치하였다. 이에 싱가폴정부의 Reco Shine이 Super Shine에, 골드만삭스의 Jade Dragon이 Chengdu Yangzhiguang, Holcim Cement 가 Huaxin시멘트 등에 지분참여하였다.

상장사 소수지분 협의매수 사례

Fuyao Glass는 1993년 상해에 상장한 기업으로서, 1996년 프랑스의 Saint-Gobain으로부터 51%의 외자를 유치하였으나 3년 후 재매입하였다. Fuyao는 2007년 GM의 벤더가 되었고, 골드만 삭스로부터 9.98%의 지분에 외자 8.9억 위안을 유치하기로 계약하였다. 골드만 삭스는 상무부의 승인은 획득하였으나, 1년 후 주가가 31위안으로 상승함에 따라 CSRC의 승인을 획득하는 데에 실패하였다. 북경의 심사 기간 중에 Fuyao주가는 3배, Midea는 5배 상승하여 헐값매각 시비가 붙었다. CSRC는 2007년 골드만의 Midea지분 인수도 불허하였다.

1988년 설립된 Chengdu Yangzhiguang Industrial Co (심천.600673) 경우는 골드만삭스 산

하의 Jade Dragon (Mauritius) Ltd 이 2007년 CSRC로부터 12% 신주 매입 승인을 얻었다. 승인 직전 1년 간 주가는 169% 상승하였다. 이 회사는 2008년 Guangdong Yangguang Aluminum Co., Ltd.로 개칭하였다.

4) 2018년 상장회사에 대한 전략적 외국인투자 관리규정 개정안

상무부는 2018년 8월 상장회사에 대한 전략적 외국인투자 규정 개정안에 대한 업계 의견을 청문하였다. 개정안에서는 적격 외국인 투자자 요건을 완화하고, 록업 기간을 단축하였다.

표5-3. 상장회사에 대한 전략적 외국인투자 관리규정 개정안

구분	현행 규정 (2005년 제정)	개정 초안 (2008년)
거래 구조	합의 양수도 및 신주 증자	공개 매수 추가, 역내외 주식교환을 명시적으로 허용.
외국투자자 적격 요건	보유자산 1억 달러 또는 운용자산 5억 달러	보유자산 5천만 달러 또는 운용자산 3억 달러 (단 최대주주가 되지 않을 것)
록업 기간	3년	1년
자뷴율 요건	최초 투자액은 지분율 10% 이상	폐지
승인/신고	상무부 승인 (2017.7이전).	제한업종 투자만 상무부 승인 대상
국가 보안법 심사	규정 없음	보안 심사 도입

* 자료: Alan Wang 외, China Publishes Draft Amendments to the Regulations Governing Foreign Strategic Investment in Chinese Listed Companies Draft New Measures, Freshfields Bruckhaus Deringer, 2018.8.30

주식교환 방식은 2006년의 10호문건에부터 도입되어 있었지만, 도입의 주목적이 내국인 라운드트립 종목의 해외 상장이었으므로 순수 외국기업에 의한 본토주식과 교환 거래에 대해서는 배려가 없었다. 10호문 상 라운드 트립 상장주식의 요건 자체는 다국적 대기업에는 까다로운 것이 아니었으므로, 개정안의 주식교환과 외국인 요건 완화가 확정 시행될 경우 대륙의 국제 M&A가 활성화될 요인으로 기대된다.

한편 상무부 승인과 별도로 국가보안법 심사가 새로이 개정안에 포함되었다.

4. 국유기업 구조조정

중국에 민영기업이 늘어났지만 중요한 경제의 흐름은 국유기업이 장악하고 있다. 2010년 국유기업 수는 20,253개, 자산총액은 24조 7,759억 의안이었다. 2014년 국유기엄 수는 18,808개이고 자산총액은 37조 1,308억 위안으로, 국유기업의 수는 감소하였지만, 자산총액은 도리어 증가하였다.

북경은 활력을 잃은 국유기업의 전부나 일부 지분을 사기업 및 외국기업에 매각하여 외부자본과 기술을 투입하려 한다. 그러나 정부에게는 국유자산의 유실을 막고 고용을 보호할 의무가 있다. 따라서 국유지분의 양도에는 자산평가 절차, 재산권 거래소에 리스팅 절차, 국유자산감독관리위원회의 비준 등 투자자 측에게 까다로운 절차가 수반되고, 이러한 과정에서 외국인이 판단하기 어려운 난관이 상당히 존재한다.

가. 국유기업의 범위

국유기업은 중국통계국이 2003. 4 발표한 '국유회사의 기업인정에 관한 통계국 의견서'에서 협의와 광의의 두 가지로 정의된다. 광의의 국유기업은 실질적으로 국가의 지배 하에 있는 '국유자본 지배기업' 및 국가 지분이 다수파인 '국유자본 참여기업'을 포함한다. 중국 기업들은 완전 국유[238], 집단 소유, co-op 또는 공공과 민간 소유주들로 주주가 분산된 유한회사의 형태를 취한다. 집체소유제(Collective Ownership)란 노동자를 포함한 일정 범위의 단체 구성원들이 소유하고 있는 기업으로서, 국유제 기업과는 생산자료에 대한 공유(公有) 범위가 다르다. 국유제는 전민(全民)이 소유하는 반면, 향진기업은 지방의 특성을 반영하고 잉여노동력 흡수를 위해 세워진 기업으로서 수익이 주민에게 귀속된다.

초기 사유기업들은 정부로부터 세금우대, 원자재의 우선 공급을 받을 수 있는 집체소유기업의 명의를 사용한 바 있었다 (비공유제 경제에 대한 편견과 불이익을 회피하기 위한

---

238) 중앙정부 국자위 산하 국유기업은 SINOPEC 등을 포함, 약 100여개가 존재하고 있다. 지방 국자위는 지방정부 직속의 특설기구로서 관할 지역 내 국유기업 및 그 국유자산을 관리 감독하고 있다. 중앙 국자위와 지방 국자위는 상하 직속 관계가 아니며, 각자가 출자한 국유기업의 의사결정 및 관리 감독을 수행하고 있다.

목적으로 가집체[假集體]기업으로 기업등기를 한 행태). 중국의 사업가에게 기업 소유구조를 물어 보면 '개인 소유이지만 인민에 의해 경영되는 사업이다'라고 답변하였다.

한편, 보다 넓은 의미에서의 국유기업은 국자위 산하 국유기업이 재출자하여 설립한 회사까지 포함하는 개념이며, 지방정부의 자금조달원으로서 역할을 하고 있는 자금조달 전문기업인 LGFV의 자금지원을 받고 있는 회사도 포괄하고 있다. 지방정부의 부채 누적 문제로 인해 북경이 대규모 채무교환 프로그램을 실시하고 있는 상황이므로[239], 외국인들은 외국투자자에 의한 M&A의 대상 국유기업은 실무상 광의의 국유기업이라는 점에 유의해야 한다.

국유기업 매각 초기에는 계약주체가 정부인 경우, 일부는 피인수 기업이 혼재하였고, 양자 공동인 경우도 있었다.

상장국유기업의 지배구조는 2000년 국유기업감독위원회임시조례(State-owned Enterprises Supervisory Committee Interim Provisions 国有企业监事会暂行条例)에 따라서 경영이사회(Board of directors)와 감독이사회(Board of supervisors)로 이원화되어 있다. 감독이사회는 기능을 다하지 못하였고[240], 의장은 사내 당위원장으로서 인사권 또는 거부권을 보유하면서 때로는 기업경영에 혼란을 야기하기도 하였다[241].

나. 1990년대 국유자산 유실(asset stripping)비판

중외합작기업에 외국인 51: 내국인 49 지분율을 약정한 후, 출자 국유재산 감정수치를 49% 기업가치에 맞추려 한 사례 및 지적재산권을 감정에서 누락시키는 사례 등이 지적되었다[242]. 1995-97년 간 7개 도시에서의 국유자산 유실 조사에 의하면, 80년대부터 횡행하였던 asset stripping방식은 다음과 같았다.

첫째. 국영기업의 알짜자산을 신설회사로 빼돌리고, 기존 국영기업은 허위 실적을

239) 2014. 9. 재정부 지방정부 채무관리 강화에 관한 의견 (Doc 43).

240) Jiangyu Wang. The strange role of independent directors in a two-tier board structure of China's listed companies. 3 Compliance & Regulatory journal 2007

241) Huyghebaert, N. and Wang, L.H. (2012), "Expropriation of minority investors in Chinese listed firms: the role of internal and external corporate governance mechanisms", Corporate Governance: An International Review, Vol. 20 No. 3, pp. 308-332

242) 陈剑Chen Jian, Chinese Property Loss of Chinese property 国有资产流失现象透视. 中国城市出版社, 1998

보고한다. 신설회사는 소유구조가 모호한 집단회사였다. 이는 90년대 중반까지 정부가 국영기업의 차입을 무제한 지원하였기에 가능하였고, 국영은행 부실화의 단초가 되었다.

둘째. 지방 국영기업이 원격지에 합작사업(컨소시움)을 설립하여 지방정부의 모니터링을 어렵게 한다. 북경의 주체가 설립한 컨소시움의 1/3이 심천에 소재하였다. 이 자산은 민간의 손으로 흘러들어 갔다[243].

셋째. 국영기업 간부가 공공자산을 빼돌려서 사유기업을 설립하고 측근 인물을 경영자로 앉혔다. 광동 지역의 경우 역외기업 설립이 많았다.

다. 외자의 국유기업 M&A 법제 정비

외국인의 중국기업 인수는 중국에서 정치적으로 민감한 사안이었다. 절대 다수의 기업이 국영기업인 상황에서, '외국인의 기업인수는 국유자산의 유출이다'라는 이념적인 비판을 초래하였기 때문이었다. 따라서 외국인의 초기 M&A는 중국 정부가 현물을, 외국인은 현금을 납입하는 합작사업으로 편성되어야 했다.

북경은 1996년 외국인 투자를 신설법인보다는 기존국영기업에 유도한다는 방침을, 1997년에는 국유기업 부실 문제를 3년 내에 해결할 목표를 밝혔다. 국유기업 재편성은 외국인이 국유주 인수, 내국인 채권 인수, 국유자산 인수 및 외국인투자기업 설립, 또는 3자배정 증자 출자의 방식을 취할 수 있었다. 또한 모회사를 인수하여 간접통제, 자산관리공사로부터 부실채권 인수 후 출자전환, 국유자산을 입찰에서 낙찰하는 방식도 활용되었다.

2006년 시행 외국투자자의 역내기업 M&A에 관한 규정은 제5조에서

외국투자자의 역내기업 인수가 기업 국유재산권의 양도 및 상장회사 국유지분에 대한 관리사항에 관련되는 경우 국유자산관리 관련 규정을 준수하도록 규정하였다.

243) X. L. Ding, The Illicit Asset Stripping of Chinese State Firms, The China Journal, No. 43 (Jan., 2000), pp. 1-28, The University of Chicago

1) 비상장 국유기업의 경우

비상장 국유기업에 대해서 2002년 국유기업의 외국투자를 이용한 구조조정에 관한 임시규정(Interim Provisions on the Utilization of Foreign Investment to Restructure State-owned Enterprises: 利用外资改组国有企业暂行规定. 2016년 폐지)으로 외자를 이용한 구조조정 시스템을 구성하였다. 매각 방식은 입찰이나 협상에 의하되, 외국인 지분율, 구조조정 후의 최소 자본규모는 규정하지 않았다.

동 규정 제3조에 의하면, 외국인이 국유기업이나 국유지분을 포함한 회사(금융기업과 상장회사는 제외)에 투자하는 방식은 5가지가 있었다.

① 국유기업의 국유재산권 소유자가 재산권의 전부 또는 일부를 외자에게 양도하고 기업은 외국인투자기업으로 구조조정 되는 경우

② 회사의 국유지분 소유자가 국유지분의 전부 또는 일부를 외자에게 양도하고 기업은 외국인투자기업으로 구조조정 되는 경우

③ 국유기업의 국내 채권자가 보유하고 있는 채권을 외자에게 양도하고 기업은 외국인투자기업으로 구조조정 되는 경우

④ 국유기업 또는 국유지분을 포함한 회사의 전부 또는 주요 자산을 외자에게 양도하고 외국투자자는 인수한 자산으로 독립하여 또는 자산을 양도한 기업과 함께 외국인투자기업을 설립하는 경우

⑤ 국유기업 또는 국유 지분을 포함하고 있는 회사가 증자방식으로 외자로부터 투자를 받아 외국인투자기업으로 전환되는 경우 등이다.

제9조에서는 구조조정 주체가 타당성 보고서를 관할 부처에 제출하고(제1항), 자산의 양수도계약을 재정부에 제출하도록 하였다 (제2항).

국유자산은 재산권거래소를 통해 거래되는 것이 원칙이다. 재산권거래소는 국유기업 개혁을 지원하기 위해 1988년 최초로 우한에 설립되었고, 등소평 주석의 남순강화 이후 전국에 200개 이상이 설치되었다[244]. WTO 가입 이후에는 기업구조조정과 M&A가 증가하면서 다시 활황을 맞이하여, 국유자산의 매매 및 출자, 철수 등 투자활동, 기업구조조정, IPO관련 서비스, 부동산 매매, 중소기업 대출, 벤처 투자, 비상장주식의 주식위탁관리 등을 수행한다.

---

244) 조용찬, 중국, 다양한 자본시장 개설로 지각 변동, China Journal, 2010.6.

재산권거래소의 초기에는 양수도 양측이 가격 합의한 후 평가를 외주하고, 외국인 인수자가 평가과정에 관여하며, 경쟁인수자가 참여하기 어렵도록 절차를 운영하는 행태가 있었다. 이는 재산권 거래소 간에 고객유치 경쟁이 존재하였기 때문이었다. 2006년 상해 재산권거래소 주관 Shanghai Electric Group주식 매각에서 이사들이 낙찰받은 사건에서 Liangyu Chen 상해시 당서기가 부패 혐의로 구속된 사건이 발생하였다.

이후 재산권 거래소 간의 표준화, 통합과 제휴, 및 특정 분야의 전문화도 정비되었다. 세계 기술 재산권거래소가 설립되었고, 탄소배출권 전문으로 베이징,톈진과 상해에 환경거래소, 예술 전문 상하이 문화재산권 거래소, 베이징 임업재산권 거래소가 개설되었다.

외국인은 A주식 상장 국유기업의 모회사의 국유주를 인수 또는 모회사와 합작하여 발언권을 행사하고, 상장기업의 핵심사업을 합작기업에게 인수시키는 방식을 구사할 수 있었다.

2) 상장국유기업의 경우

1995년 8월 일본 이수즈 자동차와 이또즈 상사가 북경북려(北京北旅: Beijing Light Bus) 법인주를 인수한 사건에 대한 이붕 총리의 우려 표명 이후, 북경은 국유주, 법인주의 외국인주 전환에 대해서 불명확한 입장 하에 소극적으로 허용하였다. 비유통주 개혁 이전에는 상장회사의 M&A이더라도 전략적 관계 수립을 위한 일대일 협의로 소수지분 인수 형태가 주류였다.

2002년 외국인투자자에게 상장회사 국유주, 법인주 양도에 관한 통지(Notice on Relevant Issues Concerning the Transfer to Foreign Investors of State-Owned Shares and Legal Person Shares of Listed Company:关于向外商转让上市公司国有股和法人股有关问题的通知) 에 의해 외국인의 비유통주 매입이 공식 재개되었다. 이 규정에서 논란이 된 점은 외국인 지분비율을 불문하고 당해 상장기업을 외국인투자자기업으로 대우하지 않는다는 조항이었다 (제9조).

2009년 국무원의 국유상장기업 주주의 행동규범에 관한 통지 (Notice of the State-owned Assets Supervision and Administration Commission of the State Council on Issuing the Several Opinions on Regulating the Conduct of State-owned Shareholders of Listed Companies: 国务院国有资产监督管理委员会关于印发《关于规范上市公司国有股东行为的若干意见》的通知 (2017년 폐지)에 의하면, 국유 주주는 상장회사와의 관계를 법에 따라 처리하여 상장회사의 인적 자산 재무적 기구와 업무적 독립성을 확실하게 지켜야 하며, 관련 법규와 회사의 경영규칙에 따라 내부 의사결정, 정보공개, 보고요청 등의 절차를 엄격히 이행해야 한다. 국가 안보와 국민경제의 명맥이 걸린 중요 업종과 주요 분야의 상장사에 대해 실질적인 통제력을 가진 국유 주주는 상장사 중 통제력을 확실하게 유지하기 위한 조치를 취해야 한다.

국유주주는 그가 보유한 상장사 주식을 담보제공할 경우, 타당성을 입증하고 자금의 용도를 명확히 하고, 상환계획을 수립하며, 내부 의사결정 절차에 따라 엄격히 심의해야 한다. 담보 주식의 수는 보유하고 있는 상장사 주식 총액의 50퍼센트를 초과할 수 없다.

3) 국유자산 의무 감정평가

외국투자자의 역내기업 M&A규정 제8조에서 자산평가를 규정하였으며, 이는 경영자들이 M&A를 통하여 자산을 국외로 부정 이전하는 행위를 막기 위함이다, 2001년 12월 '국유자산 평가관리 약간문제의 규정' 제12조에서는 국유자산의 양도가격이 평가액의 90%를 밑도는 경우 양도측은 그 원인을 정부에 설명할 의무를 부담한다고 규정하였다. (제2장. 4. '감정평가업' 참조)

SASAC은 2004년 2월 1일부터 '기업 국유자산양도관리잠정방법'(企業國有產權轉讓管理暫行辦法)을 시행하였고, '국유자산권양도정보검색시스템'을 운영하고 있다. 2007년에는 '기업의 국유재산권양도 관련 사항에 관한 통지(關于企業國有産權轉讓有關事項的通知)'를 시행하였다.

국유재산권 양도시 양수측이 외국계일 경우 양도 측은 국가관련부문의 심사허가를 받아야 한다.

외국기업에게 국유재산권을 양도하는 거래는 반드시 재산권거래소를 통해 공개적으로 처리하며 외국기업과 관련된 협의양도는 2007년 통지와 2004년'기업 국유자산양도관리잠정방법'에 의거해야 한다. 양도가격이 자산평가 가격의 90%보다 낮은 경우 비준기관의 서면동의를 받아야 한다[245].

4) 구조조정 제도

1998년 국유기업이 외자를 이용하여 자산 재조합을 진행하는 임시규정 (Interim Provisions on State-Owned Enterprises' Utilizing of Foreign Investment for Reshuffling: 關於國有企業利用外資進行資產重組的暫行規定)에 따라, 2000년 상해재산권거래소의 M&A가 급증하였다. 2002년 4개 부처가 '국유기업의 외국투자를 이용한 구조조정에 관한 임시규정 (2016 폐지)' 및 2003년에 SASAC이 국유기업 구조조정 표준화 의견 'Opinions on Standardizing the Restructuring of SOEs'을 공표하였다.

2010년 북경은 낙후 생산 설비의 퇴출에 대한 국무원의 통지 (Notice of the State Council on Further Strengthening the Elimination of Backward Production Capacities: 国务院关于进一步加强淘汰落后产能工作的通知)에 의하여 산업구조조정에 나섰다.

중국 과세당국은 2009년과 2010년에 선진국의 구조조정세제를 참조하여 새로운 구조조정 세제를 시행하였다[246]. 첫째, 기업구조조정의 유형을 기업법률형태의 전환·채무조정·합병(분할)·자산인수·지분인수 등으로 세분하고 각 유형별 과세규정을 보완·신설하였다. 둘째, 내외자기업의 차별규정을 철폐하고 역외 구조조정에 관한 규정을 신설하는 등 구조조정세제를 선진화·국제화 하였다 (후술 라운드 트립 참조). 셋째, 일정 요건을 만족하는 구조조정에 대하여는 과세소득을 이연하거나 면제할 수 있는 면세구조조정 개념을 도입 하였다. 넷째, 구조조정거래의 판정에 있어서 실질과세의 원칙을 명문화하고 사후관리를 강화하는 등 조세회피목적의 구조조정에 대한 제한규정을 강화하였다.

라. 민영화

국무원은 2015.9. 13일 '국유기업 개혁 심화에 관한 지도의견(關於深化國有企業改革的指導意見)'을 발표하였다.

---

245) 김명신, 中 기업 국유자산 양도범위 대폭 축소, 중국 베이징무역관, 2007-02-03
246) 유호림, "중국의 구조조정세제에 관한 연구", 세무와회계저널 제11권 제3호 : 205-233.

- 국유기업 분류 개혁: 상업형과 공익형으로 구분한다. 상업형 국유기업은 상장하는 등 시장원리에 맡기고 공익형 국유기업은 사회 공공서비스 제공 등 정책집행에 초점을 맞춘다.
- 혼합소유제경제로의 발전: 국유기업의 전체 상장을 추진하여 국유자산의 증권화를 촉진하고 민간기업과 투자자의 유입 확대를 추진한다.

국유기업 개혁은 여전히 공유제를 중점으로 민간 혹은 외국 자본의 일부 참여를 허용하는 혼합소유제가 핵심이다.

1) 경영자 기업인수 (Management Buy Out)

국영기업의 소유권 개혁 정책은 사원지주제(ESOP)와 경영자 인수(MBO)를 통해 사유화를 진행하는 경향을 보이고 있으며, MBO는 경영자에게 충분한 인센티브를 제공함으로써 과거의 공로에 대한 보상을 제공하고 대리인 문제를 최소화하는 장점이 컸다. 중소형 국영기업에는 2003년에 MBO가 활기를 보였다. Shandong Power의 경우 종업원 및 노조에 인수된 후 2006년에 재 매각되었다.

그러나 제도적 장치가 완비되지 않은 환경 하에서 MBO가 급속하게 진행됨에 따라 1988년에는 국유자산의 유실이라는 논란이 발생하였다. SASAC은 2005년 국영대기업의 MBO를 금지하였고[247], 이후 민영화라는 단어가 사라지고 改制(gaizhi)로 대체되었다[248].

2) 국영기업 소유개혁 시범사업

2014년 시진핑 신정부의 경제발전방향을 발표한 양회에서는 혼합소유제 발전 가속화, 독점산업 개방, 국유자산관리제도 개선, 국유자본운영공사 시범 추진 등을 제시하였다. 2017년 2월 15일 SASAC은 국유기업에 대한 심도 있는 주식제 개혁과 혼합소유제 개혁을 추진하며 기업 그룹(集團) 수준의 주식지분 다원화를 적극적으로 추진하고 중앙국유기업 간, 중앙국유기업과 지방국유기업 간에 상호지분보유를 지원하는 정책을 제시하였다.

---

247) Li Rongrong: Central Government Has Made It Clear That No MBOs Will Be Allowed at Large SOEs, People's Daily, January 14 2005

248) 최낙훈, 중국 국유기업 MBO 모델의 전개와 의의 및 문제점, 한국외국어대학교 대학원 2006년 석사학위논문

2017년에 국영기업의 혼합 소유 개혁의 시범사업으로 차이나 유니콤이 선정되어, 10개 전략적 투자자에게 117억 달러 상당의 신주를 사모 발행하였다; 국영 China Structural Reform Fund[249], 국영 China Life Insurance, China Cinda Asset Management와 Tencent가 제휴한 사모펀드인 Tencent-Cinda Limited Partnership (腾讯信达有限合伙企业), 바이두가 출자한 사모펀드인 百度鹏寰投资合伙企业, 징동 관련 사모펀드인 Jingdong Sanhong (京东三弘企业管理中心), Ali Venture Capital (阿里创业投资), Suning Commerce Group 및 3개 사모펀드 들이다[250]. CSRC 는 주식 사모발행의 한도인 20%에 대해서 예외조치를 인정하였다[251]. 조달자본은 China Unicom (BVI) Limited를 경유하여 계열 홍콩 레드칩 회사에 출자되었다.

5. 레드칩 M&A 방식

가. 역외지주회사의 지분 M&A

외국인이 본토 기업의 지분을 매수하고자 할 경우, 중국법상 각종 규제 때문에 그 절차가 상당히 복잡하고 장기간이 소요된다는 문제가 있다

이러한 사정 때문에, 외국 투자자들은 본토 기업을 인수하고자 할 때, 먼저 당해 대상기업의 주주를 중국내 거주자로부터 역외 지주회사로 변경시킨(지분출자 혹은 지분교환 등의 방식을 통하여) 후에, 역외 지주회사의 주식을 중국내 거주자로부터 매수하는 방식을 활용한다.

---

249) 2016년에 설립되었으며, China Mobile, Shenhua Group, China Petrochemical 등 10개 출자자가 참여하였고, 민간 자본 유치를 추진한다. 운용사는 China Chengtong Asset Management사이며, 정부 측에서 31개 목표 국영기업을 선정하였다. China Chengtong Holdings Group Co. Ltd는 2002년 SASAC에 의해서 시장원리에 의한 국영기업 재편 시범사업체로 선정되었다

250) Huang Kaixi, Qin Min and Teng Jing Xuan, China Unicom Completes Shanghai Stock Sale, Sources Say, Caixin 2017.10.27.

251) Donny Kwok, Sijia Jiang, China regulator says Unicom's reform plan does not violate rules; shares surge, Reuters 2017.8.21

역외지분 매매구조의 잇점은 다음과 같다:

- 본토 내에서 외국인투자기업의 등록 주주의 변경이 없이 신속하게 역외 지주회사를 인수하면, 실질적으로는 중국내 대상기업에 대한 통제권을 취득하게 된다.
- 향후 투자수익을 회수할 때에도 역외 지주회사의 주식을 매각하거나 역외 지주회사를 해외에 상장함으로써 중국법상 복잡한 규제를 피할 수 있다. 단 국가안전심사, 기업결합신고 및 일반적 세금회피 방지원칙(General Anti-Avoidance Rule)에 관한 중국내 규정들은 여전히 적용받는다).

역외지주회사의 외국인 간 M&A 사례

미국 Jordan & Co사모펀드 산하의 TJCC Holdings (케이만 법인)는 2006년에 중국 본토의 다수 광산 장비 법인에 투자하는 목적으로 International Mining Machinery(케이만 법인)을 설립하였다. 이 회사는 Jordan의 지원 하에서 7개의 본토 기업을 추가 인수하고 3개 합작사업에 진출하였다.

이 회사는 2010년 홍콩에 IPO로 상장하였으며(HKSE:1683), 2011년에는 뉴욕 상장기업인 Joy global에게 매각되었다. Joy global은 IMM의 28.1%를 사전 유통매입하고 나서, 41.1%의 지분을 5.84억달러에 인수하였다. 잔여지분은 홍콩법에 따라 의무 공개매수하였다. (Joy Global은 2017년 Komatsu에게 다시 인수되었다).

캐터필러의 ERA인수 사례

본토 법인 Zhengzhou Siwei Mechanical & Electrical Equipment Manufacturing Co Ltd는 2003년에 국영기업으로부터 분할 설립되었다. 미국인 Emory Williams와 석탄업계 거물 Li Rubo는 Siwei를 민영기업으로 성장시켰고, 2010년 Siwei를 홍콩 상장 shell인 ERA Holdings Global (8043)에 역합병하여 우회 상장시켰다.

2012년 캐터필러가 ERA Mining Machinery Ltd사의 지분을 인수하고 의무공개매수를 이행하였다. 그러나 ERA가 피인수된 직후, 자회사 Siwey는 매출채권 회수 부진 및 인건비, 라이선스 개선비 지급 용도로 5천만 달러의 대여를 캐터필러에 요청하였다. 4개월 후에는 지주회사 ERA가 1천6백만 달러의 흑자가 아니라, 2백만 달러 적자라는 보고가 나왔다. Siwei의 매출채권 평균연령은 371일에 도달하였다.

이후 몇 달만에 캐터필러는 국영기업 출신 최고경영자를 해고하고, 영업권 5.8억 달러를 상각하였는데, 이는 인수가격의 86%에 달하였다. 해고된 본토의 경영자는 경쟁업체를 창업하였다.

소송 서류에 의하면 Caterpillar의 이사회는 2011.9~2012.6간 수행된 실사의 결과를 요구하지 않았으며, 가격 조정도 요구하지 않았다. 캐터필러는 중국에 진출한지 30년이 넘고 2만 명을 고용하고 있었다. 캐터필러는 매도자 측과 실적연동 지급액을 대폭 감액 지급하기로 합의하였다.

나. 주식교환에 의한 국제 M&A

1) 주식교환에 의한 본토기업 인수

2006년의 "외국투자자의 역내기업 M&A에 관한 규정" 제4장에서는 역외 특수목적회사가 상장 신주를 본토운영회사의 구주와 교환을 할 수 있도록 허용하였다.

지급 대가인 역외 주식의 요건은 해외 상장주식이고 전년도 시장가격이 안정적이어야 한다. 외국인이 주식을 지급 대가로 하는 본토기업 M&A는 중앙 상무부의 허가사항이며(제32조), 본토 컨설턴트의 의견을 획득해야 한다.

제4장 외국투자자가 지분권을 지급수단으로 국내회사를 인수하는 경우
제1절 지분에 의한 인수의 조건
제27조 본 장에서 '외국투자자가 지분권을 지급수단으로 하는 국내회사 인수'라 함은, 외국회사의 주주가 그의 보유하는 외국회사지분이나 외국회사가 증자 발행하는 신주를 지급수단으로 하여 국내회사 주주의 지분이나 국내회사가 증자 발행하는 신주를 구매하는 행위를 말한다.

제28조 본 장에서의 외국회사는 합법적으로 설립되어야 하고 그 등록지에는 완비된 회사법률제도를 갖추고 있어야 하며, 회사 및 그 경영진은 최근 3년간 감독관리당국의 처벌을 받은 적이 없어야 한다. 본 장 제3절이 규정하는 특수목적회사를 제외하고는, 외국회사는 상장회사이어야 하며, 그 상장소재지는 완비된 증권거래제도를 갖추고 있어야 한다.

제29조 외국투자자가 지분으로 국내회사를 인수함에 있어 관련되는 국내회사/외국회사의 지분은 아래의 조건에 부합되어야 한다.

(1) 주주가 합법적으로 보유하고 있고 법에 의해 이를 양도할 수 있어야 할 것.

(2) 소유권 분쟁이 없고 질권 및 기타 여하한 권리제한도 설정되어 있지 않을 것.

(3) 외국회사의 주식은 외국의 공개적이고 합법적인 증권거래시장(OTC거래 시장 제외)에 상장되어 거래될 것.

(4) 외국회사 지분의 최근 1년의 거래가격이 안정적일 것.

전 항 제3호, 제4호는 본 4장 제3절(39조~50조)이 규정한 특수목적회사에 적용되지 아니 한다 (라운드트립 역외상장을 배려함).

제30조 외국투자자가 지분으로 국내회사를 인수하는 경우, 국내회사 또는 기타 주주는 중국에 등록한 중개기구를 자문사로 선임하여야 한다. 인수합병자문사는 인수신청서류의 진실성, 외국회사의 재무상황 및 인수가 본 규정 제14조, 제28조 및 제29조의 요건에 부합되는지 여부에 관해 실사를 진행하고 인수합병자문보고서를 제출하여 상기 내용에 대해 각각 명확한 전문가 의견을 발표하여야 한다.

주식교환의 절차는 본토 내 기업이 자문사를 고용하여 작성한 보고서를 상무부에 제출한다. 상무부가 제한적인 안증서를 발급하면 당사자들은 주식교환을 이행하며, 본토기업이 SAFE에 외환등록 및 SAIC에 사업면허를 등록한다. 이후 상무부가 주식교환의 내용을 확인한 후 정식 인증을 발급하면 외환등록과 사업면허 등록이 완결된다. 이러한 주식교환이 행해지면 인수 대상회사가 중국 국내회사로부터 외국인투자기업으로 변경된다.

2) 레드칩 주식교환에 의한 기업 인수

레드칩을 확보한 본토 기업은 레드칩 주식과 교환으로 국제 인수 건을 간접 수행할 수 있다. 이에 따라, 본토기업의 해외 투자는 홍콩으로, 또는 홍콩을 경유하는 비중이 60%에 달하고 있다.

2010년 Sany중공업의 대주주인 Mr Liang 등은 Sany 중공업의 버진군도 소재 지주회사를 소유하고 있었다. 이들은 심천 상장 Sany가 본토 내에서 발행하는 신주를 인수하면서 역외주식으로 대가를 지급하였다.

홍콩 상장 Ping An보험의 심천 상장 Shenzhen Development Bank인수 건은 인수 측이 본토 상장회사이고 매도 측은 A주식을 보유한 외국인이었다. 인수 대가는 인수 측이 A와 H주식을 발행하여 지급한 특수한 경우였다.

이러한 거래에는 10호문이 적용되지 않으나, 본토인은 역외자산 취득에 따른 외환 승인을 받아야 하므로 2004년 NDRC는 해외투자 프로젝트 승인을 위한 잠정방법(Interim Measures on the Approval on Overseas Investment Project), 2009년 상무부는 해외투자관리 방법 (Measures on administration of Overseas Investment), SAFE는 거주자의 해외 직접투자에 대한 외환통제 규정(Provisions on Foreign Exchange Control over the Overseas Direct Investment by Domestic Entities)을 각각 제정하였다.

2011년 홍콩 상장한 차이나퍼스트캐피탈그룹(홍콩 코드 1269)이 2017년 한국의 시원스쿨에 투자하면서 주식교환을 포함시킨 바 있다. 예정 투자규모는 1.35억 달러로, 현금출자와 주식교환, 제3자 배정 유상증자 방식으로 공시되었다[252].

다. 라운드트립 주식교환

1) 라운드트립 주식교환

지분을 대가로 하는 외자매수는 내국인의 라운드트립 목적에 의해서도 발생한다. 본토의 기업이나 자연인이 해외 상장을 목적으로 해외 특수목적회사를 설립하고, 역외지분을 대가로 본토기업을 인수하는 경우이다. 2006년 10호문 도입 이전의 라운드트립 구조에서는 역외특수목적회사가 역내로 현금을 지급해야만 했으므로, 매도자인 본토주주는 당해 현금을 본토 내 운영회사로 재투입시키는 복잡한 절차가 필요하였던 것이, 주식교환제도 도입에 의해 불필요하게 되었다[253].

또한 주식교환 방식은 본토 내에 직접 투자한 외국 사모펀드로 하여금 역외지주회사와 주식교환을 하여 해외에 상장할 수 있도록 exit대안이 되어 주었다.

---

252) 이 거래는 철회되었다. 2018.2.1.CFCG공시: DISCLOSEABLE TRANSACTION IN RELATION TO ACQUISITION OF SHARES IN SJW INTERNATIONAL; ISSUE OF CONSIDERATION SHARES UNDER GENERAL MANDATE; AND TERMINATION OF THE SECOND SHARE PURCHASE AGREEMENT

253) Ed Sun, Red chip rethink, International Financial Law Review, 2007.2.

2) 라운드트립을 고려한 외국인 판정 기준

외자 3법의 규정에 의하면, 외국투자자란 외국의 회사, 기업, 기타 경제조직 및 개인을 가리킨다. 외국인 투자자의 기준이 당초에는 설립등기지 기준 25%지분율이었으나, 이보다 낮은 지분율도 외자 혜택 배제 하에 인정되었으며, 입법 부처별로는 자본 지배 기준이 병용되는 등 통일된 기준이 결여되어 있다.

외국투자자는 원칙적으로 그 설립등기지에 따라 판정된다.

중국의 특수한 상황에 근거하여 홍콩과 대만은 중국의 영토이지만, 홍콩과 대만으로부터의 투자는 외국인투자로 간주된다.

비유통주 개혁에 따른 2005년의 상장기업주식개편에 참여한 외국투자 관리 기준에서는, 비유통주를 외국인이 취득하여 유통주로 전환된 후, 외국 지분이 25%가 유지되면 외국인투자기업 대우를 인정하였다. 외국지분이 10~25%인 경우 외국인투자기업 지위는 유지되지만 외국인 우대를 받을 수 없으며, 지분이 10% 미만이면 외국인 대우를 받지 못하였다

한편 라운드트립에 성공한 명목상의 외국인투자기업을 외국인으로 대우할지의 여부에 대해서, 10호문의 9조에서는 25% 이상의 역외출자가 수반되었다면 외국인 대우를 인정하였다.

제9조 제3항. 본토기업이나 자연인이 해외에서 합법적으로 설립하였거나 또는 지배하고 있는 회사의 명의로, 본토 관련기업을 인수하여 설립한 외국투자기업은 원칙적으로 외국투자기업으로서의 혜택을 부여 받을 수 없다. 다만, 다음의 경우는 예외이다;

- *관련관계에 있는 중국 내 기업의 증가 지분을 등록자본금의 25% 이상 인수할 경우,*
- *관련기업을 인수하고 그후 증자액이 등록자본금의 25% 이상인 경우,*
- *당해 외국투자기업의 실질적 지배권자 이외의 외국투자자의 출자비율이 25% 이상인 경우*

중국법은 또한 외국인 판정에 자본출처 기준을 병용한다.

2005년 1월 국가외환관리국은 외자M&A에서 외환관리를 보완하는 데에 관련 문제 발표 (Notice of the State Administration of Foreign Exchange on Issues Concerning

Improvement in the Administration of Foreign Exchange in Connection with Mergers and Acquisitions by Foreign Investors: 关于完善外资并购外汇管理有关问题的通知. 2014년 Circular 37로 대체됨)에 근거하여, 외국투자기업의 외환등기 업무 취급에서, 역외기업이 역내 주민에 의해 설립 또는 지배되는지 여부 및 대상기업과 동일한 관리조직을 갖고 있는지 여부를 중점 심사하도록 하였다.

2009년 국가세무총국은 역외 등록된 중국인 통제 하의 기업을 실제 경영기구에 따라 역내기업으로 인정하는 문제에 관한 통지 (Notice of the State Administration of Taxation on Issues about the Determination of Chinese-Controlled Enterprises Registered Abroad as Resident Enterprises on the Basis of Their Body of Actual Management. No.82. 关于境外注册中资控股企业依据实际管理机构标准认定为居民企业有关问题的通知)에 의해 역외기업이 역내기업으로 간주될 경우의 기준을 제시하였다.

제2조. 역외에 있는 중국계 기업이, 다음 조건에 모두 해당하면, 기업 소득세 법 제 2 조 2항 및 시행 규칙 제 4 조에 따라, 실제 관리 기관은 중국 역내의 거주기업(인) 으로 판단 하여 결정된다. 또한, 상응하는 세무 관리를 실시하고, 중국과 해외에서 파생 된 소득에 대해 각각 법인 소득세를 부과한다.

(1) 일일 생산 관리 운영을 담당하는 고위 경영관리 인원 및 고위 경영관리 부서가 직무를 수행하는 장소가 주로 중국에 있는 경우;

(2) 차입, 대출, 융자, 재무 위험 관리 등과 같은 기업의 재무 결정과 임명, 해고 및 보수와 같은 인사 결정을 중국에 위치한 기관 또는 직원이 수행하거나, 중국에 위치한 기관으로부터 비준을 취득해야 하는 경우;

(3) 회사의 주요 자산, 회계 장부, 회사 인감, 이사회 및 주주 회의록이 중국에 위치하고 있는 경우;

(4) 회사의 의결권을 갖는 이사 또는 고위 관리 인원의 1/2이 일상적으로 중국에 거주 하는 경우

2015년 상무부의 외국투자법안에서는 외국투자자를 등록지 기준에 따라 정의하는 방식에 실제적 통제라는 표준의 추가 도입을 제안하였다[254]. 즉 외국투자자의 통제를 받는 본토기업은 외국투자자와 동일하게 간주하며(안 제11조), 외국투자자가 본토인의 통제를 받는 경우 그의 본토 투자는 본토인의 투자로 간주한다(안 제15조)는 것이다. 제18조에서는'지배'의 개념을 도입[255]하였으나, 입법되지 않은 상태이다.

- 지분의 50% 이상을 보유하거나
- 지분율이 50% 이하이지만 임원의 과반수 이상을 직간접으로 임명
- 기업의 의사결정에 중대한 영향을 미침
- 계약이나 신탁 방식으로 경영, 재무, 인사, 기술 등에 결정적 영향력

2017년 개정 '외국인투자기업 설립 및 변경 신고관리 잠정방법' 제7조에도 '외국인투자기업의 최종 실질적 지배인 지분구조도 제출의무 조항이 설정되었다.

한편, 외자비율이 25% 보다 낮은 외국인투자기업의 존재를 인정함에 따른 문제도 발생하였는데 (전술 Jiashili 홍콩 상장 사례 참조), 중국 진출 미국 기업들은 외국 측 지분율이 낮은 법인의 경우에 외자규제를 받지 않도록 명확한 입법을 중국 당국에 건의하였다[256].

한편 외국인투자기업이 본토 내에서 각종 우대 (10년 요건)를 받다가 중국인에게 지분을 양도하면, 세금혜택을 반환해야 하는 문제가 대두할 것이다. 이 경우의 기준은, 외국인이 25%의 지분을 10년 간 유지하면 반환의무가 발생하지 않는는 것이다(소위 25% 유지전략).

라. 중국인 간 역외 M&A

2018년에는 뉴욕에서 케이만 주식의 중국인들 간에 적대적 공개매수전까지 벌어졌다. 건강진단업체인 iKang은 2014년에 Cayman지주회사를 NASDAQ에 상장하였다. 한편, 경쟁사인 Meinian은 2015년 심천에 우회상장 하였고, 뉴욕에 갓 상장한 iKang을 공개매수하겠다는 제안을 냈다. iKang의 창업자인 Zhang Ligang 및

254) 박정국, 2015년 중화인민국화국 외국투자법(의견수렴안)에 대한 소고, 서울법학 2017.8.

255) Li Hua, 중국외국투자법(초안)에 대한 고찰, 법과 기업연구 5 (1), 2015.4.

256) US-China Business Council, Comments on the Draft Foreign Investment Law of the People's Republic of China, 2015.2.17.

Alibaba Group Holdings Ltd.도 공개매수에 경합하였다. 결국 2018년 초 알리바바 마윈 회장 산하의 Yunfeng Capital 펀드가 iKang 을 Nasdaq 에서 공개매수로 인수하여 상장폐지 하는 계약을 체결하였다 (7장 참조).

중국 기업의 해외 간접상장과 레드칩은 지주회사가 역외법에 준거하여 설립되었으므로, 중국 국영기업들은 외국인에 의한 적대적 공개매수에 대해 대비를 하고 있다. 중국 지주회사들이 선호하는 준거법지인 케이만 군도는 외환 통제가 없고, 회사법 체계가 우수하며, 적대적 인수 방어 조항 들이 입법되어 있다. 자사주 취득이 용이하며, 또한 자회사의 모회사 주식 보유가 허용되고 담보권의 준거법을 외국법으로 선택할 수 있으며, 질권의 순위를 법에서 명시하지 않으므로 계약 조항대로 적용이 가능하다. 기업회생 제도도 존재하지 않는다. 따라서 역외 지주회사에 대한 적대적 공격을 우려하는 중국 자회사 입장에서는 케이만이 최적의 지주회사 설립지이다.

6. 중-외 간 M&A

SAFE는 2014년 거주자가 (역외) 특수목적회사를 통하여 역외 자금조달, 역외 투자 및 중국내 재투자를 함에 대한 외환관리 문제에 관한 통지 Circular 37에서 역외투자 자산의 역외 재투자 및 국내모회사로부터 역외지주회사로 대여를 허용함으로써 해외에서의 상장기업 인수 및 상장폐지 거래 (LBO)를 지원하고 있다. SAFE는 내국인에게 역외 스톡옵션 부여까지도 인정하였다. 이에 따라 홍콩에는 직원스톡옵션신탁 서비스가 발전하였다.

미국과 싱가폴에서 상장폐지(홍콩과 본토에 재상장)한 다수 M&A건들은 중국인이 의사결정을 내린 거래이다.

가. 본토와 홍콩 간 M&A

1) 본토기업의 홍콩레드칩 기업 인수

본토 기업들은 홍콩 상장기업을 인수하여 자본조달 거점으로 사용하는 추세이다.

이들은 사업 자산을 홍콩법인에 편입하여 자본시장 진출에 사용하고 있다. 또한 홍콩 달러가 달러화에 연동되어 있기 때문에, 본토기업이 전 세계로 진출함에 있어서 홍콩을 경유하면 환율에 부담을 덜 수 있다.

상해 뤼디그룹의 홍콩레드칩 인수 사례

중국부동산 개발업체 성가오즈디(盛高置地: SPG Land)는 2006년 SPG Land Holdings (케이만 지주회사)를 홍콩에 상장하였다. 케이만 지주회사의 자회사인 버진아일랜드 소재 Delta link가 SPG hotel의 100%지분 보유하였다.

SPG hotel은 유태계 Hongkong & Shanghai Hotels Limited 와 5:5로 Evermore Gain사를 설립하여 페닌슐라 상하이 호텔을 소유하였다.

2013년 SPG는 부채 해소를 위해 뤼디에 홍콩 1대주주 지위를 넘겨 주었고, SPG 의 창업주는 상해 호텔의 합작선 지분 50%를 10.8억 위안에 매입하여 호텔만 지켰다[257]. 뤼디는 SPG의 본토 토지포트폴리오와 주택사업과 함께 레드칩을 얻게 되었다.

먼저 홍콩 상장 SPG Holdings는 60% 지분의 신주를 발행하였고, 이를 상하이 국영 부동산개발업체인 뤼디그룹(綠地集團: 상하이 상장)의 간접자회사인 Gluon Xima International Limited (홍콩)가 29.96억 HK$에 인수하였다 (인수 가격은 직전일 종가에 50.3% 할인, 및 증자액 중 13.4억 HK$는 특별 배당 지급에 사용).

별도로 SPG의 창업주는 Gluon Xima와 간에 주주간 계약서를 체결하였다. 또한, SPG는 Delta Link사의 주식 전체 및 주주대출을 10.77억 위안에 창업주 가문 신탁의 자회사에게 양도하는 계약을 체결하였다.

SPG는 주식양수도 거래 이후에 주식의 유통물량이 부족하지 않도록 (유통물량이 25%에 미달 시 거래소의 거래정지 조치 사유가 됨), 사전에 무상주를 지급하였다 (대주주는 전환우선주로 수령). 무상주로 인한 주가 희석효과를 상쇄하기 위해서 주식병합을 무상주 지급과 동시에 실시하였다. 모든 거래는 주주총회 승인 및 홍콩 M&A규정 26조에 따른 뤼디 측의 공개매수 의무에 대한 면제 (whitewash waiver)[258]조건부였다.

---

257) Paul J Davies, Property: How to get out of Shanghai, Financial Times, May 9 2013

258) 홍콩에서 상장주식의 30%이상을 취득하려면 홍콩 Takeover Code 26.1.조 상 잔여 70% (우선주 포함)도 의무적으로 공개매수해야 한다. 단 규정 26조의 주석 1에서는 의무공개매수의 면제(whitewash)를 규정하고 있다.

특별 배당은 신주인수가 무산될 경우 실효되는 조건부였다.

뤼디그룹 측은 SPG를 3년 간 홍콩 내의 유일한 상장 부동산개발 사업체로 유지할 것을 약정하였다. 대중 주주들은 공개매수보다는 뤼디의 약정과 특별배당을 선호하였고, 거래 정지가 풀리자 주가는 일거 93% 급등하였다. SPG Land는 구 경영진이 모든 조건 충족 후 사임하자, Green Land Hong Kong(綠地香港控股有限公司)으로 개명하였다.

한편, 본토에서 보험업 인가 획득이 어려움에 따라, 2013년부터 본토기업이 홍콩의 보험사를 인수하여 본토에서 보험 영업을 하는 붐이 불었다. 마윈 회장의 Yunfeng Financial Group은 미국계 MassMutual Asia를 인수하였다.

2) 레드칩의 본토 모기업 인수

CITIC의 경우는 레드칩이 본토모회사의 사업을 인수하여, 글로벌 지주회사로 나선 특수한 경우이다.

CITIC 레드칩의 본토사업 인수 사례

본토의 CITIC 그룹은 1979년 설립되었고, CITIC Pacific은 레드칩으로 설립되었다 (제3장. 3. 나. 레드칩 상장 전술 참조). 2014년 초 레드칩의 지분구조는 북경이 42.49%, 유통주주가 42.49%를 보유하였다.

2014년 4월 CITIC Pacific Ltd홍콩은 북경의 CITIC Ltd의 100% 지분을 422억 달러에 인수하였다. 총 2,270억 위안의 인수대가는 현금 499.9억 위안 및 신주 발행 1,770억 위안으로 구성되었다.

인수 전 주식수 36.5억주가 인수 후 249억주로 증가하는 거대 인수로서 홍콩 상장 규정 14장의 very substantial acquisition에 해당하였고, 거대 시가총액의 상장기업이 유통주식수 감소로 인해 상장폐지되지 않도록, 홍콩거래소는 25%의 유통지분 요건을 1년 간 15%로 낮추어 적용하는 예외조치를 부여하였다. 계열사간 거래이므로, 이해관계 당사자인 주주는 주주총회에서 의결권을 행사할 수 없다(14A 36조).

CITIC Limited는 2015년 이토추와 태국 Charoen Pokphand그룹로부터 104억 달러의 출자를 받았다.

도5-3. 북경-홍콩 간 M&A이후의 CITIC 그룹 지배구조

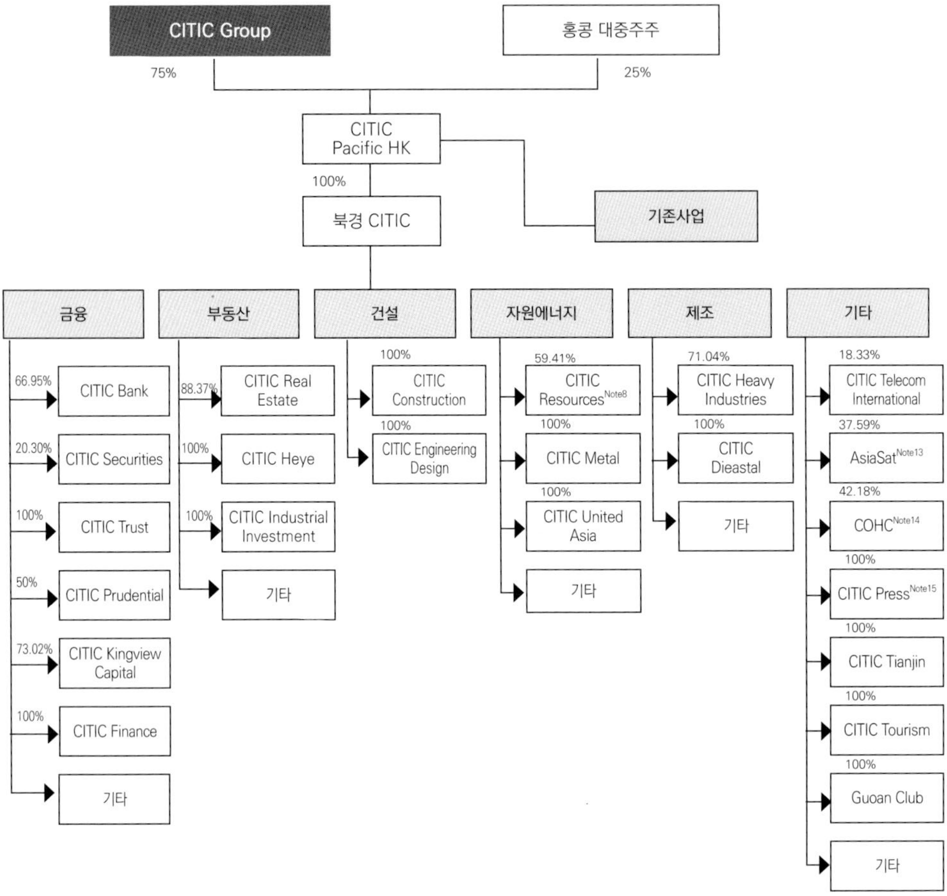

나. 홍콩 H주식 발행기업 M&A

상해의 China Eastern Airline은 2007년 H주식 신주 24%를 Temasek과 싱가폴 에어라인에 72억 홍콩달러에 매각하고자, 북경 SASAC의 허가까지 취득하였다. 그러나, 경쟁사 Air China의 관계회사인 China National Aviation Corporation 가 2007년 5월부터 China Eastern의 H주식 12.07%를 유통 매집하였다. CNAC는 모회사인 China Aviation Holding Company의 지원 하에, China Eastern의 2008년 1월 주주총회에서 싱가폴항공의 인수가격보다 32% 높은 가격을 제시하여 승리하였다.

China Huiyuan Juice Group는 본토에 1992년 설립되었고 케이만 지주회사를 2007년에 홍콩에 IPO하였다(1886). 상장 전의 외국인투자 유치로 인하여, 대주주는 창업자(36%), 프랑스의 다농(23%) 및 Warburg Pincus사모펀드(6.8%)로 구성되어 있었다. 2009년 코카콜라가 Huiyuan Juice를 홍콩시장에서 24억 US$에 인수 합의했으나, 북경으로부터 반독점 승인을 받지 못하여 무산되었다.M&A가 무산된 후 다농은 지분을 SAIF Partners펀드에, Warburg Pincus는 시장에 매각하였다.

다. 본토 상장주식을 대가로 한 역외 인수

중국법 상 중국인의 해외기업 인수에서 중국 인수자 측이 인수 대가를 주식으로 지급하는 방식이 허용되어 있었지만, 실제 사례는 2016년에 출현하였다. 본토 국영기업인 BTG Hotels이 NASDAQ에서 상장 폐지된 Home Inns 지주회사를 인수한 과정에서 본토의 A주식과 역외 지주회사 지분 간의 맞 교환이 이루어진 경우였다.

미국 상장폐지 공개매수 대금을 A주식으로 지급 사례

Home Inns 는 2006년에 NASDAQ에 상장한 호텔체인으로서, 2015년 BTG Tourism Group (首旅集团) 으로부터 인수 제안을 받아 상장폐지를 결정하였다. 2016년 BTG Hotels Group (상해상장 A주: 600258)와 Poly Victory Investments, Ctrip, Shen Nanpeng, Liang Jianzhang 및 Sun Jian컨소시움은 NASDAQ에서 Home Inns주식을 공개매수 매입하였다. Poly Victory Investments 는 BTG Hotels 의 역외자회사이며, Shen Nanpeng은 Home Inns의 창업자, Liang Jianzhang은 Ctrip의 창업자이고, Sun Jian은 Home Inns Group의 사장이었다. 공개매수 지분은 65.13%로서 (18.7% 프리미엄 부)와 인수 컨소시엄 구성원들이 기 보유하던 34.87%의 나머지 지분(Rollover Shares)을 주식교환하였다. BTG Hotels은 Homeinns의 15.27%를 보유한 Poly Victory의 주주인 Beijing Tourism에게 신주식을 발행하여 Poly Victory지분 100%를 매입하였다. 또한 7인의 Homeinns 주주들에게 신주를 발행하여 나머지 19.60%를 매입하였다. LBO인수 금융 12억 달러는 중국공상은행 뉴욕지점으로부터 조달하였다.

상무부는 Home Inss건을 라운드 트립이 아닌 외국인 투자 건으로 승인하였다[259]. 외국투자자의 상장회사에 대한 전략투자 관리규정 상 외국인수자는 1억 달러의 역외자산을 보유하는 법인이어야 하는 요건에 면제가 부여되었다[260]. 최초 의향서가 2015년 6월 교환된 후, 2016.9 상무부의 최종 승인까지 15개월이 소요되었다.

Aerospace Hi-tech Holding Group Co.(심천 상장 000901)은 2016년 Hiwinglux S.A.의 지분 100%를 1.87억 위안의 주식교환으로 인수하였으며, CSRC의 승인을 획득하였다(SFRC [2016] No. 2245).

라. 중국인의 외국지분 재매입

2010년 이후에는 중국자본이 기존 해외매각된 지분을 재매수하는 현상이 출현하였다.

국영은행이 구조조정을 거치던 시기이던 2003년 본토은행의 소수지분이 미국 사모펀드에 매각되었다. 씨티뱅크는 2003년 상해푸둥개발은행의 지분 5%를 7200만 달러에 인수하면서, Shanghai State Assets Managing Co 및 Jiushi Company로부터 비유통주를 24.9%까지 인수할 계획을 밝혔었으나, 2012년에 지분을 매도하였다. 2004년 뉴브릿지캐피탈이 심천개발은행(심천 000001)의 16.7% 지분 참여를 하였으나, 2007년 바오스틸이 전략적 출자자로 참여하였고, 2011년 핑안보험에 피인수되었다.

중외합작사인 Rotary Voltex가 A주 상장기업의 모회사를 인수했던 사례는 국영기업의 주식화 개편 이후 30년 간에 걸쳐서 외자를 유치하고, 자회사의 국내 상장을 달성하였으며, 본토 사모펀드가 외국인 지분을 매수한 이후 레드칩의 상장을 달성하였다는 기념비적인 딜이다. 뿐만 아니라 통신업종이 그러하듯이 본토 전체의 수십 개 육류 생산 및 유통자회사들을 단일계열로 묶었다. 홍콩레드칩은 미국 Smithfield 사

259) Yaohua Hu, Cross-border share swap: a new method for overseas acquisition by A-share companies, Han Kun Law Offices and Practical Law China, 2017

260) Thomas M. Shoesmith, Julian Zou, Liang Tao, Chinese Companies Use Publicly Listed Shares in Foreign M&A Transactions, Pillsbury Winthrop Shaw Pittman LLP, 2016.10.20

를 인수하여 미국과 본토의 지주사업을 가지고 별도 상장을 유지하였다.

Rotary Voltex 사례

후난성의 돈육가공회사 Shuanghui Group는 1994년 국영기업으로 설립되었다. 자회사인 Henan Shuanghui Investment and Development은 1998년 설립즉시 A주식(000895)을 심천에 상장하였다. 상장 직후 Shuanghui Group이 71.1%를 보유하였고, 유통지분율은 28.9%이었다.

2006년 지방정부가 국영기업 지분을 입찰하였는데, Rotary Vortex (골드만삭스 51%와 CDH Shine (China Shine Group 케이만의 버진아일랜드 자회사[261]) 49%의 합작 홍콩 투자회사)가 비상장 모회사의 지분 100%를 매입하였다. 이 당시, 상장자회사에 대한 모회사의 보유지분율은 유상증자, 비유통주 개혁 및 25%의 별도 매각으로 인해서 30.267%로 감소해 있었다.

2007년 Rotary Vortex는 정부가 별도 매각하였던 자회사 상장지분 25%를 매입하고, 정부로부터 35.72%를 추가 매입하였다. Rotary Vortex가 60.72%를 취득함에 따라 증권법에 따라서 잔여 A주식 유통지분 39.29%의 의무공개매수를 실시하였다. 공개매수는 주가 상승으로 주주들이 응모하지 않아 실패하였으나, 주주총회 승인은 획득되었다.

2006년에 케이만 지주회사로 Shine B사가 설립되었는데, 주주는 CDH가 50%, 골드만삭스가 30%, 싱가폴 테마섹 산하의 Dunearn Investments (Mauritius) Pte가 12% 및 New Horizon Fund가 8%로 구성되었다.

2007년에는 Shine B사가 Rotary Vortex를 인수하였다. Shine B와 Rotary Vortex가 동일한 통제 하에 있었기에 케이만지주회사의 Rotary Vortex인수는 관계회사 간 거래로 회계처리 되었다. 또한 케이만지주회사는 본토 내에 상장자회사에 편입되지 않았던 사업을 인수하면서 신주를 발행하였다. 2009년 골드만은 역외 합작지분을 파트너인 CDH펀드에게 매각하면서 약 5배를 회수한 것으로 알려졌다[262].

2010년 본토의 모회사와 자회사는 상장자회사에 영업자산을 집중시키기 위한 자산 교환을

261) CDH Investment는 세계은행 출신으로 CICC의 설립을 맡았던 Wu Shangzhi가 2002년 설립한 사모펀드이다. CDH는 WH이외에도 Luye Pharma, Nanfu Battery, Mengniu Dairy 등의 투자 실적을 보유한다. 스탠포드 대학기금, Temasek 및 IFC를 초기 유한책임투자자로 유치하였다.

262) George Chen, Michael Flaherty, Goldman to sell stake in landmark China buyout deal, Reuters, November 4, 2009

계약하였다. 재편성 직후 상장지분 소유구조는 비상장 모회사가 60.24%, Rotary Vortex 13.02% 및 26.74%의 유통주주들이 보유하였다.

2011년 Rotary Vortex는 국내상장 자회사에 대한 유통지분 48.54%를 공개매수하기 위한 승인을 CSRC로부터 획득하였으나, 주가 상승으로 주주들이 응모하지 않아 실패하였다.

2014년 케이만 지주회사는 WH Group Limited (萬洲國際有限公司)라는 이름으로 홍콩에 상장하였다(00288).

블랙스톤 사례

2008년 블랙스톤 사모펀드는 비상장 국영 China National BlueStar (Group) Corp의 소수지분 20%를 6억 달러에 인수하였다. Bluestar는 블랙스톤이 2003년 Ondeo Nalco와 독일 Celanese AG에 화학업 투자에서 높은 성과를 낸 실적을 높이 평가하여, 전 세계에서 화학업체를 인수하도록 협업하는 약정을 체결하였다. Blue Star는 2011년 노르웨이 실리콘 제조 Elkem, 이태리 Pirelli타이어 등을 연속 인수하였다. 블랙스톤은 2014년에 지분을 중국인에게 비공개 매각하여 지분을 축소하였다.

마. 중-미간 M&A 보안 심사

Canyon Bridge Capital Partners LLC는 중국계 미국인이 북경과 캘리포니아에 사모펀드를 운영하며, 2017년 미국 Lattice반도체 인수 계약을 체결하였다. 그러나, 백악관은 당해 사모펀드에 중국 정부계 투자자가 참여하였음을 이유로 계약해지를 명령하였다[263].

Canyon Bridge Capital Partners는 China Venture Capital Fund Corporation의 자회사인 Yitai Capital Limited가 출자 참여하였다[264]. China Venture Capital Fund Corporation은 2016년 국무원 승인에 근거하여 China Reform Holdings

---

263) 미국의 외국인투자 보안심사를 담당하는 CFIUS (Committee on Foreign Investment in the United States)는 재무부(의장), 국방부, Homeland Security, 법무부, 상무부, 에너지부 및 백악관으로 구성된다.

264) www.treasury.gov - news - press release - 2017.9.13. Secretary Statements & Remarks: Statement On The President's Decision Regarding Lattice Semiconductor Corporation

Corp Ltd, China Postal Savings Bank, China Construction Bank Corp 및 Shenzhen Investment Holdings들이 출자한 2천억 위안으로 조성되었다.

Beijing Shanhai Capital Management Co, Ltd의 경우는 2017년 미국 캘리포니아의 Analogix Semiconductor를 5억 달러에 인수에 성공하였다. Shanhai Capital의 유한책임출자자인 China Integrated Circuit Industry Investment Fund Co., Ltd. (China IC Fund)는 2014년 해외반도체 전문투자 목적으로 설립되었다. CIIC의 1호 펀드는 1,400위안 규모로서 재부무, CDB Capital, China Tobacco, China Mobile 등 국영기업이 출자하였다.

CIIC의 운용사는 Sino-IC Capital Co., Ltd이다. CIIC는 2호 펀드 조성에 나섰으며 외국자본의 참여를 초청하였다[265].

265) China's IC fund seeks foreign money for investments in semiconductor industry, 2018.4.25.Bloomberg

제6장

중국에서의 M&A 실사

1. M&A실사

가. M&A 실사의 기능과 목적

M&A가 실패하는 데에는 여러 가지 이유가 있을 수 있지만, 가정을 잘못 수립하는 것이 가장 치명적이 된다. 매도 측은 '잠재인수자가 부당하게 기업가치를 부정적으로 평가한다'고 불만인 반면, 인수 측은 '매도자가 자사의 장래 기회에 대해서 비현실적인 평가를 한다'고 비판한다. 이러한 대립 상황이 언론으로 비화되고 나면, 주주들은 주주총회에서 당해 M&A안건에 반대 표결하기로 결정한다. 거래가 실패하고 나면 당사자들은 기업의 평판과 영업에서 후유증을 겪을 수 있다.

기업 인수 이후에 소송이 발생하였고 문제의 근원이 M&A이전에 발생하였다면, 인수자는 매도자에게 배상을 청구할 것이다. 그런데 만일 실사 과정에서 그러한 정보를 제공 받았으면서 허술하게 처리하였다면 손해 배상을 받기가 어려울 것이다.

M&A인수자가 실사를 충실히 수행한다면 이러한 M&A의 실패 위험을 줄일 뿐만 아니라, M&A 과정에서 협상력을 얻고 거래조건 협상에도 도움이 된다. M&A시장에서 국제간 거래가 증가하였고, 거래 목적 면에서 원가절감보다는 핵심 성장 전략을

추구하는 현상에 따라 실사의 중요성은 더욱 커졌다. 한국 기업이 중국에서 M&A를 추진할 경우, 미흡한 실사로 인해 불측의 손실이 발생하지 않도록 유의해야 할 필요가 있다. 대상회사뿐만 아니라 투자대상국의 경제, 법률, 제도 등의 현황도 국내외의 전문가를 활용하여 파악하여야 한다.

M&A 인수자 측의 기업실사는 대상기업의 경영, 자산, 부채, 재무, 영업, 고객관계 등 일체의 상태를 조사하여 인수·합병의 대상을 명확하게 이해함으로써, 인수자가 기업가치를 평가하여 적정한 인수가격을 책정할 수 있도록 하고, 법률적 위험은 최소화하며, 경제적 효과를 극대화하는 거래구조를 설계할 수 있게 한다.

실사는 전체 인수거래비용을 절감하고 거래의 성사 가능성을 높인다. 정보의 비대칭 상태에서 인수자 측이 제한된 정보에만 근거하여 매매목적물의 가격을 실제보다 낮게 평가하면, 매도자와의 가격 합의 가능성이 그만큼 줄어든다. 추가로 정보를 생산하는 비용은 인수자 측보다 매도자 측이 작성하면 훨씬 낮을 것이다. 실사는 매도자와 인수자 간에 정보의 비대칭성을 줄여서 M&A의 거래 성사 가능성을 높이는 기능을 수행한다.

실사 과정에서 문제가 돌출하였을 때, 실사 일정을 연장하기보다는 계약 조항에 반영하는 편이 양측의 의도에 부합할 수 있다. 당해 문제를 고려하여 양측이 다른 이행약정(covenant)에 합의하거나, 가격을 조정 또는 거래 구조를 변경할 수도 있기 때문이다.

따라서 실사는 기업인수의 가장 중요한 기초 작업으로서, 다음과 같은 목적을 수행한다.

- 사업 내용이 알려진 바와 동일한지 확인하고 인수거래가 투자 내지 인수 기준에 부합하는지를 검증.
- 거래를 무산시킬 하자요소를 발견하여, 인수 후의 목적 달성 실패를 예방
- • 자산 평가 및 가격협상에 필요한 정보를 획득한다.
- • 진술과 보장을 확보하여 위험을 상대방에게 전가한다.
- 핵심 가정을 확인하고 과거에 노출되지 않은 리스크를 발견한다. 이를 통해 시너지 효과나 리스크에 대한 가정을 수정한다.
- 실사 결과에 의해 예비가치 평가를 수정하고, 양수도 계약의 조건 협상에 활용한다.

- 거래 완결조건을 서면화하여 비치한다. 실사가 진행되면서 조건표가 업데이트 되면 양 당사자들이 거래 성사의 가능성을 짚어 볼 수 있다.
- 실사결과에 의해 인수 후 통합 방향이나 시너지 효과의 측정 등 전략적인 측면까지도 가늠하여 볼 수 있다.
- 위험이 과도하면 거래를 포기한다.

실사에 기초하여 계약서상 매도인의 진술과 보장의 범위, 가격 협상 시에 고려할 법적 위험을 확정하게 된다. 인수의 막바지 단계에서 인수자 측은 상이한 기술의 결합, 조직의 통합, 매도자의 예상 매출 달성 등 수많은 변수에 대해서 판단해야 한다. 실사의 마지막 단계 및 진술과 보장 사항에 대한 협상은 이해 관계가 대립하기 때문에, 누구에게나 도전적인 과제가 된다. 또한 이 단계에서는 양수도계약서의 핵심 문구를 다듬고 있으므로 양측의 신경이 곤두서 있고, 어느 누구도 실패한 M&A의 주인공이 되기를 원하지 않는다. 이때 자문사들은 '현재의 상황은 개인적인 대립이 아니고 실사의 막바지 단계에서 일반적인 것이다'고 당사자들에게 주지시켜 준다.

실사의 성패는 수집된 데이터의 양과 질을 수집 과정에 소요된 자원과 비교하여 판정되어야 한다.

나. 인수자의 실사 준비

잠재인수자가 목표를 포착하는 경로는 이론적으로는 독자적인 투자 계획과 일정을 수립하여 추진하는 것이지만, 실제로는 투자은행이나 다른 투자자의 소개를 받거나, 기업 오너가 매각을 결정하여 경쟁사의 소유주에게 연락하는 사건을 계기로 출현하는 것이다. 이 경우 잠재인수자는 준비 태세가 미흡할 가능성이 크다.

인수자 측은 인수 기회가 포착된 시점부터 정보 수집을 시작하여, 목표기업을 평가하고, 이사회에 보고하며, 타당한 전략이라고 보이면, 목표 대상의 상황을 파악하여 인수를 추진할지의 여부를 결정한다. 정보 수집은 협상 중에도 계속되며, 이 단계는 매우 중요하다.

잠재인수자들이 인수 의향서 체결 이전에도 비공식 적으로 미리 실사 활동을 수행하는 이유는 공식 실사 진행 후에 인수를 기각할 경우 더 큰 비용이 매몰되기 때문이며, 인수자는 어떤 작업을 먼저 수행하고, 언제 자문사를 투입할지에 대해 고심한다.

1) 잠재인수자의 6가지 판단 사항

인수자 측은 실사에 앞서서 기업정보를 수집하고 "이미 가동 중에 있는 지역 내 판매팀을 확보한다", "절대금액 ㅇㅇ억원의 성장을 가져다 줄 수 있는 파트너를 구한다", "기업 자산을 어떻게 재편성한다" 등으로 전략을 구체화한다.

인수에 장애가 될 수 있는 소송, 판매 계약 조건 등을 파악하고 인수컨소시엄 구성원들이 요구할 수 있는 정보를 구체화한다.

- 인수 목표사의 전략, 구조 및 시장 지위가 인수 목표로서 매력적인 이유는 무엇인가?
- 인수 목표사가 우리가 성장전략을 달성하는 데에 지원할 자산으로서 어떤 것을 제공해 줄 것인가?
- 우리가 다른 목표를 인수하거나 유기적으로 자체 성장을 시도하기보다 이 특정 목표를 인수하는 것이 더 신속/우월한 성장기회가 되는 이유는 무엇인가?
- 우리가 당해 목표를 인수한 후에 장단기로 공히 이익을 실현하게 될 기저의 요소들은 무엇인가?
- 인수 목표사의 인력과 기업문화가 우리의 조직과 잘 융합될 것인가?
- 인수 가격과 구조가 우리에게 적절한가?

2) 인수의향서 체결 이전의 조기 실사

근래 미국에서 M&A입찰에 참여하는 수준 높은 전략적 인수자 및 사모펀드의 경우는 인수의향서 체결 이전부터 실사를 개시하는 행태가 발전하였다. 과거에 buyers' market에서는 인수 측이 높은 가격을 제시해서 일단 독점적 협상자가 되고 나면, 실사 결과에서의 하자에 따라 가격 조정을 요구하는 행태가 발전하였다. 그러나, 근래에 입장이 반전되었기 때문에, 인기 업종의 매도자들은 매각 입찰을 진행하면서 잠재인수자에게 독점적 협상자 지위를 부여하는 시점을 최대한 늦출 수 있다. 매도 측이 협상의 우위를 가급적 끝까지 유지하려는 전략을 구사함에 따라서, 잠재인수자 측이 독점적 협상 지위를 받은 후 인수제안을 낼 때까지 활용할 수 있는 공식 실사기간이 짧아졌다. 이에 잠재인수자 측에서는 독점 협상권이 없더라도 조기 시장 실사(pre-

LOI market diligence)를 수행하는 태세로 전환하였다[266].

조기실사는 신기술로 인해서 시장의 위축, 제품혁신으로 신시장이 열려서 성장률이 가속될 전망 등, 치명적인 요소만 수일에서 1주일 사이의 기간 동안에 점검한다. 조기 실사의 기법은 경쟁사, 업계 전문가, 고객/잠재고객, 협회 및 이해관계자에 대한 탐문으로서, 시장 실사에 해당한다. 경쟁자보다 앞서서 숨은 가치를 발견한다면 입찰에서 리스크를 줄이고, 높은 배수(PER)를 제시하여 낙찰할 수 있다.

- 독점적 협상자 지위를 부여 받기 이전에 미리 실사 질문서를 매도자에게 제시하고, 어떤 항목을 미리 답변할 수 있는지를 회신 받아서, 그에 따라서 실사 절차를 편성한다.
- 독점적 협상자 지위를 받기 이전에 인수 목표사의 회계감사 조서를 검토하고, 감사인을 면담한다.
- 월별 시산표, 거래처 및 계약자 정보의 전자 문서에 접속을 요청한다. 월간 시산표와 연간감사보고서를 대조하여 결산 조정 사항을 파악할 수 있다.
- 정보가 확보되는 즉시 경영자 면담을 요청하고, 사전에 질문서를 제시한다.
- 양수도 계약의 에스크로, 지급유보, 면책, 정보공개 일정 등 치명적인 항목에 집중한다.

잠재인수자 측은 '설사 우선협상자 지위 없이 조기에 비용을 투입했다가 실패하더라도, 공식실사를 늦게 깊숙히 진행하다 실패하는 것보다 낫다'고 판단하는 것이다. 그러나 특정 항목의 실사가 불가능한 데 따른 위험을 감당할 수 없는 경우에는 인수를 포기해야 한다.

외국 인수자가 중국 기업을 인수하고자 할 경우 중국 측 상대방과 어느 정도의 관계를 수립한 후에는 중국 측의 기업가치 및 시장 지위에 대한 내부정보를 요청 입수하여 독자적으로 수행해 놓은 예비 실사 내용과 비교 점검해야 한다[267].

---

266) Kit Lisle, WHY MORE PRIVATE EQUITY INVESTORS ARE FOCUSING ON PRE-LOI MARKET DILIGENCE, ACCLARO GROWTH PARTNERS'WHITE PAPER SERIES, 2012.5.

267) Chapman, James C, ; Ji, Linda; Li, Linlin, MERGERS AND ACQUISITIONS IN CHINA. PART I: ANATOMY OF A DEAL IN THE MIDDLE KINGDOM, 16. 2 (Sep/Oct 2011): 18-25.

다. 매도자 측의 실사 (Seller Due Diligence)

1) 매도자 측 자체 실사

잠재매수자 측은 인수목표 기업 내부에 파악하기 어려운 사항은 부정적으로 인식할 것이 당연하다. 매도 측이 사전에 매무세를 갖춘다면 , 인수 측의 실사 과정에서 의외의 사실이 발견되는 국면을 예방할 수 있다.

미국에서 1990년대에 기업매각 입찰이 활성화되면서, 매도자 측에서 입찰자 측의 비용 (입찰에서 실패할 경우 매몰되는 비용)을 덜어 주면 입찰참여자 수를 늘릴 수 있었다. 따라서, 매도자 측에서 입찰을 촉진하고 매각 절차를 통제하기 위하여 먼저 실사(vendor due diligence)를 수행하는 경우가 일반화 되었다. 규모가 큰 거래의 경우에는 인수자 측이 매도자 측의 변호사에게 법률의견을 요청하는 경우도 있으므로 매도자 측에게도 실사의 필요성이 있다.

한국의 인수자가 중국기업을 인수하기 위하여 인력 관리 측면에 있어서 보고 체계, 기업 문화, 급여와 복지의 결정구조 등을 파악하려 한다면, 방대한 관련 문서의 조기 검토에 착수해야 하고, 이에 답변하려면 중국기업 측에서도 수년 간의 자료를 준비해야 한다. 특히 가족기업이나 비상장회사가 매도 측인 경우 실사를 포함하여 M&A의 절차에 익숙하지 못하므로, 실사 단계에서 잠재인수자 측의 서류 요구량에 당혹하게 될 것이다.

매도자 실사는 매도자 측이 비용을 부담하여 제3자 전문가를 투입하여 매수자 측이 원하는 정보를 투명하게 제공한다. 매도자 측 실사자문사는 매수자 측을 대리했던 경험을 갖추었으므로, 현안에서 매수자의 우려 사항을 예상하여 대응할 수 있다. 이에 따라서 매도자는 몇 달 동안 매도 작업을 진행하다가 인수 의향서의 해지를 당하거나, 하자가 노출되어 매도가격을 깎일 위험성을 덜게 된다.

매도 측은 다음의 경우 선제적으로 실사보고서 제공을 고려해야 한다;

- CFO의 경험 부족이나 부재로 인하여 재무관리, 회계 인프라 및 재무보고 체계의 미흡
- 인수자 측의 정보 자료 요구에 부응할 내부 자원이 부족한 경우, 특히 일상업무에 매여 있는 경우
- 재무정보의 신뢰성 문제로 인해 M&A가 무산될 개연성이 있는 경우

- 다수 사업부문이 단일 거래로 매각되기 위해서 통합 및 내부 거래 제거가 필요한 경우 및 분할, 분사 매각의 경우

2) 매도자 측의 매수자 실사

한편, 인수대가가 주식으로 지급되는 경우 및 매도자가 잔존지분을 유지하는 경우에는 매도자가 매수자를 실사할 필요가 있다. 중국 측 잠재 인수자가 외국의 피인수 대상기업을 접촉해 왔다고 해서, 인수를 확정한 것은 아니며, 경우에 따라서는 최종 인수가 아닌 다른 목적 하에서 정보를 얻기 위해서 거래를 제안하는 경우도 있었다. 외국인들은 중국 측의 진정한 의도를 알기 어렵고 협상에서 혼란을 겪을 수 있다. 중국 측이 속내를 드러내지 않는 것이 반드시 악의는 아니지만, 실리콘 밸리의 미국 기업을 인수하는 목적이 '중국 회장의 자녀가 스탠포드 대학에 유학하기 때문' 등 기상천외한 동기가 있을 수 있다. 중국 측의 속내는 회의실보다는 만찬 좌석에서 드러나기 마련이며, 핵심 거래조건도 이 자리에서 구두 합의되기 마련이다. 이러한 합의는 신속히 서면화되어야 한다.

중국 측 잠재인수자가 거대 기업이라고 해서 실제 최종 인수가 성사될 것이라는 보장은 없으므로, 피인수 측이 외국계이면 협상을 진행하기 전에 잠재인수자의 진의 및 인수 여력을 갖추었는지 여부를 문의해야 한다[268].

중국 중앙기업은 비주력사업에 관련된 해외투자에 대해서는 SASAC의 허가를 받아야 하나, 2012년부터 SASAC은 원칙적으로 불가하는 입장이다. 민간기업도 NDRC, 상무부, SAFE의 허가나 등록을 받아야 한다. 중국기업이 해외자회사가 다시 해외직접투자를 하는 경우에도 원칙적으로 국내에서와 동일한 절차를 거쳐야 한다. 이에 따라 중국 투자자는 입찰방식의 M&A에는 일정을 맞추기 어려우며, 웅진코웨이 매각입찰에서 강가집단고분유한공사가 일정의 연기를 요청한 사례가 있었다.

우회상장의 경우에도 pearl 과 shell이 상호 실사하게 된다 (7장 우회상장 후술 참조). 본토 상장기업의 자산재편성은 당초 국유기업 구조조정을 위해서 태생한 것이었지만, 근래에는 본토기업의 해외투자가 활성화되면서 본토 상장기업이 외국자산을 매수하

268) Woon-Wah Siu and Julian Zou, Ten things to know about Chinese acquirers, Financier Worldwide Magazine, June 2015

는 M&A거래 (따라서 우회상장과 전혀 무관한 속성)에서 절차상 상당한 부담을 주었다[269].

CSRC가 본토상장기업의 자산재편성 건에서 과거 3년간의 사업내용을 검토하므로 피인수 대상이 해외 매도 측으로부터 스핀오프되는 경우에 복잡성이 가중되었다. 규제를 회피하기 위하여 컨소시움을 구성하고 국유기업이 지배지분을 맡지 않는 구조도 활용되었으나, CSRC의 감독도 강화되었다[270].

라. M&A 계약서의 실사 조항

M&A 주식양수도 계약서에는 다음과 같은 조항이 전형적으로 기재된다.

- 독점적 협상권, 경업금지 의무, 인수의향서의 해지권
- Investigation covenant는 매도자가 인수자에게 합리적인 영업시간에 실사를 위하여 출입을 허용한다는 조항이다.
- 소각 또는 반환(Burn or Return)조항은 비밀유지의무 조항이다. 그러나 매도자는 인수자에게 별도로 비밀유지계약을 요구할 것이다.
- Off the hook조항은 '인수자가 완전한 조사를 해야 한다'는 불합리한 부담을 덜어 주기 위한 조항이다. 이 조항이 없다면 매도자는 부당한 행동을 하면서도, '인수자가 실사 절차를 통해서 발견해 냈을 수 있었으므로 자사의 허위표시에 대해 책임이 없다'고 주장할 수가 있기 때문이다.
- 진술과 보장의 존속기간이 유한하다. 매도자 측은 자사의 진술과 보장 위반으로 인한 인수자 측의 손실에 대해서 면책 보상을 제공하되, 보상액에 한도를 설정할 수 있으며, 결과적 손실 및 상실된 이익은 배상의 대상이 아니다. 또한, 손실 중에는 금전 배상으로도 복구될 수 없는 것이 존재한다. 따라서 인수자 측은 매도자의 진술과 보장에 사후적으로 의존하기보다, 실사에 의해서 손실을 예방해야 한다.

---

269) MICHAEL P. DARDEN, DAVID M. BLUMENTAL, C. BROCK NAEVE & SHANSHAN XIAO. CHINA'S "MEASURES FOR THE ADMINISTRATION OF MAJOR ASSET REORGANIZATION": CONSIDERATIONS FOR AMERICAN COUNTERPARTIES TO OIL & GAS M&A TRANSACTIONS WITH CHINESE EXCHANGE-LISTED COMPANIES, TEXAS JOURNAL OF OIL, GAS, AND ENERGY LAW [Vol. 10:2. 2015]

270) Nicole Englisch and Dr Stefanie Tetz, Material asset restructuring (MAR) in Chinese outbound investments, Financier Worldwide Magazine, 2018.6.

실사 조건부 M&A계약서 조항 예시

1 매도 주식의 양수도는 다음의 선행 조건(이하 "선행 조건")이 본 계약서 체결 일자로부터 3개월의 기간 (이하 "조건부 기간") 내에 충족될 것을 조건부로 한다.

"매입자가 실사 검토 결과에 만족하였을 것"

2. 매입자가 매도자에게 어떤 서류 및/또는 정보를 요청하였고 매도자가 요청 받은 서류 및/또는 정보를 당해 요청 접수일로부터 1개월 내에 제공하지 못한 경우, 조건부 기간은 당해 1개월을 초과한 그러한 지연 일수만큼 연장되어야 한다.
3. 매도자는 [매입자의 비용 부담]하에서 수행될 매입자, 그 대리인 및/또는 하수인의 실사 검토에 협조를 제공할 것임을 매입자에게 약정한다. [매도자는 매입자가 escrow한 예치금을 실사 지원 비용에 사용할 수 있다]
4. 매도자 측에 어떤 불이행, 과실 및/또는 누락도 없이 다음의 상황이 발생한 경우:
   - 매입자가 실사검토를 어떤 사유로든 완결하지 못하거나
   - 매입자가 어떤 사유로든 실사검토를 중단 결정하거나
   - 매입자가 실사검토 결과에 불만족함

   한쪽 당사자는 조건부 기간 또는 매도자와 매입자가 서면으로 상호 합의한 그러한 다른 연장기간 중의 언제든지, 본 계약서의 해지권을 가진다. 이러한 경우에 매입자가 본 계약서 하에서 선 지급한 모든 보증금은 매입자에게 무이자부로 환불되어야 한다. 매입자는 매도자가 본 계약서 하에서 제공한 모든 서류 (교부된 경우)를 반환해야 한다. 이후 본 계약서는 실효되고, 계약 당사자들은 본 계약서에 관련된 또는 그에서 발생하는 어떤 사안에 대해서도 상대방에게 어떤 청구권도 갖지 않는다.

실사보고서의 작성에 관련된 모든 전문가 수수료와 비용은 매입자가 부담하고 지급해야 한다.

실사의 결과로 어떤 중대한 채무, 누락이나 매도자의 보장(들) 및/또는 진술과 실사 결과 간에 중대한 차이가 발견되는 경우, 매입자는 그에 대한 교정을 서면으로 요구한다. 매도자가 중대한 누락이나 불일치 상황을 교정 통지 접수일로부터 10일(이하 "교정 기한"이라 한다) 이내에 매입자가 만족하도록 교정하지 못하거나 거부한다면, 매입자는 절대적인 재량권 하에 교정기한으로부터 10일 이내에 다음 중에서 선택할 권리를 획득한다:

(a) 매도자에게 서면 통지에 의해서 본 계약서를 해지하며, 이 경우 매도자는 매입자가 본 계약서 하에서 주주에게 지급했던 모든 금원을 이자 없이 환불해야 하며, 양수도 서류는 주주에게 반환된다. 이후에,

(b) 매입 가격 조정 하에서 당해 주식의 양수도를 계속 진행한다. 그러나 그러한 조정은 당사자들 간에 서면으로 합의되어야 한다.

매입자가 어떤 사유로든지 당해 주식에 대한 본건 양수도를 진행하지 않기로 결정한다면, 매입자는 매도자에게 서면 통지에 의해서 본 계약서를 해지할 절대적인 재량권을 가진다. 이 경우, 매도자의 변호사는 매입자가 본 계약 하에서 매도자에게 지급한 모든 금원의 잔액을 매입자에게 환불한다.

매입자에 의해 수행된 실사에 불구하고, 매도자는 매도자 측의 어떤 잘못된 진술, 보장의 위반에서 발생하는 손상, 손실, 청구, 비용 (완전 면책 기준으로 법률비 및 실비 지출 비용 포함) 으로부터 매입자를 면책한다.

마. 실사 방식

1) 실사팀의 고려 사항

정식 실사는 거래당사자들이 제안된 거래에 대해 원칙을 합의하여 의향서(구속력은 없음)를 체결하는 단계에서 시작된다. 실사 기간은 상황에 따라 달라지므로, 의향서에서 일정을 명시할 필요가 있다. 의향서를 상세하게 작성하면 상대방의 발빼기(back tracking)가 어렵게 된다.

인수 측은 실사 전담자를 배치하여 일정 수립 업무를 배정한다. 또한, 실사 과정에 운영 인력을 참여시켜서 인수 완결 후에 인수거래 담당팀과 운영팀 간에 거리가 없도록 한다. 실사팀은 가치에 영향력이 큰 변수에 대해 교차기능이 수행되도록 자원을 배정해야 한다

일반적으로 사람들은 자신이 파악해야 하는 사항보다는, 이미 알고 있는 사항을 보려는 성향을 가지므로 인수자는 결정적인 사안을 우선 검토하고 나서 차순위로 검토를 확대해 나가야 한다. 중요성이 낮은 사항은 무시할 수도 있다. 까다로운 항목에 대해서는 실사를 완화하는 대신 위험 분담 방식을 계약에 반영하는 편이 최선일 수 있다. 위험 분담 방식은 전부/일부 면책, 지급 유보, 언아웃, 환경문제의 경우 보험 등이 있다.

인수자 측이 실사에서 발견한 취약점이 협상의 도구로 사용될 수 있도록 실사 시점을 조절하면, 매도 측이 이를 수용할 가능성이 커진다

인수자는 부족한 정보 하에서 가정을 수립하여 진행해 왔으므로, 실사를 통하여 평가하고 조사하고자 한다. 실사는 하향식(top down), 목표 지향식으로 진행되어야 한

다. 하향식 실사 방식은 넓게 투망을 던진 후에 예비검토 내용을 확인 및 수정해 가면서 범위를 좁혀서 거래 가치에 비중이 큰 개별 현안으로 집중해 가는 과정을 의미한다. 하향식 방식에서는 실사 팀원들이 대상 기업의 예비 검토에서 파악한 내용을 경영자 면담 등을 통해서 확인한다. 이를 근거로 기업의 성장성과 수익성, 및 잠재인수자가 추정한 시너지와 잠재리스크를 판단한다. 실사가 진행 되어 가면서 인수를 타당화하는 논리를 지지하는 가정들의 유효한지 여부에 대해 초점을 맞추게 된다.

피인수대상 기업의 감사위원회는 재무제표 작성만이 아니라 리스크의 발견과 통제의 역할을 맡고 있다. 따라서 인수자는 피인수자의 감사위원회에게 질문을 할 수 있다. 내부통제가 우수할 경우, 기업인수자가 인수 후에 의외의 사건을 맞이할 가능성이 낮다. 따라서 M&A실사에서는 내부통제의 강점 판단을 주목적의 하나로 정립해야 한다.

실사는 기업가치에 영향을 많이 주는 요소들에 집중해야 하며, 당해 사업, 운영 및 시장에 대한 철저한 이해를 가지고 실사 팀원들의 기능 간에 교차적으로 점검되어야 한다.

기업인수자 측에서 인수 대상 기업이 부정행위에 연루되었는지에 대한 부정행위 실사(integrity due diligence)를 한다면, 부정행위에 대한 정보가 없는 상태이므로 "이러한 부정행위가 발생하고 있지 않을까?" 하는 가설 검증 어프로치를 취한다.

실사가 너무 강력하면 당사자 간 상호 신뢰에 지장을 줄 수 있다. 매도자도 잠재인수자도 소중한 자원이 묶이고 각자의 고유 활동에 지장을 주는 실사 과정을 계속하려는 의도를 갖고 있지 않다. 이러한 제약이 있으므로, 계획과 목적에 따른 실사 진행이 필요하다.

2) 매도자 측의 인수경쟁 유도

매도자는 숙달된 자문사에게 매각 절차를 위탁하며, 매각자문사는 가격을 높이기 위해 정보 접근을 제한하여 인수자를 압박한다. 입찰의 경우 매각자문사는 절차 상에서 경쟁적인 분위기를 유도하고, 매도가격 극대화와 거래구조를 달성하되, 사후적인 의무는 극소화한다.

매도자 측은 기업가치 산정에 필요한 중요 정보를 공개해야 할 것이지만, 반드시 기업의 모든 상황을 공개할 필요는 없다. 인수 본 계약이 체결되지 못할 가능성도 있으며, 본 계약이 체결된 이후에도 협상이 계속될 수도 있으므로, 매도자 측의 핵심적인 정보는 공개 시기를 가급적 늦추게 된다. 그러나 인수자 측의 투자 결정에 영향을 미칠 중요한 정보를 공개하지 않는다면 사후적으로 진술과 보장의 위반에 저촉될 수 있으므로, 정보의 범위는 법률자문과 협의하여 판단하여야 한다. 실사라는 제한된 목적 하에 정보를 특정한 상대방에게 공개하는 경우이므로, 기업가치 평가의 목적으로만 사용되도록 정보의 용도를 명시해야 한다.

전형적인 입찰 절차에서는 인수 측에게 핵심사항 검토를 개시하고 실사 목적의 우선순위를 설정하는데 최소한의 정보를 제공한다. 매도 측 자문사는 매도 측 경영진에 대한 실사팀의 접근을 가급적 제한하려 한다. M&A의 신속화 및 경쟁 심화 하에서 매도자 측이 고단수인 경우 인수자의 실사 시간을 압박하므로, 인수자 측에게는 실사의 중요성이 더욱 커졌다. 입찰 방식에서 인수자는 실사 기간과 경영자 면담 기회에 제약을 받으면서, 과도한 가격을 지급할 위험에 처한다.

표6-1. 기업 매각 방식

매각 방식		방식
협상매각		입찰이 개시되기 전에 잠재인수자가 인수 의향을 표명하고 협상권을 요구하는 경우. 규모가 작거나 예민한 사업의 경우 매도자가 신속하게 비밀리에 매도하기 위하여 협상 매각을 선택할 수 있다. 매도자 입장에서는 신속한 매각을 달성할 수 있으나, 최고 가격을 달성하지 못할 위험 및 매각이 성사되지 못할 위험이 잔존한다. 거래가 무산될 가능성에 대비하여 매도자는 잠재인수자가 부담할 위약금(reverse breakup fee)조건을 설정.
입찰매각	일반	한 번의 가격 제시에 의해 최고가에 낙찰(one time sealed bid).
	가격 비공개 입찰 (sealed bid)	매도자 측에서 최고 가격을 달성하고, 매각 후의 사후적 책임을 제거하려는 경우에 사용한다. 입찰 주관사 선정: 투자은행들이 수행 입찰 절차의 개시: 입찰주관사가 응찰대상자의 범위를 결정하고 offering document와 비밀유지 약정서를 배포한다. 응찰자심사: 입찰주관사와 매도자가 응찰자의 제시 가격, 평판 및 신용도를 고려하여 선별. 선정된 응찰자를 예비실사에 초청: 경영자 면담과 데이터룸 실사 기회 부여 최종호가 접수: 복수의 최종 응찰자들이 가격과 매도자 측이 제시한 계약서 초안에 대한 코멘트를 제출한다. 또한 인수자금 조달 원천 및 자금이 확보되었는지의 여부를 표시해야 한다

입찰매각	가격 공개 조정방식 (ascending bid)	각 인수경쟁자의 가치평가액인 인수호가가 공개되면서 상향 조정이 허용된다. 인수경쟁자들은 경쟁자들의 호가를 계산해 가면서 공개매수가격을 높여 갈 수 있으며, 아무도 더 이상 호가를 높이지 않는 시점에서 입찰이 종결된다

매도 측은 인수 측이 실사를 진행하는 도중에 양수도계약서안을 제시하여 인수 측의 코멘트를 접수한다. 매도 측은 계약서안 배포 시점을 실사의 와중에서 인수자 측의 의지가 확인되는 후로 가급적 늦춤으로로써 법률비용을 통제한다. 잠재인수자들 측은 계약서 안의 정정 요구가 많으면 인수 경쟁에서 불리해 질 것이라는 압박을 받게 된다.

바. 실사 절차

실사 의향서와 비밀유지계약이 체결된 후에 인수 측이 자료 요구 서신을 보내면, 매도 측이 특정한 공간에 자료를 모아 놓고 인수 측에게 검토 기회를 제공한다. 인수 측은 예비실사에서 입수한 정보를 독자적인 조사 결과와 비교한다.

인수거래의 양 당사자가 필요한 정보의 점검표를 제시하면, 대상기업의 경영진이 요구 정보를 작성한다. 인수 측이 요구하는 자료를 적시에 제공하기 위해서는 매도자 측의 자료를 보유한 부서별로 책임자를 정하고, 취합된 모든 자료를 총괄하는 책임자를 지정한다. 총괄 책임자는 제공한 자료의 목록을 정리하여 어떤 자료가 누구에게 제공되었는지 및 추가 요청 내용을 파악하면 상대방의 관심사를 파악할 수 있게 된다. 실사 대상 정보의 범위는 과거 경험, 거래 규모, 거래 완결 가능성, 위험 수용도, 시간 제약, 비용 요소 및 가용한 자원에 좌우된다. 재무제표, 사업계획 및 기타 서류들이 제공되며, 고객, 매입처, 업계전문가, 협회, 시장조사업체 등 외부 정보원천을 통한 조사가 수행된다.

숙련된 실사팀은 M&A에서 팀간의 조정 부족, 평가 기준의 불일치, 자문사 간의 협조 난맥, 병목 구간(bottleneck)을 파악하고 해결할 체계 부존재, 실행 일정과 절차의 표준 미흡 등에 대비하여 실사의 모든 기능적 측면의 총괄책임자를 지정하여 중요한 이슈를 처리하고 사소한 사안은 무시하도록 한다. 실사 절차의 중반 이후부터는 인수

논리의 타당화에 초점이 두어져야 한다.

현장 방문은 제조업, 복잡한 운영 및 대량 재고의 업종에 특히 중요하다. 실사팀이 현장 방문에서 받은 인상은 실사 결론을 도출하는 데에 유용하다.

표6-2. 실사 절차

	인수자측	매도자 측
예비단계	• 재무상태표 상의 자산과 부채의 실재 확인 및 손익계산서 상의 건전성 판단 • 예상이익을 과거 성과와 비교하여 구성과 신뢰성 판단 • 우발사건이나 부외부채 가능성 점검 • 자금조달 준비 • 거래비용과 자원소요를 최소화하는 최적거래의 평가 및 판단	• 매도대상기업에 대한 종합적인 재무정보를 매도자에게 제공(매물과 매도자가 상이한 주체인 경우) • 매도의 타당성 • 거래비용 분석 • 최적 매각구조 제시 • 최적매각가격 결정을 위한 가치평가 • 매각서류 작성 참여 • 적시에 필요 정보를 제공하여 협상력 확보
실행단계	• 실사가격과 계약서 문안 협상을 지원 • 자금조달 전략 결정 • 인수 완결 후의 중점사항 파악 • 인수거래로 인한 재무제표에 대한 영향 평가	• 인수자에게 제공할 정보 선별 • 세금 및 인수자 측 구조의 영향 분석 • 인수자 측 실사에 참석 • 세무 및 회계 협상 안건에 지원

입찰방식의 경우에 매도자의 정보 제공은 다음과 같이 단계별로 이루어진다.

- 인수자들을 끌기 위한 티저(teaser)
- 인수 의향 표명자 들에게 Pitch book 또는 Confidential information memorandum 제공
- 인수의향서 및 비밀유지 약정에 서명한 인수 의향자들에게 실사를 위한 데이터룸을 제공
- 최종입찰자에게 예비실사에 없었던 추가 정보를 제공한다. 회계감사인에 대한 접촉은 주로 이 단계에서 허용된다.
- 최종 낙찰자에게는 진술과 보장이 제공된다.

공개입찰의 경우 매도자 측은 개별 인수 후보자들의 요구를 반영하지 않고 동일한 내용의 정보를 제공하는 1차 실사를 허용하면서 일반적으로 중요 정보는 제외한다. 자료에 대한 질의나 추가 자료의 요구가 있을 수 있지만, 기본적으로 인수후보자들 간에 동등하게 정보 접근을 허용해야 입찰의 공정성을 확보할 수 있다. 인수후보자들 중 단일 또는 복수의 우선협상 대상자를 선정한 후, 이들을 대상으로 중요 정보를 포

함하여 2차 실사를 허용한다.

사. 실사팀의 구성

실사 팀은 인수자 측 인원과 자문사들로 구성되며, 통상 법무자문역이 팀장을 맡는다. 실사 투입 인력은 법률과 회계 뿐만아니라, 연금, 보험, 환경, 재산권, 임원보수 및 IT까지 다양한 분야를 망라한다. 매도 측으로부터 제공받은 정보는 실사 팀 내에서 항시 공유되어야 한다. 실사팀의 전문가들은 자신이 훈련 받은 영역에 집중하다가 국지적인 (compartmentalized) 견해를 가질 수 있으므로, 실사 팀장들은 관점이 괴리되지 않도록 조정할 필요가 있다.

- 근시안적 접근 -> 전체적 (holistic) 접근
- 거래에 단순히 반응 -> 성장 전략 추구
- 국지적인 사고와 행동 -> 통합된 관리
- 행동할 수 없는 발견 -> 가치 지향 행동

현장 실사팀과 실사보고서 작성 팀 간, 실사팀과 협상 팀 간, 및 매수 협상 팀과 매도자 측 간의 커뮤니케이션이 매우 중요하다. 실사팀장은 일정을 수립하고 의사결정자에게 정기적으로 보고한다. 실사팀에는 인수 후의 운영을 맡을 인력도 참여시킨다.

실사팀은 적시에 적합한 질문을 해야 올바른 답변을 받을 수가 있으며, 역할 분담을 통해서 동일 사항에 대하여 실사가 중복되거나, 누락되는 사태를 방지해야 한다. 팀원은 어떤 사항이 중요한지를 분석적 관점에서 볼 수 있는 경력자일 필요가 있다.

전략적 인수자의 경우 M&A 실사 전담팀을 두기는 어렵다. 대기업의 경우는 M&A 팀이나 사업개발팀이 있어서 실사에 투입이 가능하지만, 중견기업에서는 사업팀과 재무팀을 차출하더라도 외부 전문인력에 의존해야 한다. 그렇다고 해서 기업인수 기능의 전부를 외주할 수는 없으며, 내부관리자가 핵심 역할을 수행해야 한다. 수익과 비용 시너지 효과는 실사팀의 기능별 담당이 측정하며, 감원에 의한 효과는 인사팀에서 측정한다. 단, 시너지 효과의 존재만으로 가치가 창출되는 것은 아니며, 재무와 회계팀은 인수가격의 관점에서 시너지 효과가 인수의 내부수익률을 초과하는지를 판단한다.

전략적 인수자인 경우 고유의 경영활동이 있기 때문에 M&A실사에 자원 투입에서 한계에 직면한다. 업종에 따라서는 서면 실사 대신 면담에 의해야 하고, 서류가 방대한 대기업의 경우는 서류 실사 인력 확보가 필요하다.

- 재무와 회계팀
- 사업개발팀 : 인수의 타당성과 전략적 기획 절차
- 공인회계사 : 의사결정의 신뢰도를 높이기 위한 제3자의 검증이라는 의미가 부가된다.
- 법률팀: 비밀유지계약이나 의향서 단계에서부터 참여하며, 양수도계약을 기안함으로써 최종협상 사안에 대한 지식기반을 마련한다.
- 인사팀: 인수 후 통합 과정을 준비한다. 기업문화의 통합에 소홀하면 잠재 비용이 크므로 필요 시 외부 자문을 받는다.
- IT팀: 사업 내용에 따라서는 상당한 자원을 필요로 한다.
- 매출과 마케팅팀: 제품과 서비스의 시장침투력, 매출과 유통 경로, 가격 설정 경과 및 배경, 고객 만족 수준 들을 이해한 후, 시너지 효과에 대하여 확인한다.
- 제품팀: 기업가치 평가 모델에 사용된 제품의 성장성 가정을 매출 성장의 지속가능성 차원에서 확인한다. 인수가 무산될 경우에 대비하여 매도자 측의 독점적 정보에 대해서는 제3자의 사전 검토가 필요하다.
- 생산팀: 비용 시너지 효과에 대하여 확인한다.
- 세무팀

실사팀은 단순히 기술적 또는 절차적인 과정을 수행하는 것이 아니라 감사인의 위험 평가와 투자자의 가치 창조 목적을 결합하는 관점을 가져야 한다. 단순히 기록을 평가하는 것이 아니라, 크게 보고 상위 차원에서의 검토 대상을 추구한다. 실사자들은 세부 작업으로부터 한 발 물러서서 이 투자가 건전한지 및 검토한 내용이 가치 창출 가정을 지지하는지를 정기적으로 스스로 질문해야 한다.

실사팀장은 실사 계획 수립 후 각 담당자에게 세부 계획을 작성시키고 보완하며, 각 팀원에게 공유시킨다. 팀원들은 타 팀원들의 보고 제출 일정을 파악하고 있어야 한다. 실사팀원들 간에 서류의 중복 검토가 필요하므로, Virtual 데이터룸이 아닌 경우 충분한 수의 서류 사본을 확보한다.

한편 M&A인수자는 자문사들에게 성공보수를 지급하는 경우가 많은데, 미국의 경우 성공보수는 사베인옥슬리법에 저촉되지는 않지만 이해 상충의 요인을 발생시킨다. 따라서 성공보수를 받는 자문사는 실사에 참여하더라도 실사 팀장은 맡지 않는 것이 바람직하다.

실사 준비 시 배포서류

- 제안된 거래가 기업가치를 증진시킨다는 가치창출 계획
- 거래 타당성에 대한 내부 승인서 및 가치평가 모델
- 매도 측에 제시한 질의서 및 제공받은 자료, 기업과 제품 정보
- 인수자 측의 점검표

2. 실사의 범위

중국에서의 사업 환경의 문화적 및 구조적 특성으로 인해서, M&A실사는 국제 표준과는 차이가 많다. Ernst & Young의 2006년 조사에 의하면 중국에서 실사 이전에 체결된 M&A의향서의 실제 거래 성사율은 30%에 미달하였다. 이에 따라서 기본 실사를 조기에 수행하여 거래 구조를 수립하고, 거래구조를 선택하고 나서 다음 단계의 세부 실사 항목을 결정하는 방식이 권장된다. 중국에서는 실사에 12개월까지 소요되는 경우가 있었다.

가. 실사업무량 결정

기업이란 복잡한 세상에서 활동하는 복잡한 주체이며, 어떤 조사를 하더라도 모든 잠재위험을 발견해 낼 수는 없다. 따라서 실사(due diligence)는 "합리적인 것이지 완전한 것이 아니다".

실사의 업무량이 정형화되어 있지 않으나, 과거의 경험, 의도하는 거래 규모, 성사 가능성, 위험 수용도, 시간 제약, 비용 제약 및 가용한 자원에 좌우된다. 대상기업의

사업 전부를 파악하기는 불가능하더라도, 적절한 수준까지 위험을 낮추어서 진술과 보장에 의해서 커버할 수 있을 만큼은 파악해야 한다.

실사 기간도 정형화되어 있지 않으나 매도 측은 조기 종결을 원한다. 반면 M&A의 일정은 항상 촉박하므로, 매수 측은 끝까지 계속하고 싶다. 매수 측은 실사에 적절한 기간이 확보되도록, 일정을 결정하여 의향서 체결 시에 포함시킨다.

인수 희망자는 실사 비용에 대해서도 미리 계획하고 싶어 할 것이므로, 비용 통제의 목적 상에서도 실사의 범위가 결정되어야 한다. 실사 비용은 실사 범위 및 기간에 따라 달라지며, 이는 대상기업의 복잡성 등에 좌우된다. 실사비용은 일반적으로 필수적인 부담으로 인정되며, 실사를 하지 않았을 경우의 위험에 대비하여 작은 금액이다. 거래당사자들은 실사 비용 부담에 대하여 합의해야 한다.

피인수 대상이 대기업의 경우에 인수 측은 금액 기준으로 실사 대상을 선별할 수 있으나, 이 경우 매도자 측에서도 진술과 보장에 금액 선별을 요구하고 나올 수가 있다. M&A에서 실사업무량이 과다하면 대상기업을 불쾌하게 하거나, 판단을 못 내리고 다른 인수기회를 기다리게 될 수 있다. 따라서 실사는 우선순위를 정해서 신속하게 진행되어야 한다. 우선순위는 M&A거래의 목적에 따라서 설정된다. 주식 인수의 경우에는 인수자 측에 우발채무가 수반되므로 실사가 강해지는 반면, 자산인수의 경우는 그러한 필요성이 적다.

인수자금 조달 방식도 실사에 변수가 된다. 주식 발행으로 조달하는 경우에는 모든 당사자들이 조기에 문제를 발견하고자 실사를 강화한다.

매도자 측이 협상매각 대 입찰 매각의 방식 여부의 선택도 실사에 영향을 미친다.

상장법인인지의 여부도 중요한 요소이다. 피인수 대상회사가 상장회사인 경우 정기 및 수시 공시를 해 왔고, 대표이사와 공시담당자가 내부회계관리제도에 대한 책임을 맡고 있다. 피인수 대상회사가 최근 수개월 사이에 주식을 발행하였다면, 인수자는 발행 당시 주관회사의 실사에 의존할 수 있으며, 내부통제 공시도 활용 가능하다

비상장기업의 경우에는 실사가 강화되어야 하고, 매도자에게 양수도 계약에서 진술과 보장이 강화된다. 따라서 실사의 범위는 매도자가 어떤 진술과 보장으로 어떤 정보를 제공하는가에 따르게 된다. 투자자가 손실을 입었는데 실사가 허술했다면 거래자들은 경영판단의 원칙에 불구하고 보호를 받지 못할 수 있다. 실사에서 의문점이 남는다면 인수 측은 지급금에 유보를 둔다.

실사 활동 중에서는 의도하는 거래에 대한 비밀유지가 곤란해질 수 있다. 예컨대 제품을 확인하기 위해서 대상 기업의 고객을 접촉하다가 M&A의 소문이 퍼져 나가는 경우이다. 따라서 비밀 유지를 위해서는, 실사자문사들은 잠재고객, 기자 또는 애널리스트라고 가장한다. 상장기업에 대한 M&A협상을 진행하는 중에 공시 의무가 발생할 수 있으며, 대상기업의 이사는 M&A가 진행되고 있다는 사실을 허위로 부인할 수는 없다.

나. 실사 항목

실사항목에는 기능 구분에서 중첩될 사항들이 많이 있다. 회계실사에서 발견된 수상한 자금흐름에 대해서 영업계약서를 점검할 수 있으며, 법률적 평가와 계약서 상의 채권이 불확실한 상황에서 회계 반영이 잘못된 부분을 조정하는 등 회계실사와 법률실사는 상호보완적이다. 따라서, 동일한 서류를 상이한 측면에서 검토하는 팀원들 간에 상호 점검이 필요하다.

- 독자적인 성장성이 있는가. 성장에 대한 가정이 적절한가?
- 이익 창출력이 질적으로 인정되는가
- 수익 면에서 시너지가 발휘되는가? 매출 시너지가 인수의 가장 중요 요소이다. 예로서, 경쟁사 간에 합병하는 경우 과거의 경쟁 의식을 제거하도록 인력에 대한 교육이 필요하다.
- 비용 면에서 시너지가 발휘되는가
- 성장성, 수익성, 시너지가 인수 후 통합에서 검증되는가.
- 통합을 위한 인력, IT 역량이 가용한가
- 미 발견된 리스크가 있는가?
- 수행한 실사 결과에 대한 검토
- 연구개발: 이러한 정보는 사전에 공개되지 않으므로 실사 팀도 처음 접하는 경우가 일반적이다. 연구개발 활동은 계량화하기 어려우며, 과거 실적과 진행 중인 특정 신상품에 근거하여, 건전한 신제품을 출시할 수 있는가를 판단하는 데 목적을 두게 된다. 신제품 정보는 인수의 확정 단계에 임박해서야 제공된다.

- 인수 전후 조치사항의 정리
- 수익과 자산의 질을 파악하기 위하여, 과거 재무제표에서 일회성의 거액 항목이 존재하는지를 점검
- 시장에서의 경쟁적 위치
- 금융, 공공재, 통신 등 규제를 받는 업종에서는 인허가를 획득할 가능성 및 소요시간을 인수계약에 명시

표6-3. 원천 별 실사 항목 구분

원천	실사 항목
외부	공적 서류, 저당권 설정 검색, 소송 검색
내부	데이터룸 자료. 경영진 면담 및 회사 방문 증권발행설명서, 보도자료 및 홈페이지 정보

실사점검표(checklist)는 최초로 작성된 후 계속 추가 갱신된다. 누락된 항목이 있으면 간과되어 위험 요인이 될 수 있다. 실사팀이 체크리스트 접근방식(compliance approach)을 취하면 당해 인수를 기각할 이유가 없음은 확인할 수 있다. 그러나 이러한 실사 결과가 필요하지만, 이것으로 충분하지는 못하다. 실사 결과로서 대상 회사가 건전하다고 판단된다고 해서, 반드시 좋은 투자인지의 판단은 이루어지지 못한 것이다.

1) 인력 실사

실사 팀은 인사관리 전문가를 투입하여 인적자원 관리 의사결정을 조기에 내린다. 제3자와의 계약서 상 M&A에서 감원 금지 등의 인력 관련 제약사항이 있는지 파악한다. 두 조직의 합병에서 우위를 점한 측은 상대 측을 패자라고 인식시키며, 승자의 기업문화에 적응하라고 요구하게 될 것이다. 하지만 성공하는 기업은 문화를 양보하고 양 조직의 강점을 결합하여 새로운 조직을 발전시킨다[1].

중국에서 상위직 및 그 직계가족들은 배경 조사를 통해서 평판 및 잠재 이해상충 여부를 판단하고, 라이프스타일이 직위에 맞는지 검토할 대상이다. 실사 팀은 매도측 경영진을 인터뷰하며, 그 목적은 대상사업에 대한 이해를 높이고 실사 계획에 반

영하는 것이되, 경영진을 평가하여 계속 경영을 맡길지에 대한 오디션이라는 부수 효과가 있다. 질의에 대한 답변이 특정 임원에게 집중된다면 경영진의 능력 부족으로 간주되며, 견해차이가 나타나면 팀웍과 리더십 부족으로 간주된다.

비상장회사가 가족기업일 경우 가족인 임직원이 기여도 없이 급여를 받다가, 피인수 후에는 새로운 회사에 적응하지 못할 수 있다. 창업 이후 관리 시스템 투자에 소홀하였고 오너가 후선 부서에 대한 투자를 아까와 했다면 인수자 측에게 정보시스템 비용 소요액이 증가한다. 사내에서 원칙적으로 겸직할 수 없는 기능을 오너 체재 하에서 측근 인사가 겸직해 온 경우는 피인수 즉시 교정되어야 한다. 오너가 과도한 비용을 지출해 온 경우라면 피인수 후 비용 절감 효과를 기대할 수 있다. 회사가 인력을 독립적인 계약자(개인사업자)로 대우해 왔다면 이들이 직원 지위를 요구할 때 과거 소득세 원천징수 등 우발채무가 발생할 수 있다.

인수 측은 실사 결과를 인수조건에 반영하면, 누가 경영을 맡고, 사임하며, 각 직급 별로 인력을 배치할지의 결정을 조기에 내릴 수 있다. 이러한 결정은 인수 후 최초 30일 이내에 내려야 한다. 또한 역량의 공백, 갈등요소 및 의사결정 방식 차이를 파악할 수 있어서, 인수 후 통합에서도 유익하다.

재무나 지적재산권 정보에 접근하는 직원도 사전에 경력 조회를 거쳐야 한다. 중국에서는 북경의 지적재산권 보호 정책이 지방에까지 집행되기 어려우므로 지적재산권 유출 가능성과 영향을 판단하여, 직원들의 충성도에 따라서 사내에서도 보안 격리조치가 필요하다.

IT담당자들은 모든 기업정보에 접근하면서 감독을 하기에 어려운 집단이다. 종업원의 개인정보 보호 의무 준수를 위해서는 전자정보를 사외에 제공하기 전에 사전 동의를 획득해야 하므로 중국 노동계약법에 따라 IT규정을 중문으로 제공하고 영수 서명을 받아 놓는다.

인수 측은 고용계약서의 경업금지 및 비밀유지 조항이 현행 중국법에 일관되는지 수시 점검한다. 중국에서는 내부인의 익명의 제보가 빈번하므로 보복성이 아닌 적법한 제보만을 권장할 필요가 있다. 중국 감독당국의 방문을 맞이하는 부서에는 대응 매뉴얼을 마련한다.

하청업자들이 노동법규를 위반하여 외국기업의 평판이 손상된 사례가 있으므로, 외자계 인수자는 근로환경에 대해 직원 교육을 시키고 준법 확인을 해야 한다. 이에 관련하여 유럽에서 개발된 social accountability 8000 인증을 받기도 한다.

2) 법률 실사

법률실사에서는 자본구조에 있어서의 중대한 변화를 일으킬 수 있는 거래와 관련하여 대상기업에 대한 재무, 영업, 법률, 환경, 인적자원, IT 활동 등을 조사하며, 특히 지분인수대상기업에 관한 설립, 경영, 현재 및 장래의 채권채무관계, 불확정채무에 대한 종류와 범위, 관계당국으로부터의 인허가관계, 소송진행 현황과 전망 등 지분을 인수한 이후에 발생할 수 있는 법률적 위험을 파악한다.

M&A의 법률 실사 기간은 설립경과연수, 연혁, 자산과 부동산 상황, 경영관리 상황, 종업원 상황에 따라 달라진다. 웬만한 규모의 M&A라면 기간은 1.5개월~2개월이 소요된다. 일반적으로 법률문제의 조사 및 중간 결과를 보고한 후, 추가자료 수집, 검토 및 추가의견 청취 후에 최종적인 보고서를 제출하게 된다.

3) 재무 실사

재무제표 검토는 실사의 가장 중요한 측면이며, 가치평가자들이 간과하는 불일치 사항을 발견하는 데 목적이 있다. 기업인수자 측에서는 내부통제제도 및 인수 대상사업의 재무 또는 운영 상에 기업 가치가 손상될 상황이 존재하는지 여부를 조사한다. 재무실사자는 Ebitda를 포함하여 경제적 변수에 대한 계량적 및 정성적인 측면에 중점을 둔다. 회계정책이나 방식에 변경이 있다면 '사과를 오렌지에 비교' 하는 국면이 되므로, 실사 팀은 변경의 목적을 확인하고, 재무제표의 소급 수정에 의해서 변경의 영향을 점검한다. 실사 팀은 재무 예측치를 도출하기 위해서는 핵심요소에 대한 가정을 적용하게 된다.

중국 재정부, 국가외환관리국의 2002년 외국투자기업의 자본감사를 한층 강화하고 외자외환등록제도를 건전화 할 것에 관한 통지(Notice on Further Strengthening the Capital Assessment of Foreign-funded Enterprises and Enhancing the System of Registration of Foreign Exchange Invested by Foreign Parties: 关于进一步加强外商投资企业验资工作和健全外资外汇登记制度的通知)에 근거하여 공인회계사가 발급한 자본검증보고서(资本验证报告: capital verification report)를 입수하면 90일 간 법적 증거로서의 효력을 가진다. 재고조사는 회계감사의 절차이지만, M&A 거래에도 수반된다. 업무 마감 후에 영업

에 전혀 지장 없이 실물을 조사하는 재고조사 대행 서비스가 출현하였다.

4) 연구개발/지적재산권 실사

외국투자자는 중국에서 지적재산권의 존부와 계약만이 아니라 시장점유율 및 경쟁사와 비교하여 가치 판단을 해야 한다. 연구개발 실사자는 제품 개념화로부터 시장 출시, 개발 진행 여부의 결정에 사용되는 지표 등 연구개발의 기능을 파악한다. 피인수 측의 R&D활동을 계량화하여 신제품의 파이프라인이 인수자 측의 가치 창출계획상의 매출 성장률을 지지할 수 있을지를 판단한다. 과거의 연구개발 성과는 쉽게 측정될 수 있으나, 현재 진행중인 연구개발의 성과 계량화는 어려운 과제이다. 매도 측은 이러한 정보를 최종 단계 이전에는 밝히려 하지 않을 것이므로, 인수 측은 매도자 측에게 '이러한 정보가 최종 인수조건에 중대 변수가 될 것이라'고 명확히 밝히면서 정보를 요구해야 한다.

연구개발 활동의 통합은 양 조직이 고유한 접근방식을 사용하기 때문에 고난도의 과제이다. 통합을 위해서는 어느 정도 일정 지연이나 비용효율 가정을 포기해야 할 수 있다.

5) IT실사

IT실사에서는 운영 통합 평가가 핵심이 된다. IT의 호환성 및 연결계획은 최우선순위의 작업으로서 중복/잉여 설비의 통합 또는 동반 배치가 수반되고, 비용 시너지 가정을 검토한다. 인수자 측에서 정보기술(IT) 실사를 소홀히 할 경우 M&A에서 의도하던 성장이나 경비절감 계획에 지장을 받게 될 수 있다. 구형 시스템, 미숙한 IT인력 및 미흡한 라이선스 등은 M&A의 효과를 잠식할 수 있다.

M&A에서 IT통합을 위해서는 실사 단계에서 IT투자비용 포트폴리오 (비용 추이, 자본예산과 운영예산), IT소싱 현황(계약 내용, 파트너 및 선택 방법, 소싱 계약), IT역량(IT의사결정, IT전략수립, 솔루션 개발, 아키텍처 관리, IT서비스관리, IT리소스관리 등을 위한 조직, 프로세스, 인력구조), 애플리케이션 및 IT인프라스트럭처 적정성 여부를 파악해야 한다.

M&A기업들의 IT통합은 크게 4가지 형태로 나타나고 있다. 첫째는 인수한 기업의 IT체계를 기반으로 피인수 기업의 조직과 프로세스, 정보시스템을 통합하는 형태이다. 두 번째는 피인수 기업의 정보시스템을 기반으로 IT통합을 추진한 뒤 인수기업

의 일부 IT정책을 반영토록 하는 것이다. 세 번째는 새로운 시스템을 구축하는 것이다. 네 번째는 경영권만 인수 했다던가 피인수 기업이 기존 사업영역과 겹치지 않은 경우 IT통합을 추진하지 않는 사례가 있다. 이 경우는 대부분 IT통합이 그룹웨어나 경영정보시스템 통합 정도에서 그치고 만다. 그러나, 매물로 나와 있는 회사는 IT의 투자나 유지보수를 연기하여 이익을 부풀릴 수가 있다. 인수자 측에서 이러한 사실을 밝혀 내지 못한다면, 인수 후에 지출 부담으로 인해 의도하던 전략에 지장을 안게 될 것이다.

제조업 인수에서의 IT실사는 기술회사의 경우보다는 완화될 것이나, 인수자는 다음과 같은 요인들에 주목해야 한다.

- 고객에게 고도화된 웹 서비스를 제공해야 하는 기업.
- 맞춤 소프트웨어를 사용하는 경우.
- 일련의 합병을 거친 기업으로서, IT통합을 처리하지 못한 경우
- 복잡한 내부거래가 발생하는 경우
- 공급 체인이 복잡한 경우.
- 판매지점, 재고 주문 입력 또는 청구서 발급의 다계층 시스템을 유지하는 경우
- 분할매각된 사업부로서, 분할 전 제공받던 IT기능을 외주 계약한 경우.
- 인수자의 인수 목표가 IT기술에 있는 경우.
- 구조조정에 들어가면서 IT예산이 삭감된 경우
- 인수한 기업을 다른 기업 인수의 플랫폼으로 사용하려는 경우
- 인수한 기업의 사업모델을 전환하려는 경우
- 인수 목적이 지적재산권에 있는 경우. 특히 지적재산권이 타인의 자산을 사용하여 개발된 경우.

중국에서 IT실사 경우의 주안점은 다음과 같다.

- 중국 내 이메일 서버가 어디에 위치하는가;
- 중국 직원들이 어떤 공유/네트워크 드라이버에 접속 가능한가;
- 중국 내 직원들이 회사 전화를 휴대하는가, 개인 장비로 회사 이메일에 접속하는가 여부;
- 원격 접속 장비가 중국 내 회사 외부의 장소에서 사용 가능한가;

- 중국 내에서 메시지 소프트웨어를 사용하는 경우 메시지가 보관되고 재생 가능한가;
- 어떤 회계시스템이 사용되며, 거래 데이터를 원격에서 접속할 수 있는가

다. 상업적 실사(Commercial due diligence)

상업적 실사는 인수자 측이 다음 사항에 대해서 한정된 가용 시간 내에 수행되는 전략적 검토이다.

- 인수대상 회사가 기대되는 사업전망을 갖추었는지 여부를 확인
- 인수 후 통합의 기획
- 가치 극대화를 위한 입지

CDD의 목적은 다음과 같다:

- 매출운영, 경로 구조, 고객의 요건을 평가
- 시장의 현황에 대히하여 물량, 성장, 가격, 구성 및 마진 가정을 검증함
- 사업계획 달성 가능성 및 민감도를 확인
- 인수 건의 가치 요인(value driver)을 파악하고, 시너지 가정을 검증한다
- 위험과 기회를 포착한다.
- 실행 계획에 대한 입력 변수를 제공한다.
- 장기 전략에 대한 권고를 제시한다
- 업계 대비 경영진의 능력을 판정한다

상업적 실사는 시장실사, 업계 실사 및 경영진 실사로 구분된다. CDD는 인수자가 당해 사업 인수에 지급한 프리미엄을 당해 사업으로부터 회수할 방식에 대한 최종 확인 절차이다. 상업적 위험이 낮으면 사모펀드가 레버리지를 활용하여 인수에 동참할 가능성이 높아진다. 인수금융 대출은행도 CDD의 현금흐름 분석을 검토한 후에 대출 조건을 완화해 줄 수 있다.

CDD는 인수 이전에 거래위험을 제거하는 데 못지 않게 인수 후의 통합도 목표로 한다. CDD절차는 까다로운 것은 아니나 시장에서 조사활동과 판단을 요한다. 그 이후에는 프로젝트의 특성에 맞는 특정한 기술이 중요하다.

CDD의 시점은 인수자 측이 실사 비용을 지출한 후에 경쟁인수자가 출현하지 못하도록 독점적 지위를 확보한 시점에서 개시된다. 다만, 상업적 전망이 불투명한 경우에는, 합리적인 비용 수준에서 사전 실시하는 것이 바람직하다. 독점적 협상대상자 지위가 없이 CDD를 대상기업이 알지 못하는 상황에서 수행하면, 매도자 측의 기대치를 높이지 않으면서 거래의 기각 여부를 판단할 수 있고, 거래 진행 경우에 가격 결정에 활용될 수 있다.

CDD의 범위는 추진 중인 거래의 특성, 기존에 파악된 지식 및 위험도 인식에 좌우된다.

표6-4. M&A목적에 따른 CDD의 주안점

M&A의 형태	전략적 목적	CDD 주안점
설비과잉 처리	과잉설비 제거, 시장점유율 획득, 경제성 달성	전략, 시장 규모와 성장, 상대적 시장 우위, 매출 감소 없이 합리화 이행 여지
지역적 결합	성공적인 기업이 지역적으로 확장. 지역 운영조직은 유지	고객 충성도, 지역 경영진 강점
제품이나 시장 확장	제품라인 확대 또는 해외 진출	제품/시장 지위의 상대 강점. 문화적 및 시스템적 통합
연구개발 M&A	내부 연구개발 대신 외부조직을 인수하여 신속히 시장 지위 확보	규모확대와 지속 가능성을 포함하는 기술적 평가. 궁극적 시장점유율, 경영진 강약점과 핵심인재 유지의 평가
복수 업종 간 수렴 M&A	신생업종이 출현함에 따라 기존업종의 자원을 이동 배치	궁극적 시장점유율, 성장률, 위협요소와 약점 (대체재, 신규 경쟁자, 핵심인재 유지)에 집중

* 자료: Peter Howson

1) CDD의 절차

잠재인수자는 다음 사항을 자체 점검한다;

- 실사절차를 수행하는 데 필요한 시간이 남아 있는가? 그렇지 못할 경우의 대응책은?
- 실사 절차에 중대한 한계가 설정되었는가?
- 실사 절차를 매도자 측에게 설명하였는가?
- 인력과 서류에 대한 접근 권리를 매도자와 합의하였는가?

- 인수자 측이 본 거래를 내부 승인한 문서 검토. 인수에 따라 창출되는 시너지를 계량화 하였는가? 어떤 추가 정보가 필요한가?
- 인수의 결과로 현행 운영, 기존 인력, 업계에 미치는 영향을 판단하였는가?
- CDD보고서의 사용자의 범위

표6-5. CDD일정

비밀유지 약정	대상기업의 고객에 대한 접촉을 금지하는 조항은 배제함. 비밀유지 조항 합의 지연으로 실사 기간이 단축될 우려 상존
착수	데스크 리서치
경영진 면담	대상기업이 CDD팀에게 브리핑 제공 고객 인터뷰 준비, 경영진 평가 착수
심층 협의	업계 핵심 인사 면담
분석	시장 데이터와 면담 결과의 비교
보고	결과 정리 및 조치 개발

* 자료: AMR

2) CDD자문사의 선정

사모펀드들은 기업인수 과정에서 시장실사를 직접 수행하지 않고 전문업체에 외주함으로써 실사자문 업계의 성장을 촉발시켰다. 사모펀드 시장이 Seller's market이 되면서 실사 기간이 짧아지자, 사모펀드들은 운영 컨설턴트 활용을 확대하였으나 거래 비용 부담도 높아졌다.

CDD자문사의 선정 요인은 CDD경험, 인수자 측에 서비스를 제공한 경력 및 피인수 측 분야에 대한 경험들이다. 인수자는 CDD자문사에게 업무내용을 제시하면서 다음 사항들을 포함시켜야 한다;

- M&A거래의 목적 및 우려 요소
- 재무실사 자문을 누가 수행하는가
- 인수자가 직접 수행하려고 의도하는 실사 활동이 어떤 것인가
- 실사보고서 제출 방식 (관련성 없는 대량의 무관련 정보 제출을 방지하기 위함)

CDD자문계약에는 다음 항목들이 포함되어야 한다;

- 실사 업무 내용과 담당자
- 인수거래 일정 및 실사 일정. 중간 보고 여부
- 보수
- 결과물에 대한 권리 귀속 및 양도성,
- 비밀 유지, 책임 보험
- 인수 거래가 기각되고 실사계약이 조기 해지될 경우의 처리

어떤 전문가라도 실사에 한달의 기간은 필요하지만, 어떤 부정적 요인이 밝혀질 우려에 따라 실사시간이 단축될 개연성이 높다. 인수자 측에서도 비용 투입을 늦추려 하다가, 마지막 순간에 실사팀을 재촉하는 성향이 있다.

3) 시장 실사(Market due diligence)

과거 M&A실사가 인수대상회사의 자산 건전성, 현금성 자산의 보유, 부외부채의 존재여부 등이 중요하게 여겨졌다면, 현재의 M&A실사의 트렌드는 사업성으로 요약될 수 있다. 사업성이라는 개념은 M&A 대상기업이 속한 업종의 성장성, 진입장벽·환경 및 법적 위험성, 매출처 및 매출가격의 지속성, 매입가격의 결정력, 매입 및 제조원가의 통제가능성 등을 포함하는 것으로, 대상기업이 영위하는 사업의 거시적, 개별적인 특성을 포괄한다

사모펀드들은 피인수 대상기업으로부터 직접 정보 제공을 받지 않고서도 정보를 입수하여 M&A 의사결정을 내릴 필요에 따라, 시장으로부터 기업 정보를 획득하는 시장실사 (상업적 또는 고객 실사)를 발전시켰다. 또한 피인수 대상기업의 실적이 경기를 탄 것인지 아니면 기업의 고유 경쟁력에 따른 것인지를 판별하기 위해서도 시장실사가 필요하다.

현재 시장이 성장하고 마진이 좋다고 해서 장래의 실적이 보장되는 것이 아니므로, 시장실사에서는 대상기업의 경쟁적 지위와 전망을 조사한다. 전형적인 활동은 데스크 리서치, 경영진 면담, 업계 보고서 탐독 및 전문가 면담이다.

- 시장의 구성 부문, 그 규모, 구조 및 성장 동력과 속도
- 대체제품, 신기술, 신규 진입경쟁사 여부
- 수익성이 외부의 영향에 의해서 변동하는지 여부

- 상기 요소들이 가격 책정에 미치는 요소는
- 경쟁사가 누구이고, 어떤 강약점을 보유하였는가

시장의 부문별 규모를 정의하는 강력한 시장 모델이 있으면 수요 예측에서 중요한 입력변수로 활용될 수 있다.

제품의 강점은 매출 성장 지속가능성에 의해서 판단한다. 제품의 수명주기를 파악하고 과거 성장이 가격과 물량의 어느 쪽에 주도되었는지, 외부 환경요소에 대한 민감도, 시너지를 낼 수 있는 보완 요소들를 파악한다.

4) 고객분석

고객 분석의 목적은 고객의 구매 기준과 장래 구매의도를 파악하는 것이다. 전형적인 활동은 고객층 분류, 핵심 의사결정 요소 파악, 표본고객 면담 및 비 고객과 과거 고객을 면담하는 것이다.

- 주 고객층이 누구인가, 구매 기준이 무었이고 어떤 가치를 우선하는가?
- 이러한 기준 대비 대상기업이 어떤 성과를 내고 있는가?
- 미충족시키는 수요가 잔존하는가?
- 구매자 행태에 변화가 있을 것인가?
- 고객이 이탈할 경우에 부담해야 하는 비용이 어떤 것인가?

매도자는 외부인이 자사의 고객과 논의를 하는 데에 불안감을 느끼며, 거래가 무산될 경우의 악영향을 우려한다. 실사자문사는 다음과 같은 논리로 매도자를 설득하여 조회 대상 고객 명단을 얻어 낸다;

- 고객 면담은 기업 인수 절차의 정상적인 일부분이다.
- 고객관리 프로그램으로 위장하여 접근할 것이다
- 경영권 변동의 가능성은 결코 시사하지 않는다.
- 거래가 결렬되더라도, 매도자에게 설문 결과를 제공해 준다.
- 이러한 결과는 오랜 동안 유용하게 활용될 수 있다.

5) 경쟁사 분석

경쟁사 분석은 데스크 조사, 경쟁사 문헌 검토, 경쟁사 및 업계 전문가 면담 등, 대상기업이 경쟁에서 생존할 능력과 자원이 미비할 위험을 파악하기 위한 활동으로 구성된다.

- 주 경쟁사가 누구이며, 경쟁도는 어느 수준인가?
- 경쟁사가 고객의 기준 및 대상회사 대비 어떠한 강약점을 갖추었는가?

6) 혁신기술 사업의 CDD

일반적으로 혁신기술 기업의 발명자들은 다음 사항을 간과하고서 너무 일찍 특허를 출원하는 경향이 있다.

- 제조비 부담이 얼마인가
- 관심 고객이 누구인가
- 예상 판매 수량이 얼마인가
- 유사 제품과 차별점이 무엇인가
- 특허 취득이 가능한가

상업적 실사자는 기술의 상업성이 있는지 및 투자 시점에 적기인지를 확인해야 한다. 즉 혁신이 직접적으로, 또는 가격하락을 통해서 간접적으로 제품과 공정의 개선을 달성하는가?

혁신자가 혁신의 잠재성을 보여 주면, 자원과 실행력을 보유한 타인들이 진입하고, 관련자들 간에 혁신의 창출 가치가 배분된다. 여기에서 혁신 주체의 몫이 충분해야 하는데, 이는 모방가능성에 좌우된다. 모방 가능성의 평가 요소에는 다음의 세 가지가 있다;

- 모방을 억제하는 지적재산권
- 신제품의 생산, 마케팅, 금융을 위해 필요한 보완 자원에 지출 소요
- 모방 가능성의 변수인 기술적 특성

혁신을 보호하기 위해서 혁신자는 특허를 출원할 수 있지만, 시점, 학습곡선 및 매출 서비스 네트워크 상의 우위도 유지해야 한다. 시장 표준화가 중요할수록 조기 진입의 효과가 극대화된다.

7) 성숙산업의 CDD

성숙산업에서는 경쟁우위 확보가 어려우며, 잔존하는 기회도 차별화가 아닌 원가에 좌우된다. 경쟁우위가 확보될 수 없는 이유는 다음과 같다;

- 고객 측의 경험이 축적되었음에 따라서 차별화의 기회가 적다
- 원가 우위의 여지가 희박하다
- 유통체계의 발달로 인해서 경쟁자들이 niche시장을 공략해 올 수 있다.
- 표준화 및 유통의 발달로 인해서 외국 경쟁사의 진입이 가능하다.

성숙산업의 실사 요소는 다음과 같다;

- 업계의 위축 원인과 속도,
- 차별화와 niche기회가 잔존하는 특정 부문이 생존할지 여부. 수요가 분산되어 있다면 일부 부문은 생존 및 성장이 가능할 수 있다.
- 당해 기업이 그러한 잔존 특정 부문을 목표로 할 능력

실사의 결과에 따라서 인수자는 시장과 시장의 부문을 재 정의하고, 신규 고객군을 유치하며, 관련성 있는 신규 기능의 제품과 서비스를 도입한다.

8) 합작사업의 CDD

합작사업은 단기이고 다음과 같은 특정 목적을 두는 경향을 보인다.;

- 글로벌 마케팅 역량을 신속하게 달성
- 더 신속한 혁신 경로
- 보완자원 조달에 융통성 확보
- 연구개발 위험과 비용의 분담
- 이업종 간 연합으로 신시장 형성
- 경쟁자 사전 배제
- 지역시장의 통상 장벽 극복
- 보다 항구적인 것을 선도하는 기능
- 비 핵심 자산의 궁극적인 처분

합작파트너 들은 계약에 앞서서 각자의 기여 항목, 운영 전략, 합작 지속 기간, 합작 해지 사유 및 투입자금 회수 전략을 수립해야 한다.

합작 파트너 간에 합작의 목적이 다르며, 성과 측정방식도 다르다. 사업위험은 축소되지만 관계 위험이 발생하므로, JV실사도 파트너 간의 관계 및 역할의 중복 여부에 중점을 두게 된다. 두 파트너가 제품과 시장에 각각 기여할 경우에도 다른 부문에서는 경쟁이 지속될 수 있으므로, 세력의 균형이 필요하다. 강한 기업은 약한 파트너

를 만나서 통제력을 추구하고, 약한 기업은 강한 파트너를 찾아서 의존하고자 하지만, 세력의 불균형은 바람직하지 못하다. 연구개발 목적의 합작인 경우에는 합작 종료 시의 경쟁 복귀 및 지적재산권 배분 방식이 실사의 중점 사항이 된다.

9) 구조조정 기업의 CDD

구조조정 기업의 실사에서는 다음의 사항을 파악하고 나서, 회복의 가능성을 평가한다;

- 실적 악화 요인이 해소될 수 있는가?
- 업계 또는 업계 내의 특정 부문의 매력이 상존하는가?
- 경쟁 우위를 생성 또는 개선할 여지가 존재하는가?
- 회복 가능성의 평가 요소는 다음과 같다;
- 경쟁력의 개선 여지가 있는가?
- 취약점을 해소하는 데 투입할 자원이 가용한가?
- 제품에 대한 수요 감소가 치명적이 아닌가?

3. 데이터룸과 전자 실사

가. 버추얼 데이터룸

데이터룸의 출입이나 접속은 비밀유지약정 동의를 조건으로 한다. 인수자는 데이터룸의 정보에 의해서 양수도계약의 진술 및 보장 사항과 첨부물을 작성한다.

실사팀은 데이터룸에서 가치창출 계획을 타당화하는 정보를 찾으려 한다. 매도자 측이 절차상 지연을 예방하고자, 잠재매수자에게 중요하다고 간주되는 정보만 비치하고 매도에 도움이 되지 않을 정보는 노출하지 않으려는 성향이 있으므로, 매수 측 실사팀은 추가 자료를 요구한다. 초보 인수자는 '모든 서류를 다 보겠다'는 의욕을 보이지만, 목적에 따른 우선 순위에 의한 현실적인 검토가 필요하다.

잠재인수자가 동종 업계 경쟁사인 경우, 또는 사모투자펀드로서 경쟁사에 기 투자하고 있는 경우, 데이터룸의 정보는 상업적으로 민감한 부분을 걸러 내는 편집을 거친다. 단, 영국의 경우, 씨티코드 20.2조에서는 잠재인수자들에 대하여 제공되는 정보는 동일해야 한다는 의무를 규정하고 있다.

데이터룸은 서류와 재무제표가 비치된 물리적 공간이었으나, 근래에는 전자매체에 의한 버추얼 데이터룸(VDR)으로 발전하고 있다. 정확한 정보를 즉시 수요자에게 전달하기 위해서 매도자 측 VDR팀은 자료를 가상 폴더에 정리해 놓는다. 실사자들의 질문 주제별로 아이콘을 삽입하고 매도자 측 답변 담당자를 배정한다. 실사자가 다수인 경우 질문자 형태별로도 추가 분류하여 답변 담당자를 배정한다. 질문자에게 각 질문에 대해 우선순위 및 선호도를 설정하게 해 준다. 매도 측이 답변을 온라인에 게시하면 중복 질문이 제거된다.

잠재인수자 측은 원격지에 있는 전문가들을 VDR에 참여시킬 수 있으며, 이들의 검토 진도 도식화 기능을 확보하여, 어떤 전문가가 어떤 서류의 어떤 페이지를 몇 분간 검토했는지를 검색할 수 있다. 실사팀원들이 유기적인 협조보다는 독자적으로 구분된 접근을 함으로써 큰 그림을 보지 못할 수가 있으므로, 원격지에 있는 팀원은 반드시 화상회의로 참석해야 한다. 필요 시마다 소그룹 단위의 회의가 권장된다.

기업매각 입찰이 일반화되면서 버추얼데이터룸을 전문하는 Merrill Datasite사는 2004년에 519건을 설치하였다. 버추얼 데이터룸은 ISO 27001 Information Security Management -Specification with Guidance for Use 인증을 받을 수 있다. 또한 AICPA와 상장기업감사 감독위원회(PCAOB)가 제정한 Statement of Accounting Standard 70 Level II에 의해서도 인증된다.

표6-6. 전통적 데이터룸과 버추얼 데이터룸 비교

		전통적	버추얼
1.	데이터 룸 소재지	직원들을 동요시키지 않기 위해 법률사무소에 설치	온라인
2.	데이터 룸 설치 업무	댜량의 복사와 색인 작업. 원본 서류가 들어갈 위험	부담 적음
3.	서류 보안	출입자 통제 수준	접근, 다운로드, 인쇄 통제로 우수
4.	비용	공간, 인력 및 인쇄비로 고비용	표준 소프트웨어 사용으로 저비용
5.	입찰자들의 활동 기록 유지	누가 어떤 문서를 언제 보았는지 파악이 불가능	전자서고 통제를 통해서 가능

6.	데이터룸 접근성	실사 팀이 물리적으로 출장해야 하므로 낮음	온라인이므로 접근성 높음
7.	인수 측 결정 도출 기간	질의응답에 많은 시간이 소요되므로 전체 일정 지연	Q&A를 VDR에 통합시키므로 신속
8.	투자자 측 위험 부담 축소 여지	야간, 휴일 열람이 불가능하므로 위험 부담 축소할 수 없음	관련 문서 간 링크를 통해서 가능
9.	최종 순간에 입찰자를 추가할 여지	없음	전술적으로 추가 가능
10.	데이터룸에 다수 응찰자들 수용 여부	VDR룸을 경쟁자 간에 격리/교대 사용해야 하므로 수용 가능 응찰자 수가 매우 한정됨	온라인 동시 열람하므로 무제한
11.	모든 응찰자들에게 신규 정보통지 절차	응찰자가 신규 자료 요청한 경우 다른 응찰자에게 제공 절차 필요	온라인 게시
12.	서류 접근 제한 가능 여부	없음	있음

* 자료: Merrill Datasite, Top Ten Ways Beyond due diligence – using your VDR to dobetter deals, White Paper

인수 측은 공식 실사 이전부터 VDR 서비스를 활용하면 자문사 측 전문가집단의 사전 검토 활동도 단일 플랫폼에 통합시킬 수 있다.

VDR은 주고 받은 문서의 초안부터 최종본까지 호스팅함으로써 전자서고가 되며, M&A가 완료된 후에도 정보 공개의 증거로 남는다. 특히 실사가 합리적인 주의를 기울였는지, 부정확한 정보임을 인지하고 있었는지를 확인하는 과정에서 정보가 제공되고 검토되는 흔적으로서 이메일의 비중이 높다. 이메일의 유출이나 이메일에 첨부할 수 없는 과대한 파일 문제가 수반되지 않는다.

사후적으로 분쟁이 발생할 경우의 소송 실무가 전자문서에 의존하는 점에서, 버추얼 데이터룸의 필요성은 더욱 커진다. 미국의 판례에서는 실사에 의한 방어를 추구하는 측에서 합리적인 주의를 다했어도 버추얼 데이터룸에서 부정확성을 발견하지 못하였음을 입증해야 한다[271]. 인수자 측이 특정 리스크를 이유로 인수대금의 지급을 일부 유보(holdback)하려 하자 매도자 측이 VDR의 기록을 추적하여 인수자 측의 실사자 5인이 16시간 동안 대상 현안을 검토하였음을 밝혀 내고, 인수자 측의 요구를 철회시킨 사례가 있다.

---

271) David Thornquist, Electronic Due Diligence: An Advantage For PE Managers, Data Discovery Direct. Buyouts (Sep 6, 2004): 1

도6-1. 버추얼 데이터룸

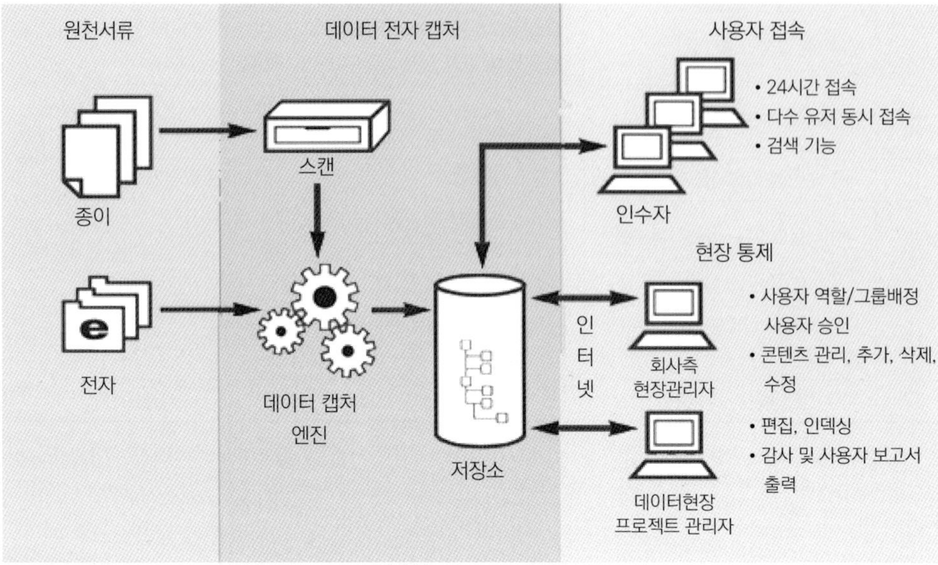

나. 인공지능 실사

M&A 실사를 위하여 법무실사팀은 지원 인력을 동원하지만 타이트한 마감 일정하에서 오류가 발생할 위험도 커졌다. 이에 법무법인들은 실사에 인공지능 활용을 추진하고 있다. AI실사는 검토의 우선순위를 설정해 주며, 미파악된 데이터와 잘못 분류된 서류도 찾아내 준다.

딜로이트는 인공지능 도입을 위하여 2016년 Kira System과 제휴하였으며[272], 영국 RAVN사는 M&A실사 AI서비스인 iManage소프트웨어를 개발하였다[273].

인공지능 지원 M&A DD에서는 전문가(변호사)가 분류를 해 놓은(labelled) 데이터를 가지고 머신이 학습하는 supervised machine learning이 활용된다[274].

---

272) Deloitte, Deloitte Forms Alliance with Kira Systems to Drive the Adoption of Artificial Intelligence in the Workplace, 2016.3.8.

273) https://imanage.com/solution/imanage-ma-due-diligence-robot/

274) Imprima, AI for Due diligence, 2018.7.6.

4. 실사보고서

기업실사가 어느 정도 마무리되면 이를 수행한 변호사, 회계사는 실사보고서(due diligence report)를 매수인에게 제출하고, 매수인은 실사보고서에 기재된 대상회사에 관한 정보 및 이를 기초로 하여 회계적·법률적 관점에서 분석된 쟁점을 이해하여 인수가격 산정에 반영하고, 매도인 측과 본계약 협상을 준비하게 된다.

실사보고서의 내용은 인수자의 요구에 따라 결정된다. 인수 대상 기업의 규모가 크거나, 인수자 측에서 상세한 정보를 요청한 경우 실사보고서의 분량이 방대해진다.

가. 인수 진행의 경우

인수 건이 계속 진행될 경우, 실사팀은 실사보고서 요약본과 실사보고서를 인수자에게 제출하며, 이사회 승인 부의 서류, 인수 후 통합계획 및 우발계획을 첨부한다. 실사보고서는 모든 기록과 결론을 도출하는 과정에서 수행된 분석 내용을 포함하는 방대한 서류로서 의사결정자가 이를 숙독하기 어려우므로, 요약본이 작성된다.

표6-7. 실사보고서 요약본의 내용

배경 및 소개	인수 추진 경과, 인수 대상기업 개요, 인수로 인한 기업가치 창출 기회
실사팀	팀 구성 및 인적사항
실사 목적	검토의 목적, 채택 또는 수정된 가정, 노출된 문제점
실사 절차	수행시기와 장소, 제공 받은 정보의 수준 평가 매도자 측 협조도 평가, 실사의 효과 평가
발견 사항	거래를 위태롭게 할 사항 발견 여부 사업 평가, 경영진 평가 인수 계약 체결 전 처리사항 및 대금지급 이후 처리 사항
결론	실사보고서 상의 현안을 만족스럽게 처리한다는 전제 하에, 인수거래 계속 진행 결론 도출

* 자료: William Gole 외

인수자 측은 실사보고서 내의 사항을 인수대가 지급 이전에 처리할 사항과 인수 후 통합 과정으로 미루어 둘 사항으로 구분한다. 우선 처리할 사항들은 협상 및 인수계약 체결 담당팀에게 전달하고, 나머지 사항은 인수 후 운영할 팀에게 이관한다.

양수도 계약서안은 양수도 대상목적물 및 거래 조건, 당사자들의 권리와 의무, 당사자들이 취할 조치, 부정확한 기재사항이 발생한 경우의 처리 방식, 양자 간의 위험 배분등의 항목으로 구성된다. 사업부문의 M&A인 경우에는 매도 측이 한시적으로 운영을 대행해 준다는 내용의 transition service agreement가 추가된다. 한편 피인수 측의 현금 시재에 대해서는 양측의 이해가 대립되므로 유지되어야 하는 기준 운전자본의 정의와 금액을 지정할 필요가 있다. 계약해지 조항에 있어서, 매도인 측은 매각비용이 매몰되지 않도록 엄격한 조건을 설정하고자 하며, breakup fee와 같은 거래보호장치를 요구할 것이다.

이사회 부의안에는 실사보고서에 추가하여 다음 항목들이 기재되어야 한다

표6-8. 의사회 부의안의 내용

구분	내용
타당성	전략적 논리, 인수대상기업과 인수자의 투자 목적/성장전략 간의 연계 실사에서 검증 또는 수정된 주요 가정 내역
시장 및 경쟁	해당 시장 부문의 현황 및 규모 시장 동력의 특성 시장 부문의 성장과 수익성 특성 주요 경쟁업체 제안된 인수 건이 시장에 줄 영향
인프라	업종 고유의 인프라 대상기업의 인프라의 적합성 평가
재무 사항	과거 실적 계량치, 인수 후의 실적 예상치 인수가격, 거래구조, 기대수익에 대한 논의
가치평가	인수가격 산출 근거인 가치평가에서의 가정과 방법론 검증 더 낙관적, 비관적 가정에 근거한 민감도 분석

* 자료: 실사에서 밝혀진 문제점 및 완화 조치 방안자료: William Gole 외

인수 후 통합계획에서는 운영 통합, 시너지 관련 통합(매출과 비용) 및 기업문화 통합 요소들을 제시하고 담당자 지정과 일정 수립이 포함된다. 또한 피드백과 보고 체계를 수립한다.

우발계획에서는 인수 이후 도급자나 제휴선에 대한 치명적 의존도, 고객 기반 집중, 경쟁자 출현, 내부 절차의 약점, 규제 강화 환경 등에 대한 대책을 제시한다.

나. 재협상의 경우

협상 팀은 실사 과정에서 수용 불가한 위험이 발견되거나 기업가치와 시너지 효과가 미흡한 경우 가격재협상이나 거래 구조 변경을 추진한다. 기업가치 평가를 변경하지 않고서 거래를 강행하려면 양수도계약서 상에서 매도자에게 위험을 분담시킬 필요가 있다.

전략적 인수자의 경우 진행하던 인수를 포기하기는 쉽지 않으므로, earnout, 인수대가 지급 유보(Hold-back) 등 대안을 마련해야 한다. Earnout은 인수대가 지급을 즉시지급분과 장래 조건부 지급분으로 분할하여 지급하는 방식으로서 매도주주가 기존 경영진으로서 이해관계가 일치한 경우에 적합하다. 지급유보는 지급대가의 일부 금액을 에스크로에 걸어 놓고, 일정 조건을 달성하면 매도자에게 지급하고, 미달하면 인수자에게 환불한다는 조건이다. 다만 인수 측은 earnout부채를 공정가치로 평가하면 시너지 효과가 불투명해 지고, 손익의 변동성이 높아지는 부담을 안을 수 있으므로, earnout기준을 회계와 법무자문 하에 신중히 설정해야 한다.

5. 중국 실사에서 유의사항

중국에서 일련의 광산장비 업체를 인수하여 홍콩에 상장시켰던 미국 사모펀드인 Jordan Company는 중국 자동차부품 업체를 8개월 간 실사하면서 수백만 달러의 비용을 지출하였으나, 고객 및 공급업체와의 계약서를 입수하지 못하였다. 실사의 막바지 단계에서 계약서를 입수한 때, 원재료 단가 조정 조항은 없이 제품가격을 5년간 자동 인하하는 조건임을 발견하였다. 실사팀은 본사에 철수를 제안하였고, 창업자인 Jay Jordan은 "때로는 포기한 딜이 최선의 딜이다" 라면서 실사팀의 노고를 치하하였다.

가. 중국기업의 회계특성

중국의 특성은 국유자산의 주식화 전환 과도기 때 기업 재산권이 불명확 하였으며, 기업의 지배구조가 불완전하다는 점이다. 중국 상장사의 1대 주주들은 주주총회, 이사회, 감사회를 장악하는 견제 역할기능이 약하다.

회계업계가 당초 국영으로 설립되었으므로 독립성 확보가 지연되었다.

재무제표의 형식과 관련해서 가장 큰 차이는 손익계산서(이윤표)의 형식상의 차이이다. 중국 손익게산서(이윤표)는 영업총수입(营业总收入), 영업총성본(营业总成本), 영업이윤(营业利润)의 순으로 되어 있으며 영업이윤의 산출과정에서 투자수익(投资收益)이나 재무비용(财务费用) 등 국내 기준상 영업외손익 항목들이 포함되어 있다. 따라서 국내 기준 영업이익을 산출할 때에는 영업이윤에서 이러한 항목들을 가감하여야 한다 아울러 현금흐름표에서는 직접법을 채택하여 표시(주석에서 간접법 표시)하고 있어 간접법으로 표시되는 K-IFRS 현금흐름표와는 차이가 있다.

국제회계기준과 가장 큰 차이점은 공정가치 적용 범위에서 발생한다. 유무형자산 후속측정에 있어서 공정가치를 사용하는 재평가모형이 존재하지 않으며, 투자부동산도 공정가치 적용은 제한적인 경우에만 적용하도록 허용하고 있다. 또한 현물출자된 자산의 경우, 원칙적으로 계약금액 또는 약정금액으로 측정하도록 되어 있다. 보수적인 공정가치 적용으로 유무형자산, 투자부동산을 원가법으로 측정되는 것이 일반적 이기 때문에, 국유기업의 경우 정부가 자본력 강화를 위해 출자한 무수익자산들의 장부가액은 실제 평가가치와는 괴리가 있을 수 있다.

표6-9. 중국기업회계의 특성

	특성	대응 방안
기업/지분 가치평가	• 제품군별 기간별 매출액, 매출원가, 판관비 등 과거기간 분석자료가 세분화되어 있지않을 가능성이존재함 • 향후 사업에 대한 중·장기 계획의 부재로 판매가격, Capex, 인원 등에 대한 향후 추정에 어려움이 존재할 수 있음 • 미래 사업에 계획이 사업계획서로 정리가 되어 있지 않음	• 실사 이전에 요청자료 List를 미리 발송하여 자료의 완전성 여부에 대한 체크가 선행되어야함 • 실사과정에서 파악한 데이터를 토대로 실질적인 회사의 과거상황을 파악하여야 함 • 관련 사업에 경험이 풍부한 회사 영업부서, 생산부서, 재무부서 등 담당자가 과거 회사 영업실태를 분석하고 향후 사업계획을검토하여야 함

매출인식의 정확성	• Cut-off 이슈: 세금계산서 발행일을 기준으로 매출을 인식하거나 Bill and hold(밀어내기 매출 가능성이 존재함 • GAPP 준수이슈: 매출에누리, 매출확인, 위탁매출 등에대한 수익인식이 정확하지 않을 수 있음	• 사업특성에 따른 매출인식기준 파악 • 매출계약서를 분석하고 월별 매출추세를 검토하여 수익의 적절한 귀속여부 확인
원가 및 비용의 정확성	• 제품별 또는 사업부별 원가와 비용이 정확하게 배분이 이루어 지지 않음. 따라서 제품에 대한 마진 및 원가분석이 어려움 • 생산능력, 가동율, 제품불량율, BOM 등 정확한 생산데이터가 부족할 수 있음 • 세무중심의 회계처리로 인해 실제로 발생한 비용이 인식 안되어 있을 가능성 있음	• 자료양식을 제공하고 자료의 필요성에 대해 충분히 이해하도록 협조함 • 유사 업종 회사 또는 산업의 참고자료 활용 • 인터뷰를 통해 회사의 비용처리시스템에 대한 이해를 통해 이슈 파악

중국기업들은 매출채권 연령분석에 취약한데, 그 이유는 영업과 회계 부서 간에 소통이 부재하거나 의도적으로 은닉하려는 의도에 기인한다. 영업과 회계 부서 간에 시스템으로 연결하면 매출채권 관리를 개선할 수 있다.

매출채권 잔액이 크거나 연령이 오래 된 매출처가 창업자와 관련이 있다면 경고 신호이다. 2001년의 YGX스캔달로 대형 회계법인이 문을 닫은 이후 (전술 참조) 회계감사업계는 가공매출에 속지 않도록 검증 과정을 강화하였다. 캐터필라의 사례(후술 참조)는 유통중개상을 활용하는 업종에서 밀어내기 매출 (Channel Stuffing)의 사례이다. 실사팀은 중개상 대상 매출이 아닌 중개상 측의 최종수요자 매출을 점검한다. 이를 위해서는 실사 대상기업이 협조를 받아서 중개상을 방문 조사해야 한다.

나. 실사 유의사항

Muddy Waters는 외국인이 중국기업과 산업을 파악하기 어려우므로, 제품과 사업모델과 경쟁구도의 현실성을 먼저 점검하라고 조언하며, 중국 실사에서 6계명을 제시하고 있다.

- 중국 업계 용어와 관행을 파악함으로써 빈틈을 보이지 말라.
- 중국 측 상대방으로부터 소개 받은 인물을 믿지 말라. 판단이 안 서면 전문가의 지원을 받으라.

- 일정 단계에서 상대방의 사기 시나리오를 시뮬레이션해 보라.
- 서류보다는 실제 운영을 보러 여러 차례 현장에 가라
- 업계 경쟁사를 반드시 만나 보라. 경쟁사는 실사 대상회사를 모를 수도 있고, 허위임을 알고 있을 수도 있다.
- 판단을 위임하지 말라

중국은 시장경제와 함께 회계, 법률, 투자은행, 감정평가업을 도입했지만, 규정 해석이 지역에 따라 다르고, 동일 규정을 복수의 당국들이 관할하므로 준법비용이 높다. 밀실 거래로 인해 권력의 남용 여지가 많고, 공무원의 징계 경우 개인의 불운으로 평가 절하되지만, 정부의 체면 손상으로 인식된다. 지역 관료의 평판도 점검할 필요가 있다. '관시'가 좋다면서 중국인이 제안하는 활동은 '양날의 칼'이 된다. 관시가 가짜이거나, 중개인의 개인적 목적이 개입될 경우 외국기업에게 평판 위협이 될 수 있다 따라서 관시를 주장하는 중개인에는 경력조사가 수행되어야 한다.

1) 절차 사항

외국투자자는 먼저 중국 내 타겟의 업황을 파악한 후, 비밀유지와 독점적 지위에서 구속력 있는 의향서를 확보한다. 중국 측이 보증금을 요구할 수 있다. 의향서가 후속 실사의 범위를 결정해 준다. 의향서가 교환되는 시점이 중국 측 선임경영진과의 회합에 적당하다.

- 겸업금지 약정 요구
  (i) 인수합병 이후 피인수인은 일정한 기간 동안 일정한 시장범위내에서 동일한 브랜드, 동일한 상품의 생산과 판매를 하지 못함.
  (ii) 동일한 업종 경쟁사에서 임원직 수행 금지.
  (iii) 기술이나 시장을 담당했던 인원은 사임 이후 일정기간 동안 관련업종에 종사할 수 없으며, 자신이 알고 있는 상업비밀을 누설하거나 이용 금지.
- 비 앵글로색슨 비즈니스 문화에서 실사는 불신으로 인식된다. 직원 면담을 통해서 유용한 정보를 얻기도 어렵다. 직원들은 실사를 '중립적 내부조사'보다 생소하고 불리한 절차로 인식하므로, '부패'라는 단어를 거론하는 것조차 불편한 상황이 발생할 수 있다.

- 실사 절차를 조기에 중국 측에게 설명한다. 실사점검표를 중국기업 측에 전달한 후 방문회의를 통해 이해도를 점검하고 일정을 함께 수립한다. 이 회의는 의전을 생략하고 실무급으로 구성하는 것이 바람직하다. 면담의 효과를 극대화하려면 면담자가 대상자들과 좋은 관계를 맺고, 상호 문화적 차이를 이해해야 한다.
- 실사 질문서를 중문으로 제시하여 언어 상의 핑계를 제거한다. 외국인이 실사점검표 상의 자료를 요구하면 중국 측은 없다고 하거나 실상과 달리 서류를 조작할 수 있다. 중국 측 경영진 입장에서는 투자 유치 성사 여부가 불확실한 상황에서 많은 정보를 주기가 곤란하다.
- 중국 측은 실사 팀 측에서 지정한 창구로만 회신을 제출하며, 접수된 회신 내용이 실사팀 내부로 배포된다. 중국 측에서 마감시간을 연장 요청하는 항목은 해당 데이터의 가용성에 대한 판단에 반영한다.
- 회신에서 누락된 사항은 인수 측 변호사와 회계사가 2차 방문하여 수집하고 특정 사항에 대해 물리적으로 검증한다.
- 2차 방문 이후 제시 받은 서류의 진위 여부를 정부 및 채권자 등 발급자 측에게 확인한다. 일반적으로 정부기관은 확인 절차에서 당사자 측의 동의를 요구한다. 준법이나 기업지배기준 준수에 우려가 될 경우 사립탐정을 고용하여 주주의 경력조사를 수행한다. 단 실사자는 불법 정보에 의존하지 말아야 한다.
- 실사팀은 실사서류를 액면대로 믿지 말고 운영 실체를 몸소 확인해야 한다. 너무 좋은 수치에 대해서 의구심을 발휘할 뿐만 아니라, 상대방이 어떤 허위 시나리오를 그렸을지 창의적으로 생각해 본다. 시간과 자원을 투입하여 이해관계자를 최대한 많이 면담한다.
- 중국측 경영진이 국제화되어 있고 협조적이라 하더라도 실사 정보는 여러 가지 이유로 정확하지 못할 수 있다. 중국 내 또는 홍콩에서 보완 정보를 수집해야 한다.
- 제공받은 서류에 공개적으로 의구심을 보이는 것은 바람직하지 않다. 그러나 서류의 진위와 유효성 검증은 필수적이다. 중요 사항에 대해서 심층조사를 할 경우 심층조사의 비용이 수반된 위험을 초과할 수도 있으므로, 심층 조사의 효과를 조사 생략 경우의 위험과 비교 판단한다.

- 실사 결과 보고서가 투자자 및 협상 팀에게 배포되고, 자문사들이 현안에 대해서 계약서에 선행조건, 보장 등의 조항을 추가 또는 전략 변경 등의 대안을 제시한다.
- 자산 실사에서는 그의 존재(구성) 만이 아니라 의도하는 용도에 사용될 범위나 정도를 본다.

2) 사업 관련

사업허가증은 법인격 및 허가된 업종을 명시한다. 실사에서는 허가된 사업과 수행할 사업이 일치하는지 확인한다. 원본과 공인 부본 간의 일치 여부 및 최근연도 점검 내역도 확인한다. 과거 인가 내력도 기업의 연혁과 대조 확인한다. 중국 내에서 인수대상기업의 경영과 관련된 법령은 조세, 회계, 수출입, 산업재해, 환경보호, 노사관계, 품질보증 등 인수대상기업의 경영과 관련되어 있는 법령의 저촉 여부에 관한 것인바, 인허가증서 등 정부문서를 위주로 그 인허가기간, 인허가조건 등을 검토한다. M&A 를 통하여 중국 내에서 영위하려는 사업의 성격 및 경영범위가 〈외국투자산업지도목록〉의 범위에 부합되는지 여부에 대하여 확인한다.

중국 법인에서는 법적 대표자만이 법적 서명권을 가지므로 사업면허증에 대표자로 기재된 인물을 확인한다.

인수대상 중국기업이 정부와 가깝거나 특정 면허에 의존한다면 분쟁 발생 시에 위험하다. 거래처들이 특수관계자들이어서 경영권에 변동이 발생하고 나면 거래가 유지되지 못하는 경우가 발생하였다. 외국인투자기업이 되면 기존에 내국기업으로서 정부와 누리던 관계가 유지되지 못할 개연성이 있다.

과거 상장폐지 기업중에는 재판매광고, 특정 연료나 식품의 집중되고 규제된 시장으로 수입업, 물류인프라 운영 등 불투명한 시장 업종이 포함되었다. 여기에서 개방된 시장에서 검증된 기업이 폐쇄적 생태의 업종보다 근본적으로 신뢰성이 낫다는 교훈이 도출되었다. 국영은행의 저리융자로 기업경쟁력을 유지하는 업종도 있었다. 중국의 통신업은 정부 지원 없이 국제 경쟁 단계에 왔지만, 대다수의 국유기업들의 경쟁 환경은 제한적이었다.

중국에서는 식품, 장난감 업종에서 스캔달이 발생한 이후 제조물 책임이 강화되었고, 2010년 불법행위 책임법에서는 제조물 책임 도입 입법이 이루어졌다. 중국에서

생산된 제품이 수출되면 수입국 측의 법도 적용되므로 실사 범위가 확대된다

일반적으로 다국적 기업과 제휴 이력을 갖춘 중국 기업은 기존의 타인의 실사를 통해서 검증되었다고 볼 수 있다. 그러나 법적 의무로 인해서 다국적 기업에게 선택의 여지가 없었던 경우가 많으므로, 기존의 실사에만 의존하여 안심할 수는 없다. 중국 측 파트너가 독자적인 개발을 함으로써 다국적 기업이 제휴 목적을 달성하지 못한 경우도 발생하였다.

3) 정보 입수

인수 측은 실사 활동을 하기 이전에 국가비밀법 조항을 전문변호사와 함께 사전에 검토함으로써 문제를 예방한다. 외국계가 인수자인 경우, 중국 파트너와 정보공유 전에 국가기밀인 경우 적절한 승인을 획득하였는지 확인한다. 국영기업인 경우 상업적 비밀에 대해서도 비밀유지 약정 및 비문표시 확보 충족 등에 대한 확인이 필요하다.(제2장. 1. 사회적 정보망 참조)

상장기업의 경우 M&A인수 측의 실사 사실 자체가 내부정보가 될 수 있다. Deng Jun & Qu Li 사건에서 실사팀은 신원을 비밀에 붙였으나, 피실사 측 임원들이 이를 간파하여 내부 거래하였다[275]. 1991년 이후의 주요 내부자 거래 39건 중에서 M&A관련이 22건을 점유하였다[276].

90년대 중반까지 국영기업 재무와 운영 정보를 외국인에게 공개하는 행위는 국가비밀 유출에 해당하였기에, 중국 측 인력들은 현재에도 외부인, 특히 외국인에게 정보공개를 꺼릴 개연성이 높다. 따라서 실사점검표의 작성에서부터 주의가 요구된다.

대도시 지역을 벗어나면 관련 자료를 숨기고 있는 편이 유리하다는 사고가 지배적일 수 있다. 중국은 개인관계에 근거하는 사업문화를 가지고 있으며, 정보를 제공하여 협상력을 상실하면 외국인에게 굴복했다는 평판을 얻게 될까 두려워하므로, 실사와 거래를 성공시키려면 실사팀장이 중국 측과 원만한 신뢰관계를 구축해야만 한다. 따라서 실사팀은 공식보다는 비공식 정보 입수 경로를 수용할 필요가 있다. 회사가

---

275) Zhongguo Zhengjianhui Xingzheng Chufa Juedingshu (2008) No. 46 (中国证监会行政处罚决定书 2008年 46 号) [The Administrative Penalty Decision of the CSRC, 2008, No. 46] (promulgated by the China Securities Regulatory Commission, 10 November 2008).

276) Hui Huang, The regulation of insider trading in China: law and enforcement, Stephen M. Bainbridge (ed), 'Research Handbook on Insider Trading' (Edward Elgar Publishing Ltd, 2013), Chapter 16

공장 시찰을 허용하지 않으려 한다면 운영 면에서 경고의 신호이다.

중국 측 책임자에게 실사 정보가 입수되지 못할 경우 상대방이 거래를 포기할 수 있다는 상황, 및 실사 중에 불거지는 사항은 협의 처리가 가능하지만, 실사 후에 불거지면 협상 처리가 어렵다는 사실을 이해시킬 필요가 있다. 중국 측에게 정보자료가 부존재하는 경우라도, 상호 신뢰관계가 있다면 거래를 결렬시키지 않고 부정확한 정보를 가지고서 대체 실사방식을 모색할 수 있을 것이다.

비밀유지 약정을 제공하면 실사결과가 어떤 것이든 간에 중국인 책임자의 체면을 지켜 주는 데에 도움이 된다. Virtual데이터룸 보다는 중국 기업 현장을 수시 방문하는 편이 효과적이다.

중국에서 온갖 노력을 다해 얻은 정보일지라도 큰 오류를 담고 있을 가능성이 있다. 피인수 측의 경영자도 특정자산에 대해서는 법률적으로 존재하는지 여부를 자신하지 못할 경우가 있다.

- 국유기업에서 인수합병을 진행하는 주체가 법적 자격이 없는 경우,
- 인수 대상 자산과 채권, 채무의 정확한 규모의 불확정.

실사 단계에서 중국 측의 보장과 면책을 받아낼 수 있을지는 예측 불가하며. 중국 측이 중요 정보의 공개를 유보하거나, 마지막 순간에야 공개할 가능성을 염두에 두어야 한다. 실사에 하자가 발생하면 거래 자체를 유보 또는 포기할 각오를 갖춘다.

중국 측이 법적 의미를 이해하지 못하고서 동의하는 사례가 있으므로, 실사팀 리더 중에 중국어 능력자를 확보한다. 상대측 또는 검증되지 않은 번역업체의 번역문에는 의존하지 않는다.

4) 기업지배구조

이익 창출에서 원천을 가리지 않는 문화 속에서 기업윤리는 중국인에게 생소한 개념이며, 이해상충 요인에 대해 이해도가 낮다. 회장 1인의 결정에 임직원들이 무조건 복종하므로 내부통제가 정착하지 어렵다. 재무, 인사, 조달 및 하청계약에 투명성과 문서화가 결여되어서 어떤 정보가 정확하고 어떤 것이 과장/허위인지 판정하기 어려우므로, 임원의 업무 분장과 인감을 확인한다.

기업지배구조를 확인하려면 전문실사기관에 의해서 핵심 주주의 경력과 배경조사

를 수행한다. 중국에서 실사 정보는 매도 측 소스만이 아니라 대사관, 협회 또는 현지 전문가의 정보가 유용하다. 단 불법 정보업체는 피해야 한다.

중국의 최고경영자의 권한이 많아 부정행위 시의 손실이 크지만, 감독하기도 어렵다. 따라서 사전적이든 사후적이든 부정대책이 최고경영자를 대상으로 포함해야 한다. M&A인수자 측에게 경영진 교체가 어려울 수 있으므로 인수 전에 경영진을 사전 실사해야 한다.

경영진의 역량과 성장 계획 간의 괴리가 큰 경우도 경고의 신호이다. 최고경영자의 계획을 실행할 관리자들이 있는지 확인한다. 마지못해 지키는 지배구조 체계라면 더 심각한 문제가 있을 개연성이 있다.

5) 창업자와 주변인 실사

실사팀은 중국 측의 소유 구조, 정치적 커넥션 및 실세 중개자를 파악해야 한다. 기업의 역량이 특정인에게 집중된 경우가 많아 기업 평가에 장애가 되므로, 개인과 기업의 이력과 평판이 제시된 내용과 일관되는지 검증한다. 명의 신탁한 주주가 있는지, 유령직원이 급여를 받는지 여부도 실사 항목이다. 계약 체결 전에 중국 파트너, 공급자, 경영자, 인수할 사업의 법적, 재무적 배경과 경력을 면밀히 실사하고, 임원(가족을 포함)의 평판, 잠재 이해상충과 생활패턴, 직위에 적합한 재산 상태를 점검해야 한다.

창업자가 고도 성장을 향유한 후 은퇴 연령에 접근한 인물이라면 자신의 기존 방식을 고수할 것이다. 창업자와 주변인들이 부당이익을 얻었을 개연성이 있다. 중국사업가는 비 관련 사업에 주변인들 명의로 출자하는 것이 관행적이다. 비 관련 사업은 당해 사업에 대한 창업주의 경영자 의무를 소홀하게 만들 수 있으므로, 창업자 실사는 창업자의 다른 사업체를 포함해야 한다.

창업자의 사생활도 파악이 필요하다. 이혼 소송 경우 경영에 전념하기 곤란하며, 개인적 자금 경색이나 내부 분쟁이 초래될 수 있다. 도박 선호 경향은 경영 스타일에 반영될 수 있어 위험하다. Gome사례는 창업자의 도박에 기인한 스캔달이었다.

창업 동업자 실사는 창업자들 간의 장래 협업 관계 예측에 중요하다. 마찰 발생 시 사업에 악영향이 발생한다. 복수 창업자 간에 영향력이 분산된 경우, 누군가가 떠나도 사업이 유지 가능할 것인지에 대해 실사 팀은 최악을 상정하여 분쟁 대응 시나리

오를 수립한다

- 어떻게 서로 만났는가
- 알마나 오래 되었는가
- 어떤 사업을 하였는가
- 떠나간 동업자가 있다면 사유는 무엇이었는가

다농 사례

프랑스 다농은 중국 와하하 음료와 1996년에 합작하였다. 다농이 4천5백만 달러를 출자하여 51%지분을 매입하고 와하하의 브랜드를 합작사업에 편입시켰으며, 와하하의 창업주를 이사회 의장으로 선임하였다. 2006년 합작사업의 매출은 20억 달러 수준으로 성장하여 다농의 글로벌 매출의 5%를 점유하였다. 그러나, 2007년 다농은 중국 측이 와하하 상표를 불법 사용하는 경쟁사를 운영한다는 소송을 제기하였다. 다농 측이 불법 경쟁사를 인수하겠다는 제안이 결렬되었고, 와하하 측은 다농이 경쟁사 활동을 당초부터 인지하고 있었으며 브랜드 양도 계약에 하자가 있다고 주장하여, 12건의 국제 중재와 소송으로 이어졌다[277]. 2009년 다농이 51% 지분을 비공개 가격에 와하하에 매도함으로써 분쟁이 종결되었다.

6) 법률사항

중국에서는 공공기록과 정부기록이 기업의 소유구조를 정확히 반영하지 못하여 외국인투자자에게 골치거리가 될 수 있다. 인허가 문서의 유효성에 대한 확인이 곤란하고, 보유 토지의 취득 방식이 복잡하여 권리관계가 불확실하다. 자본금 납입 미완료, 거래 계약의 미비, 부외 자산, 모회사와 자회사의 불투명한 거래, 토지사용권 권리증의 미 취득, 부동산 사용인과 소유자의 불일치, 차입금 관계나 담보, 보증 등이 존재한다. 과거 지자체가 공장 유치를 위해서 무료로 토지이용권을 무단 부여한 경우가 있었으며, 토지사용권의 기간을 장기간으로 정하는 대신 토지사용기간이 만료된 후 지상물이 국가 또는 최초의 토지사용권자에게 귀속되는 것으로 해석될 수 있는 모호

---

277) Bu, Qingxiu (2011) Danone v. Wahaha: who laughs last? European Journal of Law Reform, 13, (3-4). pp. 614-628
Jingzhou Tao and Edward Hillier, A Tale of Two Companies, Chinabusinessreview.com, 2008.5-6

한 조항이 포함되기도 하였다.

중국에서 계약은 계약법에 따라 해석되어야 한다. 계약 문언에 없더라도 계약법 조항이 적용된다.

외국인이 인수자인 경우, 인수계약이 체결되었더라도 중국정부 승인을 획득할 때까지의 과도기간에 리스크가 발생한다. 이런 경우 중국 측에게 다음 사항의 준수를 요구한다;

- 정부 승인 획득에 최선을 다한다
- 사업을 정상적으로 운영하고 영업권을 유지한다
- 중대한 변동사항은 외국인수자 측에 통지한다
- 배당 지급을 하지 않는다
- 자산이나 주식을 매도, 권리설정하지 않는다
- 회사 인감의 공동관리 요구. 대금 납입에서 에스크로 요구. 인감은 대표인감, 법적 대리인감 및 재무거래 인감의 세가지가 모두 중요하다. 특별 사용인감을 추가로 사용하는 경우도 있으므로 공동관리 약정에서는 인감의 범위를 지정해야 한다.

중국 내 합자기업의 지분인수에서는 양도제한 조건이 있을 수 있으므로 원 투자파트너의 지분인수 포기동의서가 도움이 된다. 중국 현지에서의 행정 관련 업무의 경우 이를 중국 측 투자자의 의무로 규정하는 것이 바람직하다.

외국투자자측이 파견한 이사의 이사회 참석이 어려운 경우에 대비하여, 수권 위임 규정을 마련하여 외국투자자측 이사의 의결권 행사에 차질이 없도록 하는 것이 바람직하다. 중국과 홍콩 기업의 정관에는 대리이사제도가 채택되어 있다.

칭다오 맥주(H주식)의 정관 123조 사례

이사가 이사회에 참석하지 못할 경우 다른 이사를 대리이사로 서면에 의하여 지명할 수 있다. 대리이사를 지명하지 않은 경우 의결권 포기로 간주된다.

사모펀드들은 본토기업을 인수 경우, 기업가치평가에 위험부담이 크므로, 인수대가의 지급을 즉시지급분과 조건부 지급분으로 구분하여, 조건부 대가는 수년 간에 걸쳐서 장래의 매출이나 이익에 비례하여 지급하는 언아웃(earn-out)방식을 즐겨 활용한다. 이 방식은 매도 측의 경영진과 대주주가 동일인인 경우에 이해관계가 일치하므로 타당성이 높다. 그러나 인수자 측에서 earnout을 공정가치로 평가하면 보고 이익의 변동성이 높아진다. 또한 earnout에는 피인수 측의 운영에 대한 기준이 설정되어야 하는데, 이 기준은 회계 및 법무법인의 자문 하에 신중하게 수립되어야 한다.

외국인이 매도자인 경우, 잠재인수자인 중국 측은 합의가 이루어진 후에야 변호사를 투입한다. 하지만, 외국 측이 조기부터 변호사를 사용한다고 해서 유리한 위치에 서지는 못할 것이다. 외국 측이 확보했다고 생각하던 거래 내용을 계약문서화하면, '중국 법조항에 위배되거나 중국 법 관점에서 부적합하다'는 이유로 다른 요구사항이 나올 것이다. 중국 측에 게 조기에 변호사를 투입하도록 요청하는 것이 외국 측의 비용과 노력을 절감하는 길이다. 중국 측이 조건에 합의하였더라도 해외투자는 중국 정부의 승인 사항이므로, 그 소요 기간이 프로젝트 일정에 반영되어야 한다.

계약을 체결한 이후에도 중국 측에서는 계약변경을 요구해 올 수 있다. 이는 황당한 상황이지만, 반드시 악의에 의한 것은 아니다. 양측의 법규와 언어에 능통한 자문역이 필요하며, 변호사가 이러한 역할을 수행한다.

5) 재무사항

재무는 최대 위험 분야 중 하나이다. 기업의 거래은행을 면담해 보면 은행거래 관계에서 부정행위의 여건이 탐색될 수 있다. 상장폐지 기업중에는 회계감사에서 은행에게 조회서의 조작을 시킨 경우, 은행규정을 어긴 특혜대출, 불필요하게 차입하여 잉여자금을 유용한 경우가 있었다. 소형은행에 더 위험성이 있으므로 실사자는 거래은행이 단일집중인지 복수 분산되었는지의 여부, 주거래은행이 국영대형인지 소형 지방은행인지 여부를 검토한다. 또한 자금조달 활동이 투자계획과 일치하는지 검토한다. 위임전결 한도에 맞추어 프로젝트를 분할 진행했는가? 현금 시재가 풍부한 시점에 차입을 하였는가?

중국기업의 세무보고용 장부와 국제회계기준에 따른 장부가 다른 경우가 많았다. 매출인식 절차를 이해하기 위해서는 실제로 주문을 내어서 원장 기재를 확인한다. 자금조달에서 그림자 금융은 합법적이지만, 대출이 사주와 연계되거나, 경영권 변동시 만기되거나 고금리일 수가 있다.거래의 마진 폭 및 고객의 재고회전율을 파악한다.

고객의 실존여부 및 거래조건을 검증하려면 전문 실사기관을 활용한다. 미판매 재고를 인수한다는 구두 약정을 파악한다.

지방도시에서는 납세액이 대인관계에 의해서 결정될 수 있으며, 세법이 자주 변경되므로 중국 전문가를 고용한다. 세무당국에 의해 과세될 수 있는 특수관계자 거래에 유의한다. 수수료 지급, 제품 보장, 재산 소유나 임차의 부외 약정이 있을 수 있다. 부가세 관련 세무사기 및 횡령 위험 요소가 많으며, 국제간 거래에 대한 국가간 세무취급에 유의해야 한다.

6) 인사관리

중국측에 과다 인력보유 문제 잠재성이 있다. 2008년 입법된 중국 노동계약법 34조에서는 인수합병 이전의 원시 노동계약이 피인수 이후에도 효력을 지속한다고 규정하였다.

외국인투자기업은 본사의 정책을 노동조합 및 중국인 직원에게 숙지시켜야 한다. 그렇지 않을 경우 회사 정책 위반 등으로 인한 해고 시에 문제가 발생할 수 있기 때문이다. 중국 직원들에게 국내, 국제법을 교육하고, 윤리준칙을 근로계약에 반영한다. 해외 본사의 준법 매뉴얼을 중문으로 번역하고 세미나를 개최한다. 서약서에 중국 직원의 서명을 받는 것으로는 부족하며, 준법 문화를 구축해야 한다. 중국에서는 회장이 어떤 역할을 임원에게 위임할 경우 직원들에게 '중요성이 낮은 사안이라'고 간주당하므로, 경영진이 준법업무를 직접 취급하는 모습을 보여 주어야 한다. 미국과 중국 대학생들을 대상으로 모친의 병원비를 위해 회사 자금을 유용한 상황 발견 시의 행동에 대한 설문조사에서 "원상을 회복시키는 한 회사에 신고하지 않는다" 는 답변이 중국인의 경우 70%를 넘은 반면 미국인은 45%에 미달했다.

외국인투자에 의해 수립될 지배구조와 권한, 책임을 중국인 관리자 및 이해관계자들이 이해시킬 필요가 있다. 외국인 측은 실사, 배경조사, 내부 통제 위반이나 비윤리 행위에 대한 철저한 대응, 부정행위를 적발하기 위한 조기 경보 체제 들을 강조한다. 기업문화를 점검하고 투자절차 내에서 내부통제나 책임의 분할을 설정해야 한다. 부문 간 공모행위를 방지할 수 있도록 견제와 균형을 도입하며, 외국인 경영자가 경영실무에 적극 참여한다. 중국인과 외국인을 구분짓지 말고, 문화적 차이를 극복하는 노력을 한다. 조직이 크더라도 부서장들이 중국직원의 충성을 도출하는 방식으로 개인적 경영 스타일을 구사해야 한다. 근무시간과 개인시간을 엄격히 구분하지 않는 중국인에 맞추어, 가정 형편을 배려하는 자세를 취한다.

재무, 지적재산권 담당직원은 상세 경력을 점검해야 한다. 첨단기술 업종에서 미국 아이비리그 졸업자는 신뢰도 요소이지만, 학위 검증이 필요하다.

7) 지적재산권

중국에서는 상품화 속도가 특히 중요하므로, 지적재산권을 도용당하면 치명적인 피해를 받을 수 있다. 중국 정부는 미국으로부터 지적재산권의 보호 강화를 요구 받아 왔으며, 상표법(1983), 특허법(1985), 저작권법(1990)을 입법하였다. 지적재산권 보호조치로는 사법조치와 행정조치가 있으나, 중국에서는 지방색으로 인해서 집행력이 약하다. 중국의 산업 클러스터는 실리콘 밸리와 이스라엘의 Herzliya-on-the-Sea 산업클러스터와 달리, 모조품을 조장할 수 있다[278].

직원들의 직무발명 건에 임원이 참여하는 경우는 비일상적이므로 점검 대상이다.

제약회사 실사 사례

외국 제약회사가 중국 바이오 기업 인수를 추진하여 적절한 후보를 찾아냈다. 대상회사의 제품은 x, y, z항목으로 구성되어 있었다. x 와 y는 신규 아이템으로서 조기에 라이선스를 획득할 수 있다고 제시되었다. 양측은 주식 양수도 의향서를 체결하였다.

매수 측이 실사를 진행한 결과가 다음과 같이 나왔다

- 이 회사는 의료 연구기관으로 등록되었고 어떤 약품의 제조 허가도 받지 않았다
- 3개 항목에 대한 권리는 제3자와의 개발 협력계약에서 이전 받기로 하는 조항에 근거하였는데, 당해 계약이 체결은 되었지만 권리 이전이 이행되지 않았다. 약품 등록서에는 제3자가 명의자였다. 또한 계약서에 법적 하자가 있어서, 무효 또는 최소한 집행이 불능한 상황이었다.
- 매도 측은 3개 항목에 대한 중국 특허권을 보유한다고 주장하였다. 특허증과 특허등록 실사 결과 특허는 실존하였다. 그러나 y제품의 특허 사용은 라이선스 계약에 근거한 것이었다. 라

278) ODED SHENKAR, COPYCATS: HOW SMART COMPANIES USE IMITATION TO GAIN A STRATEGIC EDGE, Harvard Business Review Press, 2010

이선스 계약에 의하면 특허는 매도대상 기업과 특정 개인의 공동 소유 하에 있었다. 당해 개인은 라이선스에 동의하지도, 자신의 소유 부분의 양도에도 동의하지 않았다.

- 경쟁사인 D사가 z제품과 매우 유사한 제품울 생산, 판매하고 있었는데, D를 포함하여 2개 경쟁사가 z제품에 대한 약품 승인을 당해 회사가 특허를 취득한 연도 이전에 획득하였다. 중국 법상 D사가 우선 사용권을 획득한 것이다. D사의 제품을 분석한 결과 z와 거의 동일하였다.

이에 따라 인수 건은 결렬되었다.

다. 비례 점검 분석

실사팀은 기업활동 변수들 간의 비례를 점검함으로써 경고 신호를 포착한다. 중국에서 YGX스캔달은 회계감사인들이 전기요금의 비정상적인 추세를 3년 간 간과한 것을 재경(財經) 잡지 기자가 폭로하여 불거진 경우였다. 실사 팀이 점검하는 변수는 매출 대 영업인력 수, 생산량 대 생산 인력 수, 매출/생산 대 창고/운송비(서비스 업종은 출장비), 과거 3년 매출 대 공익비 비율 등이다. 공익비의 요금 증빙은 위조하기 곤란하기 때문이다. 신규 장비 구매 대 공익비 추세는 허위 장비 구매를, 직원 수 대 연금가입자 수는 가공인건비를 적발할 수 있다. 마케팅 업종에서는 매출액 대 통신비를 점검한다.

표6-10. 비례 점검 항목 예시

기업	점검 항목
자동차 부품업	총 매출 대 고객 납품 출장 건수 총 생산 대 창고 사용율 총 생산 대 부품 주문 건수 총 생산 대 공익비 요금 총 수출 대 국제통화료 총 생산 대 보증수리비 생산라인 용량 대 전기료 총생산 대 총 조립라인 인력 총 수출 대 총 영업인력

농수산 가공업	총생산 대 냉동고 가동시간 총생산 대 창고 가동율 총매출 대 차량 및 해운 운임 총매출 대 스티로폴 저장 박스 주문량 총생산 대 물처리 건수 총생산 대 첨가물 주문 건수 총생산 대 종자 투입량 장비 구매 대 전기료 총 생선살 발라내기 대 전기료 총 처리량 대 생선살 발라내기 총 인력

제7장

우회상장

중국에서 우회상장의 수요가 높음에 따라, 홍콩과 본토의 우회상장은 2010년 이후 전 세계의 25%를 점유하는 것으로 알려졌다[279]. 미국에서 LBO로 상장폐지하고 본토 A주식시장에 우회상장으로 진입하는 중국 기업들은 사전에 A주식 shell종목 지배지분을 매집한 후에, pearl지분을 shell에 편입시킨다[280]. 본 장에서는 중국에 관련된 우회상장 시장을 살펴 본다.

1. 부실 국영기업의 shell 전략

가. 국내 Shell의 출현

구 소련 붕괴 이후 국유재산이 러시아 신흥 재벌층 올리가치(oligarchs)의 수중으로 넘어간 것을 지켜본 주룽지 총리는 1997년의 공산당 전국대표대회에서 국영기업 개

279) Anshul Yadav, Assessing the performance of reverse takeovers in Hong Kong, SGAnalytics.com ???
280) Daniel Ren, China bars companies from raising funds using back-door listings, South China Morning Post, 2016.6.17.

혁의 청사진을 '큰 것을 잡고, 작은 것을 보낸다' 라고 요약하였다[281]. 당과 국가는 에너지, 철강, 수송, 전력, 통신 등 전략적인 산업이라고 간주되는 대기업들에 대한 주식의 소수지분을 해외 증시에 상장하며, 70내지 80%의 지분은 정부가 보유하였다. 규모가 작은 국영기업들은 매각되거나 지방정부가 경영하도록 하였다. 부시대통령 등 다수의 외국인들은 국영기업 소수지분의 해외 매각을 민영화라고 착각하였으나, 실상은 1/3의 민영화였다.

표7-1. 중국 상장기업의 소유 구조 (1998.6.현재)

주식 형태	내역	지분율
비유통주	발행자(스폰서)주식	56.54
	-국유주식	34.05
	-국내법인주식*	21.06
	-외국 법인주식	1.42
	지정된 법적 청약자 주식	6.40
	종업원 주식	2.08
	기타	1.31
	비유통주 합계	66.32
유통주	내국인 A주식	23.14
	외국인 B주식	5.65
	외국상장 H, L, N. S, T주식	4.88
	유통주 합계	33.68

* 국내 법인주주는 타 국영기업, 은행, 정부소유 신탁 및 투자회사임
* 자료: Allen Huang, Ronald Ma, Accounting in China in Transition: 1949-2000, World Scientific, 2001

이후 법인주가 국내 매각되면서 실질적인 민영화가 시작되었다. 비유통주와 법인주가 매각된 배경은 1997년부터 시작된 구조개편의 성과가 없어서 법인주주들이 실망한 점, CSRC의 규제 및 상장 폐지 제도 도입으로 국영기업 자산 빼돌리기(asset stripping)가 어려워진 점, 토종 사모펀드의 출현[282], 법인 주주 자체가 M&A 또는 파산된 경우 및 공공 간의 무상 양도, 주식지분의 신탁 들이었다[283]. A와 B주식의 발행

281) 중국 국유기업은 한국 공기업의 경우와 달리 설립 근거가 되는 법률이 없으며, 일반회사에 적용되는 "중화인민공화국회사법"에 따라 설립 운영되고 있다. 단, 국유자산 관리를 위해 제정한 "중화인민공화국기업국유자산법"에 의해 2003년 국무원 산하에 국유자산감독관리위원회 (SASAC, State-Owned Assets Supervision and Administration Commission of the State Council)을 설립하였다. 동 법에는 국자위의 출자자 및 관리감독자로서의 역할, 임원 임면, 성과평가 등의 내용이 반영되어 있으나, 한국과 달리 정부의 보증, 지원 등과 관련한 내용은 언급되어 있지 않다.

282) Delong Group의 Tang Brothers는 Hejin Touji, Xianghuoju, Xinjiang Tunhe, ST Zhongyan을 잇달아 인수하였다.

283) Stephen Green, Two-thirds privatization: How China's listed companies are-finally-privatizing, The Royal Institute of Internatinal Affairs, Briefing Note, 2003.12.

물량이 적고, 어차피 정부 승인을 받아야 하므로 법인주가 M&A의 주 대상이 되었다. 전형적인 구조조정에서는, 상장기업이 국영지주회사로부터 국유기업을 인수하면서 불필요 자산을 신설회사로 분할하면 국영지주회사는 국유주 매각 대금으로 당해 신설기업을 인수하였다[284]. 기업구조조정이 동일 성 내의 기업 간에서 이루어짐에 따라, 성 정부가 인가주체이자 법인주 매도자인 경우가 많았다[285].

사례1: Wuhan Eastlake High-i Tech Group Company

Wuhan Eastlake 는 1993년에 설립되었으며, 주주는 Wuhan Eastlake New Technology Zone Development Company, Wuhan Jianyinfang Property Development Company 및 Wuhan Trust and Investment Company의 법인주주로 구성되었다. 1998년 1월 4천만주의 신주를 발행하여 400만주는 우리사주, 나머지는 A주식으로 상해거래소에 상장하였다.
민영 제약 및 의료기 업체인 Hongtao K Group Stock Company가 지분을 매집하여 1998년 14% 보유 2대 주주가 된 후, Wuhan Eastlake New Technology Zone Development Company 와 주식교환하여 29% 보유 최대주주로 등극하였다. 피인수 즉시 소집된 이사회에서는 인수자 측 차입금 6500만 위안의 보증을 결의하였다. Eastlake 와 Hongtao 는 부동산개발, 제약, 제조, 비료생산 및 축구클럽으로 사업을 확장하였다.

사례2: Chengdu Qianfeng Electronics Company

Chengdu Qianfeng Electronics Company는 1992년에 주식회사로 설립된 온수기 업체였다. 재편성 후 주주는 종업원 및 법인주로 구성되었다. 1997년 Qianfeng 은 1200만주를 신주발행해서 상해에 상장하고 상장대금으로 공장을 인수하였다. 이후 온수기 실적 부진으로 shell이 되었고, Sichuan Xintaike Digital Equipment Company가 인수자로 출현하였다. 인수자는 1998년 설립된 케이블티비 디지털전송 장비 하이테크업체였다. Xintaike는 1998년 주식교

---

284) Chan, Virginia. China: Cross-border mergers and acquisitions in the PRC, International Financial Law Review, M&A Yearbook, 2001

285) Blayney, Steven. Corporate restructuring in China--a path to backdoor listings, International Financial Law Review; London Vol. 20, Iss. 2, (Feb 2001): 33-36.

환 거래 로 22.7% 최대주주로 등극하였다.

Qianfeng 과 Xintaike는 디지털 비디오제품, 전자기기, 가스 미터로 사업을 확장하였다.

특히, 국영기업의 부실화로 인해 매도 세력이 촉발되었다. 1995년 10만 개 국영기업 중 절반 가량이 적자 상태였다. 98년 도입된 특별 관리 ST종목들이 유상증자를 금지 당하여 shell로 부상하였다. 1995년에 330건의 합병과 100건의 도산이 발생하였다.

중국의 증권시장이 국유자산의 구조조정이라는 독특한 성장 배경을 겪었기에, 국유상장기업은 퇴출이 곤란하다는 특성을 가진다[286].성별로 배정된 상장 쿼타가 소중하였기에, 지방정부들은 기업의 상장 지위를 유지하기 위해 노력하였다. ST들 중 지방정부의 보조로 상장을 유지하는 경우가 40%에 달한다는 연구가 있다[287].

1996년에 상하이시가 주도하여 shell에 자산을 편입시키고 신주배정 적격을 확보해 주었다. 1997년에는 타지역에서도 상하이를 모방하여 자산 편입 붐이 불었고, 건수와 금액이 증가하였다. 국영기업들은 국유주를 활용하여 상장 shell을 인수하는 우회상장을 추진하였다. 우회상장이 CSRC의 인정을 받으면 1년 후부터 유상증자 신청이 가능하기 때문이었다.

법인주의 매수 세력은 상장에서 배제된 업종의 우회상장 수요 및 투자회사 들이었다. 민간기업들은 국영은행으로부터의 금융을 활용하기 위해서 상장 국영기업을 인수하여 우회상장하기도 하였다. 기존 상장기업의 일부가 부실화된 시기에, 상장 shell 이 후발 상장기업 및 민간기업에게 매우 매력적이었다.

CSRC에 의하면 2002년 말까지 338개 상장사의 경영권이 변동되었다 (공공 부문 간의 지분 이동이 포함되어 있었으므로, 전부가 민영화라고 볼 수는 없다). 지방 국영기업이 경영권이 변동되면 빅10 감사인으로 교체하는 성향이 보고되었다[288].

국영기업 M&A의 대가는 자산과 주식의 교환 방식이 절대 비율을 점유하였고[289],

---

286) Zhang C. Stocks Issued Registration System Reform's Influence on the Shell Resource Value. iBusiness, 9, 1-12, 2017

287) Zhang C. Stocks Issued Registration System Reform's Influence on the Shell Resource Value. iBusiness , 9, 1-12, 2017

288) Qian Wang et al. State ownership, the institutional environment and auditor choice, Journal of accounting and economics Vol 46, Issue 1, 2008.9.

289) ZHANG Wenkui, M&A and restructuring in China's capital markets: characteristics, China Economist, 2009

인수자 측은 일반적으로 새로운 자산을 투입하고, 불량자산을 매각하였다. 유통 시장 매수 방식은 희소하였으며, 이는 비유통주의 비중이 높은 상태에서 정부가 주도권을 갖고, 신속히 진행되는 장점에 기인하였다. 2002년 1월부터 2008년 2월 기간 동안 본토 거래소 상장된 기업이 합병 경우에 주식수익률이 -16일부터 +13일까지 계속적인 하락세를 보이다가 그 이후 반등하는 것으로 나타났다. 이는 합병이 부실기업을 정리하는 정책적 수단으로 이용된다는 증거였다[290].

나. 상장폐지 제도

1994년 회사법과 1999년 증권법에서 상장폐지 제도를 도입하였으나 1999년 이래 2016년까지 상해와 심천 거래소의 상장폐지 실적은 150사에 미달하였다[291].

CSRC 는 2001년 상장기업의 상장 정지 및 폐지 방식(measures to suspend listing and terminate the listing of the listed companies) 및 2014년 상장사 퇴출제도의 개혁 보완 및 엄격화에 관한 몇 가지 의견 (Several Opinions of the China Securities Regulatory Commission on Reforming, Improving and Strictly Implementing the Delisting System of Listed Companies: 中国证券监督管理委员会关于改革完善并严格实施上市公司退市制度的若干意见)를 발표하였다. 상장회사는 상장 폐지 요건에 해당하기 전에 상장을 철회하여 상장폐지 사유를 해소한 후, 재상장을 신청할 수 있다 (제4조).

2016년에 최초로 공시위반으로 인한 상장폐지 사례인 Zhuhai Boyuan Investment 건이 상해거래소에 출현하였다. 이 건은 2014년 CSRC의 "상장사 퇴출제도의 개혁 보완 및 엄격화에 관한 몇 가지 의견" 이후 최초로 중요 정보의 불법공시로 인한 상장폐지 사례이다. 이 회사는 지배주주의 자본금 납입이 허위였고 3년 간 장부를 조작하였다. 투자자들은 손해배상 청구 민사소송을 제기할 수 있다[292].

---

290) 변종국, 김산월, 인수합병이 기업의 가치에 미치는 영향 - 중국 M&A 사례를 중심으로, 韩中社会科学研究 제7권 제1호 (통권 13호)

291) Yanru Zhou, A Comparative Study of China and the US Delisting System, American Journal of Industrial and Business Management, Vol.7 No.7, 2017

292) Shanghai Stock Exchange, Q&A on delisting of *ST Zhuhai Boyuan Investment Co., Ltd. Shares, 25/03/2016

2018년 CSRC는 상장사 퇴출제도의 개혁 보완 및 엄격화에 관한 몇 가지 의견 개정 결정 (Decision on Amending the 'Some Opinions on Reforming, Improving and Strictly Implementing the Delisting System for Listed Companies: 关于修改关于改革完善并严格实施上市公司退市制度的若干意见)에 의해 기존 의견을 개정하였다.

상해거래소는 2018.11.16. 중대한 위반으로 인한 강제 상장폐지 신기준 (New Rules for Compulsory Delisting for Serious Violations)을 발표하였다[293].

2. 중국의 우회상장 규제제도

중국 '상장기업의 중대한 자산재편성'이란 한국에서 현물출자에 상응하는 구조이다. 우회상장은 자산재편성으로 진행되어 왔으며, 본토 내에서 우회상장에 대한 규제는 2011년부터 도입되었다. 중국인들이 중대한 자산재편성 거래는 실행하되 북경 당국의 규제를 벗어나기 위해서 지분을 분산시킴으로써 경영권 변동을 회피하였기에, shell가격이 과도 상승하는 문제가 발생하였다. 이에 따라 CSRC에서는 '중대한 자산재편성 거래' 중에서 우회상장의 경우를 특정하여 규제하고 있다.

가. 중대한 자산 재편성과 우회상장의 비교

1) 상장기업의 중대한 자산재편성 관리기준

CSRC는 상장 회사에 대한 감독규정에 "자산재편성"의 개념을 1998년 최초 도입하였으며, 1998년에 368개 상장기업이 657건의 자산재편에 참여하였고, 우량민영기업이 진입하였다. 2001년 CSRC는 '상장기업의 주요 자산 매수, 매도 및 교환 관련 통지 (Several Issues Concerning Major Purchases, Sales and Exchanges of Assets by Listed Companies)에 의해서 최초로 자산재편성 관리 기준을 도입하였다.

293) http://english.sse.com.cn - Home - About - SSE News - News Release 2018.11.16

표7-2. 상장회사의 감독에서 자산재편성 개념

연도	문서명	내용
1998	CSRC (1998) 26호 기업 자산대체에 의한 주요 사업 변경에 관한 몇 가지 문제점에 대한 고지: 关于上市公司置换资产变更主营业务若干问题的通知》	상장 회사의 중요 자산 대체 행위에 CSRC의 사전 승인 요건 설정.
2000	CSRC (2000) 75호 상장 기업의 주요 자산 매입 또는 매각 행위에 관한 통지: 关于规范上市公司重大购买或出售资产行为的通知	주요 자산의 구조 조정을 총자산, 순자산과 순이익의 50 %이상의 매입이나 매도로 정의
2001	CSRC (2001) 105호 상장기업의 주요 자산 매수, 매도 및 교환 관련 통지: 关于上市公司重大购买、出售、置换资产若干问题的通知	자산의 교환을 규제 대상으로 추가. 상장회사는 12개월 동안 동일 또는 관련 자산에 대해 연속적으로 순차적으로 매입, 매각, 치환한 누적 기준으로 적용
2008	CSRC (2008) 53호 상장 기업의 중대한 자산재편성 관리기준: 上市公司重大资产重组管理办法	CSRC에 인수합병, 재편성 심사위원회 설치 총자산, 순이익, 순자산의 50%에 미달하는 거래라도 CSRC가 직권 심사 가능. 순자산의 50%에 최소 5천만위안 기준 설정
2011	상장 기업의 중대한 자산재편성 관리기준 개정	재편성 대상 자산이 상장회사 총자산의 100% 초과시 우회상장으로 규제

초기 증권업 우회상장 사례

본토의 증권업계도 재무실적이 주식시장에 연동되고 IPO의 시점을 잡기 어려움에 따라, 우회상장을 택하였다. 이들은 국영으로 탄생하여 1997년부터 유한회사로 전환하였고, 2006년부터 순자산 비율 규제가 시작되자 상장을 추진하게 되었다. 2006년 Guangfa Securities는 Yanbian Road Construction과 주식교환으로 최초의 우회상장 증권사가 되었다. Sinolink Securities은 상하이거래소 상장 Chengdu Urban Construction Investment & Development와 자산을 교환하여 우회상장을 달성하였다. Haitong Securities는 Shanghai Urban Agro-Business Co. Ltd.를, Northeast Securities는 Liulu Industrial Co., Ltd, Southwest Securities는 Chongqing Changjiang River Water Transport Col, Ltd, Sealand Securities는 Guilin Jiqi Pharmaceutical Co. Ltd.를 경유해서 우회상장하였다[294].

294) Jiagui Chen, The China Economy Yearbook, Volume 2: Analysis and Forecast of China's Economy, koninklijke Brill NV, Leiden, 2009

2007년의 상장기업 M&A 1,759건 중 주식딜은 149건에 불과했다. 이에 CSRC는 2008년 상장기업의 중대한 자산재편성 관리기준을 제정하였다.

규제 대상의 범위는 일상 경영 활동 이외의 자산거래 행위이되, 출자, 위탁경영, 자산임대, 기부행위 등이 포함된다.

제15조 (규제대상)

(1) 타인과 신규 창업 또는 기존 사업의 자본 증자/감자

(2) 타기업의 자산을 신탁 하에 운영이나 임대차 또는 자산운영이나 임대차를 타인에게 위탁

(3) 조건부 증여를 받거나 증여

(4) CSRC가 인정하는 다른 상황,

중요한 자산재편성의 정의를 '상장기업이 양수도하는 대상물이 당해 상장기업의 총자산이나 순자산의 50% 이상 또는 영업수입의 50% 이상 창출'로 규정하였다. 단 이 기준에 해당되지 않더라도 CSRC는 적용 명령권을 가진다.

제17조에서는 상장기업이 자산 인수 시에 예상이익 보고서를 작성하고 회계법인의 감사를 받도록 요구하였다.

제29조에서는 CSRC가 검토에 착수하면 상장기업 측이 거래소에 매매 정지 신청하고, 심사 결과가 나온 후 매매를 재개하도록 하였다.

23조에서는 주주총회의 자산재편 결의를 참석 주주의 2/3의 동의 사항으로 규정하였다(이해관계자인 주주 제외).

제43조에서는 주식발행에 의한 자산 매입 거래에서의 주식인수자에게 1년의 록업기간을 부과한다. 단 다음의 경우는 록업기간이 3년으로 강화된다;

- 주식인수자가 상장기업 지배주주나 특수관계인인 경우
- 주식인수자가 본건 발행 주식으로 인해 상장기업의 경영권을 취득하는 경우
- 주식인수자가 출자 대상 자산을 보유한 기간이 1년 미달 경우

제17조에서는 컨설턴트가 관계자거래를 구성하는지 여부에 대한 의견서를 제시하고, 증권서비스 기관이 전문가 의견을 인용할 경우 실사를 수행하도록 하였다.

제21조에서는 독립적 이사들이 상장기업의 소유주와 비 관련 주주들이 받을 영향

에 대한 의견을 제시하도록 하였고, 독자적으로 자문사를 활용할 수 있다.

국유기업 주주들이 상장기업과 자산을 거래하는 자산재편성 건이 증가하면서 내부자 거래가 출현하고 정부인가 획득에 실패하는 사례가 출현함에 따라, SASAC은 2009년 국유주주와 상장기업 간의 자산 재편성에 관한 문제의 규제 통지(Notice on Regulating the Issues Concerning the Asset Restructuring between State-owned Shareholders and Listed Companies)를 제정하여, 대상기업 이사회는 규제 당국 승인 후에만 계획을 결의하도록 하였다.

CSRC는 2006년 및 2012년의 상장기업 인수재편성 전문가 자문위원회 실무규칙(Working Rules of the Review Board for Mergers, Acquisitions and Restructurings of Listed Companies: 上市公司并购重组专家咨询委员会工作规则)에 근거하여, 35인 이내의 내외국인 전문가로 구성된 자문그룹을 활용하고 있다.

2) 우회상장의 전형적인 거래구조

2009~2014.11 간 본토 내 우회상장 62건의 57%가 자산매수의 대가로 주식발행 방식에 의하였다[295].

상장사 α의 대주주A와 비상장 pearl인 β사의 대주주 B간에, B는 베타의 자산을 알파에 편입하고 알파는 B에게 신주를 발행한다는 거래에 합의한다. 알파는 이사회 결의를 공시하고 거래소에 매매정지를 신청한다. 알파가 ST 종목이면 우량자산을 편입시켜서 ST를 졸업해야 한다. 알파와 베타가 이업종인 경우, 알파의 기존 자산은 매각 처리한다. 동업종일 경우는 합병한다.

재편성 후 상장 알파가 알짜 자산을 보유하며, B가 알파의 주주로 진입하였다. 회사명은 베타로 변경한다.

295) Shuliang Liu1, Huijie Xiao, Research on the Strategy of Backdoor Listing of Chinese Enterprises 2nd International Conference on Humanities and Social Science Research (ICHSSR 2016)

도7-1. 자산인수 방식의 우회상장 구조

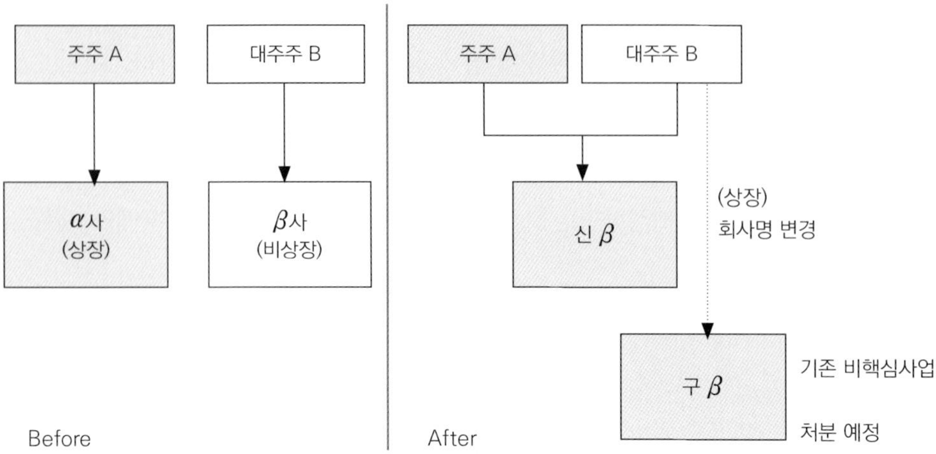

* 자료: HUMPHREY, N. & KUO, R. 2002. The growing acceptance of backdoor listings. JASSA, 28.

B가 경영권을 획득하려면 β의 기업가치가 α보다 커야 할 뿐만 아니라, B가 β에 보유한 지분율이 높아야 한다. 그렇지 못할 경우 B는 현금으로 지분을 추가 매수해야 할 것이다. 이러한 이유로 인해 우회상장 건의 규모가 IPO보다 크다는 연구가 있다[296].

β의 기업규모가 α보다 절대적으로 큰 국영기업이면 최대주주 등극이 용이하겠지만, 여기에도 장애물이 있다. 양대 거래소가 25% 또는 10%의 유통주식수를 상장요건으로 요구하기 때문이다. 베타가 거대국영기업이면 이 요건에 결격이 될 가능성이 크다.

3) 우회상장의 정의

2011년 개정 상장기업의 중대한 자산재편성 관리기준 제13조에서는 상장기업에 경영권 변동이 발생하며, 상장기업이 인수자 측으로부터 매수한 자산이 상장기업의 감사 필 연결총자산의 100%를 초과하면 우회상장을 구성한다고 규정하였다. 우회상장은 IPO와 동일한 이익 실적 요건을 충족해야 하며, 우회상장 후 2년 간 연차보고서에 대해서 독립적인 컨설턴트가 감독의견서를 CSRC에 제출해야 한다 (제36조).

CSRC가 IPO를 빈번히 중단시켰기 때문에 시장의 우회상장의 수요가 컸다.

296) Chunxia Shao, Choice between backdoor listing and regular initial public offering in China, Lund University, May 2017

표7-3. CSRC의 IPO 중단 조치 기간

	중단일	해제일	중단기간 (개월)
1	1994-07-21	1994-12-07	4.6
2	1995-01-19	1995-06-09	4.7
3	1995-07-05	1996-01-03	6.1
4	2001-07-31	2001-11-02	3.1
5	2004-08-26	2005-01-23	5.0
6	2005-05-25	2006-06-02	12.4
7	2008-12-06	2009-06-29	6.8
8	2012-11-03	2014-01-01	14.1
9	2015-07-04	2015-11-06	4.2

그러나 shell의 주가 상승으로 내부자 거래의 기회가 생성되는 우회상장은 유통 M&A 대비 소액주주에게 불리하다[297].

뤼디그룹의 우회상장 사례

중국 대표 부동산개발업체인 뤼디그룹(綠地集團)이 2015.8.18일 우회상장을 통해 상하이증권거래소에 성공적으로 안착했다. CSRC의 상장 승인을 받은지 4개월, 우회상장 준비에 돌입한지 1년여 만에 얻은 결실이다.

뤼디그룹은 A주 상장을 위해 상하이 상장사인 진펑투자(金豊投資)를 지분을 지속적으로 인수하며 통합의 절차를 밟아왔다. 우회상장에 성공하면서 진펑투자의 종목명은 Greenland Holdings Corporation Limited (綠地控股集團股份有限公司)로 변경됐다. 이날 개장가 25.10위안 기준 뤼디홀딩스 시가총액 규모는 3천억 위안 이상이다. 이는 역대 최대 규모의 우회상장 케이스였다. 뤼디그룹이 직상장이 아닌 우회상장을 택한 것은 독특한 지배구조 때문으로 알려졌다. 직원 주주들이 무려 46%를 소유하였고, 상하이 SASAC이 51%를 보유하였다. 뤼디그룹은 2013년에 홍콩 상장사인 부동산 기업 성가오즈디(盛高置地) 지분 60%를 인수하여 뤼디홍콩(00337)으로 변경했다

297) *Zhang Wenkui* , Restructuring of China's Listed Companies: Achievements and Problems , Development Research Center of the State Council of PRC, *Research Report No 151, 1329 2001-02*

민간 물류회사인 S.F.Express는 2016년 초 국내 IPO상장계획을 철회하고 Dingtai New Materials와의 우회상장을 추진하여 7개월 만인 2017년 2월에 상장을 달성하였다.

Qihoo 360의 사례

상해 상장 엘리베이터 제조업체 SJEC는 2017년 신주를 발행하여 Qihoo의 자산을 504억 위안에 인수하였다. 신주는 2016년 뉴욕에서 93억 달러의 공개매수에 참여했던 42인의 기관투자자에게 배분 지급되었다. 기존의 승강기 사업은 18억 위안에 구 지배주주들에게 매각되었다.

우회상장 관련 회계부정 사건도 적발되었다. 广西省 최대 생태농업 종자 회사인 Kanghua Agriculture은 2014년 우회상장을 시도하고자 자산을 약 50%, 영업이익을 약 40%, 허위 부풀려 회계장부 조작을 통해, shell company인 Busen (002569)浙江步森服饰股份有限公司의 자산구조 조정을 시도 하여 부실 정보를 공시하였다. 이에 중국 증권감독위원회는 각각 60만 및 30만 위안의 벌금을 선고 하였다.

Anshan Heavy Duty Mining Machinery Co와 Nine Top Group간의 재편성 거래에서 분식행위로 인해 CSRC가 당사자 및 컨설턴트인 Southwest Securities를 징계한 사례도 발생하였다[298].

나. 우회상장 규제

우회상장은 2011년 36건이 달성되어 규정에 반영된 후, 2013년 CSRC의 본토 IPO 중단으로 인해 2015년에 다시 36건에 도달했다. 2013년 나스닥에서 37억 달러의 LBO로 상장폐지했던 Focus Media가 2015년 6월 심천거래소에 Hedy Holdings와 주식교환으로 우회상장하였다. 2015년 증시의 활황 및 Focus Media광고사, Giant Interactive, PerfectWorld 게임 들의 국내 우회상장 성공으로 인해 shell가격이 과열되었다.

---

298) Xinhua, China punishes irresponsible securities brokerage firm, 2017.06.11.

2016년 CSRC가 우회상장을 규제하면서 과거 3년 간 법규위반자는 상장기업을 셸로 매각할 수 없도록 조치하자, ST로 분류되어 있는 셸가격이 폭락하였다[299].

표7-4. 연도별 우회상장 규제 조치

2011	CSRC (2008) 53호 《상장 기업의 주요 구조조정 관리방법: 上市公司重大资产重组管理办法》(개정)	우회 상장 및 그와 관련된 자금 지원에 대한 규제 요건을 명확히 하고, 우회 상장시 특정 재무 지표를 충족 해야함.
2014	CSRC (2014) 109호 《상장 기업의 주요 구조조정 관리방법: 上市公司重大资产重组管理办法》	우회 상장은 IPO에 준하는 요구 사항 및 특정 재무 지표를 충족해야함.
2016	CSRC (2016) 127호 《상장 기업의 주요 구조조정 관리방법: 上市公司重大资产重组管理办法》(개정)	우회상장 조건은 총자산 단일항목에서 5+1항목으로 규제를 확장 하였으며, "자산재편성 누적 합산"의 기간을 60 개월로 연장 했다[313]. 또한, 우회상장에 수반되는 사모 증자를 불허 하였다.

2016년 개정 (127호)에서는 가장 강력한 우회상장 규제를 도입하였다.

제2조 적용범위
본 기준은 상장회사나 그의 통제를 받는 회사가 일상 영업활동 외에서 자산을 매수, 매도나 달리 매매함으로써 상장회사의 주 사업, 자산이나 매출에 중대한 변동을 가져 오는 자산매매 활동에 적용된다.
본 기준은 상장회사가 CSRC가 확인한 증권발행 서류에 공시된 용도대로 자산 매입이나 해외투자 자금을 조달하여 사용하는 경우에는 적용되지 않는다.

총자산 100%의 기준을 자산, 운영수입, 순이익, 순자산 및 자본금의 5개 요소로 확대 적용함에 따라, 한 가지라도 저촉되면 우회상장을 구성하게 된다. 또한 경영권 변동일로부터 5년 간 발생하는 자산 투입은 우회상장 기준 판정에 산입한다 (제13조).

제13조. 상장회사가 경영권 변동일로부터 5년 이내에 취득한 자산이 총자산, 영업

299) Xie Yu, Shell company' shares plunge as China tightens back-door listing approvals - Stricter rules governing reverse mergers sends shell companies share prices tumbling Monday, South China Morning Post, 2016.6.20

이익, 순이익, 순자산이나 발행주식의 5개 항목 기준 100%이상이면서 상장회사에 근본적인 변동을 가져오는 경우 중대한 자산 재편성을 구성하여 본 규정 하에서 CSRC의 승인 사항이 된다. 근본적인 변동의 판정은 CSRC가 재량권을 가진다.

상장회사의 지배주주가 3년 간 징계나 수사를 받은 경력이 없어야 한다.

우회상장의 경우 중요한 자산재편성에서보다 록업을 강화하였다.

제46조

제13조 1항 (5가지 항목이 100%로서 우회상장에 해당)의 상황에서는, 상장회사의 원래 지배주주 및 상장기업 지분을 직간접으로 인수하는 특정 투자자는 36년 간의 자발적 록업을 약정해야 한다. 특정투자자 외의 다른 투자자는 2년 간을 약정한다.

3) 우회상장 이후 상장 지분이 분산된 경우

우회상장 기준을 대주주들 간에 지분을 분산함으로써 피해 가는 사례가 발생하였으므로, CSRC는 2016년의 개정에서 지분이 분산되어 형식상 지배주주가 없는 경우라도 중요한 재무 및 경영 의사결정을 내리는 경영진이 통제를 유지하는 것으로 간주하도록 규정하였다(제13조).

제13조.

지배권의 여부는 상장회사인수관리규정 제84조 (상장회사에 대한 통제권)에 따라서 판정한다. 상장회사의 지분이 분산된 경우 중요 의사결정을 내리는 이사진이 지배권을 가진 것으로 간주된다.

당사자들은 이익이 예상에 미달할 경우에 대비하여 면책 계약 및 재편성 당해 연도 주당이익 희석의 보완 계획을 주주총회에 부의해야 한다. 단, 상장기업이 지배주주가 아닌 상대방으로부터 자산을 매입하는 경우로서 경영권 변동이 없으면 상기 면책계약 및 보완계획 의무는 자율적인 선택 사항이다 (제35조).

San Bian Science & Technology Co., Ltd. (002112.SZ) 사례

심천거래소 상장기업인 San Bian사는 2016년 Galaxy-Valley사의 지분 100%를 신주 발행과 현금 지급으로 인수하였다. Galaxy-Valley의 기업가치를 28억 위안으로 평가하였으며, 2014년 말 현재, San Bian 의 총자산은 13억 위안이었다. San Bian의 경영권자는 Sanmen지방정부였으나, 인수 거래 후에는 지분이 분산되었다. 회사 측은 3인의 대주주 중 어느 누구도 이사회를 지배하지 못하므로 통제권자가 없다고 공표하였다. 심천거래소는 이에 의문을 제기하였고, 회사 측은 Lu Xuri가 실제 통제자라고 정정 발표하였다.

4) 업종이 상이한 경우

제43조. (5)항

상장기업이 인수하는 자산이 기존 사업과 시너지가 없는 경우 사업개발 전략과 동반되는 위험에 대해서 설명을 공시해야 한다.

Xinjiang Zhundong Petroleum Technology Co Ltd (新疆准东石油技术股份有限公司)은 2008년 1월 심천증권거래소에 상장하였다(코드 "002207").

2016년 Xinjiang Zhundong Petroleum은 혁신 물류기업인 Zhongke Fuchuang Technology (中科富创)의 100 % 지분을 付正桥 (Fu Zhengqiao) 郑硕果 (Zheng Shuoguo) 및 慧果投资(Huiguo Investment Co., Ltd)로부터 인수하였다. 인수 대가는 24억위안으로, 50%는 주식 발행으로 및 나머지 50% 는 현금 지급이었다. 이에 따라 Zhongke Fuchuang은 Xinjiang Zhundong Petroleum의 "100 % 자회사"가 되었다.

Xinjiang Zhundong Petroleum 이 현금으로 지불한 대상은 慧果投资가 보유중인 中科富创의 50% 지분이었다.

인수 거래와 동시에, Xinjiang Zhundong Petroleum사는 Yingjiu Tongda Equity Investment Partnership (盈久通达) 및 Huijin Tianheng Equity Investment Partnership (鸿图咸丰)에게 36%의 사모주식을 발행 하여 매칭 펀드를 조달하였다. 자금 용도는 Zhongke Fuchuang을 인수하기 위한 "현금 대가" 지불이었다.

이러한 재편성 이후 사모펀드인 Yingjiu Tongda가 Xinjiang Zhundong Petroleum의 지배주주가 되었다. 이 거래는 우회상장 판정 기준 상 특수관계자 간 거래에 해당하지 않지만, 물류와 석유화학 간 업종이 상이하므로 우회상장 여부에 대한 검토를 거쳤다. 그러나 사모펀드의 결성이 지연되어 실패한 거래가 되었다.

5) 우회상장과 동시 3자배정 증자 제한

CSRC는 중국의 발행시장에 신주 발행 상황 별로 규정을 제정하였다. IPO에는 2006년 '최초 주식공개발행 및 상장에 대한 관리방법', 유상증자와 채권발행에 대해서는 2006년 '상장회사 증권발행 관리방법', 비상장회사의 신주발행에 대해서는 2012년 '비상장공중회사 감독관리방법'을 제정하였다.

그런데 CSRC는 상장회사에게 주주배정과 공모증자와 별도로, 엄격한 사모증자 기준을 도입한 바 있다. 2007년 '상장회사 주식 비공개발행에 관한 시행세칙(Implementation rules on the Non-Public Issue of Stocks by Listed Companies)'에 의하면, 10인 이내의 제3자에게 주주총회 및 CSRC의 승인을 받아서 신주를 발행할 수 있다. 청약자는 지배주주, 기관투자자 및 거액개인이 모두 가능하며 (입찰로 참여하는 다른 청약자와 지배주주가 동반 청약도 가능) 1년의 록업이 적용된다 (지배주주는 3년). 이후 본토의 유상증자 시장에 사모발행의 비중이 높다. 사모증자의 통계는 2008년부터 구분 발표되었으며, 지배주주가 참여하는 사모발행 주식의 수익률이 높다는 연구가 있다[300].

CSRC의 2016년 규정 보완조치에 따라서, 지배주주가 우회상장 기준인 '경영권 변동'을 회피하기 위해 사모 발행 주식을 인수하는 행태가 불가능해졌다.

상장기업의 중대한 자산 재편성 관리기준 제5장. 자산매입을 위한 주식 발행
제43조.
상장기업은 자산 매수대금 조달을 위해서 지배주주가 아닌 사람에게 3자배정 증자할 수 있으나, 이로 인해서 경영권 변동을 초래하지 않아야 한다.
상장기업이 특정인에게 사모주식을 발행한 현금으로 당해 특정인의 자산 인수 경

300) G. Nathan Dong, Ming Gu and Hua He, Invisible hand and helping hand: Private placement of public equity in China, Journal of Corporate Finance, 30 August 2018

우, 자산인수를 위한 주식발행으로 간주된다.

제44조. 상장기업은 신주 발행으로 자산 매수시에, 제13조 1항 (5가지 항목이 100%로서 우회상장에 해당)의 상황이 아닌 한, 부수자금 조달을 위한 증자를 병행할 수 있다.

제45조. 주식발행가는 시장참조가 (20, 60, 120일 평균)의 90% 이상이다.

3. 해외 우회상장

해외 우회상장에서는 해외 기존상장기업 (중국인이 통제 여부 불문)이 중국창업자가 지배하는 본토 기업의 레드칩 지주회사를 인수한다. 기업 인수의 대가로, 해외상장기업은 자사의 해외 주식를 배정하고 신주를 발행해 준다.

우회상장은 기존 해외 상장기업에 본토 자산을 편입시키고 그 대가로 경영권을 획득하므로 공모 자본조달이 수반되지 않는다.

중국인들은 역외 우회상장을 'shell-borrowing(借壳上市)'으로, 역외 레드칩은 'shell-making'이라고 구분하였다. Shell-making은 버진군도나 홍콩에 지주회사를 신설하여 상장하기 때문이다. 기관투자자에 대한 사모발행(placing)으로 IPO가 가능한 홍콩 GEM에 상장한 후 메인보드로 이전 상장하여 shell로 활용하려는 계획은 'shell-planting'으로 칭한다.

가. 중국기업의 홍콩 우회상장

홍콩은 이미 1992~1993년에 본토기업의 shell 매수 붐을 겪었다. 북경은 1993년 H 주식제도를 도입하면서 홍콩의 shell을 인수하는 행위에 사전승인 요건을 부과하였다. 초기 H주식의 회계기준이 본토 회계기준과 달랐으므로, 홍콩에 H주식 상장이 원천 불가능했던 본토기업들이 홍콩 우회상장을 선택할 이유가 있었다[301].

301) ZHANG Yu, "Sample Analysis and Law Regulation to the Coming into Market of the Chinese Enterprises Through Shell-Borrowing Overseas" Journal of Hebei University of Economics and Trade, Vol. 21, No. 4, July 2000

1) 우회상장의 정의

홍콩에서도 상장기업에 자산을 주입하면서 경영권을 획득하는 거래가 가능하였으며, 특히 부실기업의 구조조정 수단으로 채권자들이 선호하였다. 최초의 구조조정 우회상장은 홍콩 상장 Kongni Investment가 1984년 China Resource그룹에 지분을 매각하고, 1993년 Aerospace International Holdings Ltd. (China Aerospace Science & Technology Corporation의 자회사)가 된 사례였다. 초기에는 홍콩 측이 요청한 구제거래로 출현하였지만, 점차 본토 측의 전략으로 부상하였다. 홍콩 상장회사협의회의 Francis Leung 회장은 우회상장의 지지자이며,'부실기업이 우회상장으로 회생한 사례가 많다'고 주장한다[302].

홍콩 당국은 2004년 상장규정 개정에서 주목해야 할 거래(notifiable transactions: 14장) 및 관계자거래(connected transactions:14A)장을 채택하고, 우회상장 규정(Reverse takeover rule: RTO rules)을 도입하였다.

홍콩 거래소는 H주식 발행자를 배려하여 본토의 정부기관은 관계자에 해당하지 않는다고 2009년 규정하였다(19A.19). 2010년에는 레드칩에도 이 규정이 적용되었는데 (14A.12A(2)), 이에 대해 '소액주주 보호가 손상된다'는 비판이 제기되었다[303].

14.06조에서는 매우 중요한 취득(very substantial acquisition)을 100%를 초과하는 단일 또는 일련의 취득(14.22 및 14.23조 하에서 합산)으로, 매우 중요한 처분거래 (very substantial disposal)는 75%를 초과하는 단일 또는 일련의 처분 (14.22 및 14.23조 하에서 합산)으로 정의하였다. 중요한 취득, 처분 및 우회상장은 일시 매매정지 기간 및 주주총회의 승인 절차를 거쳐야 한다.

14.06조에서 우회상장의 정의는 다음과 같다;

-일련의 자산 인수(규정 14.22 및 14.23 하에서 합산[304])의 결과로 매우 중요한 취득(very substantial acquisition)을 구성하며, 상장 발행자의 경영권의 변동(기업인수 규정에서 30%로 정의됨)이 발생했거나 발생할 경우

- 상장 발행자와 특정 상대방 간에 24개월 이내에 체결된 계약에 근거하여, 일

302) HKEX faces strong opposition on new delisting rules, China Financial News, November 30, 2018

303) David Webb, "The Shenzhen Connection", 20th March 2003
David Webb, "Stop the BoCom placing: get a rights issue", 16th March 2012

304) 해당 기간 내에 완결되었거나, 해당 기간 이후 완결되더라도 동일 당사자나 동일 대상물로 연관되어 있는 경우

련의 자산 인수(규정 14.22 및 14.23 하에서 합산)를 통해 상대방이 상장발행자의 경영권을 취득하며, 매우 중요한 취득(very substantial acquisition)을 구성하는 경우. 이 경우에 매우 중요한 취득 여부를 판정함에 있어서 자산, 매출, 이익, 거래대가 대 주식 시가 비율, equity capital 비율(거래대가로 발행한 신주 액면 대 거래 전 명목자본금 비율, 취득 시만 적용)의 5개 항목 비율을 적용한다.

- 합산 기간(lookback period)은 24개월이다.

그러나 우회상장 해당 여부의 판정(Bright line test) 에서 거래소는 이러한 정의보다 확대 적용(extreme case)할 수 있다.

14.54조에서는 거래소로 하여금 우회상장 신청자를 신규상장 신청자로 취급하도록 규정하였다. 기존 상장기업이 우회상장을 제안하였다면 편입 대상 자산 또는 자산 편입 후의 확대된 그룹이 신규 상장의 재무 요건을 충족해야 한다(거래소 규정 8.05 및 GEM규정 11.12(A)).

14.60조 4항: 당해 거래에 상장 예정 증권의 발행이 수반되는 경우, 그 내용도 공시해야 한다.

구조조정 딜의 경우 우회상장 후 2년 간은 관련자산의 추가 편입을 금지당함으로써 (신규 IPO요건을 갖추지 못한 한), 이 기간 동안 지속가능한 실적을 유지해야 할 부담을 안게 되었다[305]. 구조조정기업이 분리매각자산(pearl)의 가격을 높이고 shell가격은 낮게 협상하므로, pearl측 채권단의 입장에서도 shell의 주식을 받은 후 장기간 보유해야 채권 회수 목적을 달성할 수 있다.

国美电器소매체인의 홍콩 간접 상장 사례

본토와 홍콩에 전자유통망을 소유하던 国美그룹의 鹏润우회상장은 지배 주주인 황광유(黄光裕) 휘하의 "鹏润계열사"간의 구조 재편성이었다. 황광유는 国美电器 및鹏润를 설립했으며 가전 체인점 및 부동산을 주업으로 国美와 鹏润의 두 가지 브랜드를 형성했다.

- 2002 년 3 월 황광유의 소유기업 Shining Crown BVI이 홍콩의 상장 회사 Jinhua Automation Group (1992년 홍콩에 상장한 버뮤다 회사)주식의 85.6%를 확보한 후 잔량을 할

305) Chartons, Backdoor listing in Hong Kong, 2014.1.

인가에 강제매수하였다. Jinhua측의 독립이사 특별위원회는 매수가가 공정하지 않아 보이지만, "거래량이 작은 종목에서 향후 지분을 매도하기가 어려울 것이라"는 의견을 주주들에게 제시하였다. Jinhua는 피인수되었으며, 주력사업을 적자로인해 2000년 중단한 shell이었고, China Eagle 로 명칭을 바꾸었다.

- 황광유는 북경에 北亿福사를 설립하였고, 北亿福이 65% 및 황광유 개인이 35%를 각각 출자하여 国美电器有限公司를 설립하였다. 황광유는 国美电器를 홍콩에 간접 상장시키기 위하여 96개 소매점을 国美电器에 편입시켰다. 모회사에는 본토와 홍콩의 39개 소매점을 잔존시켰다.
- 황광유는 British Virgin Island (BVI)에 Ocean Town 과 Gome Hodings Limited 의 2 개의 해외 회사를 설립하였다.
- 북경 北亿福이 国美电器지분 65%를 Ocean Town에 양도하였다.

도 7-2. 2004년 초의 GOME 지배구조도

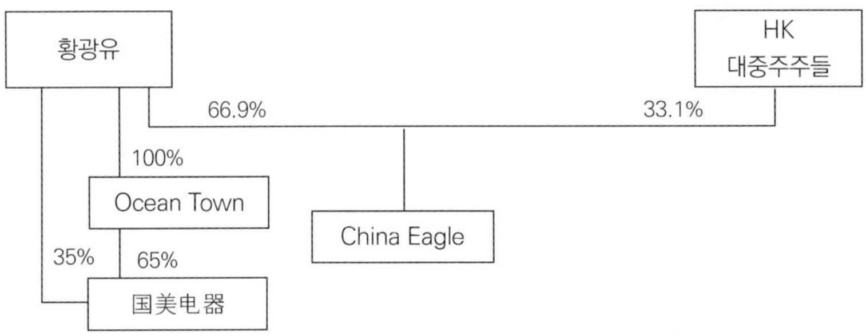

2004년 6월 China Eagle HK이 Ocean Town의 버진군도 지분을 인수함으로써 China Eagle이 国美电器의 65%를 간접 통제하게 되었다.

인수 대가는 2.43억 HK$의 신주와 80억 HK$의 전환사채였다 (총 약 88억 위안). China Eagle의 당시 시가총액은 4.2억 달러 수준이었고, 国美电器의 기업가치는 45배의 PER에 해당하는 1,350억 위안이었다. 신주발행가는 최근 종가 대비 6.8%, 3월말 순자산 대비 41.1% 할인되었다.

전환사채가 3년 후 전액 전환될 경우 대중주주들의 지분은 2.8%로 하락하고, 황광유 우호지분이 97.2%로 상승하게 될 것이었다. 황광유 대주주는 3년 내에 추가 주식 공모를 달성할 것이며, 자신은 "전환사채 전환으로 인해서 홍콩거래소 상장규정 상의 유통주식수 요건 25% 미달 상황을 발생시키지 않겠다"고 약정하였다.

도 7-3. 2004년 중대한 인수거래 이후의 GOME 지배구조도

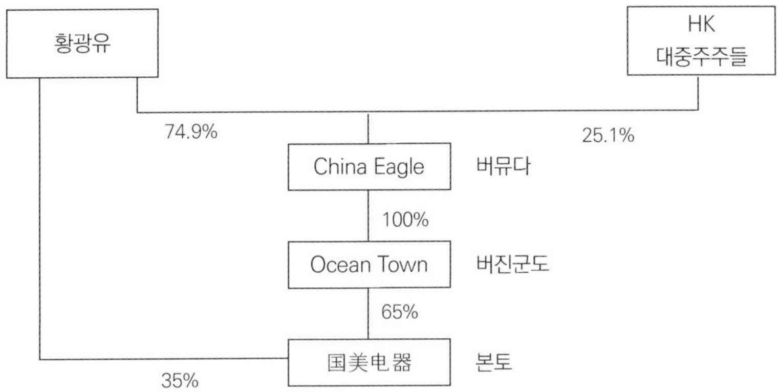

- 2008년 황광유 회장이 본토에서 기소 당함에 따라 홍콩거래소는 회장의 주가 조작 혐의로 주식거래를 중지시키고, 그의 자산을 동결하였다. 회장은 사임하였으나, 회사는 GOME Retail Holdings Limited로 홍콩 상장을 유지하였다(코드 00493).
- 황광유 회장의 구속에 불구하고, 미국의 Bain Capital이 2009년 신주와 전환사채 23% 지분에 4.17억 달러를 할인가에 출자 약정하였다. 황회장은 옥중에서도 경영에 관하여였으며, 2014년 国美电器에 4.2억 HK$을 배상하기로 합의하였다. Bain Capital은 목표 지분을 확보하지 못하였고, 2015년까지 지분을 매각하였다.

황광유는 우회상장의 4개월 전에 China Eagle지분을 41%로부터 66.9%로 미리 높여 놓았으므로 Ocean Town인수로 인해서 China Eagle의 경영권이 변동하지 않았다. 당시 규정 상, 2년 내 경영권 변동이 없었다면 상장기업이 중대한 인수거래를 통해서 업종 변경이 가능하였다. 따라서 国美电器건은 중대한 인수거래이고 관계자 거래이되, 경영권 변동이 없었으므로 우회상장이 아니었다[306].

306) Kwok, Ben. Gome moves closer to listing with 8.8b yuan takeover deal China Eagle Group buys 65 per cent of the mainland appliance company that will skirt a ban on back-door entry, South China Morning Post, 07 June 2004

2010년 홍콩거래소의 Listing Decision series 95에서는 중요한 인수가 우회상장에 해당하는지 고려 요소를 추가하였다. 이에 따라 업종 내 관련성이 결여된 중요한 인수거래는 우회상장 규제를 회피할 수 없게 되었다.

- 주 사업의 변동 여부
- 상장shell 대비 인수 규모
- 피인수 대상이 최소 신규 상장 요건 충족 여부
- 피인수 대상이 상장에 적합한지 여부

China Merchants Property 사례

2013년 China Merchants Property Development Co Ltd ("CMPD":국영 招商局集团계열사)는 본토의 11개 부동산 개발사업을 홍콩의 China Merchants Land Ltd ("CML") 에 편입시켰다. 이거래는 매우 중요한 인수건이었고, CMPD가 2012년 4월에 CML 지분 74.4%를 미미 취득하였으므로 관계자 간 거래였다. China Merchants Land Ltd의 전신이 홍콩에 상장된 전자제품 유통업체 Tonic Industries Holdings Ltd로서, 업종이 완전히 변경되었음에 따라 이 거래는 우회상장에 해당하였다. CML은 재상장 절차로서 사업설명서를 발간하였다. 우회상장 이후 CML은 활발하게 자금조달을 수행하였다.

2) 우회상장의 과열

본토에서 부동산 가격 억제 정책이 시행되고 A주식 우회상장이 어려워졌으며, 2013년 홍콩거래소가 IPO스폰서 제도를 강화함에 따라서 홍콩 우회상장의 수요가 증가하였다.

2015년 한해에만 45건의 우회상장이 출현하였다. 홍콩거래소가 2014년 우회상장 규제를 강화한 후에는 주 사업을 매각하고 나서 현금만 남은 cash company를 shell로 활용하는 경우가 증가하였다. 홍콩 SFC가 2013-2015기간 중 56건의 우회상장을 조사해 보니 39사가 적자기업임에도 불구하고 6개월 간 10배의 주가 상승을 기록하였다. 2016년 현재에도 홍콩 우회상장은 본토 기업들에게 매력적이다. 홍콩의 shell 가격은 HK$6억 수준이고, 홍콩거래소의 1,900개 기업 중 약 100개가 shell에 해당한다고 알려졌다[307].

3) Shell의 인기

2014 년에 선호되던 자산 주입형 역합병은 급속히 선호도를 상실하였다. 그리고 나서 초점은 shell 회사, 즉 매각을 목적으로 하여 주 사업을 처분한 기업들, 즉 보다 최근에는 고정자산 보유분이 작아서 매각이 쉬운 사업을 영위하는 회사들로 넘어갔다[308]. 홍콩거래소는 거래자의 절반이 비거주자이기 때문에 내부자 거래를 규제하기 어려운 환경에 있다[309].

홍콩 거래소는 이익 요건이 없는 GEM 시장에서 IPO가 원초적으로 shell로 전매 목적으로 수행되는 현상 (소위 'shell planting')을 간파하였다. 2014년 상장된 나이트클럽 Magnum 사는 1년 록업이 끝나자 4개월 후에 본토인에게 매각되었고, 부동산 관리 사업을 추가하였다. GEM 상장은 시간이 경과하면 IPO 심사 없이도 본 시장으로 이전 상장할 수 있으므로, 이러한 상황은 GEM 시장이 메인보드 시장의 백도어로 사용되고 있음을 시사한다. 이 회사들의 Hong Kong 주재 사외 이사의 대부분이 다양한 다른 상장 shell의 이사직에 앉아 있다. 거래소 측은 상장요건에서 최소 시가총액 및 주주 수 기준을 높이는 방안을 고려하고 있다[310].

2016년 6월 Guidance Letter GL68-13A 는 shell 여부 판단기준을 제시하였다.

- 시가총액 소규모
- 상장요건을 겨우 맞춤
- 공모 조달액 대비 과도한 상장 비용 부담. Bar Pacific의 경우에, 조달액의 25%를 초과하는 상장 비용 공제 후의 공모대금은 HK$4,580만이었다.
- 소수 고객에 의존도가 높은 단순 매매 업종 영위
- 자산이 적고, 대부분 유동자산으로 구성.
- 사업을 모회사가 배정해 준 경우에도 내용이 피상적임

307) The challenge of backdoor listing in Hong Kong, The Straight Times, 2016.7.9.

308) Shirley Yam, Hong Kong's red-hot corporate shell game is cause for concern, South China Morning Post, 2016.2.26.

309) James Early and Alex Pape, Why HK needs to get tougher on insider trading before China does, Hong Kong Economic Journal Monthly, 2015.12.

310) Shirley Yam, How China, Hong Kong regulators are cracking down on shell companies, South China Morning Post, 20 May, 2016

- 상장 이전에 외부 조달금액이 거의 없음

4) 2018년의 규제 강화안

2018.6.29. 홍콩거래소는 우회상장 제도변경안(Guidance Letter 96-18)을 공표하고, 업계의견을 수렴하였다[311].

- 자산 거래의 통산 기간은 24개월에서 36개월로 연장된다. 일련의 거래들이 통합 산정되면 하나의 거래인 것처럼 처리될 것이다.
- 일련의 거래들 중 마지막 거래가 자산의 취득이 아니라 처분이라도 우회상장 규칙에 저촉될 수 있다. 부록에서 이러한 개념을 예시로 설명한다.
- 경영권 변동 이후 36개월 이내에 기존 사업 처분은 제한된다. (잔여 사업이나 새로운 지배주주/제3자로부터 취득한 자산이 신규 IPO요건을 충족할 경우는 예외). 거래소는 최대주주 변동 시 본 규정을 적용할 재량권을 가진다.

상장기업의 "극단적인 거래(extreme transaction)" 에 새로운 요건을 부과한다. 극단적인 거래는 '인수목표를 상장시키는 효과가 있지만 발행자가 거래소 규정을 회피하려는 시도가 아니라는 것을 만족스럽게 증명할 수 있는 단일 건 또는 일련의 자산 취득' 으로 정의된다.

- 상장기업이 극단적인 거래를 하려면 상당한 규모의 주력사업으로서 거래 이후에도 지속될 것을 운영하고 있었어야 한다. 거래소는 상당 규모는 10억 HK$ 이상으로 본다. 주력사업(예: 유의적인 투자 또는 잉여 현금)에 귀속되지 않은 매출이나 자산은 제외한다.
- 당해 상장기업이 장기간(일반적으로 3년 이상) 대기업의 지배하에 있었으며, 당해 거래는 연결실체의 사업 구조조정의 일부를 구성하며 지배력의 변화를 초래하지 않아야 한다.

---

311) Robert Cleaver, Craig Dally, Kevin Cheung, Gilbert Li, Alex Bidlake, Christopher Yip and Terri Poon, HKEX proposes listing rule changes to crack down on backdoor listing, Linklaters, 2018.7.23.
Enoch Yiu, Hong Kong exchange explores rule change to curb back-door listings, formation of shell companies, South China Morning Post, 30 June, 2018

나. 중국기업의 미국 우회상장

1) 역합병

미국은 1950년 콜로라도주 광산 붐 당시 우회상장 붐을 이미 경험한 바 있었다. Occidental Petroleum, Turner Broadcasting, Texas Instruments 및 워렌버펫의 Berkshire Hathaway들이 우회상장 기업들이다.

미국에서 shell의 가치는 주주 수, 거래량, 정기 공시 등록 실적 및 재무제표에 좌우된다. Shell은 역합병일로부터 4일 이내에 8-K양식을 SEC에 제출해야 하며, 그 내용은 IPO 유가증권신고서와 차이가 없다.

미국의 우회상장 규제가 홍콩보다 낮았던 시기에, 500 개 이상의 중국 기업이 역합병을 통해 미국에 상장하였다. Texas의 shell전문 투자은행인 Halter Financial Group이 토론토 출신 중국인 John Zhang과 제휴하여 2002년 Tiens Biotech건을 성사시킨 후, 중국물 우회상장의 선구자가 되었다. Roth Capital Partner, Rodman & Renshaw, Global Hunter Capital Markets 및 William Blair투자은행이 뒤따랐다. 법무법인은 Loeb & Loeb, Pilsbury Winthrop들이 전문하였다. 이들의 우회상장 컨퍼런스에는 최대 3천 명의 헤지펀드, 회계사와 변호사, 은행가들이 모여 들었다. PCAOB의 징계를 받은 공인회계사가 미국 회계감사 수감 컨설팅 서비스로 전업하기도 하였다[312].

Shell은 주로 델라웨어, 유타, 네바다 등 기업비밀 보호가 강한 주에서 발굴하였다. 중국계 인수자는 델라웨어 주나 역외에 설립되어 중국 내에 운영자회사를 소유하는 지주회사였다. 미국 상장기업이 존속하지만, 그 경영진은 중국인들로 교체된다. 중국 외에 캐나다, 이스라엘, 러시아, 한국 기업도 우회상장하였다.

역합병에서 비상장 측이 상장 shell과 합병 의향서를 체결한 다음에, 운영자산을 존속법인에 편입시키면서 대주주로 등극한다. 역합병 후의 기업은 OTC시장에서 거래되다가, 추후 거래소에 이전상장(uplist)한다.

역합병의 유리점은 비용과 신속성에 있었다. IPO와 달리 SEC의 검토가 없으며, 기업공개 비용 2%에 대비하여 2007년 당시 우량 shell은 사당 가격이 80만 달러 수준

312) Reuters staff, Special Report: China's shortcut to Wall Street, August 1, 2011

에 불과하였다. 미국 내 shell은 약 1,200개에 달하였다.

미국에 소재하는 지주회사는 전 세계 소득에 대해서 미국의 과세를 당하지만, 중국 자회사들은 이익을 미국 외에 재투자한다고 신고함으로써 미국 내의 과세 문제를 회피하였다 (다만 수동적 소득 및 특정한 특수관계자 거래는 미국지주회사로 배당되지 않아도 과세를 당한다).

RINO인터내셔널 사례

대련 시의 RINO International은 중국 국영은행으로부터 차입이 어렵고 국내 증시에 상장도 어려움에 따라 미국에 우회상장하고자 미국인 브로커를 고용하였다. 텍사스에서 shell을 중개하는 Glen A. Little이라는 사람이 10만 달러에 매입해 놓았던 shell인 Jade Mountain사를 소개하여 주었다. 이 shell은 네바다 주에 소재한 과거 상장기업으로서 사업도, 부채도 없었다. 2007년 10월 RINO 가 Jade Mountain을 인수한 직후 Bank of America 및 헤지펀드 Alder Capital등이 Rino의 주식 2500만 달러를 사모로 인수하였고 RINO는 장외시장에서 거래가 형성되었다.

Rodman & Renshaw투자은행이 RINO의 사모 주식 $1억 달러 발행을 주선하였다. 이 회사는 사모시장의 골드만삭스라는 평판을 가졌으며, 일찍부터 중국영업에 눈떴다. RINO는 2009년 7월에는 나스닥으로 이전하여 상장하였다.

사례: Sinovac Biotech

Sinovac Biotech Ltd는 북경의 바이오 기업의 역외지주회사로서, 카리브 해의 Antigua and Barbuda에 1999년 Net-Force System Inc이라는 게임업체로 설립되었다. 2003년에 Sinovac으로 개명하였으며, 미국 장외시장에 거래가 개시되었다.

2003년 지주회사는 시노박 측 대주주 왕여사에게 1천만주를 사모발행하여 Sinovac Beijing의 지분 51%로 교환을 약정하였다. 왕여사는 51%의 지분을 다른 주주들로부터 현금으로 매수하는 약정을 확보하고 있었다. 그런데 51% 지분은 구주주들로부터 역외 지주회사로 직접 양도되었고, 이 거래는 중국 당국으로부터 현금 거래로 인정 받았다. 2004년에 역외지주회사는 현금으로 20.6% 지분을 추가 취득하였다. 2011년에 1.53%를 추가 인수하여 73.09%를 보유하게 되었다.

자회사로는 73.09%를 소유한 Sinovac Beijing외에 100%를 소유한 Tangshan Yian, Sinovac R&D (구 Sinovac Biological) Sinovac Hong Kong, 및 55% 소유한 Sinovac Dalian이 있다. 자회사 지분 취득 방식은 Sinovac Beijing에서와 동일하였다.

2004년 Amex로 이전상장, 및 2010년 NASDAQ이전상장을 달성하였다.

2) 역합병과 사모주식발행을 결합한 APO (Alternative Public Offering)

역합병을 통한 우회상장 만으로는 본토기업의 목적인 자금조달이 수반되지 못하는 않는 한계가 있다. 미국에서는 90년대부터 역합병에 사모주식 발행을 결합한 APO (Alternative Public Offering)거래가 소규모로 행해지고 있었으며, 전문자문사인 Halter Financial Group은 상해사무소를 운영하고, Halter USX China Index®을 공표하며, ETF를 판매하였다.

중국기업들은 레드칩을 미국에 우회상장하면서 자금도 조달함으로써 미국 APO시장을 확대시켰다. 이들이 미국에서 지출한 조달비용이 높았지만, 설사 본토 내에서 상장을 할 수 있다 하더라도 본토IPO의 발행가가 저가 책정되는 현상이 있으므로 미국 우회상장이 코스트 면에서 유리할 수 있었다[313].

도 7-4. APO의 구조

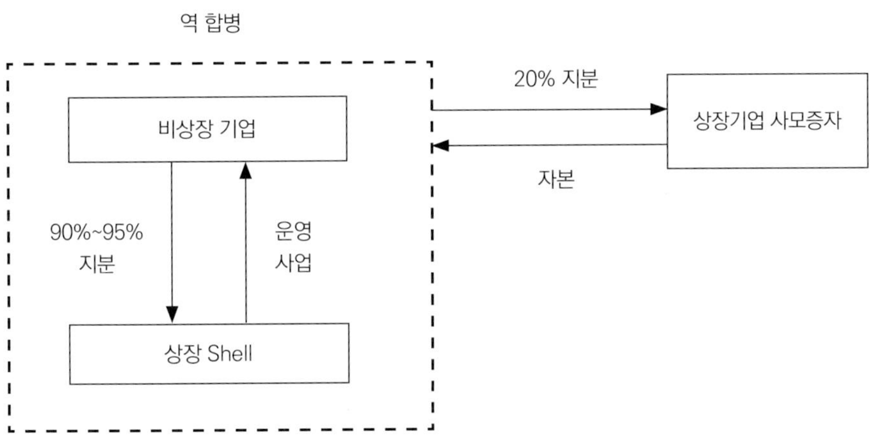

313) Chengye Sun, Three Essays on Chinese Two-Stage Firms in the U.S., Carleton University thesis, 2915

Universal Travel Group사례

Universal Travel Group은 2006년 TAM of Henderson과 역합병으로 장외시장에 올라갔다. 2007년에는 본토 5개 지역의 여행사들을 인수하였고, 2008년에는 사모펀드에게 주식발행하여 1,540만 달러를 조달하였다(사모펀드의 상장주식 투자: Private Investment in Public Equities). 2009년에는 투자자 로스쇼를 개최하여 Amex에 상장하였으나, 6개월 만에 뉴욕거래소로 이전하고, 기관투자자에게 2천만 달러를 사모 발행한다. 2010년에는 Brean, Murray, Carret & Co., LLC 와 Rodman & Renshaw, LLC를 주관사로 2천만 달러의 주식을 공모하였다. 이후 2년 간 회계감사인 사임과 교체를 거쳐 2011년 대표소송에 피소되었다. 2012년 자발적으로 상장폐지하여 OTC핑크시트 종목으로 내려 앉았다.

3) 역합병 규제

2011 년 미국 당국은 역합병 기업의 상장규칙을 개정하여 규제를 보완하였다. 역합병일로부터 상장기업 기준으로 SEC에 보고 의무를 부담한다. 예로서, 12월 결산법인이 1월에 역합병을 실행하고 3월에 연차보고서를 SEC에 등록하였다면, 다음 번 연차보고서 등록시까지 거래소 상장이 불가하다. 또한 장외시장에서 1년 간 유통매매 되면서 안정적인 가격을 시현하였을 것을 요구하는 'seasoning기간' 규칙을 도입하였다 [314]. 단 4천만 달러를 초과하는 공모주식 총액인수 계약이 확보 (역합병과 동시 또는 그 이후)되는 경우, 또는 역합병일로부터 4년이 경과하여 그간 연차보고서를 등록한 실적이 있는 경우에는 seasoning기간이 면제된다. 거래소 상장을 신청하려면 직전 60일 중 30일 간 최소한의 주가안정을 달성해야 한다.

다. 중국기업의 싱가폴 우회상장

역합병에서 인수자는 특정한 자산이나 사업을 상장shell에게 양도하고, 대가로 신주를 수령한다. 상장회사의 자산 취득과 처분은 상장 매뉴얼 10장 취득과 처분

314) Barry Grossman, Alternative Public Offerings: What Companies Need to Know, Ellenoff Grossman & Schole LLP, 2012.

(Acquisitions and Realisations)에서 규제하며, 1015조에서는'매우 중요한 인수(very substantial acquisitions)' 와 우회상장을 정의하였다. 1006조에 규정된 다음의 4가지 비율 중 하나라도 100%를 초과하면 매우 중요한 인수로, shell에 경영권 변동이 발생하면 우회상장으로 간주된다;

- 처분될 순자산 대 그룹의 순자산 (처분의 경우에만 적용)
- 거래 대상 자산에 귀속될 순이익 대 그룹의 순이익
- 양수도 대가 대 shell의 시가 총액(금고주 제외)
- 양수도 대가로 shell이 발행할 주식 수대 shell의 기발행 주식

싱가폴 거래소에서는 우회상장 후의 그룹이 규정 210의 신규상장의 요건을 충족시킬 것을 요구한다. Shell의 기존 사업은 우회상장 완료와 동시에 처분되는 조건이 일반적이다.

역합병은 상장 매뉴얼의 규정 210호에 따라 상장shell 측의 주주총회 결의를 거쳐야 한다. 우회상장 이후에 유통주식수 요건을 충족하기 위해서 또는 부수 자금조달로서 추가 신주가 발행된다.

2000년 항주 Narada Battery가 National Kap의 대주주와 합작하여 본토의 공장을 싱가폴 상장기업에 편입하고, Pakara Technology Limited로 개칭한 건이 있었다 (2012년 해산).

2007년의 과열된 시장에서 경영권 인수 측이 피인수 측에게 장래 수익성을 보장하여 문제가 발생한 바 있었다. Rowsley가 중국 태양광 사업을 $27억 달러에 인수하면서 연간 3억 달러의 순이익을 3년 간 보장했다가 무산되었으며, 콘택트렌즈업체 Oculus가 재생에너지 사업에 진입하면서 2년 간 보장한 수익을 내지 못하였다. 따라서 이러한 조건이 포함되어 있는 경우 주주총회 안건에 명시되어야 한다. 2013년 미얀마의 건설광산업 Zaw Zaw가 싱가폴 우회상장을 시도하였으나 실패하였다. 2016년에는 말레이시아 Capital City Property Sdn Bhd가 Terratech Group을 통해 우회상장을 선언하였다. 2012년부터는 15건의 우회상장이 공표되었으나 기간 중 6건 만이 완결되었다[315].

315) Wan Hong Chan,Initial public offerings versus reverse takeovers: A Singapore perspective, Dentons, March 31, 2016

China Everbright Water사례

2013년 China Everbright Water Ltd (中国光大水务有限公司)가 Hankore Environment Tech Group을 통해 싱가폴에 우회상장하였다. China Everbright Water 는 58억 위안 상당의 본토의 수처리 사업을 Hankore에 편입하면서 신주를 수령하였다. China Everbright가 Hankore의 78%의 지배주주로 등극한 후 회사명을 China Everbright Water로 변경하였다.

2014년 Perennial Real Estate Holdings Pte Ltd 가 St James Holdings Limited를 인수하여 우회상장하였다. 과거 St James는 유흥업소 운영회사였는데, St James는 부동산 사업을 편입시키고 유흥 사업을 처분하였다. 이후 상장기업은 Perennial Real Estate Holdings Limited로 개칭하여 중국과 싱가폴의 부동산 개발업에 종사하고 있다.

라. 중국기업의 한국 상장기업 인수

한국은 우회상장 규제가 강하므로 중국레드칩의 우회상장 사례는 보이지 않는다. 대신에 코스닥 상장기업을 인수하는 행태가 나타나며, 주체는 대부분 홍콩법인이다. 레드칩군이 민간기업이므로, 레드칩의 대 한국 투자 실적도 민간기업이 주역으로 나타났다[316]. 레드칩 자체의 정의가 모호하므로 레드칩의 제3국 투자에 대한 통계는 가용하지 않으나, 2010년과 2011년의 상장 레드칩에 대한 연구[317]에 의하면 홍콩 상장 42개사가 제3국 자회사(onward-journey: 역외금융센터를 경유한 해외투자)를 94개 보유하였다. 미국 상장 27개사는 85개, 싱가폴 상장 31사는 37개를 보유하였다. 총 100개 레드칩의 투자 대상국 중 일본은 13건, 한국은 4건, 미국 36건으로 나타났다.

게임 및 엔터테인먼트 업종의 본토 후발기업들은 본토 내 상장 대기 기간이 길고,

---

316) Sutherland, Dylan, and Lutao Ning. 2011. "Exploring 'onward-journey' strategies in China's private sector MNEs." Journal of Chinese Economic and Business Studies 9(1),43-65.

317) Sutherland, D. and Anderson, J. (2015) 'The pitfalls of using foreign direct investment data to measure Chinese multinational enterprise activity.', China quarterly., 221

홍콩에 레드칩을 상장할 규모 달성은 어렵다. 미디어·엔터테인먼트·통신 등ICT 분야의 본토 기업들이 2008년 1월부터 2016년4월까지 시도한 국제적인 M&A 거래를 분석한 결과 중국의 ICT 기업들이 한국 ICT 기업들을 적극적으로 인수한 것으로 나타났다.

게임업종에서 텐센트는 넷마블에 투자하였고 2019년 넷마블의 넥센 인수 컨소시업에 참여하였으며, 2018년 카카오게임에 출자하고 있다. 2016년 NHN은 웹젠 지분을 판요우(泛游有限公司)에 양도 (2천억 원 규모)하였으며, 2014년 37게임이 EST소프트의 2대주주가 되었다.

2015년 쑤닝 그룹이 애니메이션 업체 레드로버를 인수하였다(112.7억원)

엔터테인먼트업에서 텐센트는 YG, 알리바바는 SM, 화이쟈신(华谊 嘉信)은 241억 5천만 원을 SIGNAL엔터테인먼트그룹에 투자하였다. 뷰티 부분에서는 유미도가 넥스트아이를 인수하였다.

배달의 민족을 운영하는 우아한 형제에 570억원을 투자한 Hillhouse Capital의 경우는 사모펀드이다.

SINCETIMES HK의 코스닥 기업인수 사례

신스타임즈는 2008년 중국 북경에 설립된 게임사다. 중국 최대 게임회사 텐센트가 20% 지분을갖고 있는 협력사로 알려졌다. SINCETIMES HK SCIENCE COMPANY LIMITED 는 Bejing Sincetimes Network Co., Ltd가 2014년 홍콩에 설립하여 100% 소유한 자회사로서, 2016년 1월 코스닥 상장사 코원을 인수하였다. 코원은 ㈜신스타임즈로 개명하였고, Beijing Sincetimes NetWork Co., Ltd.의 창업자인 왕빈대표이사를 ㈜ 신스타임즈의 최대주주 및 대표이사로 추대했다. 코원의 기존 사업은 2017년 9월 물적분할하였다.

룽투코리아의 코스닥 기업인수 사례

Beijing Zhong Qing Long tu Network Technology Co.,Ltd.는 2014년에 LONGTUGAME HK LIMITED를 100% 자회사로 설립하였다. LONGTUGAME HK LIMITED는 2015년 3

월 아이넷스쿨에 3자배정 증자 217억원을 납입하여 44.53%를 보유한 최대주주로 등극하였고, Yang Sheng Hui 대표이사가 취임하였다. 아이넷스쿨은 룽투코리아로 개명하였고, 온라인게임, 웹게임, 모바일게임 등의 소프트웨어 개발을 신사업으로 추가하였다. 기존의 교육사업은 2017년 8월에 아이넷스쿨로 물적분할하였다.

판타지오 사례

홍콩의 Gold-Finance (HongKong) Asset Management Limited는 Gold-Finance Holdings Ltd (구 Nga Chun Holdings Company Limited)라는 빌딩 서비스 자회사를 보유하고 있다. Gold-Finance Holdings Ltd는 2014년 홍콩거래소 상장 공모로 9,260만 HK$를 조달하였다(상장 코드 1462).

Gold-Finance (HongKong) Asset Management Limited는 2015년 100% 자회사인 골드파이낸스코리아㈜를 설립하였다.

골드파이낸스코리아㈜는 2016년 10월판타지오의 지분 27.29%를 300억원에 인수하면서 최대주주로 등극하였다. 판타지오는 1997년코스닥에 상장한 교육사업체인 에듀심포니㈜가 2014년 엔터테인먼트 기획사인 판타지오와 합병한 법인이었다.

2016년12월 중국 측 공동대표이사가 취임하였고, 2017년 7월 교육사업부문을 물적 분할하였다. 2017년 7월에는 판타지오 홍콩을 설립하였다.

참고문헌

- 고영미, 홍콩의 법 교육 및 변호사 자격 취득절차와 법률 서비스 시장에 관한 연구, 안암법학, 2017.5.
- 곽복선, 중국의 사회신용도 제고 조치와 시사점,중국전문가 포럼, 2014.11.10.
- 김갑래, 이한상, 증권 인수업 선진화를 위한 개선방향 보고서, 자본시장연구원 이슈보고서 18-14, 2018.12.
- 나승복 외, 중국기업 M&A에 관한 법적규제 연구, 화우, 2006.12.
- 남옥매, 증국법상 공개매수의 법적 규제, 중국법연구, 2011.6.21
- 남옥매, 중국 주식회사 신주발행의 법적 규제, 고려대학교 출판문화원, 2016.
- 료금군, 外資M&A에 關한 中國法制의 硏究, 서울대학교 대학원 석사논문, 2016.2.
- 안유화, 중국에서의 역외펀드 운영 모델: 인터넷회사의 계약협의를 통한 운영 사례, 중국 금융시장 포커스 2009년 6월
- 박용린, 변화하고 있는 중국 벤처캐피탈 시장, 중국 금융시장 포커스 2013년 봄호
- 배지원, 이길용, 한국 SPC활용 역발상, 한국SPC 활용 역발상, 기업·당국 모두에 만족" [해외기업 IPO 부활]②이행규 법무법인 지평 파트너 변호사, 더벨, 2016. 7. 7.
- 이규철, 중국M&A 실무, 부연사 2011
- 이상모, 정보공개법제에 관한 비교법적 연구, 한국법제연구원, 2015.10.31
- 이택곤, 중국철수 전략, 비케이씨컨설팅, 2017.
- 자본시장연구원, 2018년 글로벌 IPO시장의 특징: 중국기업의 역외상장 선호와 주요 아시아 거래소의 차등의결권 도입, 자본시장 포커스, 2019.1.29.
- 조재훈 中게임사, 우회상장·대작게임 통해 韓시장 '정조준' 국내상장 후 게임 출시 이어져, 현대경제신문, 2016.4.21.
- 최낙훈, 중국 국유기업 MBO 모델의 전개와 의의 및 문제점, 한국외국어대학교 대학원 2006년 석사학위논문.
- ____ 조지 오웰의 악몽: 중국의 사회신용시스템, 아산정책연구원, 2017.3.10

- 한국증권업협회, 중국 자본시장 발전 보고, 이머징마켓 조사시리즈 08-10, 2008.12.
- 허강무, 중국의 토지가격 산정제도와 북한에 대한 시사점, 동북아법연구, 2011.5.
- 강영승, 최근 중국법규 개정이 계약통제방식에 미치는 영향, 한국기업지배구조원 CG리뷰 Vol 81. 2015.12
- 김교진, 중국 SOEs, 옥석가리기를 위한 신용도 판단기준 점검, 한국신용평가, 2018. 8.
- 나승복, 중국기업 M&A애 관한 법적규제 연구, 2006.12.
- 유호림, 중국의 역외지분양도 과세사례에 관한 연구, 조세연구 제17권 제4집(2017.12)
- 최용원, 중국기업의 한국거래소 상장 이슈 해설 - 중국 상무부 2006년 제10호 문건 돌파전략- 법무법인 세종 2013.1.11.
- Alice de Jonge, Corporate Governance and China's H Share Market, Edward Elgar, 2008
- Anshul Yadav, Assessing the performance of Reverse Takeovers in Hong Kong, SGAnalytics, 2017
- Arjun Pappajohn, Chinese Companies on US Exchanges: Is this time different? 05/15/2014
- Aspatore Books Staff, Negotiating and Structuring Acquisitions in China: Leading Lawyers on Performing Due Diligence, Identifying a negotiation strategy, and navigating compliance issues, Oct 31, 2008
- Abigail S. HORNSTEIN, The impact of local governance institutions on foreign market listings: The case of Chinese Firms, China Economic Review 29 (2014) 46-67
- Avital Louria Hahn, Recent scandals reignite interest in investigative due diligence, The Investment Dealers' Digest : IDD (Nov 7, 2005):
- Bloomberg News, Hong Kong Seeks to Cash In on Frenzy for Chinese Drug Stocks, 2018. 1. 29
- Bosch, Michele C., Burgy, Adriana L. Demystifying IP Due Diligence, Managing Intellectual Property June 2006
- Carl Walter, Fraser Howie, Red Capitalism: The Fragile Financial Foundation of China's Extraordinary Rise, John Wiley & Sons, March 6, 2012
- CHAN, Yiu Ming Gordon, The Regulation of Mainland Chinese Companies Listing in Hong Kong - An Examination of the Enforcement Problems and Strategies, The Chinese University of Hong Kong thesis, August 2013
- Charltons, The Listing Rules' requirements for Reverse Takeovers of Hong

Kong Listed Companies, 2014. 7.
- Charltons, Backdoor listing in Hong Kong, 2014.1.
- Chen Zhang, Stocks Issued Registration
- Chia Kim Huat, PRC Companies going public, Rajah & Tann, 2004.3.
- China Hongxing Sports Limited, Circular to Shareholders in relation to the proposed disposal of the entire share capital of Profitstart group Limited as a major transaction and an interested person transaction, 2018.3.2.
- DAVID BARBOZA and AZAM AHMED, China to Wall Street: The Side- Door Shuffle, New York Times, JULY 23, 2011
- David Cogman, Due diligence in China: Art, science, and self-defense, McKinsey Quarterly 2013.7.
- David J. Roberts and Ning Zhang, Post-M&A Rules Offshore Restructuring for Private Equity and Venture Capital Investments in China, O'Melveny & Myers LLP, 2009.3.
- David N. Feldman, Comments on Seasoning of Reverse Merger Companies Before Uplisting to National Securities Exchanges, Harvard Business Review, March 12, 2012
- Ding Lu. Public Listing of China related companies in Singapore. Sophia University 2009.2.
- Edmund Yeung, Backdoor listing, Deloitte 2014.3.13.
- Edward S. Steinfeld Forging Reform in China: The Fate of State-Owned Industry, Cambridge University Press, 1998
- Erik P.M.Vermeulen, Rules on Backdoor Listings global survey, OECD, Indonesia Financial Services Authority2014.12.
- Ernest Lim, Sponsors' Prospectus liability in initial public offering in Hong Kong, Capital Markets Law Journal, Vol. 8, No.2. 2013.
- EU SME Centre, Guideline: Due diligence for joint ventures, mergers and acquisitions in China, 2013
- Fangpeng Meng, Gatekeepers: Bonding benefits of Listing Chinese Companies in Hong Kong? European Business Organization Law Review 14. 2013.
- Feng Zeng, Venture Capital Investments in China, Pardee Rand Graduate School, 2004
- Francine McKenna, Can we trust Alibaba's numbers? Auditor has never faced

U.S. regulatory scrutiny , 2015.9.15. MarketWatch

- Frederic M. Stiner, Auditing Issues with Chinese Reverse Merger Companies traded in the United States, International Journal of Accounting and Financial Reporting, 2012, Vol. 2, No. 2
- Fraser J. T. Howie, Privatizing China: Inside China's Stock Markets, John Wiley & Sons, 2009
- George W.Russell, Trust but verify, A Plus 2012.7.
- G. Nathan Dong, Ming Gu and Hua He, Invisible hand and helping hand: Private placement of public equity in China, Journal of Corporate Finance, 30 August 2018
- G. Stevenson Smith, The Past, Present and Future of Forensic Accounting, The CPA Journal, 2015.3.
- Haiyan Sui, The Development Way of Forensic Accounting in China, Accounting and Finance Research, Vol.2, No.3; 2013
- Helen Luk, Sneaking through the backdoor, A Plus, May 2011
- Hing Lin Chan, Chinese investment in Hong Kong, Asian Survey, Vol.35, No.10. 1995.10.
- HKEx, 'Consultation Paper on Acceptance of Mainland Accounting and Auditing Standards and Mainland Audit Firms for Mainland Incorporated Companies Listed in Hong Kong' (August 2009), para. 19
- IFC, China's Emerging Private Enterprises: Prospects for the New Century, The China Journal, January 2003
- Ji Kin, S-Chip Scandals - Lessons Learnt, Prezi, 2014. 9. 3.
September 2014 https://prezi.com/udz1hocoe53d/s-chip-scandals/
- Jo Ann McGee, J. Ralph Byington, Due diligence issues in China, Wiley Periodicals, Inc. 2009
- John Jannarone , Not All Chinese ADRs Created Equal , July 28, 2011 Wall Street Journal
- Justin Robertson, Private Equity and Asian Political Economy: "Domestic" Private Equity Funds as New Actors, Asian Survey, Vol. 50, No. 2 (March/April 2010)
- KordaMentha Forensic, The Great Data Wall of China, July 2015
- Kwek Ping Yong, Due diligence in China-Beyond the checklist, Wiley 2013

- Lever-Tracy, C., Ip, D., Tracy, N. The Chinese Diaspora and Mainland China McMillan 1996
- Lee, Ashley, The cost of compliance: due diligence issues in Asia M&A deals, International Financial Law Review (Apr 2013):
- Linda S. Spedding, Corporate Governance, Risk Management and Business Planning 2009
- Liu Yi, China's Regulation of Domestic Companies' Indirect Overseas Listing: A Critical Assessment after the Financial Fraud, Securities Regulation Law Journal, Vol. 40, No. 1, 2012
- Ma Xufei, Andrew Delios, A new tale of two cities; Japanese FDIs in Shanghai and Beijing, International Business Review Vol 16
- Mark B. Tresnowski and Gerald T. Nowak, HIGH YIELD OFFERING An Issuer's Perspective, Merrill Corporation 2004
- Mark Yuen Teen, Corporate Governance Case Studies, National University of Singapore, 2013.5.
- Martin Megino, The digital smoking gun, A Plus, 2009.11.
- Mette Thunø, Reaching out and Incorporating Chinese Overseas, The China Quarterly, No. 168 (Dec., 2001)
- Mirjam Meissner, China's social credit system, Mercator Institute for China Studies, 2017.5.24.
- Nathanson, Ari. Deal Pros See Less Time For Due Diligence, Buyouts, Sep 6, 2004
- Nwogugu, Michael C. I., Economic Policy, Corporate Governance And Fintech-Based Decisions: The Case Of Alibaba And The Cross-Listed Chinese Companies. (June 1, 2015). SSRN Electronic Journal 2016.1.
- Nyshka Chandran, MSCI: Don't read too much into China ADRs move, Fri, 13 Nov 2015 CNBC.com
- Olivier Coispeauand & Stephane Luo, Mergers & Acquisitions and Partnerships in China May 18, 2015
- Paisley, Ed. Buying up China with Oei Hong Leong, Institutional Investor; New York Vol. 29, Iss. 1, (Jan 1995): 46
- Paul L. Gillis, The Big Four in China: Hegemony and Counter-hegemony in the Development of the Accounting Profession in China, PhD Thesis, June 2011,

Macquarie University
- PEH Zu Hao, Dealing with Perception: A Look at Overseas-Listed Chinese Firms in Singapore, National University of Singapore, 2014.2.6.
- Robert Lewis, Chinese SOEs: Playing the state asset game, IFLR, 2008.1.1.
- Ross Garnaut, Ligang Song and Yang Yao, Impact and Significance of State-Owned Enterprise Restructuring in China, The China Journal, No. 55 2006.1.
- SFC, Consultation conclusions on the regulation of IPO sponsors, 2012.12.12.
- Simon Montlake, Caterpillar Settles With Principals Of Troubled Chinese Acquisition, Forbes, May 16, 2013
- Sovereign Advisers, Exchange-Listed Chinese Company Fraud. Globalsecuritieswatch.org. 2013.
- Sutherland, D. and Anderson, J. (2015) 'The pitfalls of using foreign direct investment data to measure Chinese multinational enterprise activity.', China quarterly., 221
- Tang Jun Lishan Ai, (2009),"The international standards of customer due diligence and Chinese practice", Journal of Money Laundering Control, Vol. 12 Iss 4.
- Templin, Benjamin A., Chinese Reverse Mergers, Accounting Regimes, and the Rule of Law in China (March 20, 2012). Thomas Jefferson Law Review, Vol. 34, No. 1, 2011; Thomas Jefferson School of Law Research Paper No. 2024135.
- The Chamber of Hong Kong listed companies, A practical Handbook to Hong Kong IPOs 2017.
- Toshiyuki Arai, Case Study: Minority Acquisition of a Listed State-owned Enterprise in China, China Law & Practice,Sep 2006
- Valerie Ford Jacob, THE DUE DILIGENCE PROCESS FROM THE UNDERWRITER'S PERSPECTIVE, Fried, Frank, Harris, Shriver & Jacobson LLP March 2008
- William J. Gole, Paul J. Hilger, Due Diligence: An M&A Value Creation Approach, Wiley, 2009
- Wong Partnership, SGX and China Securities Regulatory Commission establish direct listing framework, Chinawatch, 2013.11.
- Xiao, G. (2004). People's Republic of China's Round-Tripping FDI: Scale, Causes and Implications. ADB Institute Discussion Papers, (Working Paper

No. 24). Latin America/Caribbean and Asia/Pacific Economics and Business Association
- X.L.Ding, The illicit asset stripping of Chinese state firms, The China Journal, No.43. 2000.1.
- Yang, Greg Tzu Jan, "Insider Trading in China: Compared with Cases in the United States," Maryland Series in Contemporary Asian Studies: Vol. 2012: No. 2, Article 1.
- Yuan Ding; Hua Zhang; Honghui Zhu, Accounting failures in Chinese listed firms: Origins and typology, International Journal of Disclosure and Governance; Dec 2005

https://acclaropartners.com/knowledge-center/white-papers/
http://risqgroup.com/

찾아보기

ㅈ-ㅋ

ㅌ-ㅎ

중국의 역외 주식시장

중국 투자의 허실

초판인쇄 2019년 3월 18일

초판발행 2019년 3월 21일

공 저 자 김규진, 윤두영, 이석원, 최봉대

출판등록 (제312-2005-000006호)

발 행 처 첨단금융출판

발 행 인 홍영숙

주 소 서울 서대문구 홍제내2라길 17-3

총 판 경제서적

전 화 (02) 736-0640

팩 스 (02) 736-0641

ISBN 978-89-97211-13-5 93320

정가 35,000원

*잘못 만든 책은 교환해 드립니다.